# Etholiadau'r Ganrif
# Welsh Elections
## 1885-1997

Argraffiad cyntaf: Ionawr 1999
*First edition: January 1999*

℗ Hawlfraint Y Lolfa Cyf. & Beti Jones 1999
© *Y Lolfa Cyf. & Beti Jones 1999*

Llun clawr/*Cover illustration:* Tegwyn Jones
Dylunio/*Design:* Owain Huw

Rhif Llyfr Rhyngwladol/*ISBN:* 0 86243 401 7

Argraffwyd a chyhoeddwyd yng Nghymru gan:
*Printed and published in Wales by:*

Y Lolfa Cyf., Talybont, Ceredigion SY24 5AP
*e-bost* ylolfa@ylolfa.com
*y we* www.ylolfa.com
*ffôn* (01970) 832 304
*ffacs* 832 782
*isdn* 832 813

# Etholiadau'r Ganrif
## Welsh Elections

## 1885-1997

Beti Jones

y Lolfa

# Cynnwys/Contents

# Rhagair

Ymladdwyd pum Etholiad Cyffredinol yng Nghymru er 1977 pan gyhoeddwyd fy llyfr *Etholiadau Seneddol yng Nghymru 1900-1975*, ac yn yr argraffiad newydd hwn ychwanegwyd manylion am yr etholiadau hynny i gyd. Penderfynais hefyd gynnwys manylion am bob Etholiad Seneddol o 1885 ymlaen, yn hytrach nag o 1900, gan fod y dyddiad cyntaf, o safbwynt hanesyddol, yn bwynt addasach i ddechrau ohono mewn gwirionedd. Fe wêl y sawl sy'n gyfarwydd â'm llyfr gwreiddiol i mi ychwanegu mwy o fanylion ac ystadegau am yr etholiadau drwyddynt draw.

Er 1977 hefyd, ymladdwyd pedwar Etholiad Ewropeaidd yng Nghymru, a manteisiwyd ar y cyfle i gofnodi'r manylion amdanynt hwythau yma, yn ogystal â'r refferendwm ynglŷn â mynediad i Ewrop (1975), a'r refferenda datganoli a gynhaliwyd yn 1979 ac 1997.

Y mae arnaf ddyled i nifer o gyd-weithwyr ac i eraill y bûm ar eu gofyn wrth baratoi'r llyfr hwn, am eu caredigrwydd a'u parodrwydd i roi o'u hamser a'u gwybodaeth arbenigol. Diolch i John Graham Jones, gan i mi ei boeni sawl gwaith am fanylion yn ymwneud ag etholiadau yng Nghymru, er mawr fantais i mi bob tro. Cefais gyngor gwerthfawr gan Huw Walters ynglŷn â'r llyfryddiaeth, ac y mae'r rhan honno o'r llyfr y bu llygad barcud Huw Ceiriog yn edrych drosti yn loywach dipyn o'r herwydd. Enid Jones a ymgymerodd â'r gwaith llafurus o drosglwyddo cynnwys y llyfr gwreiddiol i ddisg, a mawr yw fy niolch iddi hi. Nid llai yw fy nyled i Heulwen Thomas, Annwen Isaac ac Anwen Davies am eu cyngor a'u cymorth amyneddgar a llawen wrth i mi droedio llwybrau dyrys y byd cyfrifiadurol. Hoffwn ddiolch hefyd i David Jones, Llyfrgellydd Tŷ'r Arglwyddi, am ei ddiddordeb yn y gwaith, ac am lanw rhai bylchau yn y Llyfryddiaeth. Diolch i Tegwyn a Rhŷs am eu cefnogaeth gyffredinol i'r fenter, ac am help wrth wirio'r holl ffigurau ac ystadegau. Gwnaeth y Lolfa eu gwaith yn drylwyr a di-ffws fel arfer, a gwerthfawrogaf hynny'n fawr. Arnaf i mae'r bai am bob diffyg a erys.

Yn ôl yn y chwedegau, sylwodd Alwyn D Rees ar yr hyn nad oedd ond hobi i mi ar y pryd, sef casglu ffeithiau ac ystadegau yn ymwneud ag etholiadau, ac ef a bwysodd arnaf gyntaf i roi trefn arnynt a'u cyhoeddi. Cyflwynaf y llyfr er cof amdano.

Hoffwn ddiolch i'r Llyfrgell Genedlaethol am ganiatâd i ddefnyddio'r lluniau yn y gyfrol hon, i Mr Robyn Léwis am y llun ar dudalen 48 ac i Tegwyn am gynllun y clawr ac am y cartwnau yng nghorff y gwaith.

Beti Jones

# Foreword

FIVE GENERAL ELECTIONS HAVE BEEN FOUGHT IN WALES SINCE 1977 when my book *Parliamentary Elections in Wales 1900-1975* was published, and in this new edition, details of all those elections have been added. I also decided to include details of all Parliamentary Elections from 1885 rather than from 1900, the former, from an historical point of view, being a more appropriate point from which to set out. Those familiar with my original book will see that I have added further details and statistics to the elections throughout.

Since 1977 also, four European Elections have been fought in Wales, and the opportunity has been taken to include details of them, together with those of the European referendum of 1975 and the devolution referenda of 1979 and 1997.

I am indebted to a number of colleagues and others whom I have consulted while preparing this book, for their kindness and readiness to give of their time and expertise. My thanks to John Graham Jones whom I troubled on several occasions with queries about elections in Wales, always to my great advantage. Huw Walters gave me valuable bibliographical advice, and those parts of the book seen by Huw Ceiriog have benefited a great deal from his scrutiny. It was Enid Jones who took on the laborious task of transferring the original book on to disk - my thanks to her. I owe a similar debt to Heulwen Thomas, Annwen Isaac and Anwen Davies for their advice and for their patient and cheerful help as I trod the mysterious paths of the computer world. I should like to thank David Jones, Librarian of the House of Lords, for his interest in the work, and for filling some gaps in the Bibliography. I am grateful to Tegwyn and Rhŷs for their general support for the venture, and for their assistance with the checking of figures and statistics. Y Lolfa as usual have carried out their duties efficiently and without fuss, which is greatly appreciated. All errors that may remain must be placed at my door.

Back in the sixties, the late Alwyn D Rees noticed what was then for me a mere hobby of gathering together facts and figures to do with elections, and it was he who first encouraged me to put them in order and publish them. It is to his memory that I dedicate this book.

I should like to thank the National Library for permission to use the photographs in this book, Mr Robyn Léwis for the photograph on page 48, and Tegwyn for the cover illustration and the caricatures in the text.


BETI JONES

# Etholaethau Cymru 1885-1997

Oherwydd arwyddocâd arbennig Deddf Cynrychiolaeth y Bobl 1885 (gweler isod), mae'n briodol mai'r flwyddyn honno yw man cychwyn y llyfr hwn. Yn 1885 rhannwyd Cymru yn 34 o etholaethau seneddol (gw. map t. 164) y gellid eu hisrannu fel hyn:

i. **Seddau Sirol:** Brycheiniog, Caerfyrddin (dwy adran, Dwyrain a Gorllewin), Caernarfon (dwy adran, Eifion ac Arfon), Ceredigion, Dinbych (dwy adran, Dwyrain a Gorllewin), Fflint, Maesyfed, Maldwyn, Môn, Morgannwg (pum adran, Dwyrain, Rhondda, Gorllewin neu Gŵyr, Canol, De), Mynwy (tair adran, Gogledd, Dwyrain, De), Penfro.

ii. **Seddau Bwrdeistrefol:** Abertawe (tref), Caerdydd (yn cynnwys bwrdeistrefi Llantrisant a'r Bont-faen) a'r seddau Bwrdeistrefi Rhanbarth canlynol: Rhanbarth Abertawe, Bwrdeistrefi Caerfyrddin, Bwrdeistrefi Caernarfon, Bwrdeistrefi Dinbych, Bwrdeistrefi Fflint, Bwrdeistrefi Maldwyn, Bwrdeistrefi Mynwy a Bwrdeistrefi Penfro a Hwlffordd.

Etholaeth Merthyr Tudful (a gynhwysai dref Aberdâr yn ogystal) oedd yr unig enghraifft yng Nghymru o 'etholaeth dau aelod', h.y. etholaeth lle dychwelid y ddau ymgeisydd a gâi'r cyfanswm uchaf o bleidleisiau mewn Etholiad Cyffredinol.

Dyma, o ran diddordeb, beth oedd tiriogaeth y gwahanol seddau Bwrdeistrefi Rhanbarth (math o etholaeth seneddol nad yw bellach yn bod) a restrir uchod:

**Rhanbarth Abertawe:** Aberafan, Cynffig, Llwchwr, Castell-nedd, a rhan o Abertawe.

**Bwr. Caerfyrddin:** tref Caerfyrddin a Llanelli.

**Bwr. Caernarfon:** Bangor, Caernarfon, Conwy, Cricieth, Nefyn, Pwllheli.

**Bwr. Dinbych:** Dinbych, Holt, Rhuthun, Wrecsam.

**Bwr. Fflint:** Caergwrle, Caerwys, Fflint, Llanelwy, Owrtyn, Rhuddlan, Treffynnon, Yr Wyddgrug.

**Bwr. Maldwyn:** Y Drenewydd, Llanfyllin, Llanidloes, Machynlleth, Y Trallwng, Trefaldwyn.

**Bwr. Mynwy:** Brynbuga, Casnewydd, Trefynwy.

**Bwr. Penfro a Hwlffordd:** Aberdaugleddau, Abergwaun, Cas-wis (Wiston), Dinbych y Pysgod, Hwlffordd, Narberth, Penfro.

Arhosodd y map etholaethol Cymreig yn ddigyfnewid hyd at Etholiad Cyffredinol mis Rhagfyr 1910, ond cyn yr etholiad nesaf, a ohiriwyd hyd 1918 oherwydd y Rhyfel Mawr (gw. map t. 165), yr oedd newidiadau mawr i ddigwydd. Yn 1917 cyhoeddwyd adroddiad gan bwyllgor arbennig o'r holl bleidiau o dan lywyddiaeth y Llefarydd lle'r awgrymwyd nifer o ddiwygiadau etholiadol, ac yn eu plith gynllun newydd – a ymgorfforwyd yn ddiweddarach yn Neddf Cynrychiolaeth y Bobl 1918 – i ailrannu seddau seneddol. O hyn allan dilewyd etholaethau gyda llai o boblogaeth na 50,000, tra rhoddwyd un aelod i bob sir a bwrdeistref am bob 70,000 o'r boblogaeth. Er hynny, llaciwyd ychydig ar y rheol hon yng Nghymru, Iwerddon a'r Alban lle'r oedd y teimladau cenedlaethol yn wrthwynebus iawn i unrhyw awgrym o leihad yn y gynrychiolaeth. Prif effaith y newid ar Gymru oedd cynyddu rhif ei seddau etholaethol o 34 i 36.

Dyma'r newidiadau a wnaed i fap etholaethol Cymru gan Ddeddf Cynrychiolaeth y Bobl 1918:

1. **Abertawe:** Rhannwyd tref Abertawe yn ddwy, sef Dwyrain a Gorllewin, a rhoi aelod i bob un. Llyncwyd y sedd a elwyd gynt yn Rhanbarth Abertawe gan etholaeth newydd Castell-nedd yn bennaf.

2. **Brycheiniog a Maesyfed:** Unwyd dwy etholaeth sirol, bob un â'i haelod unigol gynt, yn un etholaeth, sef Brycheiniog a Maesyfed.

3. **Caerdydd:** Gynt yn sedd un aelod, ond bellach fe'i rhannwyd yn dair adran – Canol Caerdydd, Dwyrain Caerdydd a De Caerdydd, ac aeth Llantrisant a'r Bont-faen yn rhan o etholaeth newydd Pontypridd (gw. 7 isod).

In view of the special significance of the Representation of the People Act 1885 (see below), it is appropriate that this book should start at that point. In 1885 Wales was divided into 34 parliamentary constituencies (see map p. 164) which could be sub-divided thus:

i. **County Seats:** Anglesey, Brecon, Caernarfon (2 divisions, Eifion and Arfon), Cardigan, Carmarthen (2 divisions East and West), Denbigh (2 divisions East and West), Flint, Glamorgan (5 divisions East, Rhondda, West or Gower, Central, South), Monmouth (3 divisions North, East, South), Montgomeryshire, Radnor.

ii. **Borough Seats:** Cardiff (which included the boroughs of Llantrisant and Cowbridge), Swansea Town, and the following District of Boroughs seats, Caernarfon Boroughs, Carmarthen Boroughs, Denbigh Boroughs, Flint Boroughs, Monmouth Boroughs, Montgomery Boroughs, Pembroke & Haverfordwest, Swansea District.

Merthyr Tudful (which included Aberdare) was the only example in Wales of a two-member seat, that is, a constituency where the two candidates polling the highest number of votes at a given election were both returned.

The District of Boroughs seats listed above – a type of parliamentary constituency now extinct – were made up as follows:

**Caernarfon Bor.** Bangor, Caernarfon, Conwy, Cricieth, Nefyn, Pwllheli.
**Carmarthen Bor.** Carmarthen (town), Llanelli.
**Denbigh Bor.** Denbigh, Holt, Rhuthun, Wrexham.
**Flint Bor.** Caergwrle, Caerwys, Flint, Holywell, Mold, Overton, Rhuddlan, St. Asaph.
**Monmouth Bor.** Monmouth, Newport, Usk.
**Montgomery Bor.** Llanfyllin, Llanidloes, Machynlleth, Montgomery, Newtown, Welshpool.

**Pembroke & Haverfordwest.** Fishguard, Haverfordwest, Milford, Narberth, Pembroke, Tenby, Wiston.
**Swansea District.** Aberavon, Cynffig, Llwchwr, Neath, part of Swansea.

The electoral map of Wales was to remain thus until after the General Election of December 1910, but it was destined to be radically changed before the next General Election which, because of the Great War, was delayed until 1918 (see map p. 165). In 1917 an all-party conference presided over by the Speaker recommended several important electoral reforms, among them being recommendations – later to be incorporated in the Representation of the People Act 1918 – concerned with a new scheme of redistribution of seats. Henceforth seats with a population of less than 50,000 were disfranchised while one member was granted to each county or borough for every 70,000 of its population. This numerical equality however was not strictly adhered to – particularly in the case of Wales, Scotland and Ireland where national sentiments were very sensitive to any suggestion of a reduction in representation. The overall result of this change in Wales was to increase the number of Welsh seats by 2 thus bringing up the total to 36.

The changes made to the electoral map of Wales by the Representation of the People Act 1918 were as follows:

1. **Breconshire and Radnorshire** – two distinct county seats, each with its own member, were now merged to form the single constituency of Brecon and Radnor.

2. **Caernarfon** – The Arfon (North) and Eifion (South) divisions were united to form the constituency of Caernarfon.

3. **Cardiff** – which was previously represented by one member, was split up into 3 divisions – Central, East and South, while Llantrisant and Cowbridge were contained in the new Glamorgan division of Pontypridd (see 6 below).

4. **Caerfyrddin:** Ffurfiwyd etholaeth newydd Caerfyrddin drwy uno'r ddwy adran Dwyrain Caerfyrddin a Gorllewin Caerfyrddin. Dilewyd y sedd a elwid yn Fwrdeistrefi Caerfyrddin hefyd ac yn ei lle ffurfiwyd etholaeth Llanelli, sef etholaeth fwrdeistrefol annibynnol o fewn etholaeth Caerfyrddin.

5. **Caernarfon:** Unwyd y ddwy etholaeth, Arfon (Gogledd) ac Eifion (De), i ffurfio etholaeth newydd Caernarfon.

6. **Dinbych:** Unwyd yr adrannau Dwyreiniol a Gorllewinol i ffurfio etholaeth newydd Dinbych. Gwnaed Wrecsam yn etholaeth fwrdeistrefol annibynnol o fewn etholaeth Dinbych.

7. **Morgannwg:** Gynt rhennid Morgannwg yn 5 etholaeth, ond cynyddwyd y rhif hwnnw yn awr i 7, sef Aberafan, Caerffili, Castell-nedd, Gŵyr, Llandaf a'r Barri, Ogwr, Pontypridd. Peidiodd y Rhondda a bod yn adran etholaethol o Sir Forgannwg a gwnaed hi'n etholaeth fwrdeistrefol annibynnol ac iddi ddwy sedd, sef Dwyrain Rhondda a Gorllewin Rhondda. Dilewyd yr hen 'sedd dau aelod' ym Merthyr ac yn ei lle ffurfiwyd etholaeth fwrdeistrefol annibynnol ac iddi ddwy adran, sef Merthyr Tudful ei hun, ac Aberdâr.

8. **Mynwy:** Aildrefnwyd Mynwy i gynnwys pum etholaeth, sef Abertyleri, Bedwellte, Glynebwy, Pontypŵl, Trefynwy, a rhoddwyd statws sedd fwrdeistrefol i Gasnewydd.

9. **Prifysgol Cymru:** Rhoddwyd sedd am y tro cyntaf i Brifysgol Cymru yn 1918.

10. Yn achos y seddau sirol a'r Seddau Bwrdeistrefi Rhanbarth canlynol, unwyd hwy yn etholaethau unigol o dan enw'r sir ym mhob achos: Sir Fflint a Bwrdeistrefi Fflint, Sir Drefaldwyn a Bwrdeistrefi Trefaldwyn, Sir Benfro a Phenfro a Hwlffordd.

11. Ni chafwyd newid o gwbl yn safle Bwrdeistrefi Caernarfon, a siroedd Ceredigion, Meirionnydd a Môn. Bwrdeistrefi Caernarfon oedd yr unig sedd Fwrdeistrefi Rhanbarth a oroesodd yng Nghymru.

Gellir crynhoi'r ychydig newidiadau a wnaed i fframwaith etholaethol Cymru ar ôl 1918 (yn bennaf yn 1948) fel hyn:

1. Dilewyd sedd y Brifysgol.

2. Dilewyd y sedd a elwid Bwrdeistrefi Caernarfon a ffurfiwyd etholaeth newydd Conwy yn ei lle.

3. Cymhennwyd tipyn ar ffiniau'r etholaeth a enwid Llandaf a'r Barri, a'i galw o hyn allan yn Barri yn unig.

4. Newidiwyd ffiniau etholaethau Caerdydd, a'u hailenwi yn Ogledd Caerdydd, De-ddwyrain Caerdydd a Gorllewin Caerdydd.

5. Rhannwyd etholaeth Fflint yn ddwy (Gorllewin a Dwyrain), a thrwy hynny ffurfio etholaeth Gymreig newydd. Ond gan fod sedd y Brifysgol wedi diflannu arhosodd cyfanswm y seddau – 36 – yr un fath.

Ar ôl Etholiad Cyffredinol 1970, unwyd dwy etholaeth y Rhondda, Gorllewin a Dwyrain, ac ar yr un pryd rhoddwyd sedd ychwanegol i ddinas Caerdydd. Trwy hynny sicrhawyd unwaith eto fod y cyfanswm o 36 o seddau Cymreig yn aros yn ddigyfnewid.

Arhosodd y sefyllfa fel hyn yn ystod Etholiadau Cyffredinol 1974 a 1979, ond erbyn yr Etholiad nesaf, 1983, cyflwynwyd cryn newidiadau a seiliwyd ar argymhellion Trydydd Adroddiad Cyfnodol y Comisiwn Ffiniau i Gymru a fu'n eistedd rhwng 1979 a 1983. Er ceisio cadw'r 36 sedd fel cynt, gwelodd y Comisiwn y byddai modd sefydlu dosbarthiad mwy boddhaol o safbwynt y boblogaeth yn gyffredinol pe rhoddid dwy sedd ychwanegol i Gymru, ac aildrefnu rhai o'r ffiniau etholiadol eraill drwy'r wlad ar yr un pryd. Y ddwy sedd newydd a grewyd, i roi bellach 38 o seddau i Gymru, oedd Alyn a Glannau Dyfrdwy yn y Gogledd (a seiliwyd ar hen etholaeth Dwyrain Fflint, er colli tref Fflint a Threffynnon i Delyn), a Phen-y-bont ar Ogwr yn y De. Manylir ar eu cyfansoddiad tiriogaethol o dan eu henwau yn yr adran ar Etholiadau Cyffredinol 1983 isod. Ymladdwyd Etholiadau Cyffredinol 1987 a 1992 o dan yr un amodau.

Fel canlyniad i Bedwerydd Adroddiad Cyfnodol y Comisiwn Ffiniau i Gymru a gyhoeddwyd ym mis Chwefror 1995, cyflwynwyd newidiadau pellach gogyfer ag Etholiad Cyffredinol 1997. Prif effaith y newidiadau hyn oedd ychwanegu dwy sedd newydd arall at y 38 a

4. **Carmarthen** – The constituency of Carmarthen was formed by uniting the East and West Divisions, while the old Carmarthen Boroughs constituency disappeared, and Llanelli, with a member of its own became a separate borough division of Carmarthen.

5. **Denbigh** – Here again the East and West Divisions were merged to form the new constituency of Denbigh. Wrexham became a separate borough division of Denbighshire.

6. **Glamorgan** – Whereas previously the county of Glamorgan had been made up of 5 electoral divisions, it now constituted 7, namely, Aberavon, Caerphilly, Neath, Gower, Llandaff & Barry, Ogmore and Pontypridd. Rhondda ceased to be an electoral division of Glamorgan and became an independent borough seat, being in turn divided into 2 divisions, East and West. Merthyr Tudful ceased to be a two-member seat, becoming instead a seat of 2 divisions – Merthyr Tudful itself and Aberdare.

7. **Monmouthshire** – which before 1918 had returned 3 members, with the Monmouth Boroughs bringing the total up to 4, was now rearranged into 5 constituencies, Abertillery, Bedwellty, Ebbw Vale, Pontypool and Monmouth. The Borough of Newport became a separate parliamentary division.

8. **Swansea** – was divided into two divisions – East and West, while the old Swansea District constituency was absorbed mainly by the new Neath division of Glamorgan.

9. **The University of Wales** – was granted a parliamentary seat for the first time in 1918.

10. The following County and District of Boroughs seats were merged to form single constituencies under the county name in each case: Flintshire and Flint Boroughs, Montgomeryshire and Montgomery Boroughs, Pembrokeshire and Pembroke & Haverfordwest.

11. The county constituencies of Anglesey, Merioneth and Cardigan, and the Caernarfon Boroughs seat remained unchanged – the latter being the sole survivor in Wales of the once numerous District of Boroughs seats.

The main changes made to the electoral geography of Wales after 1918 were a result of the general re-distribution of 1948, namely:

1. The abolition of the University seat.

2. The substitution of the new Conwy division for Caernarfon Boroughs.

3. The rearranging of the boundaries of the Llandaff & Barry division of Glamorgan, a division henceforth to be known as 'Barry'.

4. The boundaries of the Cardiff constituencies were also rearranged, and were renamed Cardiff North, South-East and West.

5. Flintshire was split into two divisions (East and West), thus creating a new Welsh constituency. The abolition of the University seat however meant that the total number of Welsh seats remained at 36.

After the 1970 General Election, the two Rhondda constituencies (East and West) were merged to form the new constituency of Rhondda, while Cardiff was given an additional seat, thus further maintaining the total of 36 Welsh seats.

The position remained thus during the General Elections of 1974 and 1979, but by the next Election, 1983, numerous changes were made which arose from the recommendations of the Third Periodical Report of the Boundary Commission in Wales which sat between 1974 and 1983. Despite the desire to adhere to the total of 36 seats, the Commission realised that a more satisfactory distribution would result from giving Wales an extra two seats, and if suitable adjustments were to be made to some of the existing constituency boundaries throughout the country. The two new seats created, to give Wales a total of 38, were Alyn and Deeside in the North (based on the old Flint East constituency, though losing the towns of Flint and Hollywell to Delyn), and Bridgend in the South. Their territorial constitution is detailed under their names in the section on the 1983 General Election below. These conditions were to prevail during the General Elections of 1987 and 1992.

As a result of the Fourth Periodical Report of the Boundary Commission published in February 1995, further changes were introduced for the next General Election. The main upshot of these

fodolai eisoes, gan roi cyfanswm newydd o 40 sedd. Fel a ddigwyddodd yn 1983, lleolwyd un ohonynt yn y Gogledd, sef Dyffryn Clwyd, a'r llall yn y De, sef Penfro Preseli.

Ffurfir etholaeth Dyffryn Clwyd o diriogaeth a ildiwyd gan Clwyd De-Orllewin, Clwyd Gogledd-Orllewin a Delyn, sef un ward o Fwrdeistref Colwyn (Trefnant), 5 ward o Ddosbarth Glyndŵr (Canol Dinbych, Dinbych Isaf, Dinbych Uchaf, Henllan a Llandyrnog) a Bwrdeistref Rhuddlan i gyd. Achosodd hyn 67.8% a 65.5% o newid yn ffiniau Clwyd De-Orllewin a Chlwyd Gogledd-Orllewin, a elwid bellach yn De Clwyd a Gorllewin Clwyd. Ffurfir De Clwyd o Ddosbarth Glyndŵr (11 ward) a Bwrdeistref Wrecsam Maelor (17 ward) a Gorllewin Clwyd o Fwrdeistref Colwyn (18 ward) a Dosbarth Glyndŵr (7 ward). Bu 32.1% o newid yn ffiniau etholaeth Wrecsam a ildiodd diriogaeth i Dde Clwyd, ond a enillodd ychydig o etholaeth Alyn a Glannau Dyfrdwy, tra bu 20.3% o newid yn achos etholaeth Delyn.

Yn y De ffurfir y sedd newydd Penfro Preseli o'r wardiau sy'n ffurfio Dosbarth Preseli, ac fel canlyniad cafwyd 19.6% o newid yn achos Ceredigion a Gogledd Penfro (a elwir bellach Ceredigion), a olygai fod yr etholaeth honno yn dychwelyd i'w ffiniau hynafol. Ailddosbarthwyd etholaethau Caerfyrddin a Phenfro i ffurfio dwy sedd a elwir Dwyrain Caerfyrddin a Dinefwr (39.6% o newid) a Gorllewin Caerfyrddin a De Penfro (84.9%). Ffurfir y sedd gyntaf o Ddosbarth Caerfyrddin (14 ward) a Bwrdeistref Dinefwr, a'r sedd olaf o Ddosbarth Caerfyrddin (12 ward gan gynnwys tref Caerfyrddin) a Dosbarth De Sir Benfro. Bu 8.5% o newid yn achos etholaeth Llanelli, a ildiodd diriogaeth i Ddwyrain Caerfyrddin a Dinefwr.

Yr unig newidiadau eraill a fu yng Nghymru fel canlyniad i Adroddiad y Comisiwn Ffiniau 1995 oedd 0.8% yn etholaeth Canol Caerdydd a 0.7% yn etholaeth Bro Morgannwg. Lle bu newid o fwy na 5% yng nghanran tiriogaethol unrhyw etholaeth ar ôl 1983, nodwyd hynny bob tro o dan yr etholaeth berthnasol.

total to 40. As was the case in 1983, one seat was situated in North Wales – Vale of Clwyd – and the other – Pembroke Preseli – in South Wales.

The Vale of Clwyd seat is formed from territory yielded by Clwyd South-West, Clwyd North-West and Delyn, namely, 1 ward from the Borough of Colwyn (Trefnant), 5 wards from Glyndŵr District (Denbigh Central, Denbigh Lower, Denbigh Upper, Henllan, Llandyrnog) and the whole of the Borough of Rhuddlan. This meant a boundary change of 67.8% and 65.5% respectively to Clwyd South-West and Clwyd North-West, now called Clwyd South and Clwyd West. Clwyd South is made up of Glyndŵr District (11 wards) and the Borough of Wrexham Maelor (17 wards), and Clwyd West from the Borough of Colwyn (18 wards) and Glyndŵr District (7 wards). There was a boundary change of 31.1% in the Wrexham constituency which yielded territory to Clwyd South while gaining a little from Alyn and Deeside. There was a 20.3% change in the Delyn constituency.

In the South the new seat of Pembroke Preseli is made up of the wards comprising the District of Preseli, and as a result a boundary change of 19.6% occurred in Ceredigion and Pembroke North (now called Ceredigion), which meant that the constituency now reverted to its ancient boundaries. The constituencies of Carmarthen and Pembroke were re-arranged to form two seats to be known as Carmarthen East and Dinefwr (39.6% boundary change), and Carmarthen West and Pembrokeshire South (84.9%). The former is made up of Carmarthen District (14 wards) and the Borough of Dinefwr, while the latter comprises Carmarthen District (12 wards including the town of Carmarthen) and the District of South Pembrokeshire. There was a boundary change of 8.5% in the Llanelli constituency, which yielded some territory to Carmarthen East and Dinefwr.

The only other changes made to Welsh constituencies as a result of the Boundary Commission's Report of 1995, was one of 0.8% in the Cardiff Central seat, and of 0.7% in the Vale of Glamorgan. Where there has been a change of more than 5% in any constituency's territory after 1983, it has been noted each time under the relevant constituency.

Fel canlyniad i refferendwm a gynhaliwyd yn 1975, cadarnhawyd aelodaeth Prydain o'r Undeb Ewropeaidd. Cynhaliwyd yr etholiadau Prydeinig cyntaf i'r Senedd Ewropeaidd yn 1979, a dyma oedd cyfansoddiad yr etholaethau Cymreig (hyd at 1994):

Rhoddwyd un sedd yn ychwanegol i Gymru erbyn Etholiad 1994, ac ailddosbarthwyd y tiriogaethau uchod fel a ganlyn:

**1. Canol a Gorllewin Cymru:** Abertawe Dwyrain a Gorllewin, Brycheiniog a Maesyfed, Caerfyrddin, Ceredigion, Gŵyr, Llanelli, Penfro.

**2. De Cymru:** Aberafan, Y Barri, Castell-nedd, Caerdydd De-Ddwyrain, Gogledd, Gogledd-Orllewin, Gorllewin, Ogwr, Pontypridd.

**3. De-Ddwyrain Cymru:** Aberdâr, Abertyleri, Bedwellte, Caerffili, Casnewydd, Glynebwy, Merthyr Tudful, Mynwy, Pontypŵl, Y Rhondda.

**4. Gogledd Cymru:** Caernarfon, Conwy, Dinbych, Fflint Dwyrain a Gorllewin, Meirionnydd, Trefaldwyn, Wrecsam, Ynys Môn.

**1. Canol a Gorllewin Cymru:** Brycheiniog a Maesyfed, Caerfyrddin, Ceredigion a Gogledd Penfro, Llanelli, Meirionnydd Nant Conwy, Trefaldwyn, Penfro.

**2. De Cymru Canol:** Bro Morgannwg, Cwm Cynon, Caerdydd Canol, Caerdydd De a Phenarth, Caerdydd Gogledd, Gorllewin, Pontypridd, Y Rhondda.

**3. De Cymru Dwyrain:** Blaenau Gwent, Caerffili, Casnewydd Dwyrain, Gorllewin, Islwyn, Merthyr Tudful a Rhymni, Torfaen, Trefynwy.

**4. De Cymru Gorllewin:** Aberafan, Abertawe Dwyrain a Gorllewin, Castell-nedd, Gŵyr, Ogwr, Pen-y-bont ar Ogwr.

**5. Gogledd Cymru:** Alyn a Glannau Dyfrdwy, Caernarfon, Clwyd De-Orllewin, Gogledd-Orllewin, Conwy, Delyn, Wrecsam, Ynys Môn.

As a result of the referendum held in 1975, British membership of the European Union was endorsed, and the first European elections were held in Britain in 1979. Until 1994 the Welsh constituencies were made up as follows:

Before the European Election of 1994 Wales was designated an extra seat, which led to the following changes being made to the constituencies:

**1. Mid and West Wales:** Brecon & Radnor, Carmarthen, Ceredigion, Gower, Llanelli, Pembroke, Swansea East and West.

**2. South Wales:** Aberavon, Barry, Cardiff North, North-West, South-East, West, Neath, Ogmore, Pontypridd.

**3. South-East Wales:** Aberdare, Abertillery, Bedwellty, Caerphilly, Ebbw Vale, Merthyr Tydfil, Monmouth, Newport, Pontypool, Rhondda.

**4. North Wales:** Anglesey, Caernarfon, Conwy, Denbigh, Flint East, West, Meirionnydd, Montgomery, Wrexham.

**1. Mid and West Wales:** Brecon & Radnor, Carmarthen, Ceredigion & North Pembroke, Llanelli, Meirionnydd Nant Conwy, Montgomery, Pembroke.

**2. South Wales Central:** Cardiff Central, North, South & Penarth, West, Cynon Valley, Pontypridd, Rhondda, Vale of Glamorgan.

**3. South Wales East:** Blaenau Gwent, Caerphilly, Islwyn, Merthyr Tydfil, Monmouth, Newport East, West, Torfaen.

**4. South Wales West:** Aberavon, Bridgend, Gower, Neath, Ogmore, Swansea East, West.

**5. North Wales:** Alyn & Deeside, Caernarfon, Clwyd South West, North West, Conwy, Delyn, Wrexham, Ynys Môn.

# Refferenda Datganoli

Yn Refferendwm 1979 pleidleisiwyd yn ôl y siroedd a ddaeth i fod wedi ad-drefnu llywodraeth leol yng Nghymru yn 1974. Cyn y gellid datganoli o dan amodau Deddf Cymru 1978 yr oedd angen mandad o fwy na 40% o'r etholwyr yn y Refferendwm. Erbyn Refferendwm 1997 bu ad-drefnu pellach ar lywodraeth leol yng Nghymru, a'r tro hwn pleidleisiwyd yn ôl y cynghorau sir newydd a ddaeth i rym yn Ebrill 1996. Rhestrir y siroedd i gyd yn yr adran berthnasol isod.

## Siroedd Refferendwm 1997

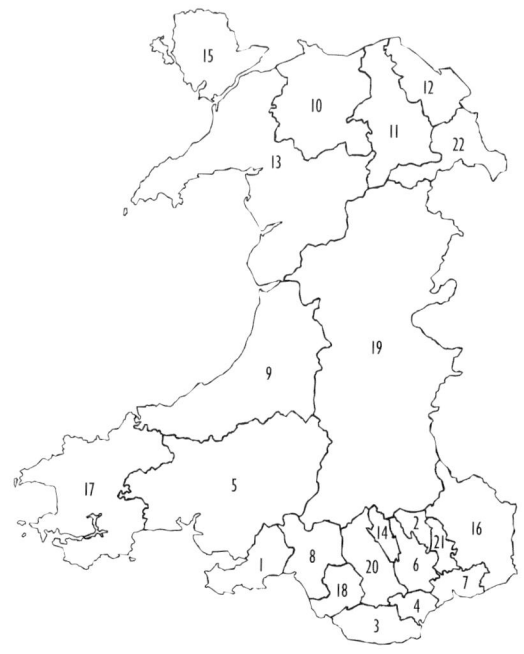

## Siroedd Refferendwm 1979

1. Clwyd
2. Dyfed
3. Gwent
4. Gwynedd
5. Morgannwg – De
6. Morgannwg – Canol
7. Morgannwg – Gorllewin
8. Powys

1. Abertawe
2. Blaenau Gwent
3. Bro Morgannwg
4. Caerdydd
5. Caerfyrddin
6. Caerffili
7. Casnewydd
8. Castell-nedd a Phort Talbot
9. Ceredigion
10. Conwy
11. Dinbych
12. Fflint
13. Gwynedd
14. Merthyr Tudful
15. Môn
16. Mynwy
17. Penfro
18. Pen-y-bont ar Ogwr
19. Powys
20. Rhondda Cynon Taf
21. Torfaen
22. Wrecsam

In the 1979 Referendum the voting pattern was based on the counties that had been formed when local government in Wales was reorganised in 1974. Before devolution could take place under the terms of the Wales Act 1978 a vote of over 40% of the electorate was required in the Referendum. By the 1997 Referendum Wales had undergone further local government reorganisation and this time the voting pattern was based on the new County Councils which had come into being in April 1996. The 1979 and 1997 counties are all listed in the relevant section below.

## 1997 Referendum Counties

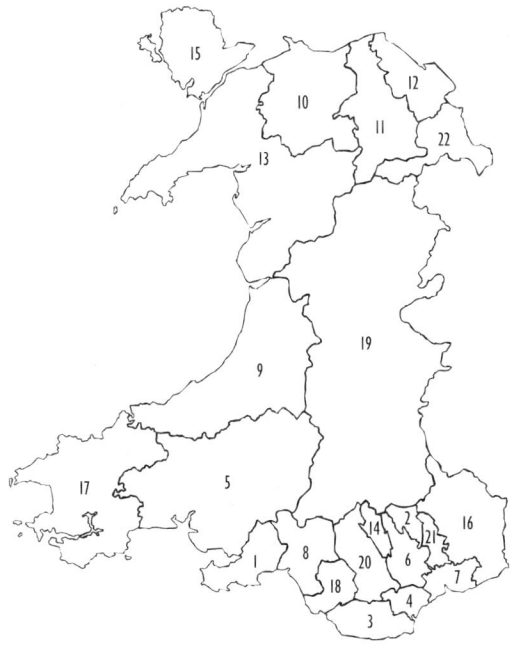

## 1979 Referendum Counties

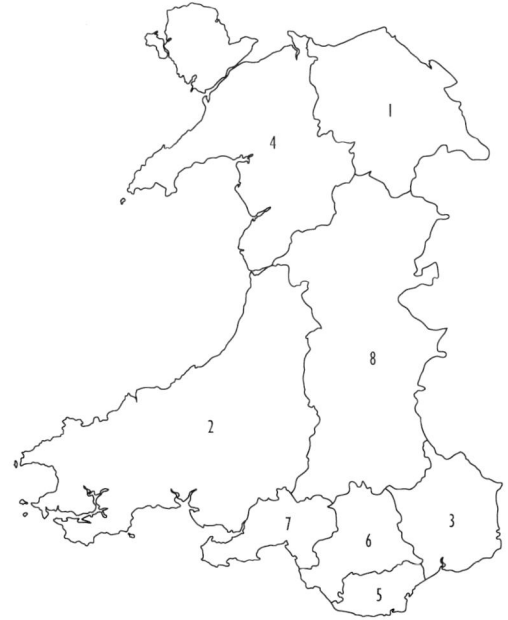

1. Clwyd
2. Dyfed
3. Gwent
4. Gwynedd
5. Glamorgan – South
6. Glamorgan – Mid
7. Glamorgan – West
8. Powys

1. Swansea
2. Blaenau Gwent
3. Vale of Glamorgan
4. Cardiff
5. Carmarthen
6. Caerphilly
7. Newport
8. Neath and Port Talbot
9. Ceredigion
10. Conwy
11. Denbighshire
12. Flintshire
13. Gwynedd
14. Merthyr Tydfil
15. Anglesey
16. Monmouthshire
17. Pembrokshire
18. Bridgend
19. Powys
20. Rhondda Cynon Taff
21. Torfaen
22. Wrexham

Yr oedd Deddf Cynrychiolaeth y Bobl 1884 yn un y gellid ar lawer ystyr ei hystyried yn ben draw i'r diwygiadau etholiadol a darddodd o Fesur Diwygiad 1832. Fe sefydlodd etholfraint unffurf ym Mhrydain drwy estyn yr hawl i bleidleisio i ddeiliaid tai a lletywyr yn yr etholaethau sirol, gan osod ar yr un pryd rent blynyddol o £10 fel cymhwyster cyffredinol i bleidleisio – sefyllfa a oedd eisoes yn bodoli yn y seddau bwrdeistrefol er 1835. Ond er bod Deddf 1884 wedi gosod seiliau'r bleidlais gyffredinol i ddynion, gadawodd rai pynciau pwysig yn agored, yn arbennig felly mater y bleidlais i wragedd, a phleidleisio lluosol. Pasiwyd i ddileu'r olaf dair gwaith gan Dŷ'r Cyffredin rhwng 1906 a 1913, ond gorchfygwyd y mesur yn Nhŷ'r Arglwyddi bob tro.

O safbwynt yr etholfraint, mae'n debyg mai Deddf Cynrychiolaeth y Bobl 1918 fu'n gyfrifol am y cynnydd mwyaf er dyddiau Mesur Diwygiad 1832. Gellir crynhoi'r prif newidiadau fel a ganlyn:

1. Rhoddwyd y bleidlais i wragedd dros 30 mlwydd oed, ar yr amod eu bod yn etholwyr mewn llywodraeth leol, neu yn wragedd i etholwyr mewn llywodraeth leol. Oherwydd gweithgareddau milwriaethus Merched y Bleidlais cyn 1918 yr oedd y gwleidyddion, at ei gilydd, yn bur ofnus ynglŷn â rhoi'r bleidlais i wragedd o gwbl, a thrwy gyfyngu'r fraint i'r rhai hynny dros eu 30, gobeithid eu cadw'n lleiafrif ymhlith yr etholwyr.

2. I ŵr dros 21, yr unig gymhwyster i bleidleisio ar ôl 1918 oedd, naill ai ei fod wedi byw am chwe mis yn yr etholaeth (neu mewn sir neu fwrdeistref gyffiniol) neu fod ganddo annedd busnes yn yr etholaeth a'i werth trethiannol blynyddol yn £10 neu fwy.

3. Dilewyd y bleidlais luosol, heblaw mewn achos lle'r oedd gan etholwr bleidlais ychwanegol ar dir busnes neu am ei fod yn raddedig o Brifysgol – gallai ddefnyddio un o'r rhain yn ogystal â'i bleidlais arferol. Er ei bod felly yn dechnegol bosibl i ddyn (petai'n raddedig ac â hawl i bleidlais ar dir busnes) i fod â thair pleidlais yn ei feddiant, ni chaniateid iddo ddefnyddio mwy na dwy mewn unrhyw un etholiad. Gwaharddwyd gwragedd rhag pleidleisio'n lluosol beth bynnag oedd eu hamgylchiadau.

4. Symleiddiwyd y dull o sicrhau pleidlais i aelodau o'r lluoedd arfog, a gostyngwyd yr oedran pleidleisio am y tro o 21 i 19 ar gyfer bechgyn ieuanc a ymladdodd yn y Rhyfel Mawr. Collodd pob gwrthwynebwr cydwybodol yr hawl i bleidleisio am 5 mlynedd o ddyddiad y Ddeddf.

Deng mlynedd yn ddiweddarach daeth y bleidlais gyffredinol yn ffaith pan basiwyd Deddf Cynrychiolaeth y Bobl (Etholfraint Gyfartal) 1928, ac estynnwyd yr etholfraint i gynnwys gwragedd dros 21 oed o dan yr un amodau yn union ag a gymhwyswyd eisoes i ddynion.

Parhaodd yr hawl i ddefnyddio mwy nag un bleidlais, o dan yr amgylchiadau a nodwyd uchod, hyd 1948, ond diddymwyd y bleidlais busnes a'r bleidlais Brifysgol gan Ddeddf Cynrychiolaeth y Bobl y flwyddyn honno, a chael gwared o'r diwedd â phleidleisio lluosol.

Yn 1969 gostyngwyd oedran pleidleisio o 21 i 18.

# The Franchise since 1885

The Representation of the People Act 1884, in many ways was the climax of the process of electoral reform begun by the Reform Bill of 1832. It established a uniform franchise throughout the country by extending the vote to householders and lodgers in the county constituencies and introducing a standard £10 annual rent qualification – both of which had been a fact in the borough seats since 1835. But although the principle of universal male suffrage was more or less established by the Act of 1885, it nevertheless left some important questions open, notably that of women's suffrage and plural voting. Three times between 1906 and 1913 the House of Commons passed Bills abolishing the latter, but in each case they were defeated by the House of Lords.

Perhaps the greatest single advance from the point of view of the franchise since the Reform Act of 1832 was the Representation of the People Act 1918, whose main sweeping changes in this particular field may be summarised as follows:

1. The enfranchisement of women over the age of 30 provided they were local government electors, or the wives of local government electors. The militant activities of the Suffragettes had made politicians nervous of what women might do with the vote, and restricting it to women of over 30 was an attempt to ensure that they remained a minority in the electorate.
2. For men over the age of 21 the sole qualification for the vote was now either 6 months residence in the constituency or an adjoining borough or county, or the occupancy of business premises of an annual rateable value of £10.
3. Plural voting was abolished except in the case of a man qualifying for the vote on business grounds or as a university graduate, in which case he was allowed to exercise either of these in addition to his normal vote. Although it was technically possible therefore for a man to have 3 votes, he was restricted by law to using not more than two of them at any single election. The right to use more than one vote was denied to women under all circumstances.
4. The process by which servicemen voted was simplified. While those who had served in the Great War were given the vote at the age of 19, Conscientious Objectors during the War were disfranchised for 5 years.

Ten years later the Act of 1918 was modified in one important respect which meant that universal suffrage was finally attained. The Representation of the People (Equal Franchise) Act 1928 enfranchised all women upon their reaching the age of 21, on exactly the same conditions as those which applied to men.

The right, under the circumstances described above, to exercise more than one vote remained until 1948, but the Representation of the People Act of that year abolished both the business and university vote, thus finally doing away with plural voting.

In 1969 the voting age was reduced from 21 to 18.

**Am – Amaethyddwr.** Ffurfiwyd yn 1908 gyda'r bwriad o anfon aelodau i'r Senedd i warchod buddiannau ffermwyr ac amaethyddiaeth yn gyffredinol. Noddid gan Undeb Cenedlaethol y Ffermwyr. Ymladdodd un etholiad yng Nghymru, sef yng Nghaerfyrddin yn 1922.

**BEP – British Empire Party.** Ffrufiwyd gan P J Ridout yn 1951 i hyrwyddo cenedlaetholdeb Prydeinig. Un etholiad yn unig a ymladdwyd gan y blaid hon ac mewn etholaeth Gymreig y dewisodd wneud hynny, sef Ogwr, yn 1951, pan gollodd yr ymgeisydd ei ernes.

**Cen – Cenedlaethol.** Disgrifiad a ddefnyddid gan ymgeiswyr o wahanol ddaliadau gwleidyddol yn Etholiadau Cyffredinol 1931, 1935 a 1945, a ddymunai ddangos eu cefnogaeth i'r Llywodraeth Genedlaethol, a hynny heb rwymiadau gwleidyddol.

**DC – Democratiaid Cymdeithasol (SDP).** Plaid a fu mewn bodolaeth o 1981-1990. Ffurfiwyd gan David Owen, Shirley Williams, Roy Jenkins a William Rodgers wedi iddynt ymddiswyddo o'r Blaid Lafur. Plaid ganol y ffordd a ymladdodd etholiadau 1983 a 1987 – ar y cyd â'r Rhyddfrydwyr. Unodd y ddwy blaid yn 1988 i ffurfio Plaid y Democratiaid Cymdeithasol a Rhyddfrydol, neu'r Gynghrair (Rhyddfrydwyr Democrataidd) yn ddiweddarch.

**DP – Democratic Party.** Plaid a ffurfiwyd yn 1969 gan Desmond Donnelly ar ôl ei ddiarddel o'r Blaid Lafur. Un etholiad seneddol a ymladdwyd gan y blaid hon yng Nghymru, sef ym Mhenfro yn 1970, a Donnelly ei hun yn ymgeisydd.

**G – Gwyrdd.** Plaid a ffurfiwyd yn 1973 i ddod â gwarchodaeth yr amgylchfyd i sylw cymdeithas.

**HC – Heddychwr Cristnogol.** Teitl a ddefnyddiwyd gan George M Ll Davies pan ymladdodd sedd Prifysgol Cymru yn 1923 a'i hennill. Trodd at y Blaid Lafur yn ystod y sesiwn seneddol a ddilynodd.

**ILP – Independent Labour Party.** Sefydlwyd yn 1893, a'i chymryd o dan adain y Blaid Lafur o ddyddiad ffurfio'r blaid honno yn 1900 hyd 1932. Nid bob amser y byddai'r Blaid Lafur yn rhoi ei chefnogaeth i ymgeiswyr a ymladdai yn enw'r ILP, ac ar gyfer enwau y cyfryw ymgeiswyr y ceir ILP isod.

**LlafC – Llafur Cenedlaethol.** Aelodau o'r Blaid Lafur a oedd yn gefnogol i'r Llywodraeth Genedlaethol yn 1931.

**Llaf/Cyd – Llafur a Chydweithredol.** Aelod o'r Blaid Lafur a'r Blaid Gydweithredol (sefydlwyd 1917). Er 1918 rhoddodd y Blaid Lafur ei bendith ar bob ymgeisydd a oedd hefyd yn aelod o'r Blaid Gydweithredol.

**LlafSos – Llafur Sosialaidd.** Plaid a ffurfiwyd yn 1996 gan Arthur Scargill i wrthwynebu Llafur Newydd.

**Marx-Len – Marxist-Leninist.** Plaid â'i dechreuadau mewn mudiad a sefydlwyd yng Nghanada yn 1963. Ei pholisi yw hyrwyddo Comiwnyddiaeth yn ôl dysgeidiaeth Mao. Ymladdodd unwaith yng Nghymru – yn Ne-Ddwyrain Caerdydd yn 1974.

**MGC – Mudiad Gweriniaethol Cymru.** Daeth i fod yn 1949 gyda'r nod o ffurfio Gweriniaeth Sosialaidd yng Nghymru. Ymladdodd ei unig etholiad seneddol yn Ogwr yn 1950.

**NDP – National Democratic & Labour Party.** Ffurfiwyd yn 1915, ond yn 1918 y mabwysiadodd yr enw hwn. Sosialaidd o ran anian, ac yn gefnogol i'r Coalisiwn yn ystod y Rhyfel Byd Cyntaf. Ymladdodd un etholiad seneddol yng Nghymru, ac etholwyd ei hymgeisydd (Aberdâr 1918).

**NF – National Front.** Plaid a ffurfiwyd yn 1967 ac iddi bolisi o genedlaetholdeb Prydeinig.

**NFDSS – National Federation of Discharged and Demobilized**

**Am – Agriculturalist.** (National Farmers Union of England and Wales). A party formed in 1908 with a view to securing seats in parliament whose occupants would seek to safeguard the interests of farmers and agriculture in general. It fought its only parliamentary election in Wales at Carmarthen, 1922.

**BEP – British Empire Party.** Formed in 1951 by P J Ridout to promote British nationalism. The party's only electoral campaign was fought in a Welsh constituency – Ogmore 1951 – when its candidate lost his deposit.

**Cen – National.** A title used by candidates of various political persuasions at the General Election of 1931 mainly, in order to demonstrate their support for the National Government.

**DC – Social Democratic Party (SDP).** Party of the centre (1981-90) formed by David Owen, Shirley Williams, Roy Jenkins and William Rogers after their resignation from the Labour Party. Fought 1983 and 1987 elections in alliance with the Liberal Party, both parties merging in 1988 to form the Social and Liberal Democratic Party, or Alliance (later Liberal Democrats)

**DP – Democratic Party.** A party founded by Desmond Donnelly after his expulsion from the Labour Party in 1969. It contested only one parliamentary election in Wales – at Pembroke in 1970, with Donnelly himself as candidate.

**G – Green.** Party formed in 1973 and dedicated to making the protection of the environment a primary interest in society.

**HC – Christian Pacifist.** A designation used by George M Ll Davies when he successfully contested the University of Wales seat in 1923. During the parliamentary session that followed he joined the Labour Party.

**ILP – Independent Labour Party.** Formed in 1893 and affiliated to the Labour Party from 1900 to 1932. ILP appears below after the names of candidates who were not endorsed by the Labour Party at the time.

**LlafC – National Labour (Organisation).** Members of the Labour Party who supported the National Government of 1931.

**Llaf/Cyd. – Labour & Co-operative.** A joint member of these parties. Since 1918 the Labour Party has endorsed all Co-operative Party candidates.

**LlafSos – Socialist Labour Party.** Formed in 1996 by Arthur Scargill to oppose New Labour

**Marx-Len – Marxist-Leninist.** A party which had its origins in a movement founded in Canada in 1963. Has a policy of Maoist Communism, and has fought one parliamentary election in Wales – Cardiff South-East, 1974.

**MGC – Welsh Republican Movement.** Formed in 1949 with a view to establishing a Welsh Socialist Republic. It fought one parliamentary election, Ogmore, in 1950.

**NDP – National Democratic & Labour Party.** Originated in 1915 but adopted this name in 1918. It supported the Coalition during the Great War. Fought one election in Wales, and its candidate was returned (Aberdare 1918).

**NF – National Front.** Formed in 1967 with a policy of British nationalism.

**NFDSS – National Federation of Discharged and Demobilized Sailors and Soldiers.** Ffurfiwyd yn 1917 i ofalu am fuddiannau cyn-aelodau o'r lluoedd arfog. Unodd yn ddiweddarach â'r Lleng Brydeinig. Rhoddodd ymgeisydd ymlaen mewn un etholaeth Gymreig yn unig, sef yn Aberafan, 1918.

**NLP – Natural Law Party.** Plaid sy'n credu mai'r gyfraith orau yw cyfraith natur, sef cyfraith y byd a'r bydysawd.

**NP – New Party.** Plaid a ffurfiwyd gan Oswald Mosley yn 1931, ac a ddatblygodd yn ffasgaidd ei golygiadau. Ymladdodd ddwy sedd yng Nghymru yn Etholiad Cyffredinol 1931 – Merthyr Tudful a Phontypridd.

**RCP – Revolutionary Communist Party.** Ffurfiwyd yn 1944 i hyrwyddo Comiwnyddiaeth Drotsgïaidd. Daeth ei gyrfa i ben yn 1949, a chyhoeddwyd fod ei haelodau yn ymuno â'r Blaid Lafur. Yng Nghymru yr ymladdodd ei hunig etholiad seneddol, sef yn is-etholiad Castell-nedd yn 1945.

**Reff – Plaid y Refferendwm.** Ffurfiwyd gan Syr James Goldsmith i ymladd yn Etholiad 1997, ac i alw refferendwm ynglŷn â pherthynas y Deyrnas Unedig â'r Undeb Ewropeaidd yn y dyfodol.

**RhAnn – Rhyddfrydwr Annibynnol.** Yn Etholiad Cyffredinol 1931 golygai'r disgrifiad hwn fod yr ymgeisydd Rhyddfrydol yn wrthwynebol i'r Llywodraeth Genedlaethol.

**RhC – Rhyddfrydwyr Cenedlaethol.** Cefnogwyr Lloyd George ar ôl y Rhyfel Mawr, a gelwid hwy felly er mwyn gwahaniaethu rhyngddynt a'r Blaid Ryddfrydol swyddogol o dan arweiniad H H Asquith. Yn ystod y rhyfel, y rhain oedd y Rhyddfrydwyr a gefnogai'r Coalisiwn. Erbyn ymgyrch etholiadol 1923 daeth y ddwy garfan at ei gilydd. Ystyr RhC yn 1931, ac yn ddiweddarach, yw aelod o'r Blaid Ryddfrydol a ddymunai ddangos ei gefnogaeth i'r Llywodraeth Genedlaethol.

**RhC&C – Rhyddfrydwyr Cenedlaethol a Cheidwadol.** Uniad rhwng carfan o'r Blaid Ryddfrydol – cefnogwyr y Llywodraeth Genedlaethol yn 1931 – a'r Blaid Geidwadol.

**RhD – Rhyddfrydwyr Democrataidd.** Plaid a ffurfiwyd yn 1988 pan unwyd y Blaid Ryddfrydol a'r Democratiaid Cymdeithasol (SDP).

**RhLlaf –** Uniad o Ryddfrydwyr a Radicaliaid, llawer ohonynt yn derbyn nawdd yr undebau. Eithriad yw eu cael ar ôl 1900, sef blwyddyn sefydlu'r Blaid Lafur.

**RhU – Undebwyr Rhyddfrydol.** Adran o'r Blaid Ryddfrydol a ddeilliodd o'r rhaniad o fewn y blaid honno ar fater ymreolaeth Iwerddon.

**SDP** gweler **DC**

**WRP – Workers Revolutionary Party.** Ffurfiwyd yn 1959, a mabwysiadwyd yr enw presennol yn 1974. Hyrwydda Gomiwnyddiaeth Drotsgïaidd. Ymladdodd ddau etholiad seneddol yng Nghymru, sef ym Merthyr Tudful 1974 (Chwef.) ac Aberafan 1974 (Hyd.).

**NFDSS – National Federation of Discharged and Demobilized Sailors and Soldiers.** Formed in 1917 to safeguard the interests of ex-servicemen. Later merged with the British Legion. It put up a candidate at only one parliamentary election in Wales, Aberavon 1918.

**NLP – Natural Law Party.** Party that believes that the best government is nature's government, which governs all life, from the galaxies to the solar system to the Planet Earth.

**NP – New Party.** Formed by Oswald Mosley in 1931, it became increasingly fascist in policy. At the General Election of 1931, two NP candidates were put up in Welsh constituencies – Merthyr Tudful and Pontypridd.

**RCP – Revolutionary Communist Party.** Formed in 1944 as a Trotskyist Communist Party. Disbanded in 1949 and members joined the Labour Party. Its only parliamentary election was fought in Wales, at the Neath by-election of 1945.

**Reff – Referendum Party.** Formed by Sir James Goldsmith to contest the 1994 Election. Called for a Referendum on the future of United Kingdom's relationship with the rest of the European Union.

**RhAnn – Independent Liberal.** At the General Election of 1931 this designation demonstrated that the candidate was a Liberal who was opposed to the National Government.

**RhC – National Liberal.** Supporters of Lloyd George after the Great War, and thus described in order to distinguish them from the official Liberal Party led by H H Asquith. During the war they had supported the Coalition. Both factions united to fight the 1923 General Election campaign. At the General Election of 1931, and later, RhC stands for a Liberal candidate who supported the National Government.

**RhC&C – National Liberal & Conservative.** A designation given to candidates who represent a combination of the National Liberals of 1931 and the Conservative Party.

**RhD – Liberal Democrats.** Party formed in 1988 when the Liberal Party and SDP merged.

**RhLlaf – LibLab.** Candidates of Liberal and Radical persuasions, many of them sponsored by the Trade Unions. After 1900, when the Labour Party was founded, they either threw in their lot with that party or remained Liberal.

**RhU – Liberal Unionist.** A faction of the Liberal Party born of the disagreement within that party on Home Rule for Ireland.

**SDP** see **DC**

**WRP – Workers Revolutionary Party.** Formed in 1959 and adopted its present name in 1974. Advocates a policy of Trotskyist Communism. The party has fought two elections in Wales; in Merthyr 1974 (Feb.) and Aberafan 1974 (Oct.).

# Byrfoddau / Abbreviations

## Pleidiau Gwleidyddol / Political Parties

**Am** Amaethyddwr / *Agriculturalist*
**Ann** Annibynnol / *Independent*
**BC** *British Candidate*
**BEP** *British Empire Party*
**BNP** *British National Party*
**C** Ceidwadwr / *Conservative*
**Cen** Cenedlaethol / *National*
**Com** Comiwnydd / *Communist*
**Cyng/DC** Cynghrair/Democratiaid Cymdeithasol / *Alliance/SDP*
**Cyng/Rh** Cynghrair/Rhyddfrydwyr / *Liberal/Alliance*
**DC** Democrat Cymdeithasol / *SDP*
**DP** *Democratic Party*
**Ecol** Ecoleg / *Ecology*
**G** Gwyrdd / *Green*
**HC** Heddychwr Cristionogol / *Christian Pacifist*
**ILP** *Independent Labour Party*
**L** *Official Monster Raving Loony Party*
**Llaf** Llafur / *Labour*
**Llaf Ann** Llafur Annibynnol / *Independent Labour*
**LlafC** Llafur Cenedlaethol / *National Labour Organisation*
**Llaf/Cyd.** Llafur/Cydweithredol / *Labour/Co-operative*
**LlafN** Llafur Newydd / *New Labour*
**LlafSos** Llafur Sosialaidd / *Socialist Labour Party*
**Marx-Len** *Marxist-Leninist*
**MGC** Mudiad Gweriniaethol Cymru / *Welsh Republican Movement*

**NDP** *National Democratic Party*
**NF** *National Front*
**NFDSS** *National Federation of Discharged and Demobilised Sailors and Soldiers*
**NLP** *Natural Law Party*
**NP** *New Party*
**PC** Plaid Cymru
**PC/G** Plaid Cymru/Gwyrdd / *Plaid Cymru/Green*
**PP** *People's Party*
**RCP** *Revolutionary Communist Party*
**Reff** Plaid y Refferendwm / *Referendum Party*
**Rh** Rhyddfrydwr / *Liberal*
**RhAnn** Rhyddfrydwr Annibynnol / *Independent Liberal*
**RhC** Rhyddfrydwr Cenedlaethol / *National Liberal*
**RhC&C** Rhyddfrydwr Cenedlaethol a Cheidwadol / *National Liberal & Conservative*
**RhD** Rhyddfrydwr Democrataidd / *Liberal Democrats*
**RhLlaf** Rhyddfrydwr-Llafur / *Lib-Lab*
**RhU** Undebwr Rhyddfrydol / *Liberal Unionist*
**Rhyddid** Plaid Rhyddid / *Freedom Party*
**SLD** gw. **RhD**
**Sos** Sosialydd / *Socialist*
**WRP** *Workers Revolutionary Party*

# Byrfoddau / Abbreviations

## Termau a Theitlau / Terms & Titles

| | |
|---|---|
| **Anrh.** | Anrhydeddus / *Honourable* |
| **Arg.** | Arglwydd / *Lord* |
| **Athro, yr** | *Professor* |
| **bwr.** | bwrdeistref / *borough* |
| **CP** | canran y bleidlais/canran o'r etholwyr / *percentage of vote/percentage of electorate* |
| **CPP** | canran y bleidlais Brydeinig / *UK voting percentage* |
| **Cad.** | Cadfridog / *General* |
| **Cyr.** | Cyrnol / *Colonel* |
| **di-wrth.** | diwrthwynebiad / *unopposed* |
| **eth.** | etholwyr/etholaeth / *electorate/constituency* |
| **Gwir Anrh.** | Gwir Anrhydeddus / *Right Honourable* |
| **ieu.** | ieuengaf / *junior* |
| **Is-Etholiad(au)** | *By-Election(s)* |
| **Is-gyr.** | Is-gyrnol / *Lieutenant Colonel* |
| **Is-iarll** | *Viscount* |
| **Parch.** | Parchedig / *Reverend* |
| **PW/PM** | Prif Weinidog / *Prime Minister* |
| **Sedd** | *Seat* |
| **Syr** | *Sir* |

# Etholaethau / Constituencies

| | | | |
|---|---|---|---|
| **Aberafan** | Aberavon | **Clwyd Gogledd-Orllewin** | Clwyd North-West |
| **Aberdâr** | Aberdare | **Cwm Cynon** | Cynon Valley |
| **Abertawe** | Swansea | **Dinbych** | Denbigh |
| **Abertyleri** | Abertillery | **Dyffryn Clwyd** | Vale of Clwyd |
| **Alyn a Glannau Dyfrdwy** | Alyn and Deeside | **Glynebwy** | Ebbw Vale |
| **Barri** | Barry | **Gŵyr** | Gower |
| **Bedwellte** | Bedwellty | **Maesyfed** | Radnor |
| **Bont-faen, Y** | Cowbridge | **Meirionnydd** | Merioneth |
| **Bro Morgannwg** | Vale of Glamorgan | **Merthyr Tudful a Rhymni** | Merthyr Tydfil and Rhymney |
| **Brycheiniog** | Brecon | **Môn** | Anglesey |
| **Brycheiniog a Maesyfed** | Brecon & Radnor | **Morgannwg** | Glamorgan |
| **Caerdydd** | Cardiff | **Mynwy** | Monmouth(shire) |
| **Caerfyrddin** | Carmarthen | **Ogwr** | Ogmore |
| **Caerffili** | Caerphilly | **Penfro a Hwlffordd** | Pembroke & Haverfordwest |
| **Casnewydd** | Newport | **Pen-y-bont ar Ogwr** | Bridgend |
| **Castell-nedd** | Neath | **Pontypŵl** | Pontypool |
| **Ceredigion** | Cardigan(shire) | **Prifysgol Cymru** | University of Wales |
| **Ceredigion a Gogledd Penfro** | Cardigan(shire) and Pembroke North | **Trefaldwyn** | Montgomery |
| | | **Trefynwy** | Monmouth |
| **Clwyd De-Orllewin** | Clwyd South-West | **Ynys Môn** | see **Môn** |

|          | P       | CP    | CPP   | S   |
|----------|---------|-------|-------|-----|
| Rh       | 119231  | 58.3% | 47.4% | 29  |
| C        | 79690   | 38.9% | 43.5% | 4   |
| RhLlafAnn| 3859    | 1.9%  |       | 1   |
| RhAnn    | 1907    | 0.9%  |       |     |
|          | ====    |       |       |     |
|          | 204687  |       |       |     |

Llywodraeth Geidwadol/*Conservative Government*
PW/*PM* *Ardalydd Salisbury/Marquis of Salisbury*

etholiad cyffredinol
# 1885
## general election
24 Tachwedd –18 Rhagfyr
24 November–18 December

## Abertawe Bwr – Tref/*Town*     **Rh**

Eth: 7597 CP: 81.3%

| | | | |
|---|---|---|---|
| Lewis Llewelyn Dillwyn | Rh | 3660 | 59.2% |
| William Herbert Meredyth | C | 2520 | 40.8% |
| | | 1140 | 18.4% |

## Abertawe Bwr – Rhanbarth/*District*     **Rh**

(Aberafan, Cynffig, Llwchwr, Castell-nedd a rhan o Abertawe)

| | | |
|---|---|---|
| Syr Henry Hussey Vivian | Rh (RhU) | di-wrth |

## Brycheiniog     **Rh**

Eth: 9520. CP: 84.7%

| | | | |
|---|---|---|---|
| William Fuller-Maitland | Rh | 4784 | 59.3% |
| Yr Anrh. Arthur J Morgan | C | 3282 | 40.7% |
| | | 1502 | 18.6% |

## Caerdydd Bwr     **Rh**

Eth: 12605. CP: 87.3% (Y Bont-faen, Caerdydd, Llantrisant)

| | | | |
|---|---|---|---|
| Syr Edward James Reed | Rh | 5569 | 50.6% |
| Henry Harben | C | 5429 | 49.4% |
| | | 140 | 1.2% |

## Caerfyrddin Sir – Dwyrain/*East*     **Rh**

Eth: 8669. CP: 76.2%

| | | | |
|---|---|---|---|
| David Pugh | Rh | 4487 | 67.9% |
| Syr M O Mowbray Lloyd | C | 2122 | 32.1% |
| | | 2365 | 35.8% |

## Caerfyrddin Sir – Gorllewin/*West*     **C > Rh**

Eth: 9969. CP: 75.3%

| | | | |
|---|---|---|---|
| Walter Rice Howell Powell | Rh | 4568 | 60.8% |
| Is-Iarll Emlyn | C | 2942 | 39.2% |
| | | 1626 | 21.6% |

## Caerfyrddin Bwr     **Rh**

Eth: 5399. CP: 77.1% (Caerfyrddin a Llanelli)

| | | | |
|---|---|---|---|
| Syr John Jones Jenkins | Rh | 2884 | 69.2% |
| John Simmons Tregoning | C | 1281 | 30.8% |
| | | 1603 | 38.4% |

## Caernarfon Sir – Arfon     **Rh**

Eth: 9136. CP: 81.0%

| | | | |
|---|---|---|---|
| William Rathbone | Rh | 4562 | 61.6% |
| Henry Platt | C | 2838 | 38.4% |
| | | 1724 | 23.2% |

## Caernarfon Sir – Eifion     **Rh**

Eth: 8978. CP: 79.2%

| | | | |
|---|---|---|---|
| John Bryn Roberts | Rh | 4535 | 63.8% |
| Hugh John Ellis-Nanney | C | 2573 | 36.2% |
| | | 1962 | 27.6% |

## Caernarfon Bwr     **Rh**

Eth: 4476. CP: 84.5% (Bangor, Caernarfon, Conwy, Cricieth, Nefyn, Pwllheli)

| | | | |
|---|---|---|---|
| Thomas Duncombe Love Jones-Parry | Rh | 1923 | 50.9% |
| Edmund Swetenham | C | 1858 | 49.1% |
| | | 65 | 1.8% |

## Ceredigion     **Rh**

Eth: 12308. CP: 78.1%

| | | | |
|---|---|---|---|
| David Davies | Rh | 5967 | 62.1% |
| Matthew Lewis Vaughan-Davies | C | 3644 | 37.9% |
| | | 2323 | 24.2% |

*George Osborne Morgan*

## Dinbych Sir – Dwyrain/*East*     **C > Rh**

Eth: 8297. CP: 87.6%

| | | | |
|---|---|---|---|
| George Osborne Morgan | Rh | 3831 | 52.7% |
| Syr Herbert Lloyd Watkin Williams Wynn | C | 3438 | 47.3% |
| | | 393 | 5.4% |

Diorseddwyd teulu'r Wynnstay o gynrychiolaeth seneddol y sir am y tro cyntaf ers dros 180 o flynyddoedd / *a Wynn of Wynnstay had represented the county for over 180 years*

## Dinbych Sir – Gorllewin/West
**Rh**

Eth: 8899. CP: 85.2%

| | | | |
|---|---|---|---|
| Cyr. William C Cornwallis West | Rh | 4586 | 60.5% |
| Charles Salusbury Mainwaring | C | 2992 | 39.5% |
| | | 1594 | 21.0% |

## Dinbych Bwr
**Rh > C**

Eth: 3414. CP: 94.2% (Dinbych, Holt, Rhuthun, Wrecsam)

| | | | |
|---|---|---|---|
| Yr Anrh. George Thomas Kenyon | C | 1761 | 54.8% |
| Syr Robert Alfred Cunliffe | Rh | 1455 | 45.2% |
| | | 306 | 9.6% |

## Fflint Sir
**Rh**

Eth: 10181. CP: 78.3%

| | | | |
|---|---|---|---|
| Yr Arglwydd Richard Grosvenor | Rh | 4758 | 60.3% |
| Anrh Henry Richard Howell Lloyd-Mostyn | C | 3132 | 39.7% |
| | | 1626 | 20.6% |

## Fflint Bwr
**Rh**

Eth: 3773. CP: 94.0% (Caergwrle, Caerwys, Y Fflint, Llanelwy, Owrtyn, Rhuddlan, Treffynnon, Yr Wyddgrug)

| | | | |
|---|---|---|---|
| John Roberts | Rh | 1835 | 51.7% |
| Capten Philip Pennant Pennant | C | 1713 | 48.3% |
| | | 122 | 3.4% |

## Maesyfed
**Rh > C**

Eth: 4539. CP: 81.4%

| | | | |
|---|---|---|---|
| Yr Anrh. Arthur Henry John Walsh | C | 1880 | 50.9% |
| Charles Coltman Rogers | Rh | 1813 | 49.1% |
| | | 67 | 1.8% |

## Meirionnydd
**Rh**

Eth: 9333. CP: 84.6%

| | | | |
|---|---|---|---|
| Henry Robertson | Rh | 3784 | 47.9% |
| William R M Wynn | C | 2209 | 28.0% |
| Morgan Lloyd | RhAnn | 1907 | 24.1% |
| | | 1575 | 19.9% |

## Merthyr Tudful Bwr (2 sedd)
**Rh + Rh**

| | | |
|---|---|---|
| *Charles Herbert James | Rh | di-wrth |
| *Henry Richard | Rh | di-wrth |

*Y ddau yn cael eu hethol / *Both elected*

## Môn
**Rh**

Eth: 9777. CP: 80.5%

| | | | |
|---|---|---|---|
| Richard Davies | Rh | 4412 | 56.0% |
| Capten George Pritchard Rayner | C | 3462 | 44.0% |
| | | 950 | 12.0% |

## Morgannwg – Canol/Mid
**Rh**

| | | |
|---|---|---|
| Christopher Rice Mansel Talbot | Rh | di-wrth |

## Morgannwg – De/South
**Rh**

Eth: 8806. CP: 82.9%

| | | | |
|---|---|---|---|
| Arthur John Williams | Rh | 3945 | 54.1% |
| John Talbot Dillwyn-Llewelyn | C | 3351 | 45.9% |
| | | 594 | 8.2% |

## Morgannwg – Dwyrain/East
**Rh**

Eth: 8544. CP: 81.6%

| | | | |
|---|---|---|---|
| Alfred Thomas | Rh | 4886 | 70.1% |
| Godfrey Lewis Bosville Clark | C | 2086 | 29.9% |
| | | 2800 | 40.2% |

## Morgannwg – Gorllewin neu Gŵyr/West or Gower
**Rh**

Eth: 10562. CP: 72.6%

| | | | |
|---|---|---|---|
| Frank Ash Yeo | Rh | 5560 | 72.6% |
| Henry Nathaniel Miers | C | 2103 | 27.4% |
| | | 3457 | 45.2% |

## Morgannwg – Rhondda, Y
**RhLlafAnn**

Eth: 8210. CP: 83.4%

| | | | |
|---|---|---|---|
| William Abraham | RhLlafAnn | 3859 | 56.3% |
| Frederick Lewis Davies | Rh | 2992 | 43.7% |
| | | 867 | 12.6% |

## Mynwy – De/South
**C**

Eth: 11069. CP: 83.0%

| | | | |
|---|---|---|---|
| Yr Anrh. Frederick Courtenay Morgan | C | 4890 | 53.3% |
| Syr Henry Mather Jackson | Rh | 4293 | 46.7% |
| | | 597 | 6.6% |

## Mynwy – Gogledd/North
**Rh**

Eth: 10705. CP: 83.4%

| | | | |
|---|---|---|---|
| Thomas Phillips Price | Rh | 5693 | 63.8% |
| J A Rolls | C | 3236 | 36.2% |
| | | 2457 | 27.6% |

## Mynwy – Gorllewin/West
**Rh**

Eth: 9770. CP: 82.6%

| | | | |
|---|---|---|---|
| Cornelius M Warmington | Rh | 6730 | 83.4% |
| Benjamin Francis Williams | C | 1341 | 16.6% |
| | | 5389 | 66.8% |

Y mwyafrif uchaf yn yr etholiad hwn / *The largest majority obtained at this general election*

## Mynwy Bwr
**Rh**

Eth: 6485. CP: 90.3%. Brynbuga, Casnewydd, Trefynwy

| | | | |
|---|---|---|---|
| Edward Hamer Carbutt | Rh | 2932 | 50.1% |
| Thomas Cordes | C | 2921 | 49.9% |
| | | 11 | 0.2% |

## Penfro Sir
**Rh**

Eth: 10883 CP: 80.3%

| | | | |
|---|---|---|---|
| William Davies | Rh | 4999 | 57.2% |
| Charles Edward Gregg Philipps | C | 3738 | 42.8% |
| | | 1261 | 14.4% |

## Penfro a Hwlffordd Bwr
**Rh**

Eth: 5474. CP: 83.4% (Aberdaugleddau, Abergwaun, Arberth, Cas-wis (Wiston), Dinbych y Pysgod, Hwlffordd, Penfro)

| | | | |
|---|---|---|---|
| Henry George Allen | Rh | 2418 | 52.9% |
| Ôl-Lyngesydd Richard Clark Mayne | C | 2150 | 47.1% |
| | | 268 | 5.8% |

**Trefaldwyn** Sir                                                                 **Rh**

Eth: 8870. CP: 83.8%

| | | | |
|---|---|---|---|
| Stuart Rendel | Rh | 4044 | 54.4% |
| Charles Watkin Williams Wynn | C | 3389 | 45.6% |
| | | 655 | 8.8% |

**Trefaldwyn** Bwr                                                           **Rh > C**

Eth: 2999. CP: 91.2% (Y Drenewydd, Llanfyllin, Llanidloes, Machynlleth, Y Trallwng, Trefaldwyn)

| | | | |
|---|---|---|---|
| Pryce Pryce-Jones | C | 1409 | 51.5% |
| Yr Anrh. Frederick Stephen Archibald Hanbury-Tracy | Rh | 1326 | 48.5% |
| | | 83 | 3.0% |

# Is-Etholiadau 1885-1886

**Caerdydd** Bwr                                                                 **Rh**

27/2/1886

Ar benodiad Syr E J Reed yn Arglwydd Gomisiynydd yn y Trysorlys / *On Sir E J Reed's appointment as Lord Commissioner in the Treasury*

Eth: 12605. CP: 83.7%

| | | | |
|---|---|---|---|
| Syr E J Reed | Rh | 5708 | 54.1% |
| John Talbot Dillwyn-Llewelyn | C | 4845 | 45.9% |
| | | 863 | 8.2% |

**Fflint** Sir                                                                       **Rh**

2/3/1886

Ar ddyrchafiad Richard Grosvenor i Dŷ'r Arglwyddi yn Arglwydd Stalbridge / *On Richard Grosvenor's elevation to the peerage as Lord Stalbridge*

Eth: 10081. CP: 69.3%

| | | | |
|---|---|---|---|
| Samuel Smith | Rh | 4248 | 60.8% |
| Philip Pennant Pennant | C | 2738 | 39.2% |
| | | 1510 | 21.6% |

|       | P      | CP    | CPP     | S  |
|-------|--------|-------|---------|----|
| Rh    | 70289  | 53.9% | 45.0%   | 26 |
| C     | 42616  | 32.7% | 51.4%*  | 6  |
| RhU   | 17432  | 13.4% |         | 1  |
| RhLlaf |       |       |         | 1  |
|       | ====   |       |         |    |
|       | 130337 |       |         |    |

Llywodraeth Geidwadol/*Conservative Government*
PW/PM   *Ardalydd Salisbury/Marquis of Salisbury*

*yn cynnwys RhU/*including RhU*

etholiad cyffredinol
# 1886
general election

1-27 Gorffennaf
1-27 July

## Abertawe Bwr – Tref/*Town* — **Rh**

Eth: 7597. CP:62.9%

| | | | |
|---|---|---|---|
| Lewis L Dillwyn | Rh | 3040 | 63.6% |
| A James Lambert | RhU | 1740 | 36.4% |
| | | 1300 | 27.2% |

## Abertawe Bwr – Rhanbarth/*District* — **Rh**

(Aberafan, Cynffig, Llwchwr, Castell-nedd a rhan o Abertawe)

| | | | |
|---|---|---|---|
| Syr H Hussey Vivian Bt. | Rh | di-wrth | |

## Brycheiniog — **Rh**

| | | | |
|---|---|---|---|
| William Fuller-Maitland | Rh | di-wrth | |

## Caerdydd Bwr — **Rh**

Eth: 12605. CP: 81.5% (Y Bont-faen, Caerdydd, Llantrisant)

| | | | |
|---|---|---|---|
| Syr E J Reed | Rh | 5307 | 51.7% |
| Anrh. H R Brand | RhU | 4965 | 48.3% |
| | | 342 | 3.4% |

## Caerfyrddin Sir – Dwyrain/*East* — **Rh**

| | | | |
|---|---|---|---|
| David Pugh | Rh | di-wrth | |

## Caerfyrddin Sir – Gorllewin/*West* — **Rh**

Eth: 9969. CP: 61.2%

| | | | |
|---|---|---|---|
| Walter R Howell Powell | Rh | 4181 | 68.6% |
| Syr J Clark Lawrence | RhU | 1916 | 31.4% |
| | | 2265 | 37.2% |

## Caerfyrddin Bwr — **Rh**

Eth: 5399. CP: 74.4% (Caerfyrddin a Llanelli)

| | | | |
|---|---|---|---|
| Syr E A A K Cowell-Stephney | Rh | 2120 | 52.8% |
| Syr John Jones Jenkins | RhU | 1898 | 47.2% |
| | | 222 | 5.6% |

## Caernarfon Sir – Arfon — **Rh**

Eth: 9136. CP: 76.9%

| | | | |
|---|---|---|---|
| William Rathbone | Rh | 4072 | 58.0% |
| Henry Platt | C | 2950 | 42.0% |
| | | 1122 | 16.0% |

## Caernarfon Sir – Eifion — **Rh**

Eth: 8978. CP: 61.4%

| | | | |
|---|---|---|---|
| J Bryn Roberts | Rh | 4244 | 77.0% |
| George Farren | RhU | 1267 | 23.0% |
| | | 2977 | 54.0% |

## Caernarfon Bwr — **Rh > C**

Eth: 4476. CP: 78.3% (Bangor, Caernarfon, Conwy, Cricieth, Nefyn, Pwllheli)

| | | | |
|---|---|---|---|
| Edmund Swetenham | C | 1820 | 51.9% |
| T D Love Jones-Parry | Rh | 1684 | 48.1% |
| | | 136 | 3.8% |

## Ceredigion — **RhU > Rh**

Eth: 12308. CP: 69.0%

| | | | |
|---|---|---|---|
| W Bowen Rowlands | Rh | 4252 | 50.1% |
| David Davies | RhU | 4243 | 49.9% |
| | | 9 | 0.2% |

## Dinbych Bwr — **C**

Eth: 3414. CP: 90.9% (Dinbych, Holt, Rhuthun, Wrecsam)

| | | | |
|---|---|---|---|
| Yr Anrh. G T Kenyon | C | 1657 | 53.4% |
| J E Barlow | Rh | 1446 | 46.6% |
| | | 211 | 6.8% |

## Dinbych Sir – Dwyrain/*East* — **Rh**

Eth: 8297. CP: 84.9%

| | | | |
|---|---|---|---|
| Gwir Anrh. George Osborne Morgan | Rh | 3536 | 50.2% |
| Syr H L Watkin Williams-Wynn | C | 3510 | 49.8% |
| | | 26 | 0.4% |

## Dinbych Sir – Gorllewin/*West* — **RhU**

| | | | |
|---|---|---|---|
| Cyr. William C Cornwallis-West | RhU | di-wrth | |

## Fflint Sir — **Rh**

| | | | |
|---|---|---|---|
| Samuel Smith | Rh | di-wrth | |

## Fflint Bwr — **Rh**

Eth: 3773. CP: 85.6% (Caergwrle, Caerwys, Y Fflint, Llanelwy, Owrtyn, Rhuddlan, Yr Wyddgrug)

| | | | |
|---|---|---|---|
| John Roberts | Rh | 1827 | 56.6% |
| Syr Henry M Jackson | RhU | 1403 | 43.4% |
| | | 424 | 13.2% |

## Maesyfed — **C**

Eth: 4539. CP: 78.8%

| | | | |
|---|---|---|---|
| Yr Anrh. Arthur H J Walsh | C | 1910 | 53.4% |
| Syr Richard Green Price | Rh | 1668 | 46.6% |
| | | 242 | 6.8% |

## Meirionnydd — **Rh**

Eth: 9333. CP: 74.9%

| | | | |
|---|---|---|---|
| Thomas Edward Ellis | Rh | 4127 | 59.1% |
| John Vaughan | C | 2860 | 40.9% |
| | | 1267 | 18.2% |

## Merthyr Tudful Bwr (2 sedd) — **Rh + Rh**

| | | | |
|---|---|---|---|
| *Charles Herbert James | Rh | di-wrth | |
| *Henry Richard | Rh | di-wrth | |

* Y ddau yn cael eu hethol / *Both elected*

## Môn — **Rh**

Eth: 9777. CP: 73.1%

| | | | |
|---|---|---|---|
| Thomas Lewis | Rh | 3727 | 52.1% |
| G Prichard-Rayner | C | 3420 | 47.9% |
| | | 307 | 4.2% |

## Morgannwg – Canol/*Mid* — **Rh**

| | | | |
|---|---|---|---|
| C R M Talbot | Rh | di-wrth | |

## Morgannwg – De/*South* — **Rh**

Eth: 8806. CP: 64.4%

| | | | |
|---|---|---|---|
| Arthur John Williams | Rh | 3497 | 61.6% |
| James Mowatt | C | 2177 | 38.4% |
| | | 1320 | 23.2% |

**Morgannwg – Dwyrain/*East*** **Rh**

| | | | |
|---|---|---|---|
| Alfred Thomas | Rh | di-wrth | |

**Morgannwg – Gorllewin neu Gŵyr/*West or Gower*** **Rh**

| | | | |
|---|---|---|---|
| Frank A Yeo | Rh | di-wrth | |

**Morgannwg – Rhondda, Y** **RhLlaf**

| | | | |
|---|---|---|---|
| William Abraham | RhLlaf | di-wrth | |

**Mynwy – De/*South*** **C**

Eth: 11069. CP: 73.9%

| | | | |
|---|---|---|---|
| Yr Anrh. Frederick C. Morgan | C | 5235 | 64.0% |
| Oliver Bryant | Rh | 2950 | 36.0% |
| | | 2285 | 28.0% |

**Mynwy – Gogledd/*North*** **Rh**

Eth: 10705. CP: 74.5%

| | | | |
|---|---|---|---|
| Thomas Phillips Price | Rh | 4688 | 58.8% |
| Edward Jones | C | 3285 | 41.2% |
| | | 1403 | 17.6% |

*Thomas Edward Ellis*

**Mynwy – Gorllewin/*West*** **Rh**

| | | | |
|---|---|---|---|
| Cornelius M Warmington | Rh | di-wrth | |

**Mynwy** Bwr **Rh > C**

Eth: 6485 CP: 86.4% (Brynbuga, Casnewydd, Trefynwy)

| | | | |
|---|---|---|---|
| Syr George Elliot | C | 3033 | 54.2% |
| Syr Edward H Carbutt | Rh | 2568 | 45.8% |
| | | 465 | 8.4% |

**Penfro** Sir **Rh**

Eth: 10883. CP: 74.3%

| | | | |
|---|---|---|---|
| William Davies | Rh | 4099 | 50.7% |
| Charles Edward Gregg Philipps | C | 3983 | 49.3% |
| | | 116 | 1.4% |

**Penfro a Hwlffordd** Bwr **Rh > C**

Eth: 5474. CP: 79.2% (Aberdaugleddau, Arberth, Penfro, Cas-wis (Wiston), Dinbych y Pysgod, Hwlffordd)

| | | | |
|---|---|---|---|
| Ol-lyngesydd Richard Clark Mayne | C | 2305 | 53.1% |
| Lewis Morris | Rh | 2033 | 46.9% |
| | | 272 | 6.2% |

**Trefaldwyn** Sir **Rh**

Eth: 8870. CP: 79.1%

| | | | |
|---|---|---|---|
| Stuart Rendel | Rh | 3799 | 54.1% |
| Devereux H Mytton | C | 3220 | 45.9% |
| | | 579 | 8.2% |

**Trefaldwyn** Bwr **C > Rh**

Eth: 2999. CP: 89.2% (Y Drenewydd, Llanfyllin, Llanidloes, Machynlleth, Y Trallwng, Trefaldwyn)

| | | | |
|---|---|---|---|
| Yr Anrh. F S A Hanbury-Tracy | Rh | 1424 | 53.2% |
| Pryce Pryce-Jones | C | 1251 | 46.8% |
| | | 173 | 6.4% |

# Is-Etholiadau 1886-1892

**Merthyr Tudful** Bwr **(2 sedd)** **Rh**

14/3/1888

Ar ymddiswyddiad Charles Herbert James / *On the resignation of Charles Herbert James*

| | | | |
|---|---|---|---|
| David Alfred Thomas | Rh | di-wrth | |

**Morgannwg – Gorllewin neu Gŵyr/*West or Gower*** **Rh**

27/3/1888

Ar farwolaeth Frank Ash Yeo / *On the death of Frank Ash Yeo*

Eth:10896. CP: 67.2%

| | | | |
|---|---|---|---|
| David Randell | Rh | 3964 | 54.1% |
| John Talbot Dillwyn-Llewelyn | C | 3358 | 45.9% |
| | | 606 | 8.2% |

### Merthyr Tudful Bwr — **RhAnn**

26/10/1888
Ar farwolaeth Henry Richard / *On the death of Henry Richard*
Eth:15411. CP: 78.5%

| | | | |
|---|---|---|---|
| William Pritchard Morgan | RhAnn | 7149 | 59.1% |
| R Ffoulkes Griffiths | Rh | 4956 | 40.9% |
| | | 2193 | 18.2% |

### Caerfyrddin Sir – **Gorllewin/West** — **Rh**

17/ 7/1889
Ar farwolaeth Walter R Howell Powell / *On the death of Walter R Howell Powell*
Eth: 9379. CP: 72.3%

| | | | |
|---|---|---|---|
| John Lloyd Morgan | Rh | 4252 | 62.7% |
| H H J Williams-Drummond | C | 2533 | 37.3% |
| | | 1719 | 25.4% |

### Morgannwg – **Canol/Mid** — **Rh**

20/2/1890
Ar farwolaeth C R M Talbot / *On the death of C R M Talbot*

| | | |
|---|---|---|
| Samuel Thomas Evans | Rh | di-wrth |

### Caernarfon Bwr — **C > Rh**

10/4/1890
Ar farwolaeth Edmund Swetenham / *On the death of Edmund Swetenham*
Eth: 4366. CP: 89.5%

| | | | |
|---|---|---|---|
| David Lloyd George | Rh | 1963 | 50.2% |
| Hugh John Ellis Nanney | C | 1945 | 49.8% |
| | | 18 | 0.4% |

### Caerfyrddin Sir – **Dwyrain/East** — **Rh**

8/8/1890
Ar farwolaeth David Pugh / *On the death of David Pugh*

| | | |
|---|---|---|
| Abel Thomas | Rh | di-wrth |

|      | P      | CP    | CPP    | S  |
|------|--------|-------|--------|----|
| Rh   | 141465 | 64.5% | 45.1%  | 30 |
| C    | 58971  | 26.9% | 47.0%* | 3  |
| RhU  | 19067  | 8.7%  |        |    |
| RhLlaf |      |       |        | 1  |
|      | ====   |       |        |    |
|      | 219503 |       |        |    |

Llywodraeth Ryddfrydol/*Liberal Government*
PW/*PM*   William Ewart Gladstone (-3/1894)
          Archibald Philip Primrose Rosebery

*yn cynnwys RhU/*including RhU*

etholiad cyffredinol
# 1892
general election

4-26 Gorffennaf
4-26 July

## Abertawe – Tref/*Town* — **Rh**
Eth: 8447. CP: 79.8%

| | | | |
|---|---|---|---|
| R J Dickson-Burnie | Rh | 3733 | 55.4% |
| Syr J T Dillwyn-Llewelyn | C | 3011 | 44.6% |
| | | 722 | 10.8% |

## Abertawe – Rhanbarth/*District* — **Rh**
Eth: 10047. CP: 68.6% (Aberafan, Cynffig, Llwchwr, Castell-nedd a rhan o Abertawe)

| | | | |
|---|---|---|---|
| Syr H Hussey Vivian | Rh | 5959 | 86.5% |
| Henry Monger | C | 933 | 13.5% |
| | | 5026 | 73.0% |

## Brycheiniog — **Rh**
Eth: 10551. CP: 76.7%

| | | | |
|---|---|---|---|
| William Fuller Maitland | Rh | 4676 | 57.8% |
| Thomas Wood | C | 3418 | 42.2% |
| | | 1258 | 15.6% |

## Caerdydd Bwr — **Rh**
Eth: 16886. CP: 81.5% (Y Bont-faen, Caerdydd, Llantrisant)

| | | | |
|---|---|---|---|
| Syr Edward James Reed | Rh | 7226 | 52.5% |
| John E Gunn | RhU | 6540 | 47.5% |
| | | 686 | 5.0% |

## Caerfyrddin Sir – Dwyrain/*East* — **Rh**
Eth: 9136. CP: 62.0%

| | | | |
|---|---|---|---|
| Abel Thomas | Rh | 4439 | 78.4% |
| Capt. Thomas Davies | RhU | 1223 | 21.6% |
| | | 3216 | 56.8% |

## Caerfyrddin Sir – Gorllewin/*West* — **Rh**

| | | | |
|---|---|---|---|
| John Lloyd Morgan | Rh | di-wrth | |

## Caerfyrddin Bwr — **RhU > Rh**
Eth: 5289. CP: 87.0% (Caerfyrddin, Llanelli)

| | | | |
|---|---|---|---|
| Evan Rowland Jones | Rh | 2412 | 52.4% |
| Syr John Jones Jenkins | RhU | 2187 | 47.6% |
| | | 225 | 4.8% |

## Caernarfon Sir – Arfon — **Rh**

| | | | |
|---|---|---|---|
| William Rathbone | Rh | di-wrth | |

## Caernarfon Sir – Eifion — **Rh**
Eth: 9630. CP:67.9%

| | | | |
|---|---|---|---|
| J Bryn Roberts | Rh | 4567 | 69.8% |
| W Humphreys | C | 1973 | 30.2% |
| | | 2594 | 39.6% |

## Caernarfon Bwr — **Rh**
Eth: 4723. CP: 87.1% (Bangor, Caernarfon, Conwy, Cricieth, Nefyn, Pwllheli)

| | | | |
|---|---|---|---|
| David Lloyd George | Rh | 2154 | 52.4% |
| Syr John Henry Puleston | C | 1958 | 47.6% |
| | | 196 | 4.8% |

## Ceredigion — **Rh**
Eth: 13155. CP: 64.6%

| | | | |
|---|---|---|---|
| W Bowen Rowlands | Rh | 5233 | 61.5% |
| William Jones | RhU | 3270 | 38.5% |
| | | 1963 | 23.0% |

## Dinbych Sir – Dwyrain/*East* — **Rh**
Eth: 9941. CP: 76.6%

| | | | |
|---|---|---|---|
| Syr George Osborne Morgan | Rh | 4189 | 55.0% |
| Syr H L Watkin Williams-Wynn | C | 3423 | 45.0% |
| | | 766 | 10.0% |

## Dinbych Sir – Gorllewin/*West* — **Rh**
Eth: 9915. CP: 69.5%

| | | | |
|---|---|---|---|
| J Herbert Roberts | Rh | 4612 | 66.9% |
| Cyr. W C Cornwallis-West | C | 2279 | 33.1% |
| | | 2333 | 33.8% |

## Dinbych Bwr — **C**
Eth: 3521. CP: 91.7% (Dinbych, Holt, Rhuthun, Wrecsam)

| | | | |
|---|---|---|---|
| Yr Anrh George T Kenyon | C | 1664 | 51.5% |
| T Howell Williams | Rh | 1566 | 48.5% |
| | | 98 | 3.0% |

## Fflint Sir — **Rh**
Eth: 10075. CP: 76.8%

| | | | |
|---|---|---|---|
| Samuel Smith | Rh | 4597 | 59.4% |
| Syr Robert A Cunliffe | RhU | 3145 | 40.6% |
| | | 1452 | 18.8% |

## Fflint Bwr — **Rh**
Eth: 3710. CP: 91.8% (Caergwrle, Caerwys, Y Fflint, Llanelwy, Owrtyn, Rhuddlan, Treffynnon, Yr Wyddgrug)

| | | | |
|---|---|---|---|
| John Herbert Lewis | Rh | 1883 | 55.3% |
| Capt. Philip Pennant Pennant | C | 1524 | 44.7% |
| | | 359 | 10.6% |

## Maesyfed — **C > Rh**
Eth: 4535. CP: 81.9%

| | | | |
|---|---|---|---|
| Frank Edwards | Rh | 1973 | 53.1% |
| Cyr. Joseph A Bradney | C | 1740 | 46.9% |
| | | 233 | 6.2% |

## Meirionnydd — **Rh**
Eth: 9137. CP: 77.8%

| | | | |
|---|---|---|---|
| Thomas Edward Ellis | Rh | 5175 | 72.8% |
| Henry Owen | C | 1937 | 27.2% |
| | | 3238 | 45.6% |

## Merthyr Tudful Bwr **(2 sedd)** — **Rh + Rh**
Eth: 17271. CP: 81.6%

| | | | |
|---|---|---|---|
| *David Alfred Thomas | Rh | 11948 | 45.9% |
| *W Pritchard Morgan | Rh | 11756 | 45.2% |
| B F Williams | C | 2304 | 8.9% |
| | | 9452 | 36.3% |

*Y ddau yn cael eu hethol / *both elected*

Y mwyafrif Prydeinig mwyaf/*Largest majority in the British Isles*

## Môn | | | | Rh

Eth: 10093. CP: 70.6%

| | | | |
|---|---|---|---|
| Thomas Lewis | Rh | 4420 | 62.1% |
| Morgan Lloyd | RhU | 2702 | 37.9% |
| | | 1718 | 24.2% |

## Morgannwg – Canol/*Mid* | | | | Rh

Eth: 11373. CP: 67.4%

| | | | |
|---|---|---|---|
| Samuel Thomas Evans | Rh | 5941 | 77.5% |
| F Cranfurd Grove | C | 1725 | 22.5% |
| | | 4216 | 55.0% |

## Morgannwg – De/*South* | | | | Rh

Eth: 12481. CP: 68.6%

| | | | |
|---|---|---|---|
| Arthur John Williams | Rh | 4743 | 55.4% |
| Syr Morgan Morgan | C | 3825 | 44.6% |
| | | 918 | 10.8% |

## Morgannwg – Dwyrain/*East* | | | | Rh

Eth: 11741. CP: 72.9%

| | | | |
|---|---|---|---|
| Alfred Thomas | Rh | 5764 | 67.3% |
| Herbert C Lewis | C | 2797 | 32.7% |
| | | 2967 | 34.6% |

## Morgannwg – Gorllewin neu Gŵyr/*West or Gower* | | | | Rh

| | | | |
|---|---|---|---|
| David Randell | Rh | di-wrth | |

## Morgannwg – Y Rhondda | | | | RhLlaf

| | | | |
|---|---|---|---|
| William Abraham | RhLlaf | di-wrth | |

## Mynwy – De/*South* | | | | C

Eth: 13211. CP: 76.6%

| | | | |
|---|---|---|---|
| Yr Anrh F C Morgan | C | 5421 | 53.6% |
| Baron Profumo | Rh | 4700 | 46.4% |
| | | 721 | 7.2% |

## Mynwy – Gogledd/*North* | | | | Rh

Eth: 12130. CP: 73.2%

| | | | |
|---|---|---|---|
| Thomas Phillips Price | Rh | 5020 | 56.5% |
| J A Rolls | C | 3863 | 43.5% |
| | | 1157 | 13.0% |

## Mynwy – Gorllewin/*West* | | | | Rh

Eth: 11251. CP: 77.5%

| | | | |
|---|---|---|---|
| Cornelius M Warmington | Rh | 7019 | 80.5% |
| W Herbert Meredyth | C | 1700 | 19.5% |
| | | 5319 | 61.0% |

## Mynwy Bwr | | | | C > Rh

Eth: 7697. CP: 85.3% (Brynbuga, Casnewydd, Trefynwy)

| | | | |
|---|---|---|---|
| Albert Spicer | Rh | 3430 | 52.2% |
| Syr George Elliot | C | 3137 | 47.8% |
| | | 293 | 4.4% |

## Penfro Sir | | | | Rh

Eth: 10895. CP: 78.0%

| | | | |
|---|---|---|---|
| William Rees M Davies | Rh | 4800 | 56.5% |
| Syr C E Gregg-Philipps | C | 3701 | 43.5% |
| | | 1099 | 13.0% |

## Penfro a Hwlffordd Bwr | | | | C > Rh

Eth: 5980. CP: 83.0% (Abergwaun, Aberdaugleddau, Arberth, Cas-wis (Wiston), Dinbych y Pysgod, Hwlffordd, Penfro)

| | | | |
|---|---|---|---|
| Charles Francis E Allen | Rh | 2580 | 52.0% |
| Is-gadfridog J W Laurie | C | 2385 | 48.0% |
| | | 195 | 4.0% |

## Trefaldwyn Sir | | | | Rh

Eth: 8880. CP: 73.3%

| | | | |
|---|---|---|---|
| Stuart Rendel | Rh | 3662 | 56.3% |
| D H Mytton | C | 2847 | 43.7% |
| | | 815 | 12.6% |

## Trefaldwyn Bwr | | | | Rh > C

Eth: 2936. CP: 91.8% (Y Drenewydd, Llanfyllin, Llanidloes, Machynlleth, Y Trallwng, Trefaldwyn)

| | | | |
|---|---|---|---|
| Syr Pryce Pryce-Jones | C | 1406 | 52.2% |
| Yr Anrh. F S Archibald Hanbury-Tracy | Rh | 1288 | 47.8% |
| | | 118 | 4.4% |

# Is-Etholiadau 1892-1895

## Meirionnydd | | | | Rh

26/8/1892

Ar benodiad Thomas Edward Ellis yn Arglwydd Gomisynydd yn y Trysorlys / *On Thomas Edward Ellis's appointment as Lord Commissioner in the Treasury*

| | | | |
|---|---|---|---|
| Thomas Edward Ellis | Rh | di-wrth | |

## Abertawe Rhanbarth/*District* | | | | Rh

19/6/1893

Ar ddyrchafiad Syr H Hussey Vivian i Dŷ'r Arglwyddi yn Arglwydd Abertawe / *On the elevation of Sir H Hussey Vivian to the peerage as Lord Swansea*

| | | | |
|---|---|---|---|
| William Williams | Rh | di-wrth | |

## Ceredigion | | | | Rh

4/7/1893

Ar benodiad William Bowen Rowlands yn Gofiadur Abertawe / *On William Bowen Rowlands's appointment as Recorder of Swansea*

| | | | |
|---|---|---|---|
| W Bowen Rowlands | Rh | di-wrth | |

## Trefaldwyn Sir | | | | Rh

29/3/1894

Ar ddyrchafiad Stuart Rendel i Dŷ'r Arglwyddi yn Arglwydd Rendel / *On Stuart Rendel's elevation to the peerage as Lord Rendel*

Eth: 8092. CP: 82.2%

| | | | |
|---|---|---|---|
| Arthur Charles Humphreys-Owen | Rh | 3440 | 51.7% |
| R W H W Williams-Wynn | C | 3215 | 48.3% |
| | | 225 | 3.4% |

*William Abraham (Mabon)*

*J Herbert Lewis*

|  | P | CP | CPP | S |
|---|---|---|---|---|
| Rh | 144216 | 57.5% | 45.7% | 24 |
| C | 101359 | 40.4% | 49.1%* | 8 |
| RhU | 2443 | 1% |  | 1 |
| RhLlafAnn | 2677 | 1.1% |  |  |
| RhLlaf |  |  |  | 1 |
|  | ==== |  |  |  |
|  | 250695 |  |  |  |

Llywodraeth Geidwadol/*Conservative Government*
PW/*PM*  Ardalydd Salisbury/*Marquis of Salisbury*

*yn cynnwys RhU/*including RhU*

etholiad cyffredinol

# 1895

## general election

17 Gorffennaf - 7 Awst
17 July - 7 August

## Abertawe – Tref/*Town* — Rh > **C**
Eth: 9091. CP: 82.9%

| | | | |
|---|---|---|---|
| Syr J T Dillwyn-Llewelyn | C | 3977 | 52.8% |
| R J Dickson-Burnie | Rh | 3556 | 47.2% |
| | | 421 | 5.6% |

## Abertawe – Rhanbarth/*District* — **Rh**
Eth: 10237. CP: 75.4% (Aberafan, Cynffig, Llwchwr, Castell-nedd a rhan o Abertawe)

| | | | |
|---|---|---|---|
| D Brynmor Jones | Rh | 3850 | 49.9% |
| E H Hedley | LlAnn/Rh | 2018 | 26.1% |
| J R Wright | C | 1851 | 24.0% |
| | | 1832 | 23.8% |

## Brycheiniog — **Rh**
Eth: 10849. CP: 75.8%

| | | | |
|---|---|---|---|
| Charles Morley | Rh | 4594 | 55.9% |
| Cyr. T Wood | C | 3631 | 44.1% |
| | | 963 | 11.8% |

## Caerdydd Bwr — Rh > **C**
Eth: 19358. CP: 82.4% (Y Bont-faen, Caerdydd, Llantrisant)

| | | | |
|---|---|---|---|
| J M Maclean | C | 8386 | 52.6% |
| Syr Edward J Reed | Rh | 7562 | 47.4% |
| | | 824 | 5.2% |

## Caerfyrddin Sir – Dwyrain/*East* — **Rh**
Eth: 9217. CP: 75.3%

| | | | |
|---|---|---|---|
| Abel Thomas | Rh | 4471 | 64.5% |
| E E Richardson | C | 2466 | 35.5% |
| | | 2005 | 29.0% |

## Caerfyrddin Sir – Gorllewin/*West* — **Rh**
Eth: 9097. CP: 79.7%

| | | | |
|---|---|---|---|
| John Lloyd Morgan | Rh | 4143 | 57.2% |
| W J Buckley | C | 3103 | 42.8% |
| | | 1040 | 14.4% |

## Caerfyrddin Bwr — Rh > **RhU**
Eth: 5370. CP: 90.0% (Caerfyrddin, Llanelli)

| | | | |
|---|---|---|---|
| Syr John Jones Jenkins | RhU | 2443 | 50.5% |
| Evan R Jones | Rh | 2391 | 49.5% |
| | | 52 | 1.0% |

## Caernarfon Sir – Arfon — **Rh**
Eth: 8821. CP: 83.3%

| | | | |
|---|---|---|---|
| William Jones | Rh | 4488 | 61.1% |
| Yr Athro A W Hughes | C | 2860 | 38.9% |
| | | 1628 | 22.2% |

## Caernarfon Sir – Eifion — **Rh**

| | | | |
|---|---|---|---|
| J Bryn Roberts | Rh | di-wrth | |

## Caernarfon Bwr — **Rh**
Eth: 4881. CP: 88.8% (Bangor, Caernarfon, Conwy, Cricieth, Nefyn, Pwllheli)

| | | | |
|---|---|---|---|
| David Lloyd George | Rh | 2265 | 52.2% |
| H J Ellis Nanney | C | 2071 | 47.8% |
| | | 194 | 4.4% |

## Ceredigion — **Rh**
Eth: 12994. CP: 66.8%

| | | | |
|---|---|---|---|
| M L Vaughan Davies | Rh | 4927 | 56.8% |
| J C Harford | C | 3748 | 43.2% |
| | | 1179 | 13.6% |

## Dinbych Sir – Dwyrain/*East* — **Rh**
Eth: 9592. CP: 83.5%

| | | | |
|---|---|---|---|
| Gwir Anrh. Syr George Osborne Morgan | Rh | 4899 | 61.1% |
| H St. J Raikes | C | 3115 | 38.9% |
| | | 1784 | 22.2% |

## Dinbych Sir – Gorllewin/*West* — **Rh**
Eth: 8941. CP: 82.3%

| | | | |
|---|---|---|---|
| J Herbert Roberts | Rh | 4481 | 60.9% |
| T A Wynne-Edwards | C | 2878 | 39.1% |
| | | 1603 | 21.8% |

## Dinbych Bwr — **C**
Eth: 3751. CP: 91.6% (Dinbych, Holt, Rhuthun, Wrecsam)

| | | | |
|---|---|---|---|
| W T Howell | C | 1833 | 53.3% |
| W H Morgan | Rh | 1604 | 46.7% |
| | | 229 | 6.6% |

## Fflint Sir — **Rh**
Eth: 10592. CP: 78.4%

| | | | |
|---|---|---|---|
| Samuel Smith | Rh | 4376 | 52.7% |
| H R L Howard | C | 3925 | 47.3% |
| | | 451 | 5.4% |

## Fflint Bwr — **Rh**
Eth: 3853. CP: 90.6% (Caergwrle, Caerwys, Y Fflint, Llanelwy, Owrtyn, Rhuddlan, Treffynnon, Yr Wyddgrug)

| | | | |
|---|---|---|---|
| John Herbert Lewis | Rh | 1828 | 52.4% |
| Philip Pennant Pennant | C | 1663 | 47.6% |
| | | 165 | 4.8% |

## Maesyfed — Rh > **C**
Eth: 4838 CP: 78.9%

| | | | |
|---|---|---|---|
| P C J Millbank | C | 1949 | 51.0% |
| Frank Edwards | Rh | 1870 | 49.0% |
| | | 79 | 2.0% |

## Meirionnydd — **Rh**
Eth: 8983. CP: 82.4%

| | | | |
|---|---|---|---|
| Thomas Edward Ellis | Rh | 5173 | 69.9% |
| C E J Owen | C | 2232 | 30.1% |
| | | 2941 | 39.8% |

## Merthyr Tudful Bwr (2 sedd) — **Rh + Rh**
Eth: 17024. CP: 88.1%

| | | | |
|---|---|---|---|
| *David Alfred Thomas | Rh | 9250 | 37.1% |
| *W Herbert Pritchard Morgan | Rh | 8554 | 34.2% |
| H C Lewis | C | 6525 | 26.1% |
| A Upward | RhLlafAnn | 659 | 2.6% |
| | | 2029 | 8.1% |

* Y ddau yn cael eu hethol / *Both elected*

## Môn

Eth: 9993. CP: 74.3%

| | | | Rh |
|---|---|---|---|
| Ellis Jones Griffith | Rh | 4224 | 56.9% |
| J R Roberts | C | 3197 | 43.1% |
| | | 1027 | 13.8% |

## Morgannwg – Canol/*Mid*

Eth: 12534. CP: 68.2%

| | | | Rh |
|---|---|---|---|
| Samuel T Evans | Rh | 5612 | 65.7% |
| J E Vaughan | C | 2935 | 34.3% |
| | | 2677 | 31.4% |

## Morgannwg – De/*South*

Eth: 14227. CP: 75.0%

| | | | Rh > **C** |
|---|---|---|---|
| W H Wyndam-Quin | C | 5747 | 53.9% |
| Arthur J Williams | Rh | 4922 | 46.1% |
| | | 825 | 7.8% |

## Morgannwg – Dwyrain/*East*

Eth: 12981. CP: 76.8%

| | | | Rh |
|---|---|---|---|
| Alfred Thomas | Rh | 6055 | 60.8% |
| C J Jackson | C | 3909 | 39.2% |
| | | 2146 | 21.6% |

## Morgannwg – Gorllewin neu Gŵyr/*West or Gower*

Eth: 12150. CP: 68.6%

| | | | Rh |
|---|---|---|---|
| D Randell | Rh | 6074 | 72.9% |
| C H Glascodine | C | 2256 | 27.1% |
| | | 3818 | 45.8% |

## Morgannwg – Rhondda, Y

| | | | RhLlaf |
|---|---|---|---|
| William Abraham | RhLlaf | di-wrth | |

## Mynwy Sir – De/*South*

Eth: 14137. CP: 77.9%

| | | | C |
|---|---|---|---|
| Yr Anrh. F C Morgan | C | 5815 | 52.8% |
| C J Cory | Rh | 5203 | 47.2% |
| | | 612 | 5.6% |

## Mynwy Sir – Gogledd/*North*

Eth: 11674. CP: 78.5%

| | | | Rh |
|---|---|---|---|
| Reginald McKenna | Rh | 4965 | 54.2% |
| W E Hume-Williams | C | 4203 | 45.8% |
| | | 762 | 8.4% |

## Mynwy Sir – Gorllewin/*West*

Eth: 11475. CP: 80.2%

| | | | Rh |
|---|---|---|---|
| Gwir Anrh. Syr William G G V Vernon Harcourt | Rh | 7243 | 78.7% |
| Dr W E Williams | C | 1956 | 21.3% |
| | | 5287 | 57.4% |

## Mynwy Bwr

Eth: 8391. CP: 87.4% (Brynbuga, Casnewydd, Trefynwy)

| | | | Rh |
|---|---|---|---|
| Albert Spicer | Rh | 3743 | 51.1% |
| E M Underdown | C | 3589 | 48.9% |
| | | 154 | 2.2% |

## Penfro Sir

Eth: 11119. CP: 76.6%

| | | | Rh |
|---|---|---|---|
| William R Morgan Davies | Rh | 4550 | 53.4% |
| A P S Davies | C | 3970 | 46.6% |
| | | 580 | 6.8% |

## Penfro a Hwlffordd Bwr

Eth: 6299. CP: 83.6% (Abergwaun, Aberdaugleddau, Arberth, Cas-wis (Wiston), Dinbych y Pysgod, Hwlffordd, Penfro)

| | | | Rh > **C** |
|---|---|---|---|
| Cad. Syr John W Laurie | C | 2719 | 51.6% |
| C F E Allen | Rh | 2550 | 48.4% |
| | | 169 | 3.2% |

## Trefaldwyn Sir

Eth: 7989. CP: 85.8%

| | | | Rh |
|---|---|---|---|
| Arthur C Humphreys-Owen | Rh | 3442 | 50.2% |
| R W H W Williams-Wynn | C | 3415 | 49.8% |
| | | 27 | 0.4% |

## Trefaldwyn Bwr

Eth: 3030. CP: 91.9% (Y Drenewydd, Llanfyllin, Llanidloes, Machynlleth, Y Trallwng, Trefaldwyn)

| | | | C |
|---|---|---|---|
| Cyr. Edward Pryce- Jones | C | 1435 | 51.5% |
| O C Philipps | Rh | 1351 | 48.5% |
| | | 84 | 3.0% |

# Is-Etholiadau 1895-1900

## Dinbych Dwyrain/*East*

28/9/1897

Ar farwolaeth G Osborne Morgan / *On the death of G Osborne Morgan*

Eth: 9501. CP: 84.4%

| | | | Rh |
|---|---|---|---|
| Samuel Moss | Rh | 5175 | 64.5% |
| Yr Anrh. G T Kenyon | C | 2848 | 35.5% |
| | | 2327 | 29.0% |

## Meirionnydd

2/5/1899

Ar farwolaeth Thomas Edward Ellis / *On the death of Thomas Edward Ellis*

| | | | Rh |
|---|---|---|---|
| O M Edwards | Rh | di-wrth | |

## Penfro

15/2/1898

Ar benodiad W R M Davies yn Dwrnai Cyffredinol y Bahamas / *On W R M Davies's appointment as Attorney General of the Bahamas*

Eth: 11061. CP: 76.6%

| | | | Rh |
|---|---|---|---|
| J W Philipps | Rh | 5070 | 59.8% |
| Yr Anrh. H F V Campbell | C | 3406 | 40.2% |
| | | 1664 | 19.6% |

*David Lloyd George*

|  | P | CP | CPP | S |
|---|---|---|---|---|
| Rh | 95702 | 53.4% | 45.0% | 26 |
| C | 61885 | 34.5% | 50.3%* | 6 |
| RhLlaf | 10135 | 5.7% |  | 1 |
| Llaf | 9598 | 5.3% | 1.3% | 1 |
| RhU | 2047 | 1.1% |  |  |
|  | ==== |  |  |  |
|  | 179367 |  |  |  |

Llywodraeth Geidwadol/*Conservative Government*
PW/*PM*   Ardalydd Salisbury/*Marquis of Salisbury* (-11/7/1902)
           Arthur James Balfour

*yn cynnwys RhU/*including RhU*

etholiad cyffredinol
# 1900
general election

28 Medi - 2 Hydref
28 September - 2 October

**Abertawe** Bwr – **Tref/***Town*                    C > **Rh**
Eth: 9079. CP: 82.8%

| | | | |
|---|---|---|---|
| Syr George Newnes | Rh | 4318 | 57.4% |
| Syr J T Dillwyn Llewelyn | C | 3203 | 42.6% |
| | | 1115 | 14.8% |

**Abertawe** Bwr – **Rhanbarth/***District*          **Rh**
Eth: 11056 (Aberafan, Cynffig, Llwchwr, Castell-nedd a rhan o Abertawe)

| | | |
|---|---|---|
| D Brynmor Jones | Rh | di-wrth |

**Brycheiniog**                                       **Rh**

| | | |
|---|---|---|
| Charles Morley | Rh | di-wrth |

**Caerdydd** Bwr                                      C > **Rh**
Eth: 22361. CP: 80.0% (Y Bont-faen, Caerdydd, Llantrisant)

| | | | |
|---|---|---|---|
| Syr Edward James Reed | Rh | 9342 | 52.2% |
| Joseph Lawrence | C | 8541 | 47.8% |
| | | 801 | 4.4% |

**Caerfyrddin** Sir – **Dwyrain/***East*             **Rh**
Eth: 9967. CP: 65.1%

| | | | |
|---|---|---|---|
| Abel Thomas | Rh | 4337 | 66.8% |
| E E Richardson | C | 2155 | 33.2% |
| | | 2182 | 33.6% |

**Caerfyrddin** Sir – **Gorllewin/***West*           **Rh**

| | | |
|---|---|---|
| J Lloyd Morgan | Rh | di-wrth |

**Caerfyrddin** Bwr                                   RhU > **Rh**
Eth: 5557. CP: 87.9% (Caerfyrddin, Llanelli)

| | | | |
|---|---|---|---|
| Alfred Davies | Rh | 2837 | 58.1% |
| Syr John Jones Jenkins | RhU | 2047 | 41.9% |
| | | 790 | 16.2% |

**Caernarfon** Sir – **Arfon**                        **Rh**

| | | |
|---|---|---|
| William Jones | Rh | di-wrth |

**Caernarfon** Sir – **Eifion**                       **Rh**

| | | |
|---|---|---|
| John Bryn Roberts | Rh | di-wrth |

**Caernarfon** Bwr                                    **Rh**
Eth: 5202. CP: 87.0% (Bangor, Caernarfon, Conwy, Cricieth, Nefyn, Pwllheli)

| | | | |
|---|---|---|---|
| David Lloyd George | Rh | 2412 | 53.3% |
| H Platt | C | 2116 | 46.7% |
| | | 296 | 6.6% |

**Ceredigion**                                        **Rh**
Eth: 13299. CP: 62.8%

| | | | |
|---|---|---|---|
| M L Vaughan Davies | Rh | 4568 | 54.7% |
| J C Harford | C | 3787 | 45.3% |
| | | 781 | 9.4% |

**Dinbych** Sir – **Dwyrain/***East*                  **Rh**

| | | |
|---|---|---|
| Samuel Moss | Rh | di-wrth |

**Dinbych** Sir – **Gorllewin/***West*               **Rh**

| | | |
|---|---|---|
| Syr J Herbert Roberts | Rh | di-wrth |

*James Keir Hardie*

**Dinbych** Bwr                                       **C**
Eth: 4137. CP: 87.4% (Dinbych, Holt, Rhuthun, Wrecsam)

| | | | |
|---|---|---|---|
| Anrh. George T Kenyon | C | 1862 | 51.5% |
| A Clement Edwards | RhLlaf | 1752 | 48.5% |
| | | 110 | 3.0% |

**Fflint** Sir                                        **Rh**
Eth: 10774. CP: 78.4%

| | | | |
|---|---|---|---|
| Samuel Smith | Rh | 4528 | 53.6% |
| H R L Howard | C | 3922 | 46.4% |
| | | 606 | 7.2% |

**Fflint** Bwr                                        **Rh**
Eth: 3581. CP: 88.6% (Caergwrle, Caerwys, Y Fflint, Llanelwy, Owrtyn, Treffynnon, Yr Wyddgrug)

| | | | |
|---|---|---|---|
| J Herbert Lewis | Rh | 1760 | 55.5% |
| J Lloyd Price | C | 1413 | 44.5% |
| | | 347 | 11.0% |

**Maesyfed**  C > **Rh**
Eth: 5219. CP: 76.6%

| | | | |
|---|---|---|---|
| Frank Edwards | Rh | 2082 | 52.1% |
| C L Dillwyn-Venables-Llewelyn | C | 1916 | 47.9% |
| | | 166 | 4.2% |

**Meirionnydd**  **Rh**

| | | |
|---|---|---|
| A Osmond Williams | Rh | di-wrth |

**Merthyr Tudful** (2 aelod)  **Rh + Llaf**
Eth: 15400. CP: 73.9%

| | | | |
|---|---|---|---|
| *D Alfred Thomas | Rh | 8598 | 46.9% |
| *J Keir Hardie | Llaf | 5745 | 31.3% |
| W Pritchard Morgan | Rh | 4004 | 21.8% |
| | | 1741 | 9.5% |

* Y ddau yn cael eu hethol / *Both elected*

**Môn**  **Rh**

| | | |
|---|---|---|
| Ellis Jones Griffith | Rh | di-wrth |

**Morgannwg – Canol/Central**  **Rh**
Eth: 13666. CP: 67.8%

| | | | |
|---|---|---|---|
| Samuel Thomas Evans | Rh | 7027 | 75.8% |
| H Phillips | C | 2244 | 24.2% |
| | | 4783 | 51.6% |

**Morgannwg – De/South**  **C**
Eth: 17979. CP: 73.2%

| | | | |
|---|---|---|---|
| W H Wyndham-Quin | C | 6841 | 52.0% |
| W H Morgan | Rh | 6322 | 48.0% |
| | | 519 | 4.0% |

**Morgannwg – Dwyrain/East**  **Rh**
Eth: 15315. CP: 72.3%

| | | | |
|---|---|---|---|
| Alfred Thomas | Rh | 6994 | 63.2% |
| H E M Lindsay | C | 4080 | 36.8% |
| | | 2914 | 26.4% |

**Morgannwg – Gorllewin neu Gŵyr/West or Gower**  **Rh**
Eth: 12267. CP: 66.3%

| | | | |
|---|---|---|---|
| J Aeron Thomas | Rh | 4276 | 52.6% |
| John Hodge | Llaf Ann | 3853 | 47.4% |
| | | 423 | 5.2% |

**Morgannwg – Rhondda, Y**  **RhLlaf**
Eth: 12,549. CP: 81.7%

| | | | |
|---|---|---|---|
| William Abraham | RhLlaf | 8383 | 81.7% |
| Robert Hughes | C | 1874 | 18.3% |
| | | 6509 | 63.4% |

**Mynwy Sir – De/South**  **C**

| | | |
|---|---|---|
| Anrh. F C Morgan | C | di-wrth |

**Mynwy Sir – Gogledd/North**  **Rh**
Eth: 11159. CP: 79.6%

| | | | |
|---|---|---|---|
| Reginald McKenna | Rh | 5139 | 57.9% |
| J de Pennefather | C | 3740 | 42.1% |
| | | 1399 | 15.8% |

**Mynwy Sir – Gorllewin/West**  **Rh**
Eth: 11150. CP: 75.1%

| | | | |
|---|---|---|---|
| Gwir Anrh. Syr W G G V Vernon-Harcourt | Rh | 5976 | 71.3% |
| Illtyd W H Gardner | C | 2401 | 28.7% |
| | | 3575 | 42.6% |

**Mynwy** Bwr  **Rh > C**
Eth: 9335. CP: 87.2% (Brynbuga, Casnewydd, Trefynwy)

| | | | |
|---|---|---|---|
| Dr F Rutherford Harris | C | 4415 | 54.2% |
| Albert Spicer | Rh | 3727 | 45.8% |
| | | 688 | 8.4% |

**Penfro** Sir  **Rh**

| | | |
|---|---|---|
| J Wynford Philipps | Rh | di-wrth |

**Penfro a Hwlffordd** Bwr  **C**
Eth: 6598. CP: 81.0% (Abergwaun, Aberdaugleddau, Arberth, Cas-wis (Wiston), Dinbych y Pysgod, Hwlffordd, Penfro)

| | | | |
|---|---|---|---|
| Cad. John W Laurie | C | 2679 | 50.1% |
| T Terrell | Rh | 2664 | 49.9% |
| | | 15 | 0.2% |

**Trefaldwyn** Sir  **C > Rh**
Eth: 7915. CP: 84.6%

| | | | |
|---|---|---|---|
| A C Humphreys-Owen | Rh | 3482 | 52.0% |
| R W H W Williams-Wynn | C | 3218 | 48.0% |
| | | 264 | 4.0% |

**Trefaldwyn** Bwr  **C**
Eth: 3229. CP: 86.3% (Y Drenewydd, Llanfyllin, Llanidloes, Machynlleth, Y Trallwng, Trefaldwyn)

| | | | |
|---|---|---|---|
| E Pryce-Jones | C | 1478 | 53.0% |
| J A Bright | Rh | 1309 | 47.0% |
| | | 169 | 6.0% |

# Is-Etholiadau 1900-1906

**Mynwy** Bwr  **C**
7/5/1901
Ar ddiswyddiad Dr Rutherford Harris drwy betisiwn / *On Dr Rutherford Harris's unseating by petition*
Eth: 9803. CP: 90.4%

| | | | |
|---|---|---|---|
| Joseph Lawrence | C | 4604 | 51.9% |
| Albert Spicer | Rh | 4261 | 48.1% |
| | | 343 | 3.8% |

**Mynwy Sir – Gorllewin/West**  **RhLlaf**
3/11/1904
Ar farwolaeth Syr William Harcourt / *On the death of Sir William Harcourt*
Eth:15127. CP: 75.1%

| | | | |
|---|---|---|---|
| Thomas Richards | RhLlaf | 7995 | 70.4% |
| Anrh. Syr J A Cockburn | Ann | 3360 | 29.6% |
| | | 4635 | 40.8% |

|  | P | CP | CPP | S |
|---|---|---|---|---|
| Rh | 110892 | 52.5% | 49.4% | 28 |
| C | 62989 | 29.8% | 43.4%* | |
| RhLlaf | 17569 | 8.3% | | 4 |
| Llaf | 11865 | 5.6% | 4.8% | 1 |
| ILP | 4841 | 2.3% | | 1 |
| RhU | 2960 | 1.4% | | |
| | ==== | | | |
| | 211116 | | | |

Llywodraeth Ryddfrydol/*Liberal Government*
PW/PM   Syr Henry Campbell-Bannerman (-5/4/1908)
          Herbert Henry Asquith

*yn cynnwys RhU/*including RhU*

etholiad cyffredinol
# 1906
## general election

7 Ionawr - 7 Chwefror
7 January - 7 February

## Abertawe – Tref/*Town*  **Rh**

Eth: 11030. CP: 87.2%

| | | | |
|---|---|---|---|
| Syr George Newnes | Rh | 5535 | 57.6% |
| J R Wright | C | 4081 | 42.4% |
| | | 1454 | 15.2% |

## Abertawe – Rhanbarth/*District*  **Rh**

Eth: 11869 (Aberafan, Cynffig, Llwchwr, Castell-nedd a rhan o Abertawe)

| | | |
|---|---|---|
| Syr D Brynmor Jones | Rh | di-wrth |

## Brycheiniog  **Rh**

Eth: 12235. CP: 75.8%

| | | | |
|---|---|---|---|
| Sidney Robinson | Rh | 5776 | 62.3% |
| Anrh. R C Devereux | C | 3499 | 37.7% |
| | | 2277 | 24.6% |

## Caerdydd Bwr  **Rh**

Eth: 27057. CP: 80.8% (Y Bont-faen, Caerdydd, Llantrisant)

| | | | |
|---|---|---|---|
| Anrh. Ivor C Guest | Rh | 12434 | 56.9% |
| Syr J F Flannery | C | 9429 | 43.1% |
| | | 3005 | 13.8% |

## Caerfyrddin Sir – Dwyrain/*East*  **Rh**

| | | |
|---|---|---|
| Abel Thomas | Rh | di-wrth |

## Caerfyrddin Sir – Gorllewin/*West*  **Rh**

| | | |
|---|---|---|
| J Lloyd Morgan | Rh | di-wrth |

## Caerfyrddin Bwr  **Rh**

Eth: 6258. CP: 91.2% (Caerfyrddin, Llanelli)

| | | | |
|---|---|---|---|
| W Llewelyn Williams | Rh | 3902 | 68.3% |
| Anrh.V B Ponsonby | C | 1808 | 31.7% |
| | | 2094 | 36.6% |

## Caernarfon Sir – Arfon  **Rh**

Eth: 9948. CP: 85.2%

| | | | |
|---|---|---|---|
| William Jones | Rh | 5945 | 70.1% |
| A E Hughes | C | 2533 | 29.9% |
| | | 3412 | 40.2% |

## Caernarfon Sir – Eifion  **Rh**

| | | |
|---|---|---|
| J Bryn Roberts | Rh | di-wrth |

## Caernarfon Bwr  **Rh**

Eth: 5668. CP: 92.1% (Bangor, Caernarfon, Conwy, Cricieth, Nefyn, Pwllheli)

| | | | |
|---|---|---|---|
| Gwir Anrh. David Lloyd George | Rh | 3221 | 61.7% |
| R A Naylor | C | 1997 | 38.3% |
| | | 1224 | 23.4% |

## Ceredigion  **Rh**

Eth: 13215. CP: 66.5%

| | | | |
|---|---|---|---|
| M L Vaughan- Davies | Rh | 5829 | 66.3% |
| C Morgan Richardson | RhU | 2960 | 33.7% |
| | | 2869 | 32.6% |

## Dinbych Sir – Dwyrain/*East*  **Rh**

| | | |
|---|---|---|
| Samuel Moss | Rh | di-wrth |

*Aelodau Seneddol Rhyddfrydol Cymru 1906*
*Welsh Liberal Members of Parliament 1906*

## Dinbych Sir – Gorllewin/*West*  **Rh**

| | | |
|---|---|---|
| Syr J Herbert Roberts | Rh | di-wrth |

## Dinbych Bwr  **C > RhLlaf**

Eth: 4755. CP: 94.5% (Dinbych, Holt, Rhuthun, Wrecsam)

| | | | |
|---|---|---|---|
| A Clement Edwards | RhLlaf | 2533 | 56.4% |
| Anrh. G T Kenyon | C | 1960 | 43.6% |
| | | 573 | 12.8% |

## Fflint Sir  **Rh**

Eth: 11892. CP: 83.0%

| | | | |
|---|---|---|---|
| J Herbert Lewis | Rh | 6294 | 63.8% |
| A H Edwards | C | 3572 | 36.2% |
| | | 2722 | 27.6% |

## Fflint Bwr  **Rh**

Eth: 3659. CP: 93.5% (Caergwrle, Caerwys, Y Fflint, Llanelwy, Owrtyn, Treffynnon, Yr Wyddgrug)

| | | | |
|---|---|---|---|
| T Howell W Idris | Rh | 1899 | 55.5% |
| J E Bankes | C | 1523 | 44.5% |
| | | 376 | 11.0% |

## Maesyfed  **Rh**

Eth: 5466. CP: 76.8%

| | | | |
|---|---|---|---|
| Frank Edwards | Rh | 2187 | 52.1% |
| C L Dillwyn-Venebles-Llewelyn | C | 2013 | 47.9% |
| | | 174 | 4.2% |

### Meirionnydd — Rh

| Syr A Osmond Williams | Rh | di-wrth | |
|---|---|---|---|

### Merthyr Tudful Bwr (2 sedd) — Rh + Llaf
Eth: 21438. CP: 84.9%

| *David Alfred Thomas | Rh | 13971 | 43.7% |
|---|---|---|---|
| *J Keir Hardie | Llaf | 10187 | 31.9% |
| H Ratcliffe | Rh | 7776 | 24.4% |
| | | 2411 | 7.5% |

*Y ddau yn cael eu hethol / *Both elected*

### Môn — Rh
Eth: 10001. CP: 79.9%

| Elis Jones Griffith | Rh | 5356 | 67.0% |
|---|---|---|---|
| C F Priestley | C | 2638 | 33.0% |
| | | 2718 | 34.0% |

### Morgannwg – Canol/*Mid* — Rh

| Samuel T Evans | Rh | di-wrth | |
|---|---|---|---|

### Morgannwg – De/*South* — C > RhLlaf
Eth: 20541. CP: 80.9%

| William Brace | RhLlaf | 10514 | 63.3% |
|---|---|---|---|
| W H Wyndham-Quin | C | 6096 | 36.7% |
| | | 4418 | 26.6% |

### Morgannwg – Dwyrain/*East* — Rh

| Syr Alfred Thomas | Rh | di-wrth | |
|---|---|---|---|

### Morgannwg – Gorllewin neu Gŵyr/*West or Gower* — Rh > ILP
Eth: 13624. CP: 83.0%

| John Williams | ILP | 4841 | 42.8% |
|---|---|---|---|
| T J Williams | RhLlaf | 4522 | 40.0% |
| E Helme | C | 1939 | 17.2% |
| | | 319 | 2.8% |

### Morgannwg – Rhondda, Y — RhLlaf

| William Abraham | RhLlaf | di-wrth | |
|---|---|---|---|

### Mynwy Sir – De/*South* — C > Rh
Eth: 15858. CP: 86.5%

| Ivor J C Herbert | Rh | 7503 | 54.7% |
|---|---|---|---|
| C C E Morgan | C | 6216 | 45.3% |
| | | 1287 | 9.4% |

### Mynwy Sir – Gogledd/*North* — Rh
Eth: 13411. CP: 81.2%

| Reginald McKenna | Rh | 7730 | 71.0% |
|---|---|---|---|
| Syr C Campbell | C | 3155 | 29.0% |
| | | 4575 | 42.0% |

### Mynwy Sir – Gorllewin/*West* — Rh > RhLlaf

| Thomas Richards | RhLlaf | di-wrth | |
|---|---|---|---|

### Mynwy Bwr — C > Rh
Eth: 11207. CP: 90.6% (Brynbuga, Casnewydd, Trefynwy)

| Lewis Haslam | Rh | 4531 | 44.7% |
|---|---|---|---|
| E E Micholls | C | 3939 | 38.8% |
| J Winstone | LlafAnn | 1678 | 16.5% |
| | | 592 | 5.9% |

### Penfro Sir — Rh
Eth: 11322. CP: 75.0%

| J Wynford Philipps | Rh | 5886 | 69.3% |
|---|---|---|---|
| J R Lort-Williams | C | 2606 | 30.7% |
| | | 3280 | 38.6% |

### Penfro a Hwlffordd Bwr — C > Rh
Eth: 7150. CP: 85.4% (Abergwaun, Aberdaugleddau, Arberth, Cas-wis (Wiston), Dinbych y Pysgod, Hwlffordd, Penfro)

| Owen C Philipps | Rh | 3576 | 58.6% |
|---|---|---|---|
| Syr R Pole-Carew | C | 2527 | 41.4% |
| | | 1049 | 17.2% |

### Trefaldwyn Sir — Rh

| David Davies | Rh | di-wrth | |
|---|---|---|---|

### Trefaldwyn Bwr — Rh
Eth: 3313. CP: 90.5% (Y Drenewydd, Llanfyllin, Llanidloes, Machynlleth, Y Trallwng, Trefaldwyn)

| J D Rees | Rh | 1541 | 51.4% |
|---|---|---|---|
| E Pryce-Jones | C | 1458 | 48.6% |
| | | 83 | 2.8% |

# Is-Etholiadau 1906-1910

### Caernarfon Sir – Eifion — Rh
5/6/1906
Ar benodiad J Bryn Roberts yn Farnwr Llys Sirol / *On the appointment of J Bryn Roberts as County Court Judge*

| Ellis W Davies | Rh | di-wrth | |
|---|---|---|---|

### Dinbych Sir – Dwyrain/*East* — Rh
14/8/1906
Ar benodiad Samuel Moss yn Farnwr Llys Sirol / *On the appointment of Samuel Moss as County Court Judge*
Eth:11172. CP: 80.9%

| E G Hemmerde | Rh | 5917 | 65.4% |
|---|---|---|---|
| Arthur S T Griffith-Boscawen | C | 3126 | 34.6% |
| | | 2791 | 30.8% |

### Morgannwg – Canol/*Mid* — Rh
8/10/1906
Ar benodiad Samuel T Evans yn Gofiadur Abertawe / *On the appointment of Samuel T Evans as Recorder of Swansea*

| Samuel T Evans | Rh | di-wrth | |
|---|---|---|---|

### Morgannwg – Canol/*Mid*  **Rh**
7/2/1908
Ar benodiad Samuel T Evans yn Dwrnai Cyffredinol / *On the appointment of Samuel T Evans as Solicitor General*

| | | |
|---|---|---|
| Samuel T Evans | Rh | di-wrth |

### Caerfyrddin – Gorllewin/*West*
26/2/1908
Ar benodiad J Lloyd Morgan yn Gofiadur Abertawe / *On the appointment of J Lloyd Morgan as Recorder of Swansea*

| | | |
|---|---|---|
| J Lloyd Morgan | Rh | di-wrth |

### Penfro Sir  **Rh**
16/7/1908
Ar ddyrchafiad J Wynford Philipps i Dŷ'r Arglwyddi yn Arglwydd Tyddewi / *On J Wynford Philipps's elevation to the peerage as Lord St David's*
Eth:11331. CP: 77.3%

| | | | |
|---|---|---|---|
| W F Roch | Rh | 5465 | 62.4% |
| J R Lort-Williams | C | 3293 | 37.6% |
| | | 2172 | 24.8% |

### Dinbych Sir – Dwyrain/*East*  **Rh**
2/4/1909
Ar benodiad E G Hemmerde yn Gofiadur Lerpwl / *On E G Hemmerde's appointment as Recorder of Liverpool*
Eth:11670. CP: 84.1%

| | | | |
|---|---|---|---|
| E G Hemmerde | Rh | 6265 | 63.9% |
| Syr F H E Cunliffe | RhU | 3544 | 36.1% |
| | | 2721 | 27.8% |

CLEMENT EDWARDS FOR DENBIGH BOROUGHS.

Printed and Published by Woodall, Minshall, & Thomas, The Border Press, Wrexham.

|      | P      | CP     | CPP    | S  |
|------|--------|--------|--------|----|
| Rh   | 192861 | 51.1%  | 43.5%  | 27 |
| C    | 114804 | 30.4%  | 46.8%* | 2  |
| Llaf | 61947  | 16.4%  | 7.0%   | 5  |
| RhAnn| 3639   | 1.0%   |        |    |
| RhLlaf| 2427  | 0.6%   |        |    |
| RhU  | 1965   | 0.5%   |        |    |
|      | ====   |        |        |    |
|      | 377643 |        |        |    |

Llywodraeth Ryddfrydol/*Liberal Government*
PW/*PM*   Herbert Henry Asquith

*yn cynnwys RhU/*including RhU*

etholiad cyffredinol
# 1910
## general election

14 Ionawr - 9 Chwefror
14 January - 9 February

## Abertawe – Tref/*Town* **Rh**
Eth: 12935. CP: 91.6%

| | | | |
|---|---|---|---|
| Alfred M Mond | Rh | 6020 | 50.8% |
| J R Wright | C | 4379 | 37.0% |
| Ben Tillet | Llaf | 1451 | 12.2% |
| | | 1641 | 13.8% |

## Abertawe – Rhanbarth/*District* **Rh**
Eth: 12983. CP: 84.0% (Aberafan, Cynffig, Llwchwr, Castell-nedd a rhan o Abertawe)

| | | | |
|---|---|---|---|
| Syr D Brynmor Jones | Rh | 8488 | 77.9% |
| R Campbell | C | 2415 | 22.1% |
| | | 6073 | 55.8% |

## Brycheiniog **Rh**
Eth: 13432 CP: 75.9%

| | | | |
|---|---|---|---|
| Sidney Robinson | Rh | 6335 | 62.1% |
| Anrh. R C Devereaux | C | 3865 | 37.9% |
| | | 2470 | 24.2% |

## Caerdydd Bwr **Rh**
Eth: 28723. CP: 86.5% (Y Bont-faen, Caerdydd, Llantrisant)

| | | | |
|---|---|---|---|
| David Alfred Thomas | Rh | 13207 | 53.1% |
| Arg. Ninian E Crichton-Stuart | C | 11652 | 46.9% |
| | | 1555 | 6.2% |

## Caerfyrddin Sir – Dwyrain/*East* **Rh**
Eth: 12268. CP: 82.1%

| | | | |
|---|---|---|---|
| Abel Thomas | Rh | 7619 | 75.7% |
| Merfyn L Peel | C | 2451 | 24.3% |
| | | 5168 | 51.4% |

## Caerfyrddin Sir – Gorllewin/*West* **Rh**
Eth: 9433. CP: 82.1%

| | | | |
|---|---|---|---|
| J Lloyd Morgan | Rh | 5684 | 73.4% |
| J W J Cremlyn | C | 2059 | 26.6% |
| | | 3625 | 46.8% |

## Caerfyrddin Bwr **Rh**
Eth: 6772. CP: 91.0% (Caerfyrddin, Llanelli)

| | | | |
|---|---|---|---|
| W Llewelyn Williams | Rh | 4197 | 68.1% |
| Is-iarll Tiverton | RhU | 1965 | 31.9% |
| | | 2232 | 36.2% |

## Caernarfon Sir – Arfon **Rh**
Eth: 10153. CP: 87.2%

| | | | |
|---|---|---|---|
| William Jones | Rh | 6223 | 70.3% |
| A E Hughes | C | 2629 | 29.7% |
| | | 3594 | 40.6% |

## Caernarfon Sir – Eifion **Rh**
Eth: 9455. CP: 82.7%

| | | | |
|---|---|---|---|
| Ellis William Davies | Rh | 6118 | 78.3% |
| F J L Priestley | C | 1700 | 21.7% |
| | | 4418 | 56.6% |

## Caernarfon Bwr **Rh**
Eth: 5717. CP: 92.5% (Bangor, Caernarfon, Conwy, Cricieth, Nefyn, Pwllheli)

| | | | |
|---|---|---|---|
| Gwir Anrh. David Lloyd George | Rh | 3183 | 60.2% |
| H C Vincent | C | 2105 | 39.8% |
| | | 1078 | 20.4% |

## Ceredigion **Rh**
Eth: 13333. CP: 69.7%

| | | | |
|---|---|---|---|
| M L Vaughan Davies | Rh | 6348 | 68.3% |
| G F Roberts | C | 2943 | 31.7% |
| | | 3405 | 36.6% |

## Dinbych Sir – Dwyrain/*East* **Rh**
Eth: 11911. CP: 85.5%

| | | | |
|---|---|---|---|
| E G Hemmerde | Rh | 6865 | 67.4% |
| D Rhys | C | 3321 | 32.6% |
| | | 3544 | 34.8% |

## Dinbych Sir – Gorllewin/*West* **Rh**
Eth: 9920. CP: 87.5%

| | | | |
|---|---|---|---|
| Syr J Herbert Roberts | Rh | 5854 | 67.4% |
| S Thompson | C | 2829 | 32.6% |
| | | 3025 | 34.8% |

## Dinbych Bwr **RhLlaf > C**
Eth: 5130. CP: 94.8% (Dinbych, Holt, Rhuthun, Wrecsam)

| | | | |
|---|---|---|---|
| Anrh. W G A Ormsby-Gore | C | 2437 | 50.1% |
| A Clement Edwards | RhLlaf | 2427 | 49.9% |
| | | 10 | 0.2% |

## Fflint Sir **Rh**
Eth: 12774. CP: 86.6%

| | | | |
|---|---|---|---|
| John Herbert Lewis | Rh | 6610 | 59.7% |
| H R L Howard | C | 4454 | 40.3% |
| | | 2156 | 19.4% |

## Fflint Bwr **Rh**
Eth: 4060. CP: 95.4% (Caergwrle, Caerwys, Y Fflint, Llanelwy, Owrtyn, Rhuddlan, Treffynnon, Yr Wyddgrug)

| | | | |
|---|---|---|---|
| J W Summers | Rh | 2150 | 55.5% |
| H A Tilby | C | 1723 | 44.5% |
| | | 427 | 11.0% |

## Maesyfed **Rh > C**
Eth: 5971. CP: 74.2%

| | | | |
|---|---|---|---|
| C L Dillwyn-Venables Llewelyn | C | 2222 | 50.2% |
| Syr Frank Edwards | Rh | 2208 | 49.8% |
| | | 14 | 0.4% |

## Meirionnydd **Rh**
Eth: 9365. CP: 84.8%

| | | | |
|---|---|---|---|
| H Haydn Jones | Rh | 6065 | 76.4% |
| R Jones Morris | C | 1873 | 23.6% |
| | | 4192 | 52.8% |

**Merthyr Tudful** Bwr (2 sedd) — **Rh + Llaf**
Eth: 23219. CP: 93.0%

| | | | |
|---|---|---|---|
| *Edgar R Jones | Rh | 15448 | 41.0% |
| *J Keir Hardie | Llaf | 13841 | 36.7% |
| A C Fox-Davies | C | 4756 | 12.6% |
| W Pritchard-Morgan | RhAnn | 3639 | 9.7% |
| | | 9085 | 24.1% |

*Y ddau yn cael eu hethol / *Both elected*

**Môn** — **Rh**
Eth: 10341. CP: 80.5%

| | | | |
|---|---|---|---|
| Ellis Jones Griffith | Rh | 5888 | 70.7% |
| R O Roberts | C | 2436 | 29.3% |
| | | 3452 | 41.4% |

**Morgannwg – Canol/*Mid*** — **Rh**
Eth: 20017. CP: 82.7%

| | | | |
|---|---|---|---|
| Syr Samuel T Evans | Rh | 13175 | 79.6% |
| Godfrey H Williams | C | 3382 | 20.4% |
| | | 9793 | 59.2% |

**Morgannwg – De/*South*** — **Llaf**
Eth: 22953. CP: 82.9%

| | | | |
|---|---|---|---|
| William Brace | Llaf | 11612 | 61.0% |
| L Morgan | C | 7411 | 39.0% |
| | | 4201 | 22.0% |

**Morgannwg – Dwyrain/*East*** — **Rh**
Eth: 23979. CP: 85.3%

| | | | |
|---|---|---|---|
| Syr Alfred Thomas | Rh | 14721 | 72.0% |
| F H Gaskell | C | 5727 | 28.0% |
| | | 8994 | 44.0% |

**Morgannwg – Gorllewin neu Gŵyr/*West or Gower*** — **Llaf**
Eth: 14712. CP: 80.5%

| | | | |
|---|---|---|---|
| John Williams | Llaf | 9312 | 78.6% |
| P R O A Simner | C | 2532 | 21.4% |
| | | 6780 | 57.2% |

**Morgannwg – Rhondda, Y** — RhLlaf > **Llaf**
Eth: 17640. CP: 90.2%

| | | | |
|---|---|---|---|
| William Abraham | Llaf | 12436 | 78.2% |
| Harold M Lloyd | C | 3471 | 21.8% |
| | | 8965 | 56.4% |

**Mynwy** Sir – **De/*South*** — **Rh**
Eth: 19134. CP: 87.0%

| | | | |
|---|---|---|---|
| Syr Ivor J C Herbert | Rh | 9738 | 58.5% |
| L C Forestier-Walker | C | 6910 | 41.5% |
| | | 2828 | 17.0% |

**Mynwy** Sir – **Gogledd/*North*** — **Rh**
Eth: 15711. CP: 82.3%

| | | | |
|---|---|---|---|
| Gwir Anrh. Reginald McKenna | Rh | 8596 | 66.5% |
| E G M Carmichael | C | 4335 | 33.5% |
| | | 4261 | 33.0% |

**Mynwy** Sir – **Gorllewin/*West*** — RhLlaf > **Llaf**
Eth: 20399. CP: 80.1%

| | | | |
|---|---|---|---|
| Thomas Richards | Llaf | 13295 | 81.4% |
| J Cameron | C | 3045 | 18.6% |
| | | 10250 | 62.8% |

**Mynwy** Bwr — **Rh**
Eth: 12934. CP: 91.6% (Brynbuga, Casnewydd, Trefynwy)

| | | | |
|---|---|---|---|
| Lewis Haslam | Rh | 6496 | 54.8% |
| Syr C W Cayzer | C | 5351 | 45.2% |
| | | 1145 | 9.6% |

**Penfro** Sir — **Rh**
Eth: 11750. CP: 80.2%

| | | | |
|---|---|---|---|
| Walter F Roch | Rh | 6135 | 65.1% |
| E M Samson | C | 3291 | 34.9% |
| | | 2844 | 30.2% |

**Penfro a Hwlffordd** Bwr — **Rh**
Eth: 7338. CP: 88.0% (Abergwaun, Aberdaugleddau, Arberth, Cas-wis (Wiston), Dinbych y Pysgod, Hwlffordd, Penfro)

| | | | |
|---|---|---|---|
| Syr Owen C Philipps | Rh | 3582 | 55.5% |
| Syr G E Armstrong | C | 2877 | 44.5% |
| | | 705 | 11.0% |

**Trefaldwyn** Sir — **Rh**
Eth: 7928. CP: 89.1%

| | | | |
|---|---|---|---|
| David Davies | Rh | 4369 | 61.8% |
| A W Williams-Wynn | C | 2697 | 38.2% |
| | | 1672 | 23.6% |

**Trefaldwyn** Bwr — **Rh**
Eth: 3354. CP: 91.4% (Y Drenewydd, Llanfyllin, Llanidloes, Machynlleth, Y Trallwng, Trefaldwyn)

| | | | |
|---|---|---|---|
| J D Rees | Rh | 1539 | 50.2% |
| E Pryce-Jones | C | 1526 | 49.8% |
| | | 13 | 0.4% |

# Is-Etholiad 1910

**Morgannwg – Canol/*Mid*** — **Rh**
31/3/1910
Ar benodiad Syr Samuel T Evans yn Llywydd Adran Profiant, Ysgariad a Morwrol yr Uchel Lys / *On Sir S T Evans's appointment as President of the* Probate, Divorce and Admiralty Division of the High Court
Eth: 20017. CP: 75.6%

| | | | |
|---|---|---|---|
| F W Gibbins | Rh | 8920 | 59.0% |
| Vernon Hartshorn | Llaf | 6210 | 41.0% |
| | | 2710 | 18.0% |

|        | P      | CP     | CPP     | S  |
|--------|--------|--------|---------|----|
| Rh     | 117553 | 47.6%  | 44.2%   | 26 |
| C      | 75823  | 30.7%  | 46.6%*  | 3  |
| Llaf   | 47027  | 19.1%  | 6.4%    | 5  |
| RhU    | 5277   | 2.1%   |         |    |
| LlafAnn| 1176   | 0.5%   |         |    |
|        | ====   |        |         |    |
|        | 246856 |        |         |    |

Llywodraeth Ryddfrydol/*Liberal Government* 1910-1915
Llywodraeth Glymblaid/*Coalition Government* 1915-1918
PW/*PM*   Herbert Henry Asquith (-16/12/1916)
          David Lloyd George

*yn cynnwys RhU/*including RhU*

etholiad cyffredinol
# 1910
## general election

2-19 Rhagfyr
2-19 December

**Abertawe** Bwr – **Tref/Town** ........................................................... **Rh**
Eth: 12935. CP: 83.2%

| | | | |
|---|---|---|---|
| Syr Alfred Mond | Rh | 6503 | 60.4% |
| D V Meager | C | 4257 | 39.6% |
| | | 2246 | 20.8% |

**Abertawe** Bwr – **Rhanbarth/District** ......................................... **Rh**
(Aberafan, Cynffig, Llwchwr, Castell-nedd a rhan o Abertawe)

| | | | |
|---|---|---|---|
| Syr D Brynmor Jones | Rh | di-wrth | |

**Brycheiniog** .................................................................................... **Rh**
Eth: 13432. CP: 68.1%

| | | | |
|---|---|---|---|
| Sidney Robinson | Rh | 5511 | 60.3% |
| J C Lloyd | C | 3631 | 39.7% |
| | | 1880 | 20.6% |

**Caerdydd** Bwr .......................................................................... **Rh > C**
Eth: 28723. CP: 83.8%
(Y Bont-faen, Caerdydd, Llantrisant)

| | | | |
|---|---|---|---|
| Arg. Ninian Crichton-Stuart | C | 12181 | 50.6% |
| Syr C G Hyde | Rh | 11882 | 49.4% |
| | | 299 | 1.2% |

**Caerfyrddin** Sir – **Dwyrain/East** ............................................... **Rh**
Eth: 12268. CP: 75.9%

| | | | |
|---|---|---|---|
| Abel Thomas | Rh | 5825 | 62.6% |
| Merfyn Peel | C | 2315 | 24.8% |
| Dr J H Williams | Llaf Ann | 1176 | 12.6% |
| | | 3510 | 37.8% |

**Caerfyrddin** Sir – **Gorllewin/West** .......................................... **Rh**
Eth: 9433. CP: 75.4%

| | | | |
|---|---|---|---|
| John Hinds | Rh | 5076 | 71.4% |
| J W J Cremlyn | C | 2036 | 28.6% |
| | | 3040 | 42.8% |

**Caerfyrddin** Bwr ........................................................................... **Rh**
(Caefyrddin, Llanelli)

| | | | |
|---|---|---|---|
| W Llewelyn Williams | Rh | di-wrth | |

**Caernarfon** Sir – **Arfon** .............................................................. **Rh**

| | | | |
|---|---|---|---|
| William Jones | Rh | di-wrth | |

**Caernarfon** Sir – **Eifion** ............................................................. **Rh**

| | | | |
|---|---|---|---|
| Ellis William Davies | Rh | di-wrth | |

**Caernarfon** Bwr ............................................................................ **Rh**
Eth: 5717. CP: 87.7% (Bangor, Caernarfon, Conwy, Cricieth, Nefyn, Pwllheli)

| | | | |
|---|---|---|---|
| Gwir Anrh. David Lloyd George | Rh | 3112 | 62.0% |
| A L Jones | C | 1904 | 38.0% |
| | | 1208 | 24.0% |

**Ceredigion** ..................................................................................... **Rh**

| | | | |
|---|---|---|---|
| M L Vaughan Davies | Rh | di-wrth | |

**Dinbych** Sir – **Dwyrain/East** ...................................................... **Rh**
Eth: 11911. CP: 80.9%

| | | | |
|---|---|---|---|
| E T John | Rh | 6449 | 66.9% |
| A Hood | C | 3186 | 33.1% |
| | | 3263 | 33.8% |

**Dinbych** Sir – **Gorllewin/West** .................................................. **Rh**

| | | | |
|---|---|---|---|
| Syr J Herbert Roberts | Rh | di-wrth | |

**Dinbych** Bwr ................................................................................... **C**
Eth: 5130. CP: 92.8% (Dinbych, Holt, Rhuthun, Wrecsam)

| | | | |
|---|---|---|---|
| Anrh. W G A Ormsby-Gore | C | 2385 | 50.1% |
| G C Rees | Rh | 2376 | 49.9% |
| | | 9 | 0.2% |

**Fflint** Sir ........................................................................................ **Rh**

| | | | |
|---|---|---|---|
| J Herbert Lewis | Rh | di-wrth | |

**Fflint** Bwr ...................................................................................... **Rh**
Eth: 4060. CP: 90.8% (Caergwrle, Caerwys, Y Fflint, Llanelwy, Owrtyn, Rhuddlan, Treffynnon Yr Wyddgrug)

| | | | |
|---|---|---|---|
| J W Summers | Rh | 2098 | 56.9% |
| H R L Howard | C | 1589 | 43.1% |
| | | 509 | 13.8% |

**Maesyfed** .................................................................................. **C > Rh**
Eth: 5971. CP: 73.8%

| | | | |
|---|---|---|---|
| Syr Frank Edwards | Rh | 2224 | 50.5% |
| C L Dillwyn-Venebles-Llewellyn | C | 2182 | 49.5% |
| | | 42 | 1.0% |

**Meirionnydd** ................................................................................. **Rh**

| | | | |
|---|---|---|---|
| H Haydn Jones | Rh | di-wrth | |

**Merthyr Tudful** Bwr (2 sedd) ............................................ **Rh + Llaf**
Eth: 23219. CP: 81.3%

| | | | |
|---|---|---|---|
| *Edgar R Jones | Rh | 12258 | 42.2% |
| *J Keir Hardie | Llaf | 11507 | 39.6% |
| J H Watts | RhU | 5277 | 18.2% |
| | | 6230 | 21.4% |

*Y ddau yn cael eu hethol / *Both elected*

**Môn** ............................................................................................... **Rh**

| | | | |
|---|---|---|---|
| Ellis Jones Griffith | Rh | di-wrth | |

**Morgannwg** – **Canol/Mid** .......................................................... **Rh**
Eth: 20017. CP: 68.6%

| | | | |
|---|---|---|---|
| J Hugh Edwards | Rh | 7624 | 55.5% |
| Vernon Hartshorn | Llaf | 6102 | 44.5% |
| | | 1522 | 11.0% |

**Morgannwg** – **De/South** ........................................................... **Llaf**
Eth: 22953 CP: 76.0%

| | | | |
|---|---|---|---|
| William Brace | Llaf | 10190 | 58.4% |
| L Morgan | C | 7252 | 41.6% |
| | | 2938 | 16.8% |

## Morgannwg – Dwyrain/*East*

Eth: 23979. CP: 80.8%

| | | | **Rh** |
|---|---|---|---|
| A Clement Edwards | Rh | 9088 | 47.0% |
| F H Gaskell | C | 5603 | 28.9% |
| C B Stanton | Llaf | 4675 | 24.1% |
| | | 3485 | 18.1% |

## Morgannwg – Gorllewin neu Gŵyr/*West or Gower*

Eth: 14712. CP: 68.0%

| | | | **Llaf** |
|---|---|---|---|
| John Williams | Llaf | 5480 | 54.8% |
| W F Phillips | Rh | 4527 | 45.2% |
| | | 953 | 9.6% |

## Morgannwg – Rhondda, Y

Eth: 17640. CP: 72.4%

| | | | **Llaf** |
|---|---|---|---|
| William Abraham | Llaf | 9073 | 71.0% |
| Harold Lloyd | C | 3701 | 29.0% |
| | | 5372 | 42.0% |

## Mynwy Sir – De/*South*

Eth: 19134. CP: 79.7%

| | | | **Rh** |
|---|---|---|---|
| Syr Ivor J C Herbert | Rh | 8597 | 56.4% |
| L Forestier-Walker | C | 6656 | 43.6% |
| | | 1941 | 12.8% |

## Mynwy Sir – Gogledd/*North*

Eth: 15711. CP: 78.3%

| | | | **Rh** |
|---|---|---|---|
| Gwir Anrh. Reginald McKenna | Rh | 7722 | 62.7% |
| D E Williams | C | 4586 | 37.3% |
| | | 3136 | 25.4% |

## Mynwy Sir – Gorllewin/*West*

| | | | **Llaf** |
|---|---|---|---|
| Thomas Richards | Llaf | di-wrth | |

## Mynwy Bwr

Eth: 12934. CP: 86.7% (Brynbuga, Casnewydd, Trefynwy)

| | | | **Rh** |
|---|---|---|---|
| Lewis Haslam | Rh | 6154 | 54.9% |
| G de la P Hargreaves | C | 5056 | 45.1% |
| | | 1098 | 9.8% |

## Penfro Sir

Eth: 11750. CP: 73.8%

| | | | **Rh** |
|---|---|---|---|
| Walter F Roch | Rh | 5682 | 65.5% |
| E M Samson | C | 2989 | 34.5% |
| | | 2693 | 31.0% |

## Penfro a Hwlffordd Bwr

Eth: 7338. CP: 83.8% (Abergwaun, Aberdaugleddau, Arberth, Cas-wis (Wiston), Dinbych y Pysgod, Hwlffordd, Penfro)

| | | | **Rh** |
|---|---|---|---|
| Anrh. C H C Guest | Rh | 3357 | 54.6% |
| J F Lort Phillips | C | 2792 | 45.4% |
| | | 565 | 9.2% |

## Trefaldwyn Sir

| | | | **Rh** |
|---|---|---|---|
| David Davies | Rh | di-wrth | |

## Trefaldwyn Bwr

Eth: 3354. CP: 89.1% (Y Drenewydd, Llanfyllin, Llanidloes, Machynlleth, Y Trallwng, Trefaldwyn)

| | | | **Rh > C** |
|---|---|---|---|
| E. Pryce-Jones | C | 1522 | 50.9% |
| A E O Humphreys-Owen | Rh | 1468 | 49.1% |
| | | 54 | 1.8% |

# Is-Etholiadau 1910-1918

## Caernarfon Sir – Arfon

11/2/1911

Ar benodiad William Jones yn Arglwydd Gomisynydd yn y Trysorlys / On *William Jones's appointment as Lord Commisioner of the Treasury*

| | | | **Rh** |
|---|---|---|---|
| William Jones | Rh | di-wrth | |

## Caerfyrddin Bwr

24/1/1912

Ar benodiad W Llewelyn Williams yn Gofiadur Abertawe / On *W Llewelyn Williams's appointment as Recorder of Swansea*

Eth: 7281. CP: 89.8%

| | | | **Rh** |
|---|---|---|---|
| W Llewelyn Williams | Rh | 3836 | 58.6% |
| H C Bond | C | 2555 | 39.1% |
| F G Vivian | Llaf Ann | 149 | 2.3% |
| | | 1281 | 19.5% |

## Caerfyrddin Sir – Dwyrain/*East*

22/8/1912

Ar farwolaeth Abel Thomas / On *the death of Abel Thomas*

Eth: 13113. CP: 80.3%

| | | | **Rh** |
|---|---|---|---|
| Parch. J Towyn Jones | Rh | 6082 | 57.8% |
| Mervyn L Peel | C | 3354 | 31.9% |
| J H Williams | ILP | 1089 | 10.3% |
| | | 2728 | 25.9% |

## Fflint Bwr

21/1/1913

Ar farwolaeth J W Summers / On *the death of J W Summers*

Eth: 4350. CP: 94.1%

| | | | **Rh** |
|---|---|---|---|
| T H Parry | Rh | 2152 | 52.6% |
| J H Roberts | C | 1941 | 47.4% |
| | | 211 | 5.2% |

## Abertawe Bwr – Rhanbarth/*District*

13/8/1914

Ar benodiad Syr D Brynmor Jones yn Gofiadur Caerdydd / On *Sir D Brynmor Jones's appointment as Recorder of Cardiff*

| | | | **Rh** |
|---|---|---|---|
| Gwir Anrh. Syr D Brynmor Jones | Rh | di-wrth | |

## Abertawe Bwr – Rhanbarth/*District*

6/2/1915

Ar benodiad Syr D Brynmor Jones i swydd 'Master in Lunacy' / On *Sir D Brynmor Jones's appointment as Master in Lunacy*

| | | | **Rh** |
|---|---|---|---|
| T J Williams | Rh | di-wrth | |

**Caernarfon** Sir – **Arfon**                                    **Rh**

6/7/1915

Ar farwolaeth William Jones / *On the death of William Jones*

| Griffith Caradoc Rees | Rh | di-wrth |
|---|---|---|

**Caerdydd** Bwr                                                    **C**

12/11/1915

Ar farwolaeth Arg.Ninian Crichton-Stuart yn y Rhyfel Mawr / *On the death of Lord Ninian Crichton Stuart, killed in action*

| James Herbert Cory | C | di-wrth |
|---|---|---|

**Merthyr Tudful**                                              **LlafAnn**

25 / 11 / 1915

Ar farwolaeth J Keir Hardie / *On the death of J Keir Hardie*

Eth: 24192. CP: 67.7%

| C B Stanton | LlafAnn | 10286 | 62.8% |
|---|---|---|---|
| J Winstone | Llaf | 6080 | 37.2% |
| | | 4206 | 25.6% |

**Mynwy** Sir – **De**/*South*                                   **Rh**

12/7/1917

Ar ddyrchafiad Syr Ivor Herbert i Dŷ'r Arglwyddi yn Arglwydd Treowen / *On Sir Ivor Herbert's elevation to the peerage as Lord Treowen*

Eth: 22991. CP: 32.6%

| Syr A G Thomas | Rh | 6769 | 90.3% |
|---|---|---|---|
| B P Thomas | RhAnn | 727 | 9.7% |
| | | 6042 | 80.6% |

|       | P      | CP    | CPP   | S  |
|-------|--------|-------|-------|----|
| RhC   | 208116 | 39.3% | 12.6% | 19 |
| Llaf  | 180414 | 34.0% | 21.2% | 10 |
| C     | 59592  | 11.2% | 38.7% | 4  |
| Rh    | 51382  | 9.7%  | 13.0% | 2  |
| NDP   | 22824  | 4.3%  | 1.7%  | 1  |
| Ann   | 6700   | 1.3%  |       |    |
| Sos   | 597    | 0.1%  |       |    |
| NFDSS | 324    | 0.1%  |       |    |
|       | ====   |       |       |    |
|       | 523249 |       |       |    |

Llywodraeth Glymblaid/*Coalition Government*
PW/*PM*    David Lloyd George

etholiad cyffredinol

# 1918

general election

14 Rhagfyr
14 December

## Aberafan   RhC
Eth: 30415. CP: 71.4%

| | | | |
|---|---|---|---|
| John Edwards | RhC | 13635 | 62.8% |
| R Williams | Llaf | 7758 | 35.7% |
| T G Jones | NFDSS | 324 | 1.5% |
| | | 5877 | 27.1% |

## Aberdâr   NDP
Eth: 41651. CP: 69.8%

| | | | |
|---|---|---|---|
| C B Stanton | NDP | 22824 | 78.6% |
| Parch. T E Nicholas | Llaf | 6229 | 21.4% |
| | | 16595 | 57.2% |

## Abertawe – Dwyrain/*East*   RhC
Eth: 27185. CP: 64.1%

| | | | |
|---|---|---|---|
| T J Williams | RhC | 11071 | 63.6% |
| David Williams | Llaf | 6341 | 36.4% |
| | | 4730 | 27.2% |

## Abertawe – Gorllewin/*West*   RhC
Eth: 31884. CP: 67.4%

| | | | |
|---|---|---|---|
| Gwir Anrh. Syr Alfred Mond | RhC | 8579 | 40.0% |
| D Davies | C | 7398 | 34.4% |
| J Powlesland | Llaf | 5510 | 25.6% |
| | | 1181 | 5.6% |

## Abertyleri   Llaf

| | | | |
|---|---|---|---|
| William Brace | Llaf | di-wrth | |

## Bedwellte   Llaf
Eth: 30938. CP: 70.8%

| | | | |
|---|---|---|---|
| Charles Edwards | Llaf | 11730 | 53.6% |
| W H Williams | RhC | 10170 | 46.4% |
| | | 1560 | 7.2% |

## Brycheiniog a Maesyfed   RhC

| | | | |
|---|---|---|---|
| Sidney Robinson | RhC | di-wrth | |

## Caerdydd – Canol/*Central*   C
Eth: 36557. CP: 56.9%

| | | | |
|---|---|---|---|
| J C Gould | C | 8542 | 41.4% |
| J E Edmunds | Llaf | 4663 | 22.4% |
| G F Forsdike | Rh | 4172 | 20.1% |
| R Hughes | Ann | 3419 | 16.4% |
| | | 3879 | 18.7% |

## Caerdydd – De/*South*   C
Eth: 28307. CP: 57.8%

| | | | |
|---|---|---|---|
| J H Cory | C | 7922 | 48.5% |
| J T Clatworthy | Llaf | 4303 | 26.3% |
| E Curran | Rh | 4126 | 25.2% |
| | | 3619 | 22.2% |

## Caerdydd – Dwyrain/*East*   Rh
Eth: 30164. CP: 64.6%

| | | | |
|---|---|---|---|
| Syr W H Seager | Rh | 7963 | 40.8% |
| Arg. Colum Crichton-Stuart | C | 5978 | 30.7% |
| A J Williams | Llaf | 5554 | 28.5% |
| | | 1985 | 10.1% |

## Caerfyrddin   RhC

| | | | |
|---|---|---|---|
| John Hinds | RhC | di-wrth | |

## Caerffili   Llaf
Eth: 32790. CP: 64.0%

| | | | |
|---|---|---|---|
| Alfred Onions | Llaf | 11496 | 54.8% |
| W R Edmunds | Rh | 9482 | 45.2% |
| | | 2014 | 9.6% |

## Caernarfon Sir   RhC
Eth: 36460. CP: 64.6%

| | | | |
|---|---|---|---|
| C E Breese | RhC | 10488 | 44.5% |
| R T Jones | Llaf | 8145 | 34.6% |
| Ellis W Davies | Rh | 4937 | 20.9% |
| | | 2343 | 9.9% |

## Caernarfon Bwr   RhC
Eth: 23787. CP: 63.4% (Bangor Carnarfon, Conwy, Cricieth, Nefyn, Pwllheli)

| | | | |
|---|---|---|---|
| Gwir Anrh. D Lloyd George | RhC | 13993 | 92.7% |
| Austin Harrison | Ann | 1095 | 7.3% |
| | | 12898 | 85.4% |

## Casnewydd   RhC
Eth: 40146. CP: 62.2%

| | | | |
|---|---|---|---|
| Lewis Haslam | RhC | 14080 | 56.4% |
| J W Bowen | Llaf | 10234 | 41.0% |
| B P Thomas | Ann | 647 | 2.6% |
| | | 3846 | 15.4% |

## Castell-nedd   RhC
Eth: 38929. CP: 70.6%

| | | | |
|---|---|---|---|
| J Hugh Edwards | RhC | 17818 | 64.8% |
| Parch H Morgan | Llaf | 9670 | 35.2% |
| | | 8148 | 29.6% |

## Ceredigion   RhC

| | | | |
|---|---|---|---|
| M L Vaughan Davies | RhC | di-wrth | |

## Dinbych   RhC
Eth: 30448. CP: 58.2%

| | | | |
|---|---|---|---|
| Syr David S Davies | RhC | 14773 | 83.3% |
| E T John | Llaf | 2958 | 16.7% |
| | | 11815 | 66.6% |

## Fflint   RhC

| | | | |
|---|---|---|---|
| T H Parry | RhC | di-wrth | |

## Glynebwy   Llaf

| | | | |
|---|---|---|---|
| Thomas Richards | Llaf | di-wrth | |

Llanelly Parliamentary Division of the County of Carmarthen.

PARLIAMENTARY ELECTION, 1918

The Poll will be taken on SATURDAY, DEC. 14th, 1918, between the hours of 8 a.m. and 8 o'clock p.m.

Vote for J. TOWYN JONES
The Coalition Candidate.

## Gŵyr

Eth: 29667. CP: 62.2%

| | | | Llaf |
|---|---|---|---|
| John Williams | Llaf | 10109 | 54.8% |
| D H Williams | Rh | 8353 | 45.2% |
| | | 1756 | 9.6% |

## Llandaf a'r Barri

Eth: 34041. CP: 63.0%

| | | | C |
|---|---|---|---|
| William Cope | C | 13307 | 62.0% |
| R L Jones | Llaf | 6607 | 30.8% |
| Dr C F G Sexmith | Ann | 1539 | 7.2% |
| | | 6700 | 31.2% |

## Llanelli

Eth: 44657. CP: 68.9%

| | | | RhC |
|---|---|---|---|
| Parch J Towyn Jones | RhC | 16344 | 53.1% |
| Dr J H Williams | Llaf | 14409 | 46.9% |
| | | 1935 | 6.2% |

## Meirionnydd

| | | | Rh |
|---|---|---|---|
| H Haydn Jones | Rh | di-wrth | |

## Merthyr Tudful

Eth: 35049. CP: 76.5%

| | | | RhC |
|---|---|---|---|
| Syr E R Jones | RhC | 14127 | 52.7% |
| J Winstone | Llaf | 12682 | 47.3% |
| | | 1445 | 5.4% |

## Môn

Eth: 25836. CP: 69.4%

| | | | Llaf |
|---|---|---|---|
| Syr Owen Thomas | Llaf | 9038 | 50.4% |
| Gwir Anrh. Syr Ellis Jones Griffith | RhC | 8898 | 49.6% |
| | | 140 | 0.8% |

## Ogwr

| | | | Llaf |
|---|---|---|---|
| Vernon Hartshorn | Llaf | di-wrth | |

## Penfro

Eth: 42808. CP: 64.3%

| | | | RhC |
|---|---|---|---|
| Syr E D Jones | RhC | 19200 | 69.8% |
| Ivor Gwynne | Llaf | 7712 | 28.0% |
| G B Thomas | Sos | 597 | 2.2% |
| | | 11488 | 41.8% |

## Pontypridd

Eth: 34778. CP: 68.3%

| | | | RhC |
|---|---|---|---|
| T A Lewis | RhC | 13327 | 56.1% |
| D L Davies | Llaf | 10152 | 42.8% |
| A Seaton | C | 260 | 1.1% |
| | | 3175 | 13.3% |

## Pontypŵl

Eth: 30002. CP: 72.1%

| | | | Llaf |
|---|---|---|---|
| Thomas Griffiths | Llaf | 8438 | 39.0% |
| Syr L W Llewelyn | C | 7021 | 32.5% |
| Reginald McKenna | Rh | 6160 | 28.5% |
| | | 1417 | 6.5% |

## Prifysgol Cymru

Eth: 1066. CP: 85.8%

| | | | RhC |
|---|---|---|---|
| J Herbert Lewis | RhC | 739 | 80.8% |
| Mrs H M Mackenzie | Llaf | 176 | 19.2% |
| | | 563 | 61.6% |

## Y Rhondda – Dwyrain/East

| | | | Llaf |
|---|---|---|---|
| D Watts Morgan | Llaf | di-wrth | |

## Y Rhondda – Gorllewin/West

| | | | Llaf |
|---|---|---|---|
| William Abraham | Llaf | di-wrth | |

## Trefaldwyn

| | | | RhC |
|---|---|---|---|
| David Davies | RhC | di-wrth | |

## Trefynwy

Eth: 27575. CP: 55.7%

| | | | C |
|---|---|---|---|
| C L Forestier-Walker | C | 9164 | 59.7% |
| H M Martineau | Rh | 6189 | 40.3% |
| | | 2975 | 19.4% |

## Wrecsam

**RhC**

Eth: 39259. CP: 69.7%

| | | | |
|---|---|---|---|
| Syr R J Thomas | RhC | 20874 | 76.3% |
| Hugh Hughes | Llaf | 6500 | 23.7% |
| | | 14374 | 52.6% |

# Is-Etholiadau 1918-1922

## Abertawe – Dwyrain/*East*

**RhC**

10/7/1919
Ar farwolaeth T J Williams / *On the death of T J Williams*
Eth:27185. CP: 64.0%

| | | | |
|---|---|---|---|
| D Matthews | RhC | 9250 | 53.1% |
| David Williams | Llaf | 8158 | 46.9% |
| | | 1092 | 6.2% |

## Glynebwy

**Llaf**

26/7/1920
Ar ymddeoliad Thomas Richards / *On Thomas Richards's retirement*

| | | | |
|---|---|---|---|
| Evan Davies | Llaf | di-wrth | |

## Abertyleri

**Llaf**

21/12/1920
Ar benodiad William Brace yn brif gynghorydd llafur i'r Adran Lofeydd / *On William Brace's appointment as chief employment consultant to the Coal Department*
Eth:32960. CP: 70.8%

| | | | |
|---|---|---|---|
| George Barker | Llaf | 15492 | 66.4% |
| G H Morgan | RhC | 7842 | 33.6% |
| | | 7650 | 32.8% |

## Y Rhondda – Gorllewin/*West*

**Llaf**

21/12/1920
Ar ymddeoliad William Abraham / *On William Abraham's retirement*
Eth: 34203. CP: 70.2%

| | | | |
|---|---|---|---|
| William John | Llaf | 14035 | 58.5% |
| Gwilym Rowlands | C | 9959 | 41.5% |
| | | 4076 | 17.0% |

## Ceredigion

**RhC**

18/2/1921
Ar ddyrchafiad M L Vaughan Davies i Dŷ'r Arglwyddi yn Arglwydd Ystwyth / *On M L Vaughan Davies's elevation to the Peerage as Lord Ystwyth*
Eth:30751. CP: 80.1%

| | | | |
|---|---|---|---|
| Ernest Evans | RhC | 14111 | 57.3% |
| W Llewelyn Williams | Rh | 10521 | 42.7% |
| | | 3590 | 14.6% |

## Caerffili

**Llaf**

24/8/1921
Ar farwolaeth Alfred Onions / *On the death of Alfred Onions*
Eth:34511. CP: 73.2%

| | | | |
|---|---|---|---|
| Morgan Jones | Llaf | 13699 | 54.2% |
| W R Edmunds | RhC | 8958 | 35.5% |
| R Stewart | Com | 2592 | 10.3% |
| | | 4741 | 18.7% |

## Gŵyr

**Llaf**

20/7/1922
Ar farwolaeth John Williams / *On the death of John Williams*
Eth:31679. CP: 73.0%

| | | | |
|---|---|---|---|
| D R Grenfell | Llaf | 13296 | 57.5% |
| D H Williams | RhC | 9841 | 42.5% |
| | | 3455 | 15.0% |

## Pontypridd

**Llaf**

25/7/1922
Ar benodiad T A Lewis yn Arglwydd Gomisiynydd yn y Trysorlys / *On T A Lewis's appointment as Lord Commissioner of the Treasury*
Eth:40017. CP: 72.9%

| | | | |
|---|---|---|---|
| T I Mardy Jones | Llaf | 16630 | 57.0% |
| T A Lewis | RhC | 12550 | 43.0% |
| | | 4080 | 14.0% |

## Casnewydd

**RhC > C**

18/10/1922
Ar farwolaeth Lewis Haslam / *On the death of Lewis Haslam*
Eth: 42645. CP: 79.2%

| | | | |
|---|---|---|---|
| R G Clarry | C | 13515 | 40.0% |
| J W Bowen | Llaf | 11425 | 33.8% |
| W L Moore | Rh | 8841 | 26.2% |
| | | 2090 | 6.2% |

*"Newport was the only British by-election which brought down a government"*

|         | P      | CP    | CPP   | S  |
|---------|--------|-------|-------|----|
| Llaf    | 363877 | 40.7% | 29.7% | 18 |
| RhC     | 239035 | 26.7% | 9.9%  | 9  |
| C       | 190919 | 21.4% | 38.5% | 6  |
| Rh      | 67870  | 7.6%  | 18.9% | 2  |
| Ann     | 15552  | 1.7%  |       |    |
| LlafAnn | 11929  | 1.3%  |       | 1  |
| Am      | 4775   | 0.5%  |       |    |
|         | ====   |       |       |    |
|         | 893957 |       |       |    |

Llywodraeth Geidwadol/*Conservative Government*
PW/PM   Andrew Boner Law (-20/5/1923)
        Stanley Baldwin

etholiad cyffredinol

# 1922

general election

15 Tachwedd
15 November

## Aberafan
RhC > **Llaf**

Eth: 34716. CP: 88.6%

| | | | |
|---|---|---|---|
| J Ramsay Macdonald | Llaf | 14318 | 46.6% |
| Sidney H Byass | C | 11111 | 36.1% |
| John Edwards | RhC | 5328 | 17.3% |
| | | 3207 | 10.5% |

## Aberdâr
NDP > **Llaf**

Eth: 45285. CP: 79.9%

| | | | |
|---|---|---|---|
| G H Hall | Llaf | 20704 | 57.2% |
| C B Stanton | RhC | 15487 | 42.8% |
| | | 5217 | 14.4% |

## Abertawe – Dwyrain/*East*
RhC > **Llaf**

Eth: 27246. CP: 81.7%

| | | | |
|---|---|---|---|
| David Williams | Llaf | 11333 | 50.9% |
| E Harris | RhC | 10926 | 49.1% |
| | | 407 | 1.8% |

## Abertawe – Gorllewin/*West*
**RhC**

Eth: 31178. CP: 83.9%

| | | | |
|---|---|---|---|
| Gwir Anrh. Syr Alfred Mond | RhC | 9278 | 35.5% |
| W A S Hewins | C | 8476 | 32.4% |
| H W Samuel | Llaf | 8401 | 32.1% |
| | | 802 | 3.1% |

## Abertyleri
**Llaf**

| | | |
|---|---|---|
| George Barker | Llaf | di-wrth |

## Bedwellte
**Llaf**

Eth: 33741. CP: 81.2%

| | | | |
|---|---|---|---|
| Charles Edwards | Llaf | 17270 | 63.0% |
| C E Bagram | C | 10132 | 37.0% |
| | | 7138 | 26.0% |

## Brycheiniog a Maesyfed
**RhC**

Eth: 38815. CP: 77.9%

| | | | |
|---|---|---|---|
| W A Jenkins | RhC | 20405 | 67.4% |
| E T John | Llaf | 9850 | 32.6% |
| | | 10555 | 34.8% |

## Caerdydd – Canol/*Central*
**C**

Eth: 37326. CP: 74.4%

| | | | |
|---|---|---|---|
| J C Gould | C | 13885 | 50.0% |
| J E Edmunds | Llaf | 8169 | 29.4% |
| C F Sanders | Rh | 5732 | 20.6% |
| | | 5716 | 20.6% |

## Caerdydd – De/*South*
**C**

Eth: 29033. CP: 74.9%

| | | | |
|---|---|---|---|
| Syr J H Cory | C | 7929 | 36.4% |
| B C Freybreg | Rh | 6996 | 32.2% |
| D G Pole | Llaf | 6831 | 31.4% |
| | | 933 | 4.2% |

## Caerdydd – Dwyrain/*East*
Rh > **C**

Eth: 29532. CP: 81.0%

| | | | |
|---|---|---|---|
| Lewis Lougher | C | 8804 | 36.8% |
| Syr H Webb | Rh | 7622 | 31.8% |
| A J Williams | Llaf | 7506 | 31.4% |
| | | 1182 | 5.0% |

## Caerfyrddin
**RhC**

Eth: 36213. CP: 82.7%

| | | | |
|---|---|---|---|
| John Hinds | RhC | 12530 | 41.9% |
| Anrh. G W R V Coventry | C | 8805 | 29.4% |
| D Johns | Am | 4775 | 15.9% |
| H Llewelyn Williams | Rh | 3847 | 12.8% |
| | | 3725 | 12.5% |

## Caerffili
**Llaf**

Eth: 35795. CP: 78.6%

| | | | |
|---|---|---|---|
| Morgan Jones | Llaf | 16082 | 57.2% |
| Alan McLean | C | 12057 | 42.8% |
| | | 4025 | 14.4% |

## Caernarfon Sir
RhC > **Llaf**

Eth: 37450. CP: 70.6%

| | | | |
|---|---|---|---|
| R T Jones | Llaf | 14016 | 53.0% |
| C E Breese | RhC | 12407 | 47.0% |
| | | 1609 | 6.0% |

## Caernarfon Bwr
**RhC**

Eth: 24047 (Bangor, Caernarfon, Conwy, Cricieth, Nefyn, Pwllheli)

| | | |
|---|---|---|
| D Lloyd George | RhC | di-wrth |

## Casnewydd
RhC > **C**

Eth: 42645. CP: 82.1%

| | | | |
|---|---|---|---|
| R G Clarry | C | 19019 | 54.3% |
| J W Bowen | Llaf | 16000 | 45.7% |
| | | 3019 | 8.6% |

## Castell-nedd
RhC > **Llaf**

Eth: 43638. CP: 75.4%

| | | | |
|---|---|---|---|
| William Jenkins | Llaf | 19566 | 59.5% |
| J Hugh Edwards | RhC | 13331 | 40.5% |
| | | 6235 | 19.0% |

## Ceredigion
**RhC**

Eth: 32695. CP: 76.9%

| | | | |
|---|---|---|---|
| Ernest Evans | RhC | 12825 | 51.0% |
| Rhys Hopkin Morris | Rh | 12310 | 49.0% |
| | | 515 | 2.0% |

## Dinbych
**RhC**

Eth: 31403. CP: 76.7%

| | | | |
|---|---|---|---|
| J C Davies | RhC | 12975 | 53.9% |
| Anrh. Mrs L Brodrick | C | 9138 | 37.9% |
| Ll G Williams | Rh | 1974 | 8.2% |
| | | 3837 | 16.0% |

## Fflint

**RhC**

Eth: 47999. CP: 79.4%

| | | | |
|---|---|---|---|
| T H Parry | RhC | 16854 | 44.2% |
| Austin L Jones | C | 15080 | 39.6% |
| Parch. D G Jones | Llaf | 6163 | 16.2% |
| | | 1774 | 4.6% |

## Glynebwy

**Llaf**

Eth: 33119. CP: 78.2%

| | | | |
|---|---|---|---|
| Evan Davies | Llaf | 16947 | 65.4% |
| Morgan Morgan | C | 8951 | 34.6% |
| | | 7996 | 30.8% |

## Gŵyr

**Llaf**

Eth: 33084. CP: 74.6%

| | | | |
|---|---|---|---|
| D R Grenfell | Llaf | 13388 | 54.2% |
| F W Davies | Rh | 11302 | 45.8% |
| | | 2086 | 8.4% |

## Llandaf a'r Barri

**C**

Eth: 38698. CP: 76.8%

| | | | |
|---|---|---|---|
| William Cope | C | 13129 | 44.1% |
| J A Lovat- Fraser | Llaf | 9031 | 30.4% |
| J C Meggit | RhC | 7577 | 25.5% |
| | | 4098 | 13.7% |

## Llanelli

**RhC > Llaf**

Eth: 48795. CP: 80.3%

| | | | |
|---|---|---|---|
| Dr. J H Williams | Llaf | 23213 | 59.3% |
| G Clarke Williams | RhC | 15947 | 40.7% |
| | | 7266 | 18.6% |

## Meirionnydd

**Rh**

Eth: 22017. CP: 77.1%

| | | | |
|---|---|---|---|
| H Haydn Jones | Rh | 9903 | 58.3% |
| J J Roberts | Llaf | 7071 | 41.7% |
| | | 2832 | 16.6% |

## Merthyr Tudful

**Ann > Llaf**

Eth: 36514. CP: 90.6%

| | | | |
|---|---|---|---|
| R C Wallhead | Llaf | 17516 | 53.0% |
| Syr R Mathias | Ann | 15552 | 47.0% |
| | | 1964 | 6.0% |

## Môn

**LlafAnn**

Eth: 27320. CP: 80.5%

| | | | |
|---|---|---|---|
| Syr Owen Thomas | LlafAnn | 11929 | 54.2% |
| Syr R J Thomas | RhC | 10067 | 45.8% |
| | | 1862 | 8.4% |

## Ogwr

**Llaf**

Eth: 39673. CP: 78.3%

| | | | |
|---|---|---|---|
| Vernon Hartshorn | Llaf | 17321 | 55.8% |
| J W Jones | RhC | 7498 | 24.1% |
| Mrs D C Edmondes | C | 6257 | 20.1% |
| | | 9823 | 31.7% |

## Penfro

**RhC**

Eth: 43631. CP: 71.7%

| | | | |
|---|---|---|---|
| Gwilym Lloyd George | RhC | 21569 | 69.0% |
| W J Jenkins | Llaf | 9703 | 31.0% |
| | | 11866 | 38.0% |

## Pontypridd

**RhC > Llaf**

Eth: 41087. CP: 76.8%

| | | | |
|---|---|---|---|
| T I Mardy Jones | Llaf | 14884 | 47.2% |
| Syr Rhys Williams | RhC | 8667 | 27.5% |
| J Griffith Jones | C | 7994 | 25.3% |
| | | 6217 | 19.7% |

## Pontypŵl

**Llaf**

Eth: 32439. CP: 85.0%

| | | | |
|---|---|---|---|
| Thomas Griffiths | Llaf | 11198 | 40.6% |
| Syr T G Jones | C | 8654 | 31.4% |
| Syr R L Connell | Rh | 7733 | 28.0% |
| | | 2544 | 9.2% |

## Prifysgol Cymru

**RhC**

Eth: 1441. CP: 87.2%

| | | | |
|---|---|---|---|
| T A Lewis | RhC | 497 | 39.5% |
| Syr E J Ellis-Griffith | Rh | 451 | 35.9% |
| Dr. Olive Wheeler | Llaf | 309 | 24.6% |
| | | 46 | 3.6% |

## Y Rhondda – Dwyrain/*East*

**Llaf**

Eth: 38516. CP: 80.9%

| | | | |
|---|---|---|---|
| D Watts Morgan | Llaf | 17146 | 55.0% |
| F W Heale | RhC | 14025 | 45.0% |
| | | 3121 | 10.0% |

## Y Rhondda – Gorllewin/*West*

**Llaf**

Eth: 34632. CP: 83.7%

| | | | |
|---|---|---|---|
| William John | Llaf | 18001 | 62.1% |
| Gwilym Rowlands | C | 10990 | 37.9% |
| | | 7011 | 24.2% |

## Trefaldwyn

**Rh**

| | | | |
|---|---|---|---|
| David Davies | Rh | di-wrth | |

## Trefynwy

**C**

| | | | |
|---|---|---|---|
| C L Forestier-Walker | C | di-wrth | |

## Wrecsam

**RhC > Llaf**

Eth: 39446. CP: 84.4%

| | | | |
|---|---|---|---|
| Robert Richards | Llaf | 11940 | 35.8% |
| E R Davies | RhC | 10842 | 32.6% |
| R C G Roberts | C | 10508 | 31.6% |
| | | 1098 | 3.2% |

# Is-Etholiad 1923

## Môn

Llaf > **Rh**

7/4/1923
Ar farwolaeth Owen Thomas / *On the death of Owen Thomas*
Eth:27320. CP: 76.4%

| | | | |
|---|---|---|---|
| Syr R J Thomas | Rh | 11116 | 53.3% |
| E T John | Llaf | 6368 | 30.5% |
| R O Roberts | C | 3385 | 16.2% |
| | | 4748 | 22.8% |

|       | P       | CP    | CPP   | S   |
|-------|---------|-------|-------|-----|
| Llaf  | 355172  | 41.9% | 30.7% | 19  |
| Rh    | 299874  | 35.4% | 29.7% | 11  |
| C     | 178113  | 21.0% | 38.0% | 4   |
| RhAnn | 12936   | 1.5%  |       | 1   |
| HC    | 570     |       |       | 1   |
|       | ====    |       |       |     |
|       | 846665  |       |       |     |

Llywodraeth Lafur/*Labour Government*
PW/PM    James Ramsay MacDonald

**Aberafan** | | | **Llaf**
Eth: 35952. CP: 87.2%

| | | | |
|---|---|---|---|
| J Ramsay Macdonald | Llaf | 17439 | 55.6% |
| Sidney H Byass | C | 13927 | 44.4% |
| | | 3512 | 11.2% |

**Aberdâr** | | | **Llaf**
Eth: 46148. CP: 83.3%

| | | | |
|---|---|---|---|
| G H Hall | Llaf | 22379 | 58.2% |
| W M Llewelyn | Rh | 16050 | 41.8% |
| | | 6329 | 16.4% |

**Abertawe – Dwyrain/East** | | | **Llaf**
Eth: 27365. CP: 81.1%

| | | | |
|---|---|---|---|
| David Williams | Llaf | 12735 | 57.4% |
| T Artemus Jones | Rh | 9463 | 42.6% |
| | | 3272 | 14.8% |

**Abertawe – Gorllewin/West** | | | **Rh > Llaf**
Eth: 31237. CP: 85.3%

| | | | |
|---|---|---|---|
| H W Samuel | Llaf | 9260 | 34.8% |
| Gwir Anrh. Syr Alfred Mond | Rh | 9145 | 34.3% |
| W A S Hewins | C | 8238 | 30.9% |
| | | 115 | 0.5% |

**Abertyleri** | | | **Llaf**

| | | | |
|---|---|---|---|
| George Barker | Llaf | di-wrth | |

**Bedwellte** | | | **Llaf**
Eth: 35051. CP: 74.2%

| | | | |
|---|---|---|---|
| Charles Edwards | Llaf | 17564 | 67.6% |
| W H Williams | Rh | 8436 | 32.4% |
| | | 9128 | 35.2% |

**Brycheiniog a Maesyfed** | | | **Rh**

| | | | |
|---|---|---|---|
| W A Jenkins | Rh | di-wrth | |

**Caerdydd – Canol/Central** | | | **C**
Eth: 37444. CP: 71.4%

| | | | |
|---|---|---|---|
| J C Gould | C | 10261 | 38.4% |
| J E Edmunds | Llaf | 8563 | 32.0% |
| I Watkins Evans | Rh | 7923 | 29.6% |
| | | 1698 | 6.4% |

**Caerdydd – De/South** | | | **C > Llaf**
Eth: 29511. CP: 70.6%

| | | | |
|---|---|---|---|
| Arthur Henderson (Ieu) | Llaf | 7899 | 37.9% |
| Syr J H Cory | C | 7473 | 35.8% |
| W T Layton | Rh | 5474 | 26.3% |
| | | 426 | 2.1% |

**Caerdydd – Dwyrain/East** | | | **C > Rh**
Eth: 30100. CP: 79.3%

| | | | |
|---|---|---|---|
| Syr H Webb | Rh | 8536 | 35.8% |
| E Hugh J N Dalton | Llaf | 7812 | 32.7% |
| Lewis Lougher | C | 7513 | 31.5% |
| | | 724 | 3.1% |

**Caerfyrddin** | | | **Rh**
Eth: 36779. CP: 78.3%

| | | | |
|---|---|---|---|
| Gwir Anrh. Syr E J Ellis-Griffith | Rh | 12988 | 45.1% |
| Syr A Stephens | C | 8677 | 30.1% |
| R Williams | Llaf | 7132 | 24.8% |
| | | 4311 | 15.0% |

**Caerffili** | | | **Llaf**
Eth: 36592. CP: 77.0%

| | | | |
|---|---|---|---|
| Morgan Jones | Llaf | 16535 | 58.7% |
| Gwilym Rowlands | C | 6493 | 23.0% |
| S R Jenkins | Rh | 5152 | 18.3% |
| | | 10042 | 35.7% |

**Caernarfon** Sir | | | **Llaf > Rh**
Eth: 38136. CP: 74.9%

| | | | |
|---|---|---|---|
| Goronwy Owen | Rh | 15043 | 52.7% |
| R T Jones | Llaf | 13521 | 47.3% |
| | | 1522 | 5.4% |

**Caernarfon** Bwr | | | **Rh**
Eth: 24,488. CP: 80.9% (Bangor, Caernarfon, Conwy, Cricieth, Nefyn, Pwllheli)

| | | | |
|---|---|---|---|
| D Lloyd George | Rh | 12499 | 63.1% |
| A L Jones | C | 7323 | 36.9% |
| | | 5176 | 26.2% |

**Casnewydd** | | | **C**
Eth: 42899. CP: 85.2%

| | | | |
|---|---|---|---|
| R G Clarry | C | 14424 | 39.5% |
| J W Bowen | Llaf | 14100 | 38.6% |
| H Davies | Rh | 8015 | 21.9% |
| | | 324 | 0.9% |

**Castell-nedd** | | | **Llaf**
Eth: 45084. CP: 73.9%

| | | | |
|---|---|---|---|
| William Jenkins | Llaf | 20764 | 62.3% |
| T Elias | Rh | 12562 | 37.7% |
| | | 8202 | 24.6% |

**Ceredigion** | | | **Rh > RhAnn**
Eth: 32881. CP: 81.0%

| | | | |
|---|---|---|---|
| Rhys Hopkin Morris | RhAnn | 12469 | 46.9% |
| Ernest Evans | Rh | 7391 | 27.7% |
| Iarll Lisburne | C | 6776 | 25.4% |
| | | 5078 | 19.2% |

**Dinbych** | | | **Rh**
Eth: 31997. CP: 63.6%

| | | | |
|---|---|---|---|
| Ellis W Davies | Rh | 12164 | 59.8% |
| David Rhys | C | 8186 | 40.2% |
| | | 3978 | 19.6% |

**Fflint** | | | **Rh**
Eth: 49728. CP: 69.4%

| | | | |
|---|---|---|---|
| T H Parry | Rh | 19609 | 56.8% |
| E H G Roberts | C | 14926 | 43.2% |
| | | 4683 | 13.6% |

## Glynebwy

Eth: 33171. CP: 75.8%

| | | | Llaf |
|---|---|---|---|
| Evan Davies | Llaf | 16492 | 65.6% |
| Cyrus G Davies | Rh | 8639 | 34.4% |
| | | 7853 | 31.2% |

## Gŵyr

Eth: 34250. CP: 73.0%

| | | | Llaf |
|---|---|---|---|
| D R Grenfell | Llaf | 14771 | 59.1% |
| Mrs L Folland | Rh | 10219 | 40.9% |
| | | 4552 | 18.2% |

## Llandaf a'r Barri

Eth: 40388. CP: 72.1%

| | | | C |
|---|---|---|---|
| William Cope | C | 11050 | 37.9% |
| E W David | Rh | 10213 | 35.1% |
| T F Worrall | Llaf | 7871 | 27.0% |
| | | 837 | 2.8% |

## Llanelli

Eth: 49825. CP: 76.8%

| | | | Llaf |
|---|---|---|---|
| Dr J H Williams | Llaf | 21063 | 55.1% |
| R T Evans | Rh | 11765 | 30.7% |
| L Beaumont-Thomas | C | 5442 | 14.2% |
| | | 9298 | 24.4% |

## Meirionnydd

Eth: 22666. CP: 80.2%

| | | | Rh |
|---|---|---|---|
| H Haydn Jones | Rh | 11005 | 60.5% |
| J J Roberts | Llaf | 7181 | 39.5% |
| | | 3824 | 21.0% |

## Merthyr Tudful

Eth: 37413. CP: 86.8%

| | | | Llaf |
|---|---|---|---|
| R C Wallhead | Llaf | 19511 | 60.1% |
| D R Thomas | Rh | 7403 | 22.8% |
| A C Fox-Davies | C | 5548 | 17.1% |
| | | 12108 | 37.3% |

## Môn

| | | Llaf Ann > Rh |
|---|---|---|
| Syr R J Thomas | Rh | di-wrth |

## Ogwr

| | | Llaf |
|---|---|---|
| Vernon Hartshorn | Llaf | di-wrth |

## Penfro

Eth: 44134. CP: 77.9%

| | | | Rh |
|---|---|---|---|
| Gwilym Lloyd George | Rh | 13173 | 38.3% |
| C W M Price | C | 11682 | 34.0% |
| W J Jenkins | Llaf | 9511 | 27.7% |
| | | 1491 | 4.3% |

## Pontypridd

Eth: 40379. CP: 76.0%

| | | | Llaf |
|---|---|---|---|
| T I Mardy Jones | Llaf | 16837 | 54.9% |
| D Rees | Rh | 13839 | 45.1% |
| | | 2998 | 9.8% |

## Pontypŵl

Eth: 33369. CP: 81.6%

| | | | Llaf |
|---|---|---|---|
| Thomas Griffiths | Llaf | 13770 | 50.6% |
| S J Robins | Rh | 13444 | 49.4% |
| | | 326 | 1.2% |

## Prifysgol Cymru

Eth: 1922. CP: 83.1%

| | | | Rh > HC |
|---|---|---|---|
| George M Ll Davies | HC (yna Llaf) | 570 | 35.7% |
| Parch J Jones | Rh | 560 | 35.1% |
| J Edwards | RhAnn | 467 | 29.2% |
| | | 10 | 0.6% |

## Y Rhondda – Dwyrain/*East*

Eth: 39802. CP: 74.6%

| | | | Llaf |
|---|---|---|---|
| D Watts Morgan | Llaf | 21338 | 71.9% |
| A J Orchard | C | 8346 | 28.1% |
| | | 12992 | 43.8% |

## Y Rhondda – Gorllewin/*West*

Eth: 35,462. CP: 78.5%

| | | | Llaf |
|---|---|---|---|
| William John | Llaf | 18206 | 65.4% |
| J R Jones | Rh | 9640 | 34.6% |
| | | 8566 | 30.8% |

## Trefaldwyn

| | | Rh |
|---|---|---|
| David Davies | Rh | di-wrth |

## Trefynwy

Eth: 29889. CP: 70.9%

| | | | C |
|---|---|---|---|
| C L Forestier-Walker | C | 12697 | 59.9% |
| M Griffith | Rh | 8487 | 40.1% |
| | | 4210 | 19.8% |

## Wrecsam

Eth: 40789. CP: 81.1%

| | | | Llaf |
|---|---|---|---|
| Robert Richards | Llaf | 12918 | 39.0% |
| H A Morgan | Rh | 11037 | 33.4% |
| E F Bushby | C | 9131 | 27.6% |
| | | 1881 | 5.6% |

# Is-Etholiad 1924

## Caerfyrddin

14/8/1924

Ar ymddeoliad Syr E J Ellis-Griffith / *On Sir E J Ellis-Griffith's retirement*

Eth:36779. CP: 78.9%

| | | | Rh |
|---|---|---|---|
| Gwir Anrh. Syr Alfred Mond | Rh | 12760 | 44.0% |
| Parch. E T Owen | Llaf | 8351 | 28.8% |
| Syr A Stephens | C | 7896 | 27.2% |
| | | 4409 | 15.2% |

|      | P      | CP    | CPP   | S  |
|------|--------|-------|-------|----|
| Llaf | 321118 | 40.6% | 33.3% | 16 |
| Rh   | 245885 | 31.1% | 17.8% | 11 |
| C    | 224014 | 28.3% | 46.8% | 9  |
|      | ====   |       |       |    |
|      | 791017 |       |       |    |

Llywodraeth Geidwadol/*Conservative Government*
PW/*PM*    Stanley Baldwin

# etholiad cyffredinol
# 1924
## general election

29 Hydref
29 October

## Aberafan
**Llaf**

Eth: 37200. CP: 89.6%

| | | | |
|---|---|---|---|
| Gwir Anrh. J Ramsay Macdonald | Llaf | 17724 | 53.1% |
| W H Williams | Rh | 15624 | 46.9% |
| | | 2100 | 6.2% |

## Aberdâr
**Llaf**

Eth: 47267. CP: 83.7%

| | | | |
|---|---|---|---|
| G H Hall | Llaf | 24343 | 61.6% |
| David Bowen | Rh | 15201 | 38.4% |
| | | 9142 | 23.2% |

## Abertawe – Dwyrain/*East*
**Llaf**

Eth: 27,836. CP: 80.7%

| | | | |
|---|---|---|---|
| David Williams | Llaf | 12274 | 54.6% |
| W D Rees | Rh | 10186 | 45.4% |
| | | 2088 | 23.2% |

## Abertawe – Gorllewin/*West*
**Llaf > Rh**

Eth: 31674. CP: 87.0%

| | | | |
|---|---|---|---|
| Gwir Anrh. W Runciman | Rh | 10033 | 36.4% |
| H W Samuel | Llaf | 9188 | 33.4% |
| W A S Hewins | C | 8324 | 30.2% |
| | | 845 | 3.0% |

## Abertyleri
**Llaf**

| | | | |
|---|---|---|---|
| George Barker | Llaf | di-wrth | |

## Bedwellte
**Llaf**

| | | | |
|---|---|---|---|
| Charles Edwards | Llaf | di-wrth | |

## Brycheiniog a Maesyfed
**Rh > C**

Eth: 39943. CP: 83.6%

| | | | |
|---|---|---|---|
| W D'Arcy Hall | C | 12834 | 38.4% |
| W A Jenkins | Rh | 10374 | 31.1% |
| E T John | Llaf | 10167 | 30.5% |
| | | 2460 | 7.3% |

## Caerdydd – Canol/*Central*
**C**

Eth: 38026. CP: 76.8%

| | | | |
|---|---|---|---|
| Lewis Lougher | C | 14537 | 49.7% |
| D G Pole | Llaf | 9864 | 33.8% |
| A J Glyn Edwards | Rh | 4805 | 16.5% |
| | | 4673 | 15.9% |

## Caerdydd – De/*South*
**Llaf > C**

Eth: 29388. CP: 78.8%

| | | | |
|---|---|---|---|
| H A Evans | C | 11542 | 49.8% |
| A Henderson (ieu) | Llaf | 9324 | 40.3% |
| Ewan G Davies | Rh | 2287 | 9.9% |
| | | 2218 | 9.5% |

## Caerdydd – Dwyrain/*East*
**Rh > C**

Eth: 30218. CP: 82.3%

| | | | |
|---|---|---|---|
| Syr C Kinloch-Cooke | C | 10036 | 40.2% |
| Harold Lloyd | Llaf | 8156 | 32.8% |
| Syr Donald Maclean | Rh | 6684 | 26.9% |
| | | 1880 | 7.5% |

## Caerfyrddin
**Rh**

Eth: 37155. CP: 67.9%

| | | | |
|---|---|---|---|
| Gwir Anrh. Syr Alfred Mond | Rh | 17281 | 68.5% |
| Parch. E T Owen | Llaf | 7953 | 31.5% |
| | | 9328 | 37.0% |

## Caerffili
**Llaf**

Eth: 37868. CP: 79.3%

| | | | |
|---|---|---|---|
| Morgan Jones | Llaf | 17723 | 59.0% |
| Gwilym Rowlands | C | 12293 | 41.0% |
| | | 5430 | 18.0% |

## Caernarfon Sir
**Rh**

Eth: 38647. CP: 76.6%

| | | | |
|---|---|---|---|
| Goronwy Owen | Rh | 15033 | 50.8% |
| R T Jones | Llaf | 14564 | 49.2% |
| | | 469 | 1.6% |

## Caernarfon Bwr
**Rh**

Eth: 25281. CP: 77.0% (Bangor, Caernarfon, Conwy, Cricieth, Nefyn Pwllheli)

| | | | |
|---|---|---|---|
| Gwir Anrh. D Lloyd George | Rh | 16058 | 82.5% |
| Yr Athro A E Zimmern | Llaf | 3401 | 17.5% |
| | | 12657 | 65.0% |

## Casnewydd
**C**

Eth: 45138. CP: 85.7%

| | | | |
|---|---|---|---|
| R G Clarry | C | 20426 | 52.8% |
| J W Bowen | Llaf | 18263 | 47.2% |
| | | 2163 | 5.6% |

## Castell-nedd
**Llaf**

| | | | |
|---|---|---|---|
| William Jenkins | Llaf | di-wrth | |

## Ceredigion
**Rh**

| | | | |
|---|---|---|---|
| R Hopkin Morris | Rh | di-wrth | |

## Dinbych
**Rh**

Eth: 32979. CP: 72.5%

| | | | |
|---|---|---|---|
| Ellis W Davies | Rh | 12671 | 53.0% |
| Anrh. Mrs A G Brodrick | C | 11250 | 47.0% |
| | | 1421 | 6.0% |

## Fflint
**Rh > C**

Eth: 51205. CP: 80.2%

| | | | |
|---|---|---|---|
| E H G Roberts | C | 19054 | 46.4% |
| T H Parry | Rh | 14169 | 34.5% |
| Parch. D G Jones | Llaf | 7821 | 19.1% |
| | | 4885 | 11.9% |

## Glynebwy — Llaf

| | | | |
|---|---|---|---|
| Evan Davies | Llaf | di-wrth | |

## Gŵyr — Llaf
Eth: 35631. CP: 75.5%

| | | | |
|---|---|---|---|
| D R Grenfell | Llaf | 15374 | 57.2% |
| E T Neathercoat | C | 11516 | 42.8% |
| | | 3858 | 14.4% |

## Llandaf a'r Barri — C
Eth: 42166. CP: 80.2%

| | | | |
|---|---|---|---|
| William Cope | C | 15801 | 46.8% |
| C E Lloyd | Llaf | 11609 | 34.3% |
| E W David | Rh | 6389 | 18.9% |
| | | 4192 | 12.5% |

## Llanelli — Llaf
Eth: 51213. CP: 75.7%

| | | | |
|---|---|---|---|
| Dr J H Williams | Llaf | 20516 | 52.9% |
| R T Evans | Rh | 18257 | 47.1% |
| | | 2259 | 5.8% |

## Meirionnydd — Rh
Eth: 23013. CP: 83.9%

| | | | |
|---|---|---|---|
| Haydn Jones | Rh | 9228 | 47.8% |
| J J Roberts | Llaf | 6393 | 33.1% |
| R Vaughan | C | 3677 | 19.1% |
| | | 2835 | 14.7% |

## Merthyr Tudful — Llaf
Eth: 38276. CP: 86.9%

| | | | |
|---|---|---|---|
| R C Wallhead | Llaf | 19882 | 59.8% |
| A C Fox-Davies | C | 13383 | 40.2% |
| | | 6499 | 19.6% |

## Môn — Rh
Eth: 28343. CP: 74.0%

| | | | |
|---|---|---|---|
| Syr R J Thomas | Rh | 13407 | 63.9% |
| Cyril O Jones | Llaf | 7580 | 36.1% |
| | | 5827 | 27.8% |

## Ogwr — Llaf

| | | | |
|---|---|---|---|
| Vernon Hartshorn | Llaf | di-wrth | |

## Penfro — Rh > C
Eth: 44980. CP: 80.2%

| | | | |
|---|---|---|---|
| C W M Price | C | 14575 | 40.4% |
| Gwilym Lloyd George | Rh | 13045 | 36.2% |
| W J Jenkins | Llaf | 8455 | 23.4% |
| | | 1530 | 4.2% |

## Pontypridd — Llaf
Eth: 41099. CP: 79.6%

| | | | |
|---|---|---|---|
| T I Mardy Jones | Llaf | 18301 | 55.9% |
| David J Evans | C | 14425 | 44.1% |
| | | 3876 | 11.8% |

## Pontypŵl — Llaf
Eth: 34587. CP: 84.5%

| | | | |
|---|---|---|---|
| Thomas Griffiths | Llaf | 15378 | 52.6% |
| L Beaumont-Thomas | C | 13831 | 47.4% |
| | | 1547 | 5.2% |

## Prifysgol Cymru — Llaf > Rh
Eth: 2252. CP: 79.0%

| | | | |
|---|---|---|---|
| Ernest Evans | Rh | 1057 | 59.4% |
| George M Ll Davies | Llaf | 721 | 40.6% |
| | | 336 | 18.8% |

## Rhondda, Y – Dwyrain/East — Llaf

| | | | |
|---|---|---|---|
| D Watts Morgan | Llaf | di-wrth | |

## Rhondda, Y – Gorllewin/West — Llaf

| | | | |
|---|---|---|---|
| William John | Llaf | di-wrth | |

## Trefaldwyn — Rh
Eth: 24338. CP: 79.4%

| | | | |
|---|---|---|---|
| David Davies | Rh | 14942 | 77.3% |
| Arthur Davies | Llaf | 4384 | 22.7% |
| | | 10558 | 54.6% |

## Trefynwy — C
Eth: 31031. CP: 74.1%

| | | | |
|---|---|---|---|
| Syr C L Forestier-Walker | C | 16510 | 71.8% |
| L H Bateman | Llaf | 6469 | 28.2% |
| | | 10041 | 43.6% |

## Wrecsam — Llaf > Rh
Eth: 41686. CP: 82.6%

| | | | |
|---|---|---|---|
| C P Williams | Rh | 19154 | 55.6% |
| Robert Richards | Llaf | 15291 | 44.4% |
| | | 3863 | 11.2% |

# Is-Etholiad 1928

## Caerfyrddin — Rh
28/6/1928
Ar ddyrchafiad Syr Alfred Mond i Dŷ'r Arglwyddi yn Arglwydd Melchett / *On Sir Alfred Mond's elevation to the Peerage as Lord Melchett*
Eth:37,482. CP:76.6%

| | | | |
|---|---|---|---|
| W N Jones | Rh | 10201 | 35.5% |
| Daniel Hopkin | Llaf | 10154 | 35.4% |
| Syr C C Mansel | C | 8361 | 29.1% |
| | | 47 | 0.1% |

# ETHOLIAD SENEDDOL SIR GAERNARFON
## Caernarvonshire Parliamentary Election, 1929.

# MR. GORONWY OWEN,
### D.S.O., M.A.

**YR YMGEISYDD RHYDDFRYDOL.**
**THE LIBERAL CANDIDATE.**

Printed by W. G. Williams, at the "Herald" Office, Castle Square, Caernarvon, and
Published by Wm. Jones, 27, Pool Street, Caernarvon.

|      | P       | CP    | CPP   | S   |
|------|---------|-------|-------|-----|
| Llaf | 578225  | 43.8% | 37.1% | 25  |
| Rh   | 442623  | 33.6% | 23.5% | 10  |
| C    | 290009  | 21.9% | 38.1% | 1   |
| Com  | 8143    | 0.6%  |       |     |
| PC   | 609     |       |       |     |
|      | ====    |       |       |     |
|      | 1319609 |       |       |     |

Llywodraeth Lafur/*Labour Government*
PW/*PM*    James Ramsay MacDonald

etholiad cyffredinol
# 1929
general election

30 Mai
30 May

## Aberafan

Eth: 45613. CP: 87.0%

|  |  |  | **Llaf** |
|---|---|---|---|
| William G Cove | Llaf | 22194 | 55.9% |
| W H Williams | Rh | 13155 | 33.2% |
| F B Reece | C | 4330 | 10.9% |
|  |  | 9039 | 22.7% |

## Aberdâr

Eth: 54134. CP: 84.5%

|  |  |  | **Llaf** |
|---|---|---|---|
| G H Hall | Llaf | 29550 | 64.6% |
| E J Roderick | Rh | 10594 | 23.2% |
| A H E Molson | C | 5573 | 12.2% |
|  |  | 18956 | 41.4% |

## Abertawe – Dwyrain/*East*

Eth: 36001. CP: 81.9%

|  |  |  | **Llaf** |
|---|---|---|---|
| David Williams | Llaf | 16665 | 56.5% |
| A Hopkins | Rh | 9825 | 33.3% |
| P P Jones | C | 3003 | 10.2% |
|  |  | 6840 | 23.2% |

## Abertawe – Gorllewin/*West*

Eth: 40021. CP: 81.7%

|  |  |  | Rh > **Llaf** |
|---|---|---|---|
| H W Samuel | Llaf | 13268 | 40.6% |
| C Kerr | Rh | 12625 | 38.6% |
| A W E Wynne | C | 6794 | 20.8% |
|  |  | 643 | 2.0% |

## Abertyleri

Eth: 37972. CP: 82.4%

|  |  |  | **Llaf** |
|---|---|---|---|
| George Daggar | Llaf | 20175 | 64.5% |
| W R Meredith | Rh | 8425 | 26.9% |
| P F Chapman-Walker | C | 2697 | 8.6% |
|  |  | 11750 | 37.6% |

## Bedwellte

Eth: 44023. CP: 74.9%

|  |  |  | **Llaf** |
|---|---|---|---|
| Charles Edwards | Llaf | 26021 | 79.0% |
| Hubert G Griffiths | C | 6936 | 21.0% |
|  |  | 19085 | 58.0% |

## Brycheiniog a Maesyfed

Eth: 49031. CP: 87.7%

|  |  |  | C > **Llaf** |
|---|---|---|---|
| Peter Freeman | Llaf | 14511 | 33.7% |
| W D'Arcy Hall | C | 14324 | 33.3% |
| E Wynne Cemlyn Jones | Rh | 14182 | 33.0% |
|  |  | 187 | 0.4% |

## Caerdydd – Canol/*Central*

Eth: 47282. CP: 78.2%

|  |  |  | C > **Llaf** |
|---|---|---|---|
| E N Bennet | Llaf | 14469 | 39.1% |
| Syr Lewis Lougher | C | 12903 | 34.9% |
| B Janner | Rh | 9623 | 26.0% |
|  |  | 1566 | 4.2% |

## Caerdydd – De/*South*

Eth: 38097. CP: 79.4%

|  |  |  | C > **Llaf** |
|---|---|---|---|
| Arthur Henderson (ieu) | Llaf | 13686 | 45.3% |
| E T Neathercoat | C | 10030 | 33.1% |
| C J Cole | Rh | 6550 | 21.6% |
|  |  | 3656 | 12.2% |

## Caerdydd – Dwyrain/*East*

Eth: 40061. CP: 82.1%

|  |  |  | C > **Llaf** |
|---|---|---|---|
| J E Edmunds | Llaf | 12813 | 39.0% |
| J E Emlyn-Jones | Rh | 10500 | 31.9% |
| Syr Clement Kinloch-Cooke | C | 9563 | 29.1% |
|  |  | 2313 | 7.1% |

## Caerfyrddin

Eth: 46110. CP: 85.8%

|  |  |  | Rh > **Llaf** |
|---|---|---|---|
| Daniel Hopkin | Llaf | 15130 | 38.2% |
| W N Jones | Rh | 14477 | 36.6% |
| J Bonynge Coventry | C | 9961 | 25.2% |
|  |  | 653 | 1.6% |

## Caerffili

Eth: 45173. CP: 81.1%

|  |  |  | **Llaf** |
|---|---|---|---|
| Morgan Jones | Llaf | 21248 | 57.9% |
| Miss A G Roberts | Rh | 8190 | 22.4% |
| Owen Temple Morris | C | 6357 | 17.4% |
| J R Wilson | Com | 829 | 2.3% |
|  |  | 13058 | 35.5% |

## Caernarfon Sir

Eth: 47481. CP: 81.4%

|  |  |  | **Rh** |
|---|---|---|---|
| Goronwy Owen | Rh | 18507 | 47.8% |
| R T Jones | Llaf | 14867 | 38.5% |
| D Fowden Jones | C | 4669 | 12.1% |
| Parch. Lewis Valentine | PC | 609 | 1.6% |
|  |  | 3640 | 9.3% |

## Caernarfon Bwr

Eth: 35083. CP: 81.8% (Bangor, Caernarfon, Conwy, Cricieth, Nefyn, Pwllheli)

|  |  |  | **Rh** |
|---|---|---|---|
| Gwir Anrh. D Lloyd George | Rh | 16647 | 58.0% |
| J Bowen Davies | C | 7514 | 26.2% |
| T ap Rhys | Llaf | 4536 | 15.8% |
|  |  | 9133 | 31.8% |

## Casnewydd

Eth: 56392. CP: 83.8%

|  |  |  | C > **Llaf** |
|---|---|---|---|
| James Walker | Llaf | 18653 | 39.5% |
| R G Clarry | C | 15841 | 33.5% |
| S I Cohen | Rh | 12735 | 27.0% |
|  |  | 2812 | 6.0% |

## Castell-nedd — Llaf
Eth: 59584. CP: 82.1%

| | | | |
|---|---|---|---|
| William Jenkins | Llaf | 29455 | 60.2% |
| J Jones | Rh | 14554 | 29.8% |
| David Evans | C | 4892 | 10.0% |
| | | 14901 | 30.4% |

## Ceredigion — Rh
Eth: 38704. CP: 73.2%

| | | | |
|---|---|---|---|
| Rhys Hopkin Morris | Rh | 17127 | 60.5% |
| E C L Fitzwilliams | C | 11198 | 39.5% |
| | | 5929 | 21.0% |

## Dinbych — Rh
Eth: 43173. CP: 79.7%

| | | | |
|---|---|---|---|
| Dr J H Morris-Jones | Rh | 21305 | 61.9% |
| Alan Graham | C | 13116 | 38.1% |
| | | 8189 | 23.8% |

## Fflint — C > Rh
Eth: 68687. CP: 81.3%

| | | | |
|---|---|---|---|
| F Llewelyn-Jones | Rh | 24012 | 43.0% |
| E H G Roberts | C | 19536 | 35.0% |
| Cyril O Jones | Llaf | 12310 | 22.0% |
| | | 4476 | 8.0% |

## Glynebwy — Llaf
Eth: 38781. CP: 85.9%

| | | | |
|---|---|---|---|
| Aneurin Bevan | Llaf | 20088 | 60.3% |
| W Griffiths | Rh | 8924 | 26.8% |
| Mark Brace | C | 4287 | 12.9% |
| | | 11164 | 33.5% |

## Gŵyr — Llaf
Eth: 48060. CP: 79.6%

| | | | |
|---|---|---|---|
| D R Grenfell | Llaf | 20664 | 54.0% |
| Fred W Davies | Rh | 11055 | 28.9% |
| A T Lennox-Boyd | C | 6554 | 17.1% |
| | | 9609 | 25.1% |

## Llandaf a'r Barri — C > Llaf
Eth: 63802. CP: 82.5%

| | | | |
|---|---|---|---|
| C Ellis Lloyd | Llaf | 21468 | 40.8% |
| Syr William Cope | C | 18799 | 35.7% |
| E G Davies | Rh | 12352 | 23.5% |
| | | 2669 | 5.1% |

## Llanelli — Llaf
Eth: 65,255. CP: 79.1%

| | | | |
|---|---|---|---|
| Dr J H Williams | Llaf | 28595 | 55.4% |
| R T Evans | Rh | 19075 | 36.9% |
| J P L Thomas | C | 3969 | 7.7% |
| | | 9520 | 18.5% |

## Meirionnydd — Rh
Eth: 28836. CP: 85.2%

| | | | |
|---|---|---|---|
| H Haydn Jones | Rh | 11865 | 48.2% |
| J J Roberts | Llaf | 7980 | 32.5% |
| Charles Phibbs | C | 4731 | 19.3% |
| | | 3885 | 15.7% |

## Merthyr Tudful — Llaf
Eth: 44408. CP: 85.8%

| | | | |
|---|---|---|---|
| R C Wallhead | Llaf | 22701 | 59.6% |
| J Jenkins | Rh | 8696 | 22.8% |
| F B Bradley-Birt | C | 6712 | 17.6% |
| | | 14005 | 36.8% |

**Môn**            **Rh**
Eth: 33392. CP: 79.8%

| | | | |
|---|---|---|---|
| Megan Lloyd George | Rh | 13181 | 49.4% |
| W Edwards | Llaf | 7563 | 28.4% |
| Albert Hughes | C | 5917 | 22.2% |
| | | 5618 | 21.0% |

**Ogwr**            **Llaf**
Eth: 48786. CP: 82.8%

| | | | |
|---|---|---|---|
| Gwir Anrh. Vernon Hartshorn | Llaf | 22900 | 56.7% |
| D L Powell | Rh | 11804 | 29.2% |
| Henry Abbot | C | 4164 | 10.3% |
| J R Campbell | Com | 1525 | 3.8% |
| | | 11096 | 27.5% |

**Penfro**            **C > Rh**
Eth: 54302. CP: 83.8%

| | | | |
|---|---|---|---|
| Gwilym Lloyd George | Rh | 19050 | 41.8% |
| C W M Price | C | 14235 | 31.3% |
| W J Jenkins | Llaf | 12235 | 26.9% |
| | | 4815 | 10.5% |

**Pontypridd**            **Llaf**
Eth: 47860. CP: 82.0%

| | | | |
|---|---|---|---|
| T I Mardy Jones | Llaf | 20835 | 53.1% |
| J V Evans | Rh | 14421 | 36.8% |
| Miss May G Williams | C | 3967 | 10.1% |
| | | 6414 | 16.3% |

**Pontypŵl**            **Llaf**
Eth: 40888. CP: 84.6%

| | | | |
|---|---|---|---|
| Thomas Griffiths | Llaf | 17805 | 51.5% |
| G C H Crawshay | Rh | 12581 | 36.4% |
| Gwilym Rowlands | C | 4188 | 12.1% |
| | | 5224 | 15.1% |

**Prifysgol Cymru**            **Rh**
Eth: 3623. CP: 74.4%

| | | | |
|---|---|---|---|
| Ernest Evans | Rh | 1712 | 63.5% |
| Parch. David Richards | Llaf | 671 | 24.9% |
| Syr Courtenay Mansel | C | 314 | 11.6% |
| | | 1041 | 38.6% |

**Y Rhondda – Dwyrain/*East***            **Llaf**
Eth: 44,834. CP: 84.7%

| | | | |
|---|---|---|---|
| D Watts Morgan | Llaf | 19010 | 50.2% |
| R D Chalke | Rh | 10269 | 27.0% |
| Arthur Horner | Com | 5789 | 15.2% |
| J F Powell | C | 2901 | 7.6% |
| | | 8741 | 23.2% |

**Y Rhondda – Gorllewin/*West***            **Llaf**
Eth: 41161. CP: 86.7%

| | | | |
|---|---|---|---|
| William John | Llaf | 23238 | 65.1% |
| R M Hughes | Rh | 9247 | 25.9% |
| W A Prichard | C | 3210 | 9.0% |
| | | 13991 | 39.2% |

**Trefaldwyn**            **Rh**
Eth: 31142. CP: 88.3%

| | | | |
|---|---|---|---|
| E Clement Davies | Rh | 12779 | 46.5% |
| J M Naylor | C | 10651 | 38.7% |
| John Evans | Llaf | 4069 | 14.8% |
| | | 2128 | 7.8% |

**Trefynwy**            **C**
Eth: 42070. CP: 78.9%

| | | | |
|---|---|---|---|
| Syr C L Forestier-Walker | C | 16353 | 49.3% |
| Richard C Williams | Rh | 8582 | 25.8% |
| L H Bateman | Llaf | 8268 | 24.9% |
| | | 7771 | 23.5% |

**Wrecsam**            **Rh > Llaf**
Eth: 52310. CP: 84.9%

| | | | |
|---|---|---|---|
| Robert Richards | Llaf | 20584 | 46.4% |
| C P Williams | Rh | 13997 | 31.5% |
| Syr Edmund F Bushby | C | 9820 | 22.1% |
| | | 6587 | 11.9% |

# Is-Etholiadau 1929-1931

**Pontypridd**            **Llaf**
19/3/1931
Ar ymddeoliad T I Mardy Jones / *On T I Mardy Jones's retirement*
Eth: 46936. CP: 73.6%

| | | | |
|---|---|---|---|
| D L Davies | Llaf | 20687 | 59.9% |
| G C H Crawshay | Rh | 8368 | 24.2% |
| D J Evans | C | 5489 | 15.9% |
| | | 12319 | 35.7% |

**Ogwr**            **Llaf**
19/5/1931
Ar farwolaeth Vernon Hartshorn / *On the death of Vernon Hartshorn*
Eth: 48406. CP: 50.8%

| | | | |
|---|---|---|---|
| E J Williams | Llaf | 19356 | 78.8% |
| J R Campbell | Com | 5219 | 21.2% |
| | | 14137 | 57.6% |

|  | P | CP | CPP | S |
|---|---|---|---|---|
| Llaf | 454924 | 41.7% | 30.9% | 15 |
| C | 240861 | 22.1% | 55.0% | 6 |
| Rh | 159701 | 14.6% | 6.8% | 5 |
| RhC | 75717 | 6.9% | 3.7% | 4 |
| RhAnn | 71539 | 6.6% | 0.5% | 4 |
| ILP | 24623 | 2.3% |  | 1 |
| LlafC | 24120 | 2.2% | 1.5% | 1 |
| Com | 17754 | 1.6% |  |  |
| NP | 11300 | 1.0% |  |  |
| Ann | 7990 | 0.7% |  |  |
| PC | 2050 | 0.2% |  |  |
| LlafAnn | 1110 | 0.1% |  |  |
|  | ==== |  |  |  |
|  | 1091689 |  |  |  |

Llywodraeth Genedlaethol/*National Government*
PW/*PM*    James Ramsay MacDonald

etholiad cyffredinol
# 1931
general election

27 Hydref
27 October

## Aberafan — Llaf
Eth: 46689. CP: 84.4%

| | | | |
|---|---|---|---|
| William G Cove | Llaf | 23029 | 58.4% |
| E Curran | Rh | 16378 | 41.6% |
| | | 6651 | 16.8% |

## Aberdâr — Llaf

| | | |
|---|---|---|
| G H Hall | Llaf | di-wrth |

## Abertawe – Dwyrain/*East* — Llaf
Eth: 35918. CP: 84.4%

| | | | |
|---|---|---|---|
| David Williams | Llaf | 17126 | 56.5% |
| R D Chalke | Rh | 13177 | 43.5% |
| | | 3949 | 13.0% |

## Abertawe – Gorllewin/*West* — Llaf > **RhC**
Eth: 41680. CP: 84.4%

| | | | |
|---|---|---|---|
| Lewis Jones | RhC | 20603 | 58.5% |
| H W Samuel | Llaf | 14587 | 41.5% |
| | | 6016 | 17.0% |

## Abertyleri — Llaf

| | | |
|---|---|---|
| George Daggar | Llaf | di-wrth |

## Bedwellte — Llaf

| | | |
|---|---|---|
| Charles Edwards | Llaf | di-wrth |

## Brycheiniog a Maesyfed — Llaf > **C**
Eth: 49199. CP: 87.1%

| | | | |
|---|---|---|---|
| W D'Arcy Hall | C | 25620 | 59.8% |
| Peter Freeman | Llaf | 17223 | 40.2% |
| | | 8397 | 19.6% |

## Caerdydd – Canol/*Central* — **LlafC**
Eth: 48065. CP: 72.6%

| | | | |
|---|---|---|---|
| Syr E Bennett | LlafC | 24120 | 69.2% |
| E Archbold | Llaf | 10758 | 30.8% |
| | | 13362 | 38.4% |

## Caerdydd – De/*South* — Llaf > **C**
Eth: 38659. CP: 77.8%

| | | | |
|---|---|---|---|
| Arthur Evans | C | 17976 | 59.8% |
| Arthur Henderson (ieu.) | Llaf | 12092 | 40.2% |
| | | 5884 | 19.6% |

## Caerdydd – Dwyrain/*East* — Llaf > **C**
Eth: 40316. CP: 80.2%

| | | | |
|---|---|---|---|
| Owen Temple Morris | C | 12465 | 38.6% |
| J E Edmunds | Llaf | 10292 | 31.8% |
| J E Emlyn-Jones | Rh | 9559 | 29.6% |
| | | 2173 | 6.8% |

## Caerfyrddin — Llaf > **Rh**
Eth: 46507. CP: 84.5%

| | | | |
|---|---|---|---|
| R T Evans | Rh | 15532 | 39.6% |
| Daniel Hopkin | Llaf | 14318 | 36.4% |
| D Davies-Evans | C | 9434 | 24.0% |
| | | 1214 | 3.2% |

Llwydd Gwlad nid Llēs Plaid.

# AN APPEAL
## TO
## REASONABLE MEN AND WOMEN
### OF ALL PARTIES
#### BY

## R. T. EVANS,
### The National Liberal Candidate.

## Caerffili — Llaf
Eth: 44509. CP: 76.6%

| | | | |
|---|---|---|---|
| Morgan Jones | Llaf | 23061 | 67.7% |
| Mrs C Bowen Davies | C | 11044 | 32.4% |
| | | 12017 | 35.2% |

## Caernarfon Sir — **RhAnn**
Eth: 48003. CP: 80.0%

| | | | |
|---|---|---|---|
| Goronwy Owen | RhAnn | 14993 | 39.0% |
| W E Elwyn Jones | Llaf | 14299 | 37.2% |
| W P O Evans | Ann | 7990 | 20.8% |
| Yr Athro J E Daniel | PC | 1136 | 3.0% |
| | | 694 | 1.8% |

## Caernarfon Bwr — **RhAnn**
Eth: 35879. CP: 80.3% (Bangor, Caernarfon, Conwy, Cricieth, Nefyn, Pwllheli)

| | | | |
|---|---|---|---|
| D Lloyd George | RhAnn | 17101 | 59.3% |
| F P Gourlay | C | 11714 | 40.7% |
| | | 5387 | 18.6% |

## Casnewydd

Llaf > **C**

Eth: 57035. CP: 82.5%

| | | | |
|---|---|---|---|
| R G Clarry | C | 27829 | 59.1% |
| James Walker | Llaf | 19238 | 40.9% |
| | | 8591 | 18.2% |

## Castell-nedd

**Llaf**

Eth: 61,550. CP: 78.4%

| | | | |
|---|---|---|---|
| Syr William Jenkins | Llaf | 30873 | 64.0% |
| D G Davies | Rh | 17389 | 36.0% |
| | | 13484 | 28.0% |

## Ceredigion

**Rh**

Eth: 39206. CP: 67.5%

| | | | |
|---|---|---|---|
| Rh Hopkin Morris | Rh | 20113 | 76.0% |
| J Lloyd Jones | Llaf | 6361 | 24.0% |
| | | 13752 | 52.0% |

## Dinbych

**RhC**

| | | |
|---|---|---|
| Dr J H Morris-Jones | RhC | di-wrth |

## Fflint

**RhC**

Eth: 72602. CP: 77.9%

| | | | |
|---|---|---|---|
| F Llewellyn-Jones | RhC | 40405 | 71.4% |
| Miss F Edwards | Llaf | 16158 | 28.6% |
| | | 24247 | 42.8% |

## Glynebwy

**Llaf**

| | | |
|---|---|---|
| Aneurin Bevan | Llaf | di-wrth |

## Gŵyr

**Llaf**

Eth: 49232. CP: 83.5%

| | | | |
|---|---|---|---|
| D R Grenfell | Llaf | 21963 | 53.4% |
| Syr E R Jones | Rh | 19157 | 46.6% |
| | | 2806 | 6.8% |

## Llandaf a'r Barri

Llaf > **C**

Eth: 67680. CP: 81.8%

| | | | |
|---|---|---|---|
| P M Munro | C | 33590 | 60.7% |
| C Ellis Lloyd | Llaf | 21767 | 39.3% |
| | | 11823 | 21.4% |

## Llanelli

**Llaf**

Eth: 67047. CP: 78.1%

| | | | |
|---|---|---|---|
| Dr J H Williams | Llaf | 34196 | 65.3% |
| F J Rees | C | 18163 | 34.7% |
| | | 16033 | 30.6% |

## Meirionnydd

**Rh**

Eth: 28973. CP: 82.6%

| | | | |
|---|---|---|---|
| H Haydn Jones | Rh | 9756 | 40.8% |
| J H Howard | Llaf | 7807 | 32.6% |
| Charles Phibbs | C | 6372 | 26.6% |
| | | 1949 | 8.2% |

## Merthyr Tudful

**ILP**

Eth: 43908. CP: 80.8%

| | | | |
|---|---|---|---|
| R C Wallhead | ILP | 24623 | 69.4% |
| S Davies | NP | 10834 | 30.6% |
| | | 13789 | 38.8% |

## Môn

**RhAnn**

Eth: 33700. CP: 75.5%

| | | | |
|---|---|---|---|
| Megan Lloyd George | RhAnn | 14839 | 58.3% |
| Albert Hughes | C | 10612 | 41.7% |
| | | 4227 | 16.6% |

## Ogwr

**Llaf**

Eth: 49203. CP: 76.9%

| | | | |
|---|---|---|---|
| Edward J Williams | Llaf | 23064 | 61.0% |
| Syr Thomas G Jones | C | 11653 | 30.8% |
| J R Campbell | Com | 3099 | 8.2% |
| | | 11411 | 30.2% |

## Penfro

**RhAnn**

Eth: 55291. CP: 79.9%

| | | | |
|---|---|---|---|
| Gwilym Lloyd George | RhAnn | 24606 | 55.7% |
| C W M Price | C | 19560 | 44.3% |
| | | 5046 | 11.4% |

## Pontypridd

**Llaf**

Eth: 47346. CP: 78.7%

| | | | |
|---|---|---|---|
| D L Davies | Llaf | 21751 | 58.3% |
| B Acworth | Rh | 13937 | 37.4% |
| T I Mardy Jones | LlafAnn | 1110 | 3.0% |
| William Lowell | NP | 466 | 1.3% |
| | | 7814 | 20.9% |

## Pontypŵl

**Llaf**

Eth: 41090. CP: 82.0%

| | | | |
|---|---|---|---|
| Thomas Griffiths | Llaf | 18981 | 56.3% |
| T Keens | RhC | 14709 | 43.7% |
| | | 4272 | 12.6% |

## Prifysgol Cymru

**Rh**

Eth: 5121. CP: 61.4%

| | | | |
|---|---|---|---|
| Ernest Evans | Rh | 2229 | 70.9% |
| Saunders Lewis | PC | 914 | 29.1% |
| | | 1315 | 41.8% |

## Rhondda, Y – Dwyrain/*East*

**Llaf**

Eth: 44039. CP: 73.7%

| | | | |
|---|---|---|---|
| D W Watts Morgan | Llaf | 22086 | 68.1% |
| Arthur Horner | Com | 10359 | 31.9% |
| | | 11727 | 36.2% |

## Rhondda, Y – Gorllewin/*West*

**Llaf**

Eth: 40950. CP: 66.7%

| | | | |
|---|---|---|---|
| William John | Llaf | 23024 | 84.3% |
| John Leigh Davies | Com | 4296 | 15.7% |
| | | 18728 | 68.6% |

## Trefaldwyn — RhC

| | | | |
|---|---|---|---|
| E Clement Davies | RhC | di-wrth | |

## Trefynwy — C
Eth: 44929. CP: 78.0%

| | | | |
|---|---|---|---|
| Syr C L Forestier-Walker | C | 24829 | 70.8% |
| Parch. Daniel Hughes | Llaf | 10217 | 29.2% |
| | | 14612 | 41.6% |

## Wrecsam — Llaf > Rh
Eth: 54048. CP: 79.8%

| | | | |
|---|---|---|---|
| Aled O Roberts | Rh | 22474 | 52.1% |
| Robert Richards | Llaf | 20653 | 47.9% |
| | | 1821 | 4.2% |

# Is-Etholiadau 1931-1935

## Ceredigion — Rh
22/9/1932
Ar benodiad Rh Hopkin Morris yn Ynad yr Heddlu Metropolitan / *On Rh Hopkin Morris's appointment as Metropolitan Police Magistrate*
Eth: 39206. CP:70.4%

| | | | |
|---|---|---|---|
| D O Evans | Rh | 13437 | 48.7% |
| E C L Fitzwilliams | C | 8866 | 32.1% |
| Parch. D M Jones | Llaf | 5295 | 19.2% |
| | | 4571 | 16.6% |

## Rhondda, Y – Dwyrain/*East* — Llaf
28/3/1933
Ar farwolaeth D W Watts Morgan / *On the death of D W Watts Morgan*
Eth:44311. CP:74.9%

| | | | |
|---|---|---|---|
| W H Mainwaring | Llaf | 14127 | 42.6% |
| Arthur Horner | Com | 11228 | 33.8% |
| W D Thomas | Rh | 7851 | 23.6% |
| | | 2899 | 8.8% |

## Merthyr Tudful — Llaf
5/6/1934
Ar farwolaeth R C Wallhead / *On the death of R C Wallhead*
Eth:44286. CP:81.1%

| | | | |
|---|---|---|---|
| S O Davies | Llaf | 18645 | 51.8% |
| J V Evans | Rh | 10376 | 28.9% |
| Parch. C Stephens | ILP | 3508 | 9.8% |
| W Hannington | Com | 3409 | 9.5% |
| | | 8269 | 22.9% |

## Trefynwy — C
14/6/1934
Ar farwolaeth Syr C L Forestier-Walker / *On the death of Sir C L Forestier-Walker*
Eth:45885. CP:69.2%

| | | | |
|---|---|---|---|
| J A Herbert | C | 20640 | 65.0% |
| Parch. Daniel Hughes | Llaf | 11094 | 35.0% |
| | | 9546 | 30.0% |

Cardiganshire Bye-Election.
*Etholiad Achlysurol Sir Aberteifi.*

The Liberal Candidate.

Mr. D. O. EVANS.
*Yr Ymgeisydd Rhyddfrydol.*

|       | P      | CP    | CPP   | S  |
|-------|--------|-------|-------|----|
| Llaf  | 397598 | 45.4% | 38.1% | 18 |
| C     | 204099 | 23.3% | 47.7% | 6  |
| Rh    | 159887 | 18.3% | 6.8%  | 8  |
| RhC   | 36156  | 4.1%  | 3.7%  | 2  |
| Cen   | 35318  | 4.0%  | 0.4%  | 1  |
| LlafC | 16954  | 1.9%  | 1.5%  | 1  |
| Com   | 13655  | 1.6%  |       |    |
| ILP   | 9640   | 1.1%  |       |    |
| PC    | 2534   | 0.3%  |       |    |
|       | ====   |       |       |    |
|       | 875841 |       |       |    |

Llywodraeth Genedlaethol/*National Government*
PW/*PM*    Stanley Baldwin (-28/5/1937)
           Arthur Neville Chamberlain (-10/5/1940)
           Winston L S Churchill

etholiad cyffredinol
# 1935
## general election
14 Tachwedd
14 November

| Aberafan | | | **Llaf** |
|---|---|---|---|
| W G Cove | Llaf | di-wrth | |

| Aberdâr | | | **Llaf** |
|---|---|---|---|
| G H Hall | Llaf | di-wrth | |

| Abertawe – Dwyrain/*East* | | | **Llaf** |
|---|---|---|---|
| David Williams | Llaf | di-wrth | |

**Abertawe – Gorllewin/*West***   **RhC**
Eth: 44373. CP: 80.0%

| | | | |
|---|---|---|---|
| Lewis Jones | RhC | 18784 | 52.9% |
| Percy Morris | Llaf | 16703 | 47.1% |
| | | 2081 | 5.8% |

| Abertyleri | | | **Llaf** |
|---|---|---|---|
| George Daggar | Llaf | di-wrth | |

| Bedwellte | | | **Llaf** |
|---|---|---|---|
| Syr Charles Edwards | Llaf | di-wrth | |

**Brycheiniog a Maesyfed**   **Cen**
Eth: 49827. CP: 84.3%

| | | | |
|---|---|---|---|
| Anrh. I G Guest | Cen | 22079 | 52.6% |
| Dr L Haden-Guest | Llaf | 19910 | 47.4% |
| | | 2169 | 5.2% |

**Caerdydd – Canol/*Central***   **LlafC**
Eth: 47912. CP: 68.7%

| | | | |
|---|---|---|---|
| Syr Ernest Bennet | LlafC | 16954 | 51.6% |
| J Dugdale | Llaf | 12094 | 36.7% |
| G Brown | Rh | 3863 | 11.7% |
| | | 4860 | 14.9% |

**Caerdydd – De/*South***   **C**
Eth: 38,681. CP: 75.8%

| | | | |
|---|---|---|---|
| Arthur Evans | C | 14925 | 50.9% |
| H J Nathan | Llaf | 14384 | 49.1% |
| | | 541 | 1.8% |

**Caerdydd – Dwyrain/*East***   **C**
Eth: 41076. CP: 73.1%

| | | | |
|---|---|---|---|
| Owen Temple Morris | C | 16048 | 53.5% |
| W Bennet | Llaf | 11362 | 37.8% |
| A W Pile | Rh | 2623 | 8.7% |
| | | 4686 | 15.7% |

**Caerfyrddin**   **Rh > Llaf**
Eth: 48217. CP: 79.3%

| | | | |
|---|---|---|---|
| Daniel Hopkin | Llaf | 18146 | 47.4% |
| R T Evans | Rh | 12911 | 33.8% |
| E O Kellet | C | 7177 | 18.8% |
| | | 5235 | 13.6% |

**Caerffili**   **Llaf**
Eth: 45057. CP: 72.3%

| | | | |
|---|---|---|---|
| Morgan Jones | Llaf | 24846 | 76.3% |
| Mrs N J Stoneham | C | 7738 | 23.7% |
| | | 17108 | 52.6% |

**Caernarfon** Sir   **Rh**
Eth: 49284. CP: 74.9%

| | | | |
|---|---|---|---|
| Goronwy Owen | Rh | 17947 | 48.6% |
| W E E Jones | Llaf | 16450 | 44.5% |
| Yr Atho J E Daniel | PC | 2534 | 6.9% |
| | | 1497 | 4.1% |

**Caernarfon** Bwr   **Rh**
Eth: 37313. CP: 77.4% (Bangor, Caernarfon, Conwy, Cricieth, Nefyn, Pwllheli)

| | | | |
|---|---|---|---|
| D Lloyd George | Rh | 19242 | 66.6% |
| A R du Cros | C | 9633 | 33.4% |
| | | 9609 | 33.2% |

**Casnewydd**   **C**
Eth: 56780. CP: 79.4%

| | | | |
|---|---|---|---|
| R G Clarry | C | 23300 | 51.7% |
| Peter Freeman | Llaf | 21755 | 48.3% |
| | | 1545 | 3.4% |

| Castell-nedd | | | **Llaf** |
|---|---|---|---|
| Syr William Jenkins | Llaf | di-wrth | |

**Ceredigion**   **Rh**
Eth: 39851. CP: 65.1%

| | | | |
|---|---|---|---|
| D O Evans | Rh | 15846 | 61.1% |
| R Moelwyn Hughes | Llaf | 10085 | 38.9% |
| | | 5761 | 22.2% |

**Dinbych**   **RhC**
Eth: 46158. CP: 75.1%

| | | | |
|---|---|---|---|
| Dr J H Morris-Jones | RhC | 17372 | 50.1% |
| J C Davies | Rh | 12329 | 35.6% |
| J R Hughes | Llaf | 4963 | 14.3% |
| | | 5043 | 14.5% |

**Fflint**   **Rh > C**
Eth: 77768. CP: 76.3%

| | | | |
|---|---|---|---|
| Gwilym Rowlands | C | 26644 | 44.9% |
| J E Emlyn-Jones | Rh | 16536 | 27.9% |
| Cyril O Jones | Llaf | 16131 | 27.2% |
| | | 10108 | 17.0% |

**Glynebwy**   **Llaf**
Eth: 38908. CP: 82.6%

| | | | |
|---|---|---|---|
| Aneurin Bevan | Llaf | 25007 | 77.8% |
| Miss F E Scarborough | C | 7145 | 22.2% |
| | | 17862 | 55.6% |

## Gŵyr | | | | Llaf
Eth: 52376. CP: 76.1%

| | | | |
|---|---|---:|---:|
| D R Grenfell | Llaf | 26632 | 66.8% |
| G C Hutchinson | Cen | 13239 | 33.2% |
| | | 13393 | 33.6% |

## Llandaf a'r Barri | | | | C
Eth: 73693. CP: 77.0%

| | | | |
|---|---|---:|---:|
| P M Munro | C | 29099 | 51.3% |
| C E Lloyd | Llaf | 27677 | 48.7% |
| | | 1422 | 2.6% |

## Llanelli | | | | Llaf

| | | | |
|---|---|---:|---:|
| Dr J H Williams | Llaf | di-wrth | |

## Meirionnydd | | | | Rh
Eth: 28985. CP: 81.6%

| | | | |
|---|---|---:|---:|
| H Haydn Jones | Rh | 9466 | 40.0% |
| T W Jones | Llaf | 8317 | 35.2% |
| Charles Phibbs | C | 5868 | 24.8% |
| | | 1149 | 4.8% |

## Merthyr Tudful | | | | Llaf
Eth: 43842. CP: 68.8%

| | | | |
|---|---|---:|---:|
| S O Davies | Llaf | 20530 | 68.0% |
| C Stanfield | ILP | 9640 | 32.0% |
| | | 10890 | 36.0% |

## Môn | | | | Rh
Eth: 33930. CP: 74.4%

| | | | |
|---|---|---:|---:|
| Megan Lloyd George | Rh | 11227 | 44.5% |
| F J W Williams | C | 7045 | 27.9% |
| H Jones | Llaf | 6959 | 27.6% |
| | | 4182 | 16.6% |

## Ogwr | | | | Llaf

| | | | |
|---|---|---:|---:|
| E J Williams | Llaf | di-wrth | |

## Penfro | | | | Rh
Eth: 56537. CP: 79.1%

| | | | |
|---|---|---:|---:|
| Gwilym Lloyd George | Rh | 16734 | 37.4% |
| G E Allison | C | 15660 | 35.0% |
| W J Jenkins | Llaf | 12341 | 27.6% |
| | | 1074 | 2.4% |

## Pontypridd | | | | Llaf

| | | | |
|---|---|---:|---:|
| D L Davies | Llaf | di-wrth | |

## Pontypŵl | | | | Llaf
Eth: 41887. CP: 78.5%

| | | | |
|---|---|---:|---:|
| Arthur Jenkins | Llaf | 22346 | 67.9% |
| L Caplan | C | 10555 | 32.1% |
| | | 11791 | 35.8% |

## Prifysgol Cymru | | | | Rh
Eth: 7325. CP: 62.3%

| | | | |
|---|---|---:|---:|
| Ernest Evans | Rh | 2796 | 61.3% |
| Ithel Davies | Llaf | 1768 | 38.7% |
| | | 1028 | 22.6% |

## Rhondda, Y – Dwyrain/*East* | | | | Llaf
Eth: 44243. CP: 80.8%

| | | | |
|---|---|---:|---:|
| W H Mainwaring | Llaf | 22088 | 61.8% |
| Harry Pollit | Com | 13655 | 38.2% |
| | | 8433 | 23.6% |

## Rhondda, Y – Gorllewin/*West* | | | | Llaf

| | | | |
|---|---|---:|---:|
| William John | Llaf | di-wrth | |

## Trefaldwyn | | | | Rh

| | | | |
|---|---|---:|---:|
| E Clement Davies | Rh | di-wrth | |

## Trefynwy | | | | C
Eth: 47792. CP: 76.8%

| | | | |
|---|---|---:|---:|
| J A Herbert | C | 23262 | 63.4% |
| Michael Foot | Llaf | 13454 | 36.6% |
| | | 9808 | 26.8% |

## Wrecsam | | | | Rh > **Llaf**
Eth: 55665. CP: 75.5%

| | | | |
|---|---|---:|---:|
| Robert Richards | Llaf | 23650 | 56.3% |
| Aled O Roberts | Rh | 18367 | 43.7% |
| | | 5283 | 12.6% |

# Is-Etholiadau 1935-1945

## Llanelli | | | | Llaf
26/3/1936
Ar farwolaeth Dr J H Williams / *On the death of Dr J H Williams*
Eth: 70380. CP: 68.4%

| | | | |
|---|---|---:|---:|
| James Griffiths | Llaf | 32188 | 66.8% |
| W A Jenkins | RhC | 15967 | 33.2% |
| | | 16221 | 33.6% |

## Pontypridd | | | | Llaf
11/2/1938
Ar farwolaeth D L Davies / *On the death of D L Davies*
Eth: 47238. CP: 78.3%

| | | | |
|---|---|---:|---:|
| Arthur Pearson | Llaf | 22159 | 59.9% |
| Y Fns Rhys Williams | RhC | 14810 | 40.1% |
| | | 7349 | 19.8% |

## Brycheiniog a Maesyfed | | | | Cen > **Llaf**
1/8/1939
Ar olyniad I G Guest i Dŷ'r Arglwyddi yn Is-iarll Wimborne / *On the succession of I G Guest to the Peerage as Viscount Wimborne*
Eth: 48486. CP: 79.9%

| | | | |
|---|---|---:|---:|
| W F Jackson | Llaf | 20679 | 53.4% |
| Anrh. R H Philipps | C | 18043 | 46.6% |
| | | 2636 | 6.8% |

## Caerffili — Llaf

4/7/1939
Ar farwolaeth Morgan Jones / *On the death of Morgan Jones*
Eth: 42678. CP: 68.4%

| | | | |
|---|---|---|---|
| Ness Edwards | Llaf | 19847 | 68.0% |
| R M Bell | C | 9349 | 32.0% |
| | | 10498 | 36.0% |

## Trefynwy — C

25/7/1939
Ar benodiad J A Herbert yn Llywodraethwr Bengal / *On J A Herbert's appointment as Governor of Bengal*
Eth: 49690. CP: 58.2%

| | | | |
|---|---|---|---|
| L R Pym | C | 17358 | 60.1% |
| F R Hancock | Llaf | 11543 | 39.9% |
| | | 5815 | 20.2% |

## Abertawe – Dwyrain/*East* — Llaf

5/2/1940
Ar ymddeoliad David Williams / *On David Williams's retirement*

| | | | |
|---|---|---|---|
| D L Mort | Llaf | di-wrth | |

## Caerfyrddin — Llaf

26/3/1941
Ar benodiad Daniel Hopkin yn Ynad i'r Heddlu Metropolitan / *On Daniel Hopkin's appointment as Metropolitan Police Magistrate*

| | | | |
|---|---|---|---|
| R Moelwyn Hughes | Llaf | di-wrth | |

## Caerdydd – Dwyrain/*East* — Cen

13/4/1942
Ar benodiad O Temple Morris yn Farnwr Llys Sirol / *On O Temple Morris's appointment as County Court Judge*
Eth: 40254. CP: 33.1%

| | | | |
|---|---|---|---|
| Gwir Anrh. Syr P J Grigg | Cen | 10030 | 75.2% |
| A Fenner Brockway | ILP | 3311 | 24.8% |
| | | 6719 | 50.4% |

## Llandaf a'r Barri — C

10/6/1942
Ar farwolaeth P Munro / *On the death of P Munro*
Eth: 82232. CP: 41.5%

| | | | |
|---|---|---|---|
| C H A Lakin | C | 19408 | 56.8% |
| R W G Mackay | LlafAnn | 13753 | 40.3% |
| R M R Paton | Ann | 975 | 2.9% |
| | | 5655 | 16.5% |

## Prifysgol Cymru — Rh

25-29/1/1943
Ar benodiad Ernest Evans yn Farnwr Llys Sirol / *On the appointment of Ernest Evans as County Court Judge*
Eth: 11079. CP: 53.4%

| | | | |
|---|---|---|---|
| Yr Athro W J Gruffydd | Rh | 3098 | 52.3% |
| Saunders Lewis | PC | 1330 | 22.5% |
| Alun Talfan Davies | Ann | 755 | 12.8% |
| E Davies | LlafAnn | 634 | 10.7% |
| N L Evans | LlafAnn | 101 | 1.7% |
| | | 1768 | 29.8% |

*Yr Athro W J Gruffydd*

## Caernarfon Bwr — Rh

26/4/1945
Ar ddyrchafiad D Lloyd George i Dŷ'r Arglwyddi yn Iarll Dwyfor / *On the elevation of D Lloyd George to the Peerage as Earl Dwyfor*
Eth: 46910. CP: 58.8%

| | | | |
|---|---|---|---|
| D R Seabourne Davies | Rh | 20754 | 75.2% |
| Yr Athro J E Daniel | PC | 6844 | 24.8% |
| | | 13910 | 50.4% |

## Castell-nedd — Llaf

15/5/1945
Ar farwolaeth Syr William Jenkins / *On the death of Sir William Jenkins*
Eth: 67083. CP: 58.0%

| | | | |
|---|---|---|---|
| D J Williams | Llaf | 30847 | 79.2% |
| Wynne Samuel | PC | 6290 | 16.2% |
| J R Haston | RCP | 1781 | 4.6% |
| | | 24557 | 63.0% |

## Casnewydd — C

17/5/1945
Ar farwolaeth R G Clarry / *On the death of R G Clarry*
Eth: 60248. CP: 50.0%

| | | | |
|---|---|---|---|
| R M Bell | C | 16424 | 54.5% |
| R Edwards | ILP | 13722 | 45.5% |
| | | 2702 | 9.0% |

|        | P       | CP    | CPP   | S   |
|--------|---------|-------|-------|-----|
| Llaf   | 779184  | 58.3% | 48.0% | 25  |
| C      | 220780  | 16.5% | 36.2% | 3   |
| Rh     | 203792  | 15.2% | 9.0%  | 7   |
| RhC    | 64043   | 4.8%  | 2.9%  | 1   |
| Cen    | 31906   | 2.4%  |       |     |
| PC     | 16017   | 1.2%  |       |     |
| Com    | 15761   | 1.1%  |       |     |
| LlafAnn| 5693    | 0.4%  |       |     |
| Ann    | 430     |       |       |     |
|        | ====    |       |       |     |
|        | 1337606 |       |       |     |

Llywodraeth Lafur/*Labour Government*
PW/*PM*    Clement R Atlee

# etholiad cyffredinol
# 1945
## general election

5 Gorffennaf
5 July

## Aberafan
**Llaf**

Eth: 54381. CP: 79.3%

| | | | |
|---|---|---|---|
| W G Cove | Llaf | 31286 | 72.5% |
| D T Llewellyn | C | 11860 | 27.5% |
| | | 19426 | 45.0% |

## Aberdâr
**Llaf**

Eth: 53630. CP: 76.1%

| | | | |
|---|---|---|---|
| Gwir Anrh. G H Hall | Llaf | 34398 | 84.3% |
| C G Clover | C | 6429 | 15.7% |
| | | 27969 | 68.6% |

## Abertawe – Dwyrain/*East*
**Llaf**

Eth: 33762. CP: 74.7%

| | | | |
|---|---|---|---|
| D L Mort | Llaf | 19127 | 75.8% |
| Rowe Harding | RhC | 6102 | 24.2% |
| | | 13025 | 51.6% |

## Abertawe – Gorllewin/*West*
**RhC > Llaf**

Eth: 41772. CP: 74.7%

| | | | |
|---|---|---|---|
| Percy Morris | Llaf | 18098 | 58.0% |
| Syr Lewis Jones | RhC | 13089 | 42.0% |
| | | 5009 | 16.0% |

## Abertyleri
**Llaf**

Eth: 40749. CP: 81.1%

| | | | |
|---|---|---|---|
| George Daggar | Llaf | 28615 | 86.6% |
| Dr J J Hayward | Cen | 4422 | 13.4% |
| | | 24193 | 73.2% |

## Bedwellte
**Llaf**

Eth: 47716. CP: 77.8%

| | | | |
|---|---|---|---|
| Gwir Anrh. Syr Charles Edwards | Llaf | 30480 | 82.1% |
| H L Tett | C | 6641 | 17.9% |
| | | 23839 | 64.2% |

## Brycheiniog a Maesyfed
**Llaf**

Eth: 52689. CP: 80.0%

| | | | |
|---|---|---|---|
| Tudor Watkins | Llaf | 19725 | 46.8% |
| Anrh. Oscar Guest | C | 14089 | 33.4% |
| D Lewis | Rh | 8335 | 19.8% |
| | | 5636 | 13.4% |

## Caerdydd – Canol/*Central*
**Llaf**

Eth: 46580. CP: 72.2%

| | | | |
|---|---|---|---|
| George Thomas | Llaf | 16506 | 49.1% |
| C S Hallinan | C | 11982 | 35.7% |
| P T H Morgan | Rh | 5121 | 15.2% |
| | | 4524 | 13.4% |

## Caerdydd – De/*South*
**C > Llaf**

Eth: 39303. CP: 73.9%

| | | | |
|---|---|---|---|
| James Callaghan | Llaf | 17489 | 60.2% |
| Syr Arthur Evans | C | 11545 | 39.8% |
| | | 5944 | 20.4% |

## Caerdydd – Dwyrain/*East*
**Cen > Llaf**

Eth: 42950. CP: 74.8%

| | | | |
|---|---|---|---|
| Yr Athro H A Marquand | Llaf | 16299 | 50.7% |
| Gwir Anrh. Syr P J Grigg | Cen | 11306 | 35.2% |
| J E Emlyn-Jones | Rh | 4523 | 14.1% |
| | | 4993 | 15.5% |

## Caerfyrddin
**Llaf > Rh**

Eth: 50462. CP: 75.9%

| | | | |
|---|---|---|---|
| Rh Hopkin Morris | Rh | 19783 | 51.7% |
| R Moelwyn Hughes | Llaf | 18504 | 48.3% |
| | | 1279 | 3.4% |

## Caerffili
**Llaf**

Eth: 47170. CP: 77.1%

| | | | |
|---|---|---|---|
| Ness Edwards | Llaf | 29158 | 80.2% |
| J F M de Courcy | C | 7189 | 19.8% |
| | | 21969 | 60.4% |

## Caernarfon Sir
**Rh > Llaf**

Eth: 51295. CP: 77.7%

| | | | |
|---|---|---|---|
| Goronwy Roberts | Llaf | 22043 | 55.3% |
| Syr Goronwy Owen | Rh | 15637 | 39.3% |
| W Ambrose Bebb | PC | 2152 | 5.4% |
| | | 6406 | 16.0% |

## Caernarfon Bwr
**Rh > C**

Eth: 47041. CP: 73.8% (Bangor, Caernarfon, Conwy, Cricieth, Nefyn, Pwllheli)

| | | | |
|---|---|---|---|
| D A Price-White | C | 11432 | 32.9% |
| D R Seabourne Davies | Rh | 11096 | 32.0% |
| W E E Jones | Llaf | 10625 | 30.6% |
| Yr Athro J E Daniel | PC | 1560 | 4.5% |
| | | 336 | 0.9% |

## Casnewydd
**C > Llaf**

Eth: 60378. CP: 72.8%

| | | | |
|---|---|---|---|
| Peter Freeman | Llaf | 23845 | 54.2% |
| R M Bell | C | 14754 | 33.6% |
| W R Crawshay | Rh | 5362 | 12.2% |
| | | 9091 | 20.6% |

## Castell-nedd
**Llaf**

Eth: 67164. CP: 74.6%

| | | | |
|---|---|---|---|
| D J Williams | Llaf | 37957 | 75.8% |
| D J Bowen | Cen | 8466 | 16.9% |
| Wynne Samuel | PC | 3659 | 7.3% |
| | | 29491 | 58.9% |

## Ceredigion
**Rh**

Eth: 41597. CP: 71.2%

| | | | |
|---|---|---|---|
| Roderic Bowen | Rh | 18912 | 63.8% |
| Iwan Morgan | Llaf | 10718 | 36.2% |
| | | 8194 | 27.6% |

FLINTSHIRE PARLIAMENTARY ELECTION, 1945

MISS
EIRENE LLOYD JONES, M.A
THE LABOUR CANDIDATE

**Dinbych**     **RhC**
Eth: 54572. CP: 74.8%

| | | | |
|---|---|---|---|
| Syr J H Morris-Jones | RhC | 17023 | 41.7% |
| E H Garner Evans | Rh | 12101 | 29.6% |
| W L Mars-Jones | Llaf | 11702 | 28.7% |
| | | 4922 | 12.1% |

**Fflint**     **C**
Eth: 93287. CP: 76.7%

| | | | |
|---|---|---|---|
| Nigel Birch | C | 27800 | 38.8% |
| Miss E L Jones | Llaf | 26761 | 37.4% |
| J Williams Hughes | Rh | 17007 | 23.8% |
| | | 1039 | 1.4% |

**Glynebwy**     **Llaf**
Eth: 41146. CP: 82.6%

| | | | |
|---|---|---|---|
| Aneurin Bevan | Llaf | 27209 | 80.1% |
| S C Parker | C | 6758 | 19.9% |
| | | 20451 | 60.2% |

**Gŵyr**     **Llaf**
Eth: 58238. CP: 76.9%

| | | | |
|---|---|---|---|
| D R Grenfell | Llaf | 30676 | 68.5% |
| J Aeron Thomas | RhC | 14115 | 31.5% |
| | | 16561 | 37.0% |

**Llandaf a'r Barri**     **C > Llaf**
Eth: 96106. CP: 73.8%

| | | | |
|---|---|---|---|
| A L Ungoed-Thomas | Llaf | 33706 | 47.5% |
| C H A Lakin | C | 27108 | 38.2% |
| M E Bransby-Williams | Rh | 10132 | 14.3% |
| | | 6598 | 9.3% |

**Llanelli**     **Llaf**
Eth: 73385. CP: 74.8%

| | | | |
|---|---|---|---|
| James Griffiths | Llaf | 44514 | 81.1% |
| G O George | C | 10397 | 18.9% |
| | | 34117 | 62.2% |

**Meirionnydd**     **Rh**
Eth: 28845. CP: 82.2%

| | | | |
|---|---|---|---|
| Emrys Roberts | Rh | 8495 | 35.8% |
| H M Jones | Llaf | 8383 | 35.4% |
| C P Hughes | C | 4374 | 18.5% |
| Gwynfor Evans | PC | 2448 | 10.3% |
| | | 112 | 0.4% |

**Merthyr Tudful**     **Llaf**
Eth: 44540. CP: 68.6%

| | | | |
|---|---|---|---|
| S O Davies | Llaf | 24879 | 81.4% |
| S Jennings | LlafAnn | 5693 | 18.6% |
| | | 19186 | 62.8% |

**Môn**     **Rh**
Eth: 34210. CP: 70.6%

| | | | |
|---|---|---|---|
| Y Fns Megan Lloyd George | Rh | 12610 | 52.5% |
| Cledwyn Hughes | Llaf | 11529 | 47.8% |
| | | 1081 | 4.4% |

**Ogwr**     **Llaf**
Eth: 56644. CP: 75.6%

| | | | |
|---|---|---|---|
| E J Williams | Llaf | 32715 | 76.4% |
| O G Davies | Cen | 7712 | 18.0% |
| Trefor Morgan | PC | 2379 | 5.6% |
| | | 25003 | 58.4% |

**Penfro**     **Rh**
Eth: 63388. CP: 72.3%

| | | | |
|---|---|---|---|
| Gwir Anrh. Gwilym Lloyd George | Rh | 22997 | 50.2% |
| W Fienburgh | Llaf | 22829 | 49.8% |
| | | 168 | 0.4% |

**Pontypridd**     **Llaf**
Eth: 53598. CP: 75.7%

| | | | |
|---|---|---|---|
| Arthur Pearson | Llaf | 27823 | 68.6% |
| G C Treharne | C | 7260 | 17.9% |
| J E Williams | Rh | 5464 | 13.5% |
| | | 20563 | 50.7% |

## Pontypŵl

Eth: 46122. CP: 77.0%

| | | | **Llaf** |
|---|---|---|---|
| Arthur Jenkins | Llaf | 27455 | 77.3% |
| J G Weeple | C | 8072 | 22.7% |
| | | 19383 | 54.6% |

## Prifysgol Cymru

Eth: 11847. CP: 58.5%

| | | | **Rh** |
|---|---|---|---|
| Yr Athro W J Gruffydd | Rh | 5239 | 75.5% |
| Dr Gwenan Jones | PC | 1696 | 24.5% |
| | | 3543 | 51.0% |

## Rhondda, Y – Dwyrain/*East*

Eth: 41832. CP: 82.8%

| | | | **Llaf** |
|---|---|---|---|
| W H Mainwaring | Llaf | 16733 | 48.4% |
| Harry Pollit | Com | 15761 | 45.5% |
| J Kitchener Davies | PC | 2123 | 6.1% |
| | | 972 | 2.9% |

## Rhondda, Y – Gorllewin/*West*

| | | | **Llaf** |
|---|---|---|---|
| William John | Llaf | di-wrth | |

## Trefaldwyn

Eth: 32190. CP: 77.4%

| | | | **Rh** |
|---|---|---|---|
| Clement Davies | Rh | 14018 | 56.3% |
| P L W Owen | C | 10895 | 43.7% |
| | | 3123 | 12.6% |

## Trefynwy

Eth: 59359. CP: 72.0%

| | | | **C** |
|---|---|---|---|
| L R Pym | C | 22195 | 51.9% |
| A B L Oakley | Llaf | 20543 | 48.1% |
| | | 1652 | 3.8% |

## Wrecsam

Eth: 62446. CP: 76.8%

| | | | **Llaf** |
|---|---|---|---|
| Robert Richards | Llaf | 26854 | 56.0% |
| D L Milne | RhC | 13714 | 28.6% |
| J D Williams | Rh | 6960 | 14.5% |
| J R Hayes-Jones | Ann | 430 | 0.9% |
| | | 13140 | 27.4% |

# Is-Etholiadau 1945-1950

## Trefynwy

30/10/1945

Ar farwolaeth L R Pym / *On the death of L R Pym*

Eth: 60013. CP: 66.7%

| | | | **C** |
|---|---|---|---|
| Peter Thorneycroft | C | 21092 | 52.7% |
| A B L Oakley | Llaf | 18953 | 47.3% |
| | | 2139 | 5.4% |

## Ogwr

4/6/1946

Ar benodiad E J Williams yn Uchel Gomisiynydd yn Awstralia / *On E J Williams's appointment as High Commissioner in Australia*

Eth: 57401. CP: 33.7%

| | | | **Llaf** |
|---|---|---|---|
| J Evans | Llaf | 13632 | 70.6% |
| Trefor Morgan | PC | 5685 | 29.4% |
| | | 7947 | 41.2% |

## Pontypŵl

23/7/1946

Ar farwolaeth Arthur Jenkins / *On the death of Arthur Jenkins*

Eth: 46407. CP: 65.8%

| | | | **Llaf** |
|---|---|---|---|
| D Granville *West* | Llaf | 22359 | 73.2% |
| P Welch | C | 8170 | 26.8% |
| | | 14189 | 46.4% |

## Aberdâr

5/12/1946

Ar ddyrchafiad G H Hall i Dŷ'r Arglwyddi yn Is-iarll Hall / *On the elevation of G H Hall to the Peerage as Viscount Hall*

Eth: 53911. CP: 65.7%

| | | | **Llaf** |
|---|---|---|---|
| D E Thomas | Llaf | 24215 | 68.3% |
| Wynne Samuel | PC | 7090 | 20.0% |
| A Lincoln Hallinan | C | 4140 | 11.7% |
| | | 17125 | 48.3% |

VOTE FOR SIR HENRY MORRIS JONES M.C.

SIR HENRY MORRIS JONES, M.C.

LIBERAL-NATIONAL CANDIDATE

*Who has served you faithfully for 16 years*

Printed by R. E. Jones & Bros., Ltd., 5 Coed Pella Road, Colwyn Bay, and Published by Mr. E. Watkins, Oakleigh, Windsor Drive, Old Colwyn.

|        | P        | CP    | CPP   | S   |
|--------|----------|-------|-------|-----|
| Llaf   | 887984   | 58.1% | 46.1% | 27  |
| C      | 320750   | 21.0% | 40.0% | 3   |
| Rh     | 193090   | 12.6% | 9.1%  | 5   |
| RhC&C  | 97918    | 6.4%  | 3.4%  | 1   |
| PC     | 17580    | 1.2%  |       |     |
| Com    | 9048     | 0.6%  |       |     |
| CenAnn | 1571     |       |       |     |
| MGC    | 613      |       |       |     |
|        | ====     |       |       |     |
|        | 1528554  |       |       |     |

Llywodraeth Lafur/*Labour Government*
PW/*PM*    Clement R Atlee

etholiad cyffredinol

# 1950

general election

23 Chwefror
23 February

## Aberafan — **Llaf**
Eth: 49667. CP: 85.8%

| | | | |
|---|---|---|---|
| W G Cove | Llaf | 29278 | 68.7% |
| A M H Y M Herbert | RhC&C | 8091 | 19.0% |
| J M Thomas | Rh | 5263 | 12.3% |
| | | 21187 | 49.7% |

## Aberdâr — **Llaf**
Eth: 51437. CP: 86.9%

| | | | |
|---|---|---|---|
| D E Thomas | Llaf | 33930 | 75.9% |
| R N E Hinton | C | 6098 | 13.6% |
| Wynne Samuel | PC | 3310 | 7.4% |
| Dr A T M Wilson | Com | 1382 | 3.1% |
| | | 27832 | 62.3% |

## Abertawe – Dwyrain/*East* — **Llaf**
Eth: 53014. CP: 81.9%

| | | | |
|---|---|---|---|
| D L Mort | Llaf | 32680 | 75.3% |
| J F Lynam | C | 10712 | 24.7% |
| | | 21968 | 50.6% |

## Abertawe – Gorllewin/*West* — **Llaf**
Eth: 58362. CP: 83.8%

| | | | |
|---|---|---|---|
| Percy Morris | Llaf | 26273 | 53.7% |
| Syr Lewis Jones | RhC&C | 22608 | 46.3% |
| | | 3665 | 7.4% |

## Abertyleri — **Llaf**
Eth: 40211. CP: 84.6%

| | | | |
|---|---|---|---|
| George Daggar | Llaf | 29609 | 87.1% |
| O J Lewis | C | 4403 | 12.9% |
| | | 25206 | 74.2% |

## Barri, Y — **Llaf**
Eth: 54298. CP: 86.0%

| | | | |
|---|---|---|---|
| Mrs Dorothy M Rees | Llaf | 20770 | 44.5% |
| D M Evans | C | 19745 | 42.3% |
| J E Emlyn- Jones | Rh | 6180 | 13.2% |
| | | 1025 | 2.2% |

## Bedwellte — **Llaf**
Eth: 43954. CP: 85.5%

| | | | |
|---|---|---|---|
| Harold J Finch | Llaf | 31329 | 83.4% |
| R C Pitman | C | 6247 | 16.6% |
| | | 25082 | 66.8% |

## Brycheiniog a Maesyfed — **Llaf**
Eth: 51951. CP: 88.8%

| | | | |
|---|---|---|---|
| Tudor Watkins | Llaf | 22519 | 48.8% |
| J D Gibson-Watt | C | 19690 | 42.7% |
| R M R Paton | Rh | 3903 | 8.5% |
| | | 2829 | 6.1% |

## Caerdydd – De-Ddwyrain/*South-East* — **Llaf**
Eth: 60825. CP: 83.3%

| | | | |
|---|---|---|---|
| James Callaghan | Llaf | 26254 | 51.8% |
| Dr J J Hayward | C | 20359 | 40.2% |
| P A Furnell | Rh | 4080 | 8.0% |
| | | 5895 | 11.6% |

## Caerdydd – Gogledd/*North* — **C**
Eth: 60543. CP: 84.4%

| | | | |
|---|---|---|---|
| David Llewellyn | C | 23988 | 46.9% |
| W Howlett | Llaf | 21081 | 41.3% |
| D A Jones | Rh | 6017 | 11.8% |
| | | 2907 | 5.6% |

## Caerdydd – Gorllewin/*West* — **Llaf**
Eth: 60918. CP: 82.2%

| | | | |
|---|---|---|---|
| George Thomas | Llaf | 27200 | 54.3% |
| Charles S Hallinan | C | 22893 | 45.7% |
| | | 4307 | 8.6% |

## Caerfyrddin — **Rh**
Eth: 58444. CP: 83.4%

| | | | |
|---|---|---|---|
| Rhys Hopkin Morris | Rh | 24472 | 50.2% |
| A L Ungoed-Thomas | Llaf | 24285 | 49.8% |
| | | 187 | 0.4% |

## Caerffili — Llaf
Eth: 46321. CP: 84.3%

| | | | |
|---|---|---|---|
| Gwir Anrh. Ness Edwards | Llaf | 30270 | 77.5% |
| K J Lloyd | C | 8771 | 22.5% |
| | | 21499 | 55.0% |

## Caernarfon — Llaf
Eth: 43483. CP: 85.9%

| | | | |
|---|---|---|---|
| Goronwy Roberts | Llaf | 18369 | 49.1% |
| E R Thomas | Rh | 7791 | 20.9% |
| G W Williams | C | 6315 | 16.9% |
| J E Jones | PC | 4882 | 13.1% |
| | | 10578 | 28.2% |

## Casnewydd — Llaf
Eth: 71066. CP: 87.9%

| | | | |
|---|---|---|---|
| Peter Freeman | Llaf | 31858 | 51.0% |
| Ivor Thomas | C | 21866 | 35.0% |
| W J Owen | Rh | 8761 | 14.0% |
| | | 9992 | 16.0% |

## Castell-nedd — Llaf
Eth: 51720. CP: 87.5%

| | | | |
|---|---|---|---|
| D J Williams | Llaf | 33034 | 72.9% |
| J C Hope | C | 6225 | 13.8% |
| Dr O Vaughan Jones | Rh | 4425 | 9.8% |
| A C Thomas | Com | 1584 | 3.5% |
| | | 26809 | 59.1% |

## Ceredigion — Rh
Eth: 44627. CP: 73.6%

| | | | |
|---|---|---|---|
| Roderic Bowen | Rh | 17093 | 52.1% |
| Iwan Morgan | Llaf | 9055 | 27.6% |
| Dr G S R Little | C | 6680 | 20.3% |
| | | 8038 | 24.5% |

## Conwy — Llaf
Eth: 46669. CP: 84.6%

| | | | |
|---|---|---|---|
| W Elwyn E Jones | Llaf | 15176 | 38.4% |
| D A Price-White | C | 14373 | 36.4% |
| Emlyn Hooson | Rh | 9937 | 25.2% |
| | | 803 | 2.0% |

## Dinbych — RhC&C
Eth: 54614. CP: 82.3%

| | | | |
|---|---|---|---|
| E H Garner Evans | RhC&C | 17473 | 38.9% |
| Glyn Tegai Hughes | Rh | 16264 | 36.2% |
| J G Hughes | Llaf | 11205 | 24.9% |
| | | 1209 | 2.7% |

## Fflint – Dwyrain/*East* — Llaf
Eth: 50411. CP: 88.0%

| | | | |
|---|---|---|---|
| Mrs Eirene White | Llaf | 21529 | 48.5% |
| G B H Currie | C | 14832 | 33.4% |
| S G Waterhouse | Rh | 8010 | 18.1% |
| | | 6697 | 15.1% |

## Fflint – Gorllewin/*West* — C
Eth: 45599. CP: 86.6%

| | | | |
|---|---|---|---|
| Nigel Birch | C | 19088 | 48.4% |
| D V Leadbeater | Llaf | 12369 | 31.3% |
| W A Ellis | Rh | 8036 | 20.3% |
| | | 6719 | 17.1% |

## Glynebwy — Llaf
Eth: 40370. CP: 86.7%

| | | | |
|---|---|---|---|
| Gwir Anrh. Aneurin Bevan | Llaf | 28245 | 80.7% |
| G B Finlay | C | 6745 | 19.3% |
| | | 21500 | 61.4% |

## Gŵyr — Llaf
Eth: 50603. CP: 84.5%

| | | | |
|---|---|---|---|
| D R Grenfell | Llaf | 32564 | 76.1% |
| Rowe Harding | RhC&C | 10208 | 23.9% |
| | | 22356 | 52.2% |

## Llanelli — Llaf
Eth: 68655. CP: 80.9%

| | | | |
|---|---|---|---|
| Gwir Anrh. James Griffiths | Llaf | 39326 | 70.8% |
| H G E Thomas | Rh | 7700 | 13.9% |
| D P Owen | C | 6362 | 11.5% |
| Parch. D Eirwyn Morgan | PC | 2134 | 3.8% |
| | | 31626 | 56.9% |

## Meirionnydd — Rh
Eth: 27941. CP: 88.8%

| | | | |
|---|---|---|---|
| Emrys O Roberts | Rh | 9647 | 38.8% |
| O Parry | Llaf | 8577 | 34.6% |
| J F Williams-Wynne | C | 3846 | 15.5% |
| Gwynfor Evans | PC | 2754 | 11.1% |
| | | 1070 | 4.2% |

## Merthyr Tudful — Llaf
Eth: 43156. CP: 85.9%

| | | | |
|---|---|---|---|
| S O Davies | Llaf | 29210 | 78.8% |
| L F Haddrill | C | 6294 | 17.0% |
| Trefor Morgan | CenAnn | 1571 | 4.2% |
| | | 22916 | 61.8% |

## Môn — Rh
Eth: 35490. CP: 82.7%

| | | | |
|---|---|---|---|
| Y Fns Megan Lloyd George | Rh | 13688 | 46.7% |
| Cledwyn Hughes | Llaf | 11759 | 40.0% |
| J O Jones | C | 3919 | 13.3% |
| | | 1929 | 6.7% |

## Ogwr — Llaf
Eth: 56184. CP: 85.2%

| | | | |
|---|---|---|---|
| Walter Padley | Llaf | 35836 | 74.8% |
| Raymond Gower | C | 9791 | 20.5% |
| Miss M Llewellyn | Com | 1619 | 3.4% |
| Ithel Davies | MGC | 613 | 1.3% |
| | | 26045 | 54.3% |

## Penfro

RhC&C > **Llaf**

Eth: 61253. CP: 83.2%

| | | | |
|---|---|---|---|
| Desmond Donnelly | Llaf | 25550 | 50.1% |
| Gwir Anrh. Gwilym Lloyd George | RhC&C | 25421 | 49.9% |
| | | 129 | 0.2% |

## Pontypridd

**Llaf**

Eth: 53275. CP: 84.3%

| | | | |
|---|---|---|---|
| Arthur Pearson | Llaf | 30945 | 68.9% |
| T E R Rhys-Roberts | C | 9049 | 20.2% |
| D I C Lewis | Rh | 4895 | 10.9% |
| | | 21896 | 48.7% |

## Pontypŵl

**Llaf**

Eth: 46151. CP: 84.8%

| | | | |
|---|---|---|---|
| D Granville West | Llaf | 28267 | 72.3% |
| A Russell | C | 6616 | 16.9% |
| E A R Mathias | Rh | 4240 | 10.8% |
| | | 21651 | 55.4% |

## Rhondda, Y – Dwyrain/*East*

**Llaf**

Eth: 40124. CP: 87.5%

| | | | |
|---|---|---|---|
| W H Mainwaring | Llaf | 26645 | 75.9% |
| Harry Pollit | Com | 4463 | 12.7% |
| G Nicholls | C | 2634 | 7.5% |
| David Davies | PC | 1357 | 3.9% |
| | | 22182 | 63.2% |

## Rhondda, Y – Gorllewin/*West*

**Llaf**

Eth: 37484. CP: 87.9%

| | | | |
|---|---|---|---|
| Iorwerth Thomas | Llaf | 27150 | 82.4% |
| J P Driscoll | C | 3632 | 11.0% |
| J Kitchener Davies | PC | 2183 | 6.6% |
| | | 23518 | 71.4% |

## Trefaldwyn

**Rh**

Eth: 32372. CP: 86.8%

| | | | |
|---|---|---|---|
| Gwir Anrh. E Clement Davies | Rh | 14401 | 51.3% |
| H West | C | 7621 | 27.1% |
| J D Williams | Llaf | 6070 | 21.6% |
| | | 6780 | 24.2% |

## Trefynwy

**C**

Eth: 47709. CP: 83.2%

| | | | |
|---|---|---|---|
| Peter Thorneycroft | C | 21956 | 55.3% |
| G F Thomas | Llaf | 17725 | 44.7% |
| | | 4231 | 10.6% |

## Wrecsam

**Llaf**

Eth: 63455. CP: 87.3%

| | | | |
|---|---|---|---|
| Robert Richards | Llaf | 32042 | 57.8% |
| W G Cooper | RhC&C | 14117 | 25.5% |
| Dr H Mostyn Lewis | Rh | 8287 | 15.0% |
| Geraint Bowen | PC | 960 | 1.7% |
| | | 17925 | 32.3% |

# Is-Etholiad 1950

## Abertyleri

**Llaf**

30/11/1950

Ar farwolaeth George Daggar / *On the death of George Daggar*

Eth: 40011. CP: 71.1%

| | | | |
|---|---|---|---|
| Parch Llewelyn Williams | Llaf | 24622 | 86.5% |
| R B F S Body | C | 3839 | 13.5% |
| | | 20783 | 73.0% |

|  | P | CP | CPP | S |
|---|---|---|---|---|
| Llaf | 925848 | 60.5% | 48.8% | 27 |
| C | 421525 | 27.6% | 44.3% | 5 |
| Rh | 116821 | 7.7% | 2.6% | 3 |
| RhC&C | 49744 | 3.3% | 3.7% | 1 |
| PC | 10920 | 0.7% | | |
| Com | 2948 | 0.2% | | |
| BEP | 1643 | 0.1% | | |
| | ==== | | | |
| | 1529449 | | | |

Llywodraeth Geidwadol/*Conservative Government*
PW/*PM*  Winston L S Churchill (-5/4/1955)
        Syr Anthony Eden

etholiad cyffredinol
# 1951
## general election

25 Hydref
25 October

**Aberafan**     **Llaf**
Eth: 50071. CP: 84.6%

| | | | |
|---|---|---|---|
| W G Cove | Llaf | 30498 | 72.0% |
| J W Loveridge | C | 11878 | 28.0% |
| | | 18620 | 44.0% |

**Aberdâr**     **Llaf**
Eth: 51423. CP: 86.1%

| | | | |
|---|---|---|---|
| D E Thomas | Llaf | 34783 | 78.5% |
| J Lewis | C | 6810 | 15.4% |
| Wynne Samuel | PC | 2691 | 6.1% |
| | | 27973 | 63.1% |

**Abertawe – Dwyrain/East**     **Llaf**
Eth: 53790. CP: 82.8%

| | | | |
|---|---|---|---|
| D L Mort | Llaf | 32790 | 73.6% |
| J C Hope | C | 11768 | 26.4% |
| | | 21022 | 47.2% |

**Abertawe – Gorllewin/West**     **Llaf**
Eth: 59051. CP: 84.6%

| | | | |
|---|---|---|---|
| Percy Morris | Llaf | 26061 | 52.2% |
| H B Kerby | C | 23901 | 47.8% |
| | | 2160 | 4.4% |

**Abertyleri**     **Llaf**
Eth: 40128. CP: 84.0%

| | | | |
|---|---|---|---|
| Parch. Llewelyn Williams | Llaf | 29321 | 86.9% |
| J Radcliff | C | 4404 | 13.1% |
| | | 24917 | 73.8% |

**Barri, Y**     **Llaf > C**
Eth: 55022. CP: 86.8%

| | | | |
|---|---|---|---|
| Raymond Gower | C | 24715 | 51.7% |
| Mrs Dorothy M Rees | Llaf | 23066 | 48.3% |
| | | 1649 | 3.4% |

**Bedwellte**     **Llaf**
Eth: 44417. CP: 85.4%

| | | | |
|---|---|---|---|
| Harold Finch | Llaf | 31582 | 83.3% |
| John Smith | C | 6339 | 16.7% |
| | | 25243 | 66.6% |

**Brycheiniog a Maesyfed**     **Llaf**
Eth: 52728. CP: 89.3%

| | | | |
|---|---|---|---|
| Tudor Watkins | Llaf | 24572 | 52.2% |
| J D Gibson-Watt | C | 22489 | 47.8% |
| | | 2083 | 4.4% |

**Caerdydd – De-Ddwyrain/South-East**     **Llaf**
Eth: 60902. CP: 84.9%

| | | | |
|---|---|---|---|
| James Callaghan | Llaf | 28112 | 54.3% |
| Harry West | C | 23613 | 45.7% |
| | | 4499 | 8.6% |

**Caerdydd – Gogledd/North**     **C**
Eth: 60767. CP: 85.6%

| | | | |
|---|---|---|---|
| David Llewellyn | C | 29408 | 56.5% |
| John Evans | Llaf/Cyd. | 22600 | 43.5% |
| | | 6808 | 13.0% |

**Caerdydd – Gorllewin/West**     **Llaf**
Eth: 62528. CP: 84.1%

| | | | |
|---|---|---|---|
| George Thomas | Llaf | 28995 | 55.1% |
| A Lincoln Hallinan | C | 23595 | 44.9% |
| | | 5400 | 10.2% |

**Caerfyrddin**     **Rh**
Eth: 58709. CP: 86.5%

| | | | |
|---|---|---|---|
| Rhys Hopkin Morris | Rh | 25632 | 50.5% |
| David Owen | Llaf | 25165 | 49.5% |
| | | 467 | 1.0% |

**Caerffili**     **Llaf**
Eth: 46893. CP: 84.4%

| | | | |
|---|---|---|---|
| Gwir Anrh. Ness Edwards | Llaf | 30523 | 77.1% |
| Kenneth G Knee | C | 9041 | 22.9% |
| | | 21482 | 54.2% |

**Caernarfon**     **Llaf**
Eth: 43453. CP: 82.5%

| | | | |
|---|---|---|---|
| Goronwy Roberts | Llaf | 22375 | 62.4% |
| J E B Davies | C | 13479 | 37.6% |
| | | 8896 | 24.8% |

**Casnewydd**     **Llaf**
Eth: 72185. CP: 86.3%

| | | | |
|---|---|---|---|
| Peter Freeman | Llaf | 32883 | 52.8% |
| T E R Rhys-Roberts | C | 24166 | 38.8% |
| W J Owen | Rh | 5247 | 8.4% |
| | | 8717 | 14.0% |

**Castell-nedd**     **Llaf**
Eth: 52203. CP: 85.9%

| | | | |
|---|---|---|---|
| D J Williams | Llaf | 34496 | 76.9% |
| D G Jennings | C | 10367 | 23.1% |
| | | 24129 | 53.8% |

**Ceredigion**     **Rh**
Eth: 41977. CP: 70.6%

| | | | |
|---|---|---|---|
| Roderic Bowen | Rh | 19954 | 67.3% |
| Parch. Brynmor Williams | Llaf | 9697 | 32.7% |
| | | 10257 | 34.6% |

**Conwy**     **Llaf > C**
Eth: 46425. CP: 84.9%

| | | | |
|---|---|---|---|
| Peter Thomas | C | 17115 | 43.4% |
| W Elwyn E Jones | Llaf | 16532 | 41.9% |
| Emlyn Hooson | Rh | 5791 | 14.7% |
| | | 583 | 1.5% |

**Dinbych** RhC&C
Eth: 54011. CP: 82.2%

| | | | |
|---|---|---|---|
| E H Garner Evans | RhC&C | 20269 | 45.7% |
| J I Jones | Llaf | 12354 | 27.8% |
| H E P Roberts | Rh | 11758 | 26.5% |
| | | 7915 | 17.9% |

**Fflint – Dwyrain/East** Llaf
Eth: 51575. CP: 86.4%

| | | | |
|---|---|---|---|
| Mrs Eirene White | Llaf | 23959 | 53.8% |
| G B H Curie | C | 20580 | 46.2% |
| | | 3379 | 7.6% |

**Fflint – Gorllewin/West** C
Eth: 46322. CP: 83.2%

| | | | |
|---|---|---|---|
| Nigel Birch | C | 23433 | 60.8% |
| D V Leadbeater | Llaf | 15118 | 39.2% |
| | | 8315 | 21.6% |

**Glynebwy** Llaf
Eth: 40293. CP: 87.0%

| | | | |
|---|---|---|---|
| Gwir Anrh. Aneurin Bevan | Llaf | 28283 | 80.7% |
| J E Bowen | C | 6754 | 19.3% |
| | | 21529 | 61.4% |

**Gŵyr** Llaf
Eth: 51016. CP: 84.3%

| | | | |
|---|---|---|---|
| D R Grenfell | Llaf | 32661 | 75.9% |
| Rowe Harding | RhC&C | 10351 | 24.1% |
| | | 22310 | 51.8% |

**Llanelli** Llaf
Eth: 67157. CP: 81.6%

| | | | |
|---|---|---|---|
| Gwir Anrh. James Griffiths | Llaf | 39731 | 72.5% |
| Henry Gardner | C | 11315 | 20.6% |
| Parch. D Eirwyn Morgan | PC | 3765 | 6.9% |
| | | 28416 | 51.9% |

**Meirionnydd** Rh > Llaf
Eth: 28019. CP: 87.3%

| | | | |
|---|---|---|---|
| T W Jones | Llaf | 10505 | 42.9% |
| Emrys O Roberts | Rh | 9457 | 38.7% |
| W Geraint Morgan | C | 4505 | 18.4% |
| | | 1048 | 4.2% |

**Merthyr Tudful** Llaf
Eth: 42937. CP: 84.4%

| | | | |
|---|---|---|---|
| S O Davies | Llaf | 28841 | 79.6% |
| J F Lynam | C | 7405 | 20.4% |
| | | 21436 | 59.2% |

**Môn** Rh > Llaf
Eth: 36117. CP: 81.4%

| | | | |
|---|---|---|---|
| Cledwyn Hughes | Llaf | 11814 | 40.1% |
| Y Fns Megan Lloyd George | Rh | 11219 | 38.2% |
| O Meurig Roberts | C | 6366 | 21.7% |
| | | 595 | 1.9% |

**Ogwr** Llaf
Eth: 56726. CP: 84.9

| | | | |
|---|---|---|---|
| Walter Padley | Llaf | 37022 | 76.9% |
| P L Powell | C | 9504 | 19.7% |
| T David | BEP | 1643 | 3.4% |
| | | 27518 | 57.2% |

**Penfro** Llaf
Eth: 62381. CP: 86.0%

| | | | |
|---|---|---|---|
| Desmond Donnelly | Llaf | 25994 | 48.5% |
| F W Farey Jones | C | 16968 | 31.6% |
| Dr D H Pennant | Rh | 10688 | 19.9% |
| | | 9026 | 16.9% |

**Pontypridd** Llaf
Eth: 54126. CP: 83.3%

| | | | |
|---|---|---|---|
| Arthur Pearson | Llaf | 32586 | 72.3% |
| J L Manning | C | 12511 | 27.7% |
| | | 20075 | 44.6% |

**Pontypŵl** Llaf
Eth: 46290. CP: 84.3%

| | | | |
|---|---|---|---|
| D Granville West | Llaf | 29553 | 75.7% |
| Aylwin O Hewitt | C | 9464 | 24.3% |
| | | 20089 | 51.4% |

**Rhondda, Y – Dwyrain/East** Llaf
Eth: 40270. CP: 85.5%

| | | | |
|---|---|---|---|
| W H Mainwaring | Llaf | 27958 | 81.2% |
| O P Stutchbury | C | 3522 | 10.2% |
| Idris Cox | Com | 2948 | 8.6% |
| | | 24436 | 71.0% |

**Rhondda, Y – Gorllewin/West** Llaf
Eth: 37315. CP: 86.4%

| | | | |
|---|---|---|---|
| Iorwerth Thomas | Llaf | 26123 | 81.0% |
| E Simons | C | 3635 | 11.3% |
| J Kitchener Davies | PC | 2467 | 7.7% |
| | | 22488 | 69.7% |

**Trefaldwyn** Rh
Eth: 32387. CP: 76.1%

| | | | |
|---|---|---|---|
| Gwir Anrh. Clement Davies | Rh | 17075 | 69.2% |
| D Caradog Jones | Llaf | 7584 | 30.8% |
| | | 9491 | 38.4% |

**Trefynwy** C
Eth: 48314. CP: 83.7%

| | | | |
|---|---|---|---|
| Peter Thorneycroft | C | 22475 | 55.6% |
| Miss Josephine Richardson | Llaf | 17952 | 44.4% |
| | | 4523 | 11.2% |

**Wrecsam** **Llaf**

Eth: 64736. CP: 84.8%

| | | | |
|---|---|---|---|
| Robert Richards | Llaf | 33759 | 61.6% |
| W G Cooper | RhC&C | 19124 | 34.8% |
| Dan Thomas | PC | 1997 | 3.6% |
| | | 14635 | 26.8% |

# Is-Etholiadau 1951-1955

**Aberdâr** **Llaf**

28/10/1954

Ar farwolaeth D Emlyn Thomas / *On the death of D Emlyn Thomas*

Eth: 50916. CP: 69.7%

| | | | |
|---|---|---|---|
| Arthur Probert | Llaf | 24658 | 69.5% |
| Gwynfor Evans | PC | 5671 | 16.0% |
| Michael Roberts | C | 5158 | 14.5% |
| | | 18987 | 53.5% |

**Wrecsam** **Llaf**

17/3/1955

Ar farwolaeth Robert Richards / *On the death of Robert Richards*

Eth: 64788. CP: 62.4%

| | | | |
|---|---|---|---|
| J Idwal Jones | Llaf | 23402 | 57.9% |
| Guthrie Jones | RhC&C | 12476 | 30.8% |
| D Elystan Morgan | PC | 4572 | 11.3% |
| | | 10926 | 27.1% |

|      | P | CP | CPP | S |
|------|----|----|-----|---|
| Llaf | 825690 | 57.6% | 46.4% | 27 |
| C | 383132 | 26.7% | 46.6% | 5 |
| Rh | 104095 | 7.3% | 2.7% | 3 |
| RhC&C | 45734 | 3.2% | 3.1% | 1 |
| PC | 45119 | 3.1% | | |
| Ann | 25410 | 1.8% | | |
| Com | 4544 | 0.3% | | |
| | ==== | | | |
| | 1433724 | | | |

Llywodraeth Geidwadol/*Conservative Government*
PW/*PM*   Syr Anthony Eden (-9/1/1957)
          Harold Macmillan

etholiad cyffredinol

# 1955

general election

25 Mai
25 May

**Aberafan** — **Llaf**
Eth: 52616. CP: 79.3%

| | | | |
|---|---|---|---|
| W G Cove | Llaf | 29003 | 69.5% |
| Geoffrey Howe | C | 12706 | 30.5% |
| | | 16297 | 39.0% |

**Aberdâr** — **Llaf**
Eth: 50333. CP: 78.3%

| | | | |
|---|---|---|---|
| Arthur Probert | Llaf | 29528 | 75.0% |
| W J A Bain | C | 6162 | 15.6% |
| Trefor Beasley | PC | 3703 | 9.4% |
| | | 23366 | 59.4% |

**Abertawe – Dwyrain/East** — **Llaf**
Eth: 54010. CP: 72.1%

| | | | |
|---|---|---|---|
| D L Mort | Llaf | 28198 | 72.4% |
| Miss R S Guest | C | 10726 | 27.6% |
| | | 17472 | 44.8% |

**Abertawe – Gorllewin/West** — **Llaf**
Eth: 58923. CP: 75.1%

| | | | |
|---|---|---|---|
| Percy Morris | Llaf | 22647 | 51.2% |
| Bernard McGlynn | C | 21626 | 48.8% |
| | | 1021 | 2.4% |

**Abertyleri** — **Llaf**
Eth: 39111. CP: 79.1%

| | | | |
|---|---|---|---|
| Parch. Llewelyn Williams | Llaf | 25599 | 82.7% |
| Arthur Gwynne Davies | C | 4081 | 13.2% |
| Trefor Morgan | PC | 1259 | 4.1% |
| | | 21518 | 69.5% |

**Barri, Y** — **C**
Eth: 56003. CP: 83.6%

| | | | |
|---|---|---|---|
| Raymond Gower | C | 27085 | 57.9% |
| Daniel Jones | Llaf | 19722 | 42.1% |
| | | 7363 | 15.8% |

**Bedwellte** — **Llaf**
Eth: 44753. CP: 81.6%

| | | | |
|---|---|---|---|
| Harold Finch | Llaf | 30104 | 82.4% |
| J S R Scott-Hopkins | C | 6412 | 17.6% |
| | | 23692 | 64.8% |

**Brycheiniog a Maesyfed** — **Llaf**
Eth: 51969. CP: 86.8%

| | | | |
|---|---|---|---|
| Tudor Watkins | Llaf | 23953 | 53.1% |
| Graham Patridge | C | 16412 | 36.4% |
| Dr W S R Thomas | Rh | 4745 | 10.5% |
| | | 7541 | 16.7% |

**Caerdydd – De-Ddwyrain/South-East** — **Llaf**
Eth: 60767. CP: 79.3%

| | | | |
|---|---|---|---|
| James Callaghan | Llaf | 25722 | 53.4% |
| Michael Roberts | C | 22482 | 46.6% |
| | | 3240 | 6.8% |

**Caerdydd – Gogledd/North** — **C**
Eth: 61352. CP: 80.9%

| | | | |
|---|---|---|---|
| David Llewellyn | C | 29409 | 59.3% |
| Leo Abse | Llaf | 20224 | 40.7% |
| | | 9185 | 18.6% |

**Caerdydd – Gorllewin/West** — **Llaf**
Eth: 61446. CP: 76.7%

| | | | |
|---|---|---|---|
| George Thomas | Llaf | 26042 | 55.3% |
| Emrys Simons | C | 21080 | 44.7% |
| | | 4962 | 10.6% |

**Caerfyrddin** — **Rh**
Eth: 57956. CP: 85.1%

| | | | |
|---|---|---|---|
| Syr Rhys Hopkin Morris | Rh | 24410 | 49.5% |
| Jack Evans | Llaf | 21077 | 42.7% |
| Mrs Jennie Eirian Davies | PC | 3835 | 7.8% |
| | | 3333 | 6.5% |

**Caerffili** — **Llaf**
Eth: 47131. CP: 78.6%

| | | | |
|---|---|---|---|
| Gwir Anrh. Ness Edwards | Llaf | 27852 | 75.2% |
| John H Davies | C | 9180 | 24.8% |
| | | 18672 | 50.4% |

**Caernarfon** — **Llaf**
Eth: 42753. CP: 82.4%

| | | | |
|---|---|---|---|
| Goronwy Roberts | Llaf | 17682 | 50.2% |
| O Meurig Roberts | C | 8461 | 24.0% |
| R E Jones | PC | 5815 | 16.5% |
| D Geraint Williams | Rh | 3277 | 9.3% |
| | | 9221 | 26.2% |

**Casnewydd** — **Llaf**
Eth: 71989. CP: 81.6%

| | | | |
|---|---|---|---|
| Peter Freeman | Llaf | 31537 | 53.7% |
| Donald Box | C | 27177 | 46.3% |
| | | 4360 | 7.4% |

**Castell-nedd** — **Llaf**
Eth: 51422. CP: 77.9%

| | | | |
|---|---|---|---|
| D J Williams | Llaf | 30581 | 76.4% |
| Jack C Hope | C | 9467 | 23.6% |
| | | 21114 | 52.8% |

**Ceredigion** — **Rh**
Eth: 39902. CP: 72.7%

| | | | |
|---|---|---|---|
| Roderic Bowen | Rh | 18907 | 65.2% |
| D Jones-Davies | Llaf | 10090 | 34.8% |
| | | 8817 | 30.4% |

## Conwy

**C**

Eth: 45846. CP: 84.7%

| | | | |
|---|---|---|---|
| Peter Thomas | C | 18705 | 48.1% |
| W Elwyn E Jones | Llaf | 13881 | 35.8% |
| Dr H Mostyn Lewis | Rh | 3217 | 8.3% |
| Ioan Bowen Rees | PC | 3019 | 7.8% |
| | | 4824 | 12.3% |

## Dinbych

**RhC&C**

Eth: 53589. CP: 79.1%

| | | | |
|---|---|---|---|
| E H Garner Evans | RhC&C | 18312 | 43.2% |
| Dr Glyn Tegai Hughes | Rh | 13671 | 32.2% |
| Robyn Lewis | Llaf | 10421 | 24.6% |
| | | 4641 | 11.0% |

## Fflint – Dwyrain/*East*

**Llaf**

Eth: 51560. CP: 84.1%

| | | | |
|---|---|---|---|
| Mrs Eirene White | Llaf | 22828 | 52.6% |
| Kenneth G Knee | C | 20554 | 47.4% |
| | | 2274 | 5.2% |

## Fflint – Gorllewin/*West*

**C**

Eth: 46529. CP: 81.0%

| | | | |
|---|---|---|---|
| Nigel Birch | C | 20980 | 55.7% |
| Hywel G Jones | Llaf | 12628 | 33.5% |
| Gomer Owen | Rh | 4060 | 10.8% |
| | | 8352 | 22.2% |

## Glynebwy

**Llaf**

Eth: 39305. CP: 83.7%

| | | | |
|---|---|---|---|
| Gwir Anrh. Aneurin Bevan | Llaf | 26058 | 79.3% |
| J E Bowen | C | 6822 | 20.7% |
| | | 19236 | 58.6% |

## Gŵyr

**Llaf**

Eth: 50193. CP: 76.8%

| | | | |
|---|---|---|---|
| D R Grenfell | Llaf | 26304 | 68.3% |
| B Gwyther Jones | RhC&C | 8135 | 21.1% |
| E Chris Rees | PC | 4101 | 10.6% |
| | | 18169 | 47.2% |

## Llanelli

**Llaf**

Eth: 64858. CP: 78.7%

| | | | |
|---|---|---|---|
| Gwir Anrh. James Griffiths | Llaf | 34021 | 66.7% |
| Trevor H Skeet | C | 10640 | 20.8% |
| Parch. D Eirwyn Morgan | PC | 6398 | 12.5% |
| | | 23381 | 45.9% |

## Meirionnydd

**Llaf**

Eth: 27472. CP: 86.2%

| | | | |
|---|---|---|---|
| T W Jones | Llaf | 9056 | 38.3% |
| H Evans Jones | Rh | 6374 | 26.9% |
| Gwynfor Evans | PC | 5243 | 22.1% |
| John V Jenkins | RhC&C | 3001 | 12.7% |
| | | 2682 | 11.4% |

## Merthyr Tudful

**Llaf**

Eth: 42933. CP: 77.3%

| | | | |
|---|---|---|---|
| S O Davies | Llaf | 25630 | 77.2% |
| Anthony D Arnold | C | 7548 | 22.8% |
| | | 18082 | 54.5% |

## Môn

**Llaf**

Eth: 35980. CP: 80.4%

| | | | |
|---|---|---|---|
| Cledwyn Hughes | Llaf | 13986 | 48.4% |
| J Williams Hughes | Rh | 9413 | 32.6% |
| Owen H Hughes | C | 3333 | 11.5% |
| J Rowland Jones | PC | 2183 | 7.5% |
| | | 4573 | 15.8% |

## Ogwr

**Llaf**

Eth: 55976. CP: 78.7%

| | | | |
|---|---|---|---|
| Walter Padley | Llaf | 33275 | 75.6% |
| D Geoffrey Jennings | C | 10751 | 24.4% |
| | | 22524 | 51.2% |

## Penfro

**Llaf**

Eth: 62381. CP: 84.0%

| | | | |
|---|---|---|---|
| Desmond Donnelly | Llaf | 27002 | 51.5% |
| William L Davies | Ann | 25410 | 48.5% |
| | | 1592 | 3.0% |

## Pontypridd

**Llaf**

Eth: 54214. CP: 74.9%

| | | | |
|---|---|---|---|
| Arthur Pearson | Llaf | 28881 | 71.1% |
| T R V Tyrrell | C | 11718 | 28.9% |
| | | 17163 | 42.2% |

## Pontypŵl

**Llaf**

Eth: 46920. CP: 77.1%

| | | | |
|---|---|---|---|
| D Granville *West* | Llaf | 26372 | 72.9% |
| Aylwin O Hewitt | C | 9800 | 27.1% |
| | | 16572 | 45.8% |

## Rhondda, Y – Dwyrain/*East*

**Llaf**

Eth: 39059. CP: 77.1%

| | | | |
|---|---|---|---|
| W H Mainwaring | Llaf | 21859 | 72.6% |
| Mrs Annie Powell | Com | 4544 | 15.1% |
| Herbert R Rowlands | C | 3711 | 12.3% |
| | | 17315 | 57.5% |

## Rhondda, Y – Gorllewin/*West*

**Llaf**

Eth: 35943. CP: 80.3%

| | | | |
|---|---|---|---|
| Iorwerth Thomas | Llaf | 21288 | 73.8% |
| Glyn James | PC | 4424 | 15.3% |
| Charles P T Burke | C | 3134 | 10.9% |
| | | 16864 | 58.5% |

## Trefaldwyn

**Rh**

Eth: 31983. CP: 73.6%

| | | | |
|---|---|---|---|
| Gwir Anrh. Clement Davies | Rh | 16021 | 68.1% |
| D Caradog Jones | Llaf | 7521 | 31.9% |
| | | 8500 | 36.2% |

## Trefynwy         C

Eth: 49252. CP: 81.5%

| | | | |
|---|---|---|---|
| Gwir Anrh. Peter Thorneycroft | C | 22970 | 57.2% |
| Miss Josephine Richardson | Llaf | 17173 | 42.8% |
| | | 5797 | 14.4% |

## Wrecsam         Llaf

Eth: 64788. CP: 76.2%

| | | | |
|---|---|---|---|
| J Idwal Jones | Llaf | 27945 | 56.6% |
| Guthrie Jones | RhC&C | 16286 | 33.0% |
| D Elystan Morgan | PC | 5139 | 10.4% |
| | | 11659 | 23.6% |

# Is-Etholiadau 1955-1959

## Casnewydd         Llaf

6/7/1956
Ar farwolaeth Peter Freeman / *On the death of Peter Freeman*
Eth: 71943. CP: 72.1%

| | | | |
|---|---|---|---|
| Gwir Anrh. Syr Frank Soskice | Llaf | 29205 | 56.3% |
| Donald Box | C | 20720 | 39.9% |
| Emrys Roberts | PC | 1978 | 3.8% |
| | | 8485 | 16.4% |

## Caerfyrddin         Rh > Llaf

28/2/1957
Ar farwolaeth Syr Rhys Hopkin Morris / *On the death of Sir Rhys Hopkin Morris*
Eth: 57183. CP: 87.5%

| | | | |
|---|---|---|---|
| Y Fns Megan Lloyd George | Llaf | 23679 | 47.3% |
| J Morgan Davies | Rh | 20610 | 41.2% |
| Mrs Jennie Eirian Davies | PC | 5741 | 11.5% |
| | | 3069 | 6.1% |

## Pontypŵl         Llaf

10/11/1958
Ar ddyrchafiad D Granville West i Dŷ'r Arglwyddi yn Arglwydd Granville West / *On D Granville West's elevation to the Peerage as Lord Granville West*
Eth: 47332. CP: 61.7%

| | | | |
|---|---|---|---|
| Leo Abse | Llaf | 20000 | 68.5% |
| Paul S Thomas | C | 6273 | 21.5% |
| Ben C L Morgan | PC | 2927 | 10.0% |
| | | 13727 | 47.0% |

|       | P       | CP    | CPP   | S   |
|-------|---------|-------|-------|-----|
| Llaf  | 841450  | 56.4% | 43.8% | 27  |
| C     | 441461  | 29.6% | 46.6% | 6   |
| Rh    | 78951   | 5.3%  | 5.9%  | 2   |
| RhC&C | 44874   | 3.0%  | 2.8%  | 1   |
| PC    | 77571   | 5.2%  |       |     |
| Com   | 6542    | 0.4%  |       |     |
| Ann   | 408     |       |       |     |
|       | ====    |       |       |     |
|       | 1491257 |       |       |     |

Llywodraeth Geidwadol/*Conservative Government*
PW/*PM*   Harold Macmillan (-13/1/1963)
          Syr Alec Douglas-Hume

etholiad cyffredinol
# 1959
general election

8 Hydref
8 October

## Aberafan        Llaf
Eth: 56316. CP: 82.1%

| | | | |
|---|---|---|---|
| John Morris | Llaf | 30397 | 65.8% |
| Geoffrey Howe | C | 12759 | 27.6% |
| Illtyd Lewis | PC | 3066 | 6.6% |
| | | 17638 | 38.2% |

## Aberdâr        Llaf
Eth: 49124. CP: 83.1%

| | | | |
|---|---|---|---|
| Arthur Probert | Llaf | 30889 | 75.7% |
| Bernard McGlynn | C | 6584 | 16.1% |
| Ken P Thomas | PC | 3367 | 8.2% |
| | | 24305 | 59.6% |

## Abertawe – Dwyrain/*East*        Llaf
Eth: 55301. CP: 80.1%

| | | | |
|---|---|---|---|
| D L Mort | Llaf | 29884 | 67.5% |
| H J F Crum Ewing | C | 9754 | 22.0% |
| E Chris Rees | PC | 4651 | 10.5% |
| | | 20130 | 45.5% |

## Abertawe – Gorllewin/*West*        Llaf > C
Eth: 58045. CP: 82.1%

| | | | |
|---|---|---|---|
| J E Hugh Rees | C | 24043 | 50.4% |
| Percy Morris | Llaf | 23640 | 49.6% |
| | | 403 | 0.8% |

## Abertyleri        Llaf
Eth: 38674. CP: 81.9%

| | | | |
|---|---|---|---|
| Parch. Llewelyn Williams | Llaf | 26934 | 85.0% |
| Ronald Maddocks | C | 4740 | 15.0% |
| | | 22194 | 70.0% |

## Barri, Y        C
Eth: 60206. CP: 84.9%

| | | | |
|---|---|---|---|
| Raymond Gower | C | 30313 | 59.3% |
| Dengar R Evans | Llaf | 20790 | 40.7% |
| | | 9523 | 18.6% |

## Bedwellte        Llaf
Eth: 44890. CP: 83.6%

| | | | |
|---|---|---|---|
| Harold Finch | Llaf | 30697 | 81.8% |
| Charles J Cox | C | 6817 | 18.2% |
| | | 23880 | 63.6% |

## Brycheiniog a Maesyfed        Llaf
Eth: 51357. CP: 86.4%

| | | | |
|---|---|---|---|
| Tudor Watkins | Llaf | 25411 | 57.3% |
| John H Davies | C | 18939 | 42.7% |
| | | 6472 | 14.6% |

## Caerdydd – De-Ddwyrain/*South-East*        Llaf
Eth: 64574. CP: 82.0%

| | | | |
|---|---|---|---|
| James Callaghan | Llaf | 26915 | 50.8% |
| Michael Roberts | C | 26047 | 49.2% |
| | | 868 | 1.6% |

## Caerdydd – Gogledd/*North*        C
Eth: 59986. CP: 82.9%

| | | | |
|---|---|---|---|
| Donald Box | C | 28737 | 57.8% |
| G S Viner | Llaf | 18054 | 36.3% |
| Emrys Roberts | PC | 2553 | 5.1% |
| S G Worth | Ann | 408 | 0.8% |
| | | 10683 | 21.5% |

## Caerdydd – Gorllewin/*West*        Llaf
Eth: 59524. CP: 80.0%

| | | | |
|---|---|---|---|
| George Thomas | Llaf | 25390 | 53.3% |
| A Lincoln Hallinan | C | 22258 | 46.7% |
| | | 3132 | 6.6% |

## Caerfyrddin        Llaf
Eth: 57195. CP: 85.4%

| | | | |
|---|---|---|---|
| Y Fns Megan Lloyd George | Llaf | 23399 | 47.9% |
| Alun Talfan Davies | Rh | 16766 | 34.3% |
| J B Evans | C | 6147 | 12.6% |
| H Heulyn Roberts | PC | 2545 | 5.2% |
| | | 6633 | 13.6% |

## Caerffili        Llaf
Eth: 46671. CP: 83.0%

| | | | |
|---|---|---|---|
| Gwir Anrh. Ness Edwards | Llaf | 28154 | 72.7% |
| W Russell Lewis | C | 7181 | 18.5% |
| John D A Howell | PC | 3420 | 8.8% |
| | | 20973 | 54.2% |

## Caernarfon        Llaf
Eth: 41202. CP: 83.4%

| | | | |
|---|---|---|---|
| Goronwy Roberts | Llaf | 17506 | 51.0% |
| Tom Hooson | C | 9564 | 27.8% |
| Dafydd Orwig Jones | PC | 7293 | 21.2% |
| | | 7942 | 23.2% |

## Casnewydd        Llaf
Eth: 71342. CP: 82.1%

| | | | |
|---|---|---|---|
| Gwir Anrh. Syr Frank Soskice | Llaf | 31125 | 53.1% |
| Anthony D Arnold | C | 27477 | 46.9% |
| | | 3648 | 6.2% |

## Castell-nedd        Llaf
Eth: 51711. CP: 82.6%

| | | | |
|---|---|---|---|
| D J Williams | Llaf | 20469 | 71.4% |
| Idris Pearce | C | 10263 | 24.0% |
| James David | Com | 1962 | 4.6% |
| | | 20206 | 47.4% |

## Ceredigion        Rh
Eth: 38878. CP: 78.0%

| | | | |
|---|---|---|---|
| Roderic Bowen | Rh | 17868 | 59.0% |
| Mrs Loti Rees Hughes | Llaf | 8559 | 28.2% |
| Dr Gareth Evans | PC | 3880 | 12.8% |
| | | 9309 | 30.8% |

## Conwy

**C**

Eth: 45660. CP: 82.7%

| | | | |
|---|---|---|---|
| Peter Thomas | C | 17795 | 47.1% |
| Silvan Jones | Llaf | 13260 | 35.1% |
| J H Bellis | Rh | 3845 | 10.2% |
| Ioan Bowen Rees | PC | 2852 | 7.6% |
| | | 4535 | 12.0% |

## Dinbych

**RhC&C**

Eth: 53000. CP: 80.9%

| | | | |
|---|---|---|---|
| W Geraint Morgan | RhC&C | 17893 | 41.7% |
| Dr Glyn Tegai Hughes | Rh | 13268 | 31.0% |
| Stanley Williams | Llaf | 8620 | 20.1% |
| Dr Dafydd Alun Jones | PC | 3077 | 7.2% |
| | | 4625 | 10.7% |

## Fflint – Dwyrain/*East*

**Llaf**

Eth: 52635. CP: 86.4%

| | | | |
|---|---|---|---|
| Mrs Eirene White | Llaf | 22776 | 50.1% |
| Fred Hardman | C | 22701 | 49.9% |
| | | 75 | 0.2% |

## Fflint – Gorllewin/*West*

**C**

Eth: 47490. CP: 82.7%

| | | | |
|---|---|---|---|
| Gwir Anrh. Nigel Birch | C | 20446 | 52.0% |
| R G Waterhouse | Llaf | 12925 | 32.9% |
| L Emyr Roberts | Rh | 4319 | 11.0% |
| Nefyl Williams | PC | 1594 | 4.1% |
| | | 7521 | 19.1% |

## Glynebwy

**Llaf**

Eth: 39299. CP: 85.8%

| | | | |
|---|---|---|---|
| Gwir Anrh. Aneurin Bevan | Llaf | 27326 | 81.0% |
| Arthur Gwynne Davies | C | 6404 | 19.0% |
| | | 20922 | 62.0% |

## Gŵyr

**Llaf**

Eth: 49480. CP: 82.9%

| | | | |
|---|---|---|---|
| Ifor Davies | Llaf | 27441 | 66.9% |
| Michael Heseltine | RhC&C | 9837 | 24.0% |
| Dr J Gwyn Griffiths | PC | 3744 | 9.1% |
| | | 17604 | 42.9% |

## Llanelli

**Llaf**

Eth: 64048. CP: 81.1%

| | | | |
|---|---|---|---|
| Gwir Anrh. James Griffiths | Llaf | 34625 | 66.7% |
| Henry Gardner | C | 10128 | 19.5% |
| Parch D Eirwyn Morgan | PC | 7176 | 13.8% |
| | | 24497 | 47.2% |

## Meirionnydd

**Llaf**

Eth: 26435. CP: 84.5%

| | | | |
|---|---|---|---|
| T W Jones | Llaf | 9095 | 40.8% |
| Ben G Jones | Rh | 8119 | 36.3% |
| Gwynfor Evans | PC | 5127 | 22.9% |
| | | 976 | 4.5% |

## Merthyr Tudful

**Llaf**

Eth: 42153. CP: 81.8%

| | | | |
|---|---|---|---|
| S O Davies | Llaf | 26608 | 77.1% |
| Mrs M M Greenaway | C | 7885 | 22.9% |
| | | 18723 | 54.2% |

## Môn

**Llaf**

Eth: 36281. CP: 77.6%

| | | | |
|---|---|---|---|
| Cledwyn Hughes | Llaf | 13249 | 47.0% |
| O Meurig Roberts | C | 7005 | 24.9% |
| Dr R Tudur Jones | PC | 4121 | 14.6% |
| R Gerran Lloyd | Rh | 3796 | 13.5% |
| | | 6244 | 22.1% |

## Ogwr

**Llaf**

Eth: 57192. CP: 82.3%

| | | | |
|---|---|---|---|
| Walter Padley | Llaf | 35170 | 74.7% |
| T O Ewart-James | C | 11905 | 25.3% |
| | | 23265 | 49.4% |

## Penfro

**Llaf**

Eth: 62372. CP: 83.7%

| | | | |
|---|---|---|---|
| Desmond Donnelly | Llaf | 27623 | 53.0% |
| Graham Partridge | C | 22301 | 42.7% |
| Waldo Williams | PC | 2253 | 4.3% |
| | | 5322 | 10.3% |

## Pontypridd

**Llaf**

Eth: 53903. CP: 81.2%

| | | | |
|---|---|---|---|
| Arthur Pearson | Llaf | 29853 | 68.2% |
| Syr Brandon Rhys Williams | C | 13896 | 31.8% |
| | | 15957 | 36.4% |

## Pontypŵl

**Llaf**

Eth: 47452. CP: 80.5%

| | | | |
|---|---|---|---|
| Leo Abse | Llaf | 26755 | 70.1% |
| Paul S Thomas | C | 8903 | 23.3% |
| Ben C L Morgan | PC | 2519 | 6.6% |
| | | 17852 | 46.8% |

## Rhondda, Y – Dwyrain/*East*

**Llaf**

Eth: 37908. CP: 83.2%

| | | | |
|---|---|---|---|
| G Elfed Davies | Llaf | 20565 | 65.2% |
| Mrs Annie Powell | Com | 4580 | 14.5% |
| D H Pearce | C | 3629 | 11.5% |
| Noel Williams | PC | 2776 | 8.8% |
| | | 15985 | 50.7% |

## Rhondda, Y – Gorllewin/*West*

**Llaf**

Eth: 34450. CP: 85.2%

| | | | |
|---|---|---|---|
| Iorwerth Thomas | Llaf | 21130 | 72.0% |
| Glyn James | PC | 4978 | 17.0% |
| Francis L Pym | C | 3242 | 11.0% |
| | | 16152 | 55.0% |

| **Trefaldwyn** | | | **Rh** |
|---|---|---|---|
| Eth: 31154. CP: 83.8% | | | |
| Gwir Anrh. Clement Davies | Rh | 10970 | 42.1% |
| F Leslie Morgan | C | 8176 | 31.3% |
| D Caradog Jones | Llaf | 6950 | 26.6% |
| | | 2794 | 10.8% |

| **Trefynwy** | | | **C** |
|---|---|---|---|
| Eth: 53628. CP: 83.1% | | | |
| Gwir Anrh. Peter Thorneycroft | C | 25422 | 57.0% |
| Gordon Parry | Llaf | 19165 | 43.0% |
| | | 6257 | 14.0% |

| **Wrecsam** | | | **Llaf** |
|---|---|---|---|
| Eth: 66150. CP: 81.4% | | | |
| J Idwal Jones | Llaf | 30101 | 55.9% |
| Griffith H Pierce | RhC&C | 17144 | 31.9% |
| D Elystan Morgan | PC | 6579 | 12.2% |
| | | 12957 | 24.0% |

# Is-Etholiadau 1959-1964

| **Glynebwy** | | | **Llaf** |
|---|---|---|---|
| 17/11/1960 | | | |
| Ar farwolaeth Aneurin Bevan / *On the death of Aneurin Bevan* | | | |
| Eth: 39234. CP: 76.1% | | | |
| Michael Foot | Llaf | 20528 | 68.8% |
| Syr Brandon Rhys Williams | C | 3799 | 12.7% |
| Patrick Lort-Phillips | Rh | 3449 | 11.5% |
| Emrys Roberts | PC | 2091 | 7.0% |
| | | 16729 | 56.1% |

| **Trefaldwyn** | | | **Rh** |
|---|---|---|---|
| 15/5/1962 | | | |
| Ar farwolaeth Clement Davies / *On the death of Clement Davies* | | | |
| Eth: 30202. CP: 85.1% | | | |
| Emlyn Hooson | Rh | 13181 | 51.3% |
| R H Dawson | C | 5632 | 21.9% |
| T Davies | Llaf | 5299 | 20.6% |
| Islwyn Ffowc Elis | PC | 1594 | 6.2% |
| | | 7549 | 29.4% |

| **Abertawe – Dwyrain/*East*** | | | **Llaf** |
|---|---|---|---|
| 28/3/1963 | | | |
| Ar farwolaeth D L Mort / *On the death of D L Mort* | | | |
| Eth: 55328. CP: 55.9% | | | |
| Neil McBride | Llaf | 18909 | 61.2% |
| Richard Owen | Rh | 4895 | 15.8% |
| Parch. Leon Atkin | PP | 2462 | 8.0% |
| Miss A P Thomas | C | 2272 | 7.3% |
| E Chris Rees | PC | 1620 | 5.2% |
| H Pearce | Com | 773 | 2.5% |
| | | 14014 | 45.4% |

*Introducing Emlyn Hooson*

|       | P       | CP    | CPP   | S  |
|-------|---------|-------|-------|----|
| Llaf  | 837022  | 57.8% | 44.1% | 28 |
| C     | 398960  | 27.6% | 42.2% | 6  |
| Rh    | 106114  | 7.3%  | 11.2% | 2  |
| PC    | 69507   | 4.8%  |       |    |
| RhC&C | 26062   | 1.8%  |       |    |
| Com   | 9377    | 0.6%  |       |    |
|       | ====    |       |       |    |
|       | 1447042 |       |       |    |

Llywodraeth Lafur/*Labour Government*
PW/*PM*    Harold Wilson

etholiad cyffredinol
# 1964
## general election

15 Hydref
15 October

## Aberafan — Llaf
Eth: 56777. CP: 80.9%

| | | | |
|---|---|---|---|
| John Morris | Llaf | 33103 | 72.2% |
| J Stradling Thomas | C | 9424 | 20.5% |
| Glyn John | PC | 2118 | 4.6% |
| Dr Julian Hart | Com | 1260 | 2.7% |
| | | 23679 | 51.7% |

## Aberdâr — Llaf
Eth: 47519. CP: 79.1%

| | | | |
|---|---|---|---|
| Arthur Probert | Llaf | 29106 | 77.4% |
| Peter N Price | C | 5780 | 15.4% |
| Dewi W Thomas | PC | 2723 | 7.2% |
| | | 23326 | 62.0% |

## Abertawe – Dwyrain/*East* — Llaf
Eth: 55505. CP: 76.3%

| | | | |
|---|---|---|---|
| Neil McBride | Llaf | 30904 | 73.0% |
| Oliver C Wright | C | 7863 | 18.6% |
| E Chris Rees | PC | 3556 | 8.4% |
| | | 23041 | 54.4% |

## Abertawe – Gorllewin/*West* — C > Llaf
Eth: 59091. CP: 81.4%

| | | | |
|---|---|---|---|
| Alan Williams | Llaf | 23019 | 47.9% |
| J E Hugh Rees | C | 20382 | 42.4% |
| Owain Glyn Williams | Rh | 4672 | 9.7% |
| | | 2637 | 5.5% |

## Abertyleri — Llaf
Eth: 37310. CP: 75.5%

| | | | |
|---|---|---|---|
| Parch. Llewelyn Williams | Llaf | 24204 | 85.9% |
| Peter Rees | C | 3973 | 14.1% |
| | | 20231 | 71.8% |

## Barri, Y — C
Eth: 64319. CP: 82.3%

| | | | |
|---|---|---|---|
| Raymond Gower | C | 28600 | 54.0% |
| David Marquand | Llaf | 24334 | 46.0% |
| | | 4266 | 8.0% |

## Bedwellte — Llaf
Eth: 44538. CP: 79.1%

| | | | |
|---|---|---|---|
| Harold Finch | Llaf | 29425 | 83.5% |
| Charles J Cox | C | 5810 | 16.5% |
| | | 23615 | 67.0% |

## Brycheiniog a Maesyfed — Llaf
Eth: 50159. CP: 82.8%

| | | | |
|---|---|---|---|
| Tudor Watkins | Llaf | 23967 | 57.7% |
| F T Stevens | C | 15415 | 37.1% |
| Trefor Morgan | PC | 2165 | 5.2% |
| | | 8552 | 20.6% |

YOUR TRUSTED SERVANT

Tudor Watkins
(The Labour Candidate)

## Caerdydd – De-Ddwyrain/*South-East* — Llaf
Eth: 65632. CP: 79.9%

| | | | |
|---|---|---|---|
| James Callaghan | Llaf | 30129 | 57.5% |
| E R Dexter | C | 22288 | 42.5% |
| | | 7841 | 15.0% |

## Caerdydd – Gogledd/*North* — C
Eth: 60632. CP: 80.7%

| | | | |
|---|---|---|---|
| Donald Box | C | 21837 | 44.6% |
| J A Reynolds | Llaf | 18215 | 37.2% |
| D G Rees | Rh | 7806 | 16.0% |
| Emrys Roberts | PC | 1058 | 2.2% |
| | | 3622 | 7.4% |

## Caerdydd – Gorllewin/*West* — Llaf
Eth: 57511. CP: 76.4%

| | | | |
|---|---|---|---|
| George Thomas | Llaf | 25998 | 59.2% |
| Keith Flynn | C | 17941 | 40.8% |
| | | 8057 | 18.4% |

## Caerfyrddin — Llaf
Eth: 55786. CP: 84.5%

| | | | |
|---|---|---|---|
| Y Fns. Megan Lloyd George | Llaf | 21424 | 45.4% |
| Alun Talfan Davies | Rh | 15210 | 32.3% |
| Gwynfor Evans | PC | 5495 | 11.7% |
| Mrs H Protheroe-Beynon | C | 4996 | 10.6% |
| | | 6214 | 13.1% |

## Caerffili — Llaf
Eth: 45969. CP: 78.4%

| | | | |
|---|---|---|---|
| Gwir Anrh. Ness Edwards | Llaf | 26011 | 72.1% |
| Ronald J Maddocks | C | 6086 | 16.9% |
| Dr Philip J S Williams | PC | 3956 | 11.0% |
| | | 19925 | 55.2% |

## Caernarfon — **Llaf**

Eth: 40671. CP: 80.4%

| | | | |
|---|---|---|---|
| Goronwy Roberts | Llaf | 17777 | 54.4% |
| Miss Shelagh Roberts | C | 7915 | 24.2% |
| R E Jones | PC | 6998 | 21.4% |
| | | 9862 | 30.2% |

## Casnewydd — **Llaf**

Eth: 70387. CP: 79.0%

| | | | |
|---|---|---|---|
| Gwir Anrh. Syr Frank Soskice | Llaf | 31962 | 57.5% |
| Peter Temple-Morris | C | 23649 | 42.5% |
| | | 8313 | 15.0% |

## Castell-nedd — **Llaf**

Eth: 50318. CP: 80.2%

| | | | |
|---|---|---|---|
| Donald Coleman | Llaf | 29692 | 73.5% |
| M N Scrogie | C | 8342 | 20.7% |
| James David | Com | 2342 | 5.8% |
| | | 21350 | 52.8% |

## Ceredigion — **Rh**

Eth: 37964. CP: 78.9%

| | | | |
|---|---|---|---|
| Roderic Bowen | Rh | 11500 | 38.4% |
| D J Davies | Llaf | 9281 | 31.0% |
| Dr A J Ryder | C | 5897 | 19.7% |
| Dr Gareth W Evans | PC | 3262 | 10.9% |
| | | 2219 | 7.4% |

## Conwy — **C**

Eth: 46151. CP: 80.3%

| | | | |
|---|---|---|---|
| Gwir Anrh. Peter Thomas | C | 18753 | 50.6% |
| Gwilym Roberts | Llaf | 15234 | 41.1% |
| Gwilym Hughes | PC | 3058 | 8.3% |
| | | 3519 | 9.5% |

## Dinbych — **C**

Eth: 54032. CP: 80.5%

| | | | |
|---|---|---|---|
| W Geraint Morgan | C | 17970 | 41.4% |
| Dr W B E Ellis-Jones | Rh | 13331 | 30.6% |
| Stanley Williams | Llaf | 8754 | 20.1% |
| Dr Dafydd Alun Jones | PC | 3444 | 7.9% |
| | | 4639 | 10.8% |

## Fflint – Dwyrain/*East* — **Llaf**

Eth: 54076. CP: 86.9%

| | | | |
|---|---|---|---|
| Mrs Eirene White | Llaf | 25469 | 54.2% |
| Fred Hardman | C | 21513 | 45.8% |
| | | 3956 | 8.4% |

## Fflint – Gorllewin/*West* — **C**

Eth: 50147. CP: 80.7%

| | | | |
|---|---|---|---|
| Gwir Anrh. Nigel Birch | C | 18515 | 45.7% |
| William Edwards | Llaf | 13298 | 32.8% |
| Martin Thomas | Rh | 7482 | 18.5% |
| Nefyl Williams | PC | 1195 | 3.0% |
| | | 5217 | 12.9% |

## Glynebwy — **Llaf**

Eth: 37936. CP: 79.5%

| | | | |
|---|---|---|---|
| Michael Foot | Llaf | 25220 | 83.6% |
| Syr Brandon Rhys Williams | C | 4949 | 16.4% |
| | | 20271 | 67.2% |

## Gŵyr — **Llaf**

Eth: 49219. CP: 79.8%

| | | | |
|---|---|---|---|
| Ifor Davies | Llaf | 27895 | 71.0% |
| Huw Griffith | RhC&C | 8822 | 22.5% |
| Dr J Gwyn Griffiths | PC | 2562 | 6.5% |
| | | 19073 | 48.5% |

## Llanelli — **Llaf**

Eth: 62235. CP: 79.4%

| | | | |
|---|---|---|---|
| Gwir Anrh. James Griffiths | Llaf | 32546 | 65.9% |
| P A Maybury | C | 6300 | 12.8% |
| Esyr Lewis | Rh | 6031 | 12.2% |
| Dr W T Pennar Davies | PC | 3469 | 7.0% |
| R E Hitchon | Com | 1061 | 2.1% |
| | | 26246 | 53.1% |

## Meirionnydd — **Llaf**

Eth: 26392. CP: 83.1%

| | | | |
|---|---|---|---|
| T W Jones | Llaf | 8420 | 38.4% |
| Richard O Jones | Rh | 7171 | 32.7% |
| D Elystan Morgan | PC | 3697 | 16.8% |
| A E C L Jones-Lloyd | C | 2656 | 12.1% |
| | | 1249 | 5.7% |

## Merthyr Tudful — **Llaf**

Eth: 40542. CP: 76.3%

| | | | |
|---|---|---|---|
| S O Davies | Llaf | 23275 | 75.3% |
| Sidney Doxsey | C | 4767 | 15.4% |
| Ioan Bowen Rees | PC | 2878 | 9.3% |
| | | 18508 | 59.9% |

## Môn — **Llaf**

Eth: 35793. CP: 78.6%

| | | | |
|---|---|---|---|
| Cledwyn Hughes | Llaf | 13553 | 48.1% |
| John Eilian Jones | C | 7016 | 25.0% |
| E Gwyn Jones | Rh | 5730 | 20.4% |
| Dr R Tudur Jones | PC | 1817 | 6.5% |
| | | 6537 | 23.1% |

## Ogwr — **Llaf**

Eth: 58848. CP: 79.7%

| | | | |
|---|---|---|---|
| Walter Padley | Llaf | 34178 | 72.8% |
| Ralph Thomas | C | 10250 | 21.9% |
| Mrs Margaret Tucker | PC | 2470 | 5.3% |
| | | 23928 | 50.9% |

## Penfro | | | Llaf

Eth: 62196. CP: 81.5%

| | | | |
|---|---|---|---|
| Desmond Donnelly | Llaf | 23926 | 47.2% |
| Graham Partridge | C | 15340 | 30.3% |
| Alan Coulthard | Rh | 9679 | 19.1% |
| Dyfrig Thomas | PC | 1717 | 3.4% |
| | | 8586 | 16.9% |

## Pontypridd | | | Llaf

Eth: 53859. CP: 76.9%

| | | | |
|---|---|---|---|
| Arthur Pearson | Llaf | 29533 | 71.3% |
| Anrh J R Warrender | C | 11859 | 28.7% |
| | | 17674 | 42.6% |

## Pontypŵl | | | Llaf

Eth: 48024. CP: 77.8%

| | | | |
|---|---|---|---|
| Leo Abse | Llaf | 27852 | 74.5% |
| Paul D Mendel | C | 8169 | 21.9% |
| W Edward Jones | Com | 1329 | 3.6% |
| | | 19683 | 52.6% |

## Rhondda, Y – Dwyrain/East | | | Llaf

Eth: 36228. CP: 79.5%

| | | | |
|---|---|---|---|
| G Elfed Davies | Llaf | 20510 | 71.2% |
| Mrs Annie Powell | Com | 3385 | 11.8% |
| David C Purnell | C | 2548 | 8.8% |
| Glyn James | PC | 2361 | 8.2% |
| | | 17125 | 59.4% |

## Rhondda, Y – Gorllewin/West | | | Llaf

Eth: 32401. CP: 80.7%

| | | | |
|---|---|---|---|
| Iorwerth Thomas | Llaf | 20713 | 79.3% |
| Norman Lloyd Edwards | C | 2754 | 10.5% |
| H Victor Davies | PC | 2668 | 10.2% |
| | | 17959 | 68.8% |

## Trefaldwyn | | | Rh

Eth: 30154. CP: 84.1%

| | | | |
|---|---|---|---|
| Emlyn Hooson | Rh | 10738 | 42.3% |
| Jerry Wiggin | C | 6768 | 26.7% |
| Gwyn Evans | Llaf | 5696 | 22.5% |
| Islwyn Ffowc Ellis | PC | 2167 | 8.5% |
| | | 3970 | 15.6% |

## Trefynwy | | | C

Eth: 60603. CP: 84.7%

| | | | |
|---|---|---|---|
| Gwir Anrh. Peter Thorneycroft | C | 22635 | 44.1% |
| A Calvin Kerr | Llaf | 21921 | 42.7% |
| D Hywel Davies | Rh | 6764 | 13.2% |
| | | 714 | 1.4% |

## Wrecsam | | | Llaf

Eth: 66530. CP: 78.7%

| | | | |
|---|---|---|---|
| J Idwal Jones | Llaf | 30478 | 58.2% |
| H P Griffith | RhC&C | 17240 | 32.9% |
| John R Thomas | PC | 4673 | 8.9% |
| | | 13238 | 25.3% |

# Is-Etholiad 1965

## Abertyleri | | | Llaf

1/4/1965

Ar farwolaeth Y Parch. Llewelyn Williams / *On the death of Llewelyn Williams*

Eth: 36567. CP: 63.2%

| | | | |
|---|---|---|---|
| A Clifford Williams | Llaf | 18256 | 79.0% |
| P W I Rees | C | 3309 | 14.3% |
| Edwrd Merriman | PC | 1551 | 6.7% |
| | | 14947 | 64.7% |

|  | P | CP | CPP | S |
|---|---|---|---|---|
| Llaf | 863692 | 60.7% | 48.0% | 32 |
| C | 384199 | 27.0% | 41.3% | 3 |
| Rh | 89108 | 6.3% | 8.6% | 1 |
| PC | 61071 | 4.3% | | |
| RhC&C | 12596 | 0.9% | | |
| Com | 12769 | 0.9% | | |
| | ==== | | | |
| | 1423435 | | | |

Llywodraeth Lafur/*Labour Government*
PW/*PM*    Harold Wilson

etholiad cyffredinol
# 1966
general election

31 Mawrth
31 March

## Aberafan
Eth: 57179. CP: 78.3%

| | | | |
|---|---|---|---|
| | | | **Llaf** |
| John Morris | Llaf | 33763 | 75.5% |
| R A Hicks | C | 9369 | 20.9% |
| Dr J T Hart | Com | 1620 | 3.6% |
| | | 24394 | 54.6% |

## Aberdâr
Eth: 46618. CP: 77.0%

| | | | |
|---|---|---|---|
| | | | **Llaf** |
| Arthur Probert | Llaf | 26322 | 73.3% |
| P N Price | C | 4204 | 11.7% |
| J E W Williams | PC | 3073 | 8.6% |
| Dr A T M Wilson | Com | 2305 | 6.4% |
| | | 22118 | 61.6% |

## Abertawe – Dwyrain/*East*
Eth: 54459. CP: 73.8%

| | | | |
|---|---|---|---|
| | | | **Llaf** |
| Neil McBride | Llaf | 30290 | 75.5% |
| T Knowles | C | 6241 | 15.5% |
| E Chris Rees | PC | 2749 | 6.8% |
| W R Jones | Com | 902 | 2.2% |
| | | 24049 | 60.0% |

## Abertawe – Gorllewin/*West*
Eth: 58889. CP: 80.4%

| | | | |
|---|---|---|---|
| | | | **Llaf** |
| Alan Williams | Llaf | 26703 | 56.4% |
| J E Hugh Rees | C | 20650 | 43.6% |
| | | 6053 | 12.8% |

## Abertyleri
Eth: 36122. CP: 73.4%

| | | | |
|---|---|---|---|
| | | | **Llaf** |
| A Clifford Williams | Llaf | 23353 | 88.1% |
| A P Wallis | C | 3151 | 11.9% |
| | | 20202 | 76.2% |

## Barri, Y
Eth: 65194. CP: 83.6%

| | | | |
|---|---|---|---|
| | | | **C** |
| Raymond Gower | C | 27957 | 51.3% |
| Jeffrey Thomas | Llaf | 26563 | 48.7% |
| | | 1394 | 2.6% |

## Bedwellte
Eth: 44944. CP: 76.7%

| | | | |
|---|---|---|---|
| | | | **Llaf** |
| Harold Finch | Llaf | 29723 | 86.2% |
| J N Williams | C | 4739 | 13.8% |
| | | 24984 | 72.4% |

## Brycheiniog a Maesyfed
Eth: 49464. CP: 80.5%

| | | | |
|---|---|---|---|
| | | | **Llaf** |
| Tudor Watkins | Llaf | 22902 | 57.5% |
| F T Stevens | C | 14523 | 36.5% |
| Trefor Morgan | PC | 2410 | 6.0% |
| | | 8379 | 21.0% |

## Caerdydd – De-Ddwyrain/*South-East*
Eth: 65394. CP: 78.9%

| | | | |
|---|---|---|---|
| | | | **Llaf** |
| Gwir Anrh. James Callaghan | Llaf | 29313 | 56.8% |
| N Lloyd Edwards | C | 18476 | 35.8% |
| G W Parsons | Rh | 3829 | 7.4% |
| | | 10837 | 21.0% |

## Caerdydd – Gogledd/*North*
Eth: 59092. CP: 79.0%

| | | | |
|---|---|---|---|
| | | | **C > Llaf** |
| Ted Rowlands | Llaf | 23669 | 50.7% |
| Donald Box | C | 22997 | 49.3% |
| | | 672 | 1.4% |

## Caerdydd – Gorllewin/*West*
Eth: 57088. CP: 75.1%

| | | | |
|---|---|---|---|
| | | | **Llaf** |
| George Thomas | Llaf | 26139 | 61.0% |
| Sidney Doxsey | C | 16714 | 39.0% |
| | | 9425 | 22.0% |

## Caerfyrddin
Eth: 55407. CP: 83.0%

| | | | |
|---|---|---|---|
| | | | **Llaf** |
| Y Fns Megan Lloyd George | Llaf | 21221 | 46.2% |
| D Hywel Davies | Rh | 11988 | 26.1% |
| Gwynfor Evans | PC | 7416 | 16.1% |
| Simon Day | C | 5338 | 11.6% |
| | | 9233 | 20.1% |

## Caerffili
Eth: 46240. CP: 76.7%

| | | | |
|---|---|---|---|
| | | | **Llaf** |
| Gwir Anrh. Ness Edwards | Llaf | 26330 | 74.3% |
| Ronald Maddocks | C | 5182 | 14.6% |
| John D Howell | PC | 3949 | 11.1% |
| | | 21148 | 59.7% |

## Caernarfon
Eth: 40121. CP: 78.4%

| | | | |
|---|---|---|---|
| | | | **Llaf** |
| Goronwy Roberts | Llaf | 17650 | 56.1% |
| G R Prys | C | 6972 | 22.2% |
| Humphrey Roberts | PC | 6834 | 21.7% |
| | | 10678 | 33.9% |

## Casnewydd
Eth: 68131. CP: 78.8%

| | | | |
|---|---|---|---|
| | | | **Llaf** |
| Roy J Hughes | Llaf | 32098 | 59.8% |
| P Temple-Morris | C | 21599 | 40.2% |
| | | 10499 | 19.6% |

## Castell-nedd
Eth: 49694. CP: 78.7%

| | | | |
|---|---|---|---|
| | | | **Llaf** |
| Donald Coleman | Llaf | 31183 | 79.7% |
| P H Valerio | C | 6312 | 16.1% |
| J J David | Com | 1632 | 4.2% |
| | | 24871 | 63.6% |

## Ceredigion
Eth: 37553. CP: 81.1%

| | | | | | Rh > Llaf |
|---|---|---|---|---|---|
| D Elystan Morgan | Llaf | 11302 | 37.1% | | |
| Roderic Bowen | Rh | 10779 | 35.4% | | |
| J Stradling Thomas | C | 5893 | 19.4% | | |
| E G Millward | PC | 2469 | 8.1% | | |
| | | 523 | 1.7% | | |

## Conwy
Eth: 45825. CP: 83.7%

| | | | | C > Llaf |
|---|---|---|---|---|
| Ednyfed Hudson Davies | Llaf | 18203 | 47.5% | |
| Gwir Anrh. Peter Thomas | C | 17622 | 45.9% | |
| R E Jones | PC | 2552 | 6.6% | |
| | | 581 | 1.6% | |

## Dinbych
Eth: 54715. CP: 80.6%

| | | | | C |
|---|---|---|---|---|
| Geraint Morgan | C | 17382 | 39.4% | |
| Alun Talfan Davies | Rh | 12725 | 28.9% | |
| E Griffiths | Llaf | 11305 | 25.6% | |
| Meredith Edwards | PC | 2695 | 6.1% | |
| | | 4657 | 10.5% | |

## Fflint – Dwyrain/*East*
Eth: 55119. CP: 86.5%

| | | | | Llaf |
|---|---|---|---|---|
| Mrs Eirene White | Llaf | 24442 | 51.3% | |
| Fred Hardman | C | 15960 | 33.5% | |
| D O Diamond | Rh | 6348 | 13.3% | |
| Gwilym Hughes | PC | 902 | 1.9% | |
| | | 8482 | 17.8% | |

## Fflint – Gorllewin/*West*
Eth: 51346. CP: 81.9%

| | | | | C |
|---|---|---|---|---|
| Gwir Anrh Nigel Birch | C | 18179 | 43.2% | |
| Tom Ellis | Llaf | 15137 | 36.0% | |
| D M Thomas | Rh | 7137 | 17.0% | |
| D Alun Lloyd | PC | 1585 | 3.8% | |
| | | 3042 | 7.2% | |

## Glynebwy
Eth: 36953. CP: 79.3%

| | | | | Llaf |
|---|---|---|---|---|
| Michael Foot | Llaf | 24936 | 85.1% | |
| J R Lovill | C | 4352 | 14.9% | |
| | | 20584 | 70.2% | |

## Gŵyr
Eth: 49731. CP: 77.9%

| | | | | Llaf |
|---|---|---|---|---|
| Ifor Davies | Llaf | 29910 | 77.2% | |
| D R O Lewis | C | 8852 | 22.8% | |
| | | 21058 | 54.4% | |

## Llanelli
Eth: 61621. CP: 76.5%

| | | | | Llaf |
|---|---|---|---|---|
| Gwir Anrh. James Griffiths | Llaf | 33674 | 71.4% | |
| J C Peel | C | 7143 | 15.1% | |
| Dr W T Pennar Davies | PC | 5132 | 10.9% | |
| R E Hitchon | Com | 1211 | 2.6% | |
| | | 26531 | 56.3% | |

## Meirionnydd
Eth: 25395. CP: 85.8%

| | | | | Llaf |
|---|---|---|---|---|
| William Edwards | Llaf | 9628 | 44.2% | |
| E G Jones | Rh | 7733 | 35.5% | |
| Ieuan L Jenkins | PC | 2490 | 11.4% | |
| A E C L Jones-Lloyd | C | 1948 | 8.9% | |
| | | 1895 | 8.7% | |

## Merthyr Tudful
Eth: 39474. CP: 73.9%

| | | | | Llaf |
|---|---|---|---|---|
| S O Davies | Llaf | 21737 | 74.5% | |
| G L Preece | C | 4082 | 14.0% | |
| Meic Stephens | PC | 3361 | 11.5% | |
| | | 17655 | 60.5% | |

## Môn
Eth: 36950. CP: 73.2%

| | | | | Llaf |
|---|---|---|---|---|
| Cledwyn Hughes | Llaf | 14874 | 55.0% | |
| John Eilian Jones | C | 9576 | 35.4% | |
| John Wynn Meredith | PC | 2596 | 9.6% | |
| | | 5298 | 19.6% | |

## Ogwr
Eth: 59523. CP: 79.0%

| | | | | Llaf |
|---|---|---|---|---|
| Walter Padley | Llaf | 33545 | 71.3% | |
| R M Thomas | C | 6872 | 14.6% | |
| Mrs Jennie Gibbs | Rh | 6632 | 14.1% | |
| | | 26673 | 56.7% | |

## Penfro
Eth: 62110. CP: 79.8%

| | | | | Llaf |
|---|---|---|---|---|
| Desmond Donnelly | Llaf | 23852 | 48.1% | |
| F M Fisher | C | 17921 | 36.2% | |
| Owain Glyn Williams | Rh | 5308 | 10.7% | |
| Jack Sheppard | PC | 2460 | 5.0% | |
| | | 5931 | 11.9% | |

## Pontypridd
Eth: 55088. CP: 74.7%

| | | | | Llaf |
|---|---|---|---|---|
| Arthur Pearson | Llaf | 30840 | 74.9% | |
| K Green-Wanstall | C | 10325 | 25.1% | |
| | | 20515 | 49.8% | |

## Pontypŵl

**Llaf**

Eth: 48040. CP: 75.4%

| | | | |
|---|---|---|---|
| Leo Abse | Llaf | 27909 | 77.0% |
| P T James | C | 7418 | 20.5% |
| W E Jones | Com | 897 | 2.5% |
| | | 20491 | 56.5% |

## Rhondda, Y – Dwyrain/*East*

**Llaf**

Eth: 35509. CP: 78.5%

| | | | |
|---|---|---|---|
| G Elfed Davies | Llaf | 21567 | 77.4% |
| Mrs Annie Powell | Com | 2349 | 8.4% |
| Glyn James | PC | 2088 | 7.5% |
| William Ricketts | C | 1857 | 6.7% |
| | | 19218 | 69.0% |

## Rhondda, Y – Gorllewin/*West*

**Llaf**

Eth: 31189. CP: 80.3%

| | | | |
|---|---|---|---|
| Iorwerth Thomas | Llaf | 19060 | 76.1% |
| H Victor Davies | PC | 2172 | 8.7% |
| Dr B Sandford-Hill | C | 1955 | 7.8% |
| Arthur True | Com | 1853 | 7.4% |
| | | 16888 | 67.4% |

## Trefaldwyn

**Rh**

Eth: 29951. CP: 82.8%

| | | | |
|---|---|---|---|
| Emlyn Hooson | Rh | 10278 | 41.4% |
| A W Wiggin | C | 6784 | 27.4% |
| G M Evans | Llaf | 5891 | 23.8% |
| Trefor Edwards | PC | 1841 | 7.4% |
| | | 3494 | 14.0% |

## Trefynwy

**C > Llaf**

Eth: 64356. CP: 84.3%

| | | | |
|---|---|---|---|
| Donald Anderson | Llaf | 28619 | 52.7% |
| Gwir Anrh. Peter Thorneycroft | C | 25654 | 47.3% |
| | | 2965 | 5.4% |

## Wrecsam

**Llaf**

Eth: 66441. CP: 77.2%

| | | | |
|---|---|---|---|
| J Idwal Jones | Llaf | 30039 | 58.5% |
| G H Pierce | RhC&C | 12596 | 24.6% |
| W McBriar | Rh | 6351 | 12.4% |
| J R Thomas | PC | 2297 | 4.5% |
| | | 17443 | 33.9% |

# Is-Etholiadau 1966-1970

## Caerfyrddin

**Llaf > PC**

14/7/1966

Ar farwolaeth Fns Megan Lloyd George / *On the death of Lady Megan Lloyd George*

Eth: 55407. CP: 74.9%

| | | | |
|---|---|---|---|
| Gwynfor Evans | PC | 16179 | 39.0% |
| Gwilym Prys Davies | Llaf | 13743 | 33.1% |
| D Hywel Davies | Rh | 8650 | 20.8% |
| Simon Day | C | 2934 | 7.1% |
| | | 2436 | 5.9% |

## Y Rhondda – Gorllewin/*West*

**Llaf**

9/3/1967

Ar farwolaeth Iorwerth Thomas / *On the death of Iorwerth Thomas*

Eth: 30692. CP: 82.2%

| | | | |
|---|---|---|---|
| Alec Jones | Llaf | 12373 | 49.0% |
| H Victor Davies | PC | 10067 | 39.9% |
| Arthur True | Com | 1723 | 6.8% |
| Gareth Neale | C | 1075 | 4.3% |
| | | 2306 | 9.1% |

## Caerffili

**Llaf**

18/7/1968

Ar farwolaeth Y Gwir Anrhydeddus Ness Edwards / *On the death of the Right Honourable Ness Edwards*

Eth: 46578. CP: 75.9%

| | | | |
|---|---|---|---|
| Fred Evans | Llaf | 16148 | 45.6% |
| Dr Philip J S Williams | PC | 14274 | 40.4% |
| Robert Williams | C | 3687 | 10.4% |
| Peter Sadler | Rh | 1257 | 3.6% |
| | | 1874 | 5.2% |

| | P | CP | CPP | S |
|---------|--------|-------|-------|----|
| Llaf | 781941 | 51.6% | 43.1% | 27 |
| C | 419884 | 27.7% | 46.4% | 7 |
| PC | 175016 | 11.5% | | |
| Rh | 103747 | 6.8% | 7.5% | 1 |
| LlafAnn | 16701 | 1.1% | | 1 |
| DP | 11824 | 0.8% | | |
| Com | 6459 | 0.4% | | |
| NF | 982 | | | |
| | ==== | | | |
| | 1516554 | | | |

Llywodraeth Geidwadol/*Conservative Government*
PW/*PM*    Edward Heath

etholiad cyffredinol
# 1970
general election

18 Mehefin
18 June

## Aberafan — Llaf
Eth: 62481. CP: 74.8%

| Candidate | Party | Votes | % |
|---|---|---|---|
| Gwir Anrh. John Morris | Llaf | 31314 | 66.9% |
| Ian Grist | C | 10419 | 22.3% |
| George Farmer | PC | 3912 | 8.4% |
| Dr J T Hart | Com | 1102 | 2.4% |
| | | 20895 | 44.6% |

## Aberdâr — Llaf
Eth: 48771. CP: 78.0%

| Candidate | Party | Votes | % |
|---|---|---|---|
| Arthur Probert | Llaf | 22817 | 60.0% |
| Dr Gareth Morgan Jones | PC | 11431 | 30.0% |
| D C Purnell | C | 2484 | 6.5% |
| Dr A T M Wilson | Com | 1317 | 3.5% |
| | | 11386 | 30.0% |

## Abertawe – Dwyrain/*East* — Llaf
Eth: 58603. CP: 70.2%

| Candidate | Party | Votes | % |
|---|---|---|---|
| Neil McBride | Llaf | 28183 | 68.5% |
| M J Murphy | C | 8191 | 19.9% |
| D Roderick Evans | PC | 4188 | 10.2% |
| W R Jones | Com | 563 | 1.4% |
| | | 19992 | 48.6% |

## Abertawe – Gorllewin/*West* — Llaf
Eth: 64686. CP: 75.8%

| Candidate | Party | Votes | % |
|---|---|---|---|
| Alan Williams | Llaf | 24622 | 50.2% |
| J E Hugh Rees | C | 21384 | 43.6% |
| Guto ap Gwent | PC | 3033 | 6.2% |
| | | 3238 | 6.6% |

## Abertyleri — Llaf
Eth: 37350. CP: 75.1%

| Candidate | Party | Votes | % |
|---|---|---|---|
| Jeffrey Thomas | Llaf | 22819 | 81.4% |
| J E Rendle | C | 3478 | 12.4% |
| D B Harries | PC | 1751 | 6.2% |
| | | 19341 | 69.0% |

## Barri, Y — C
Eth: 74958. CP: 79.3%

| Candidate | Party | Votes | % |
|---|---|---|---|
| Raymond Gower | C | 31957 | 53.7% |
| J Allison | Llaf | 23286 | 39.2% |
| Euryn Ogwen Williams | PC | 4200 | 7.1% |
| | | 8671 | 14.5% |

## Bedwellte — Llaf
Eth: 49096. CP: 76.7%

| Candidate | Party | Votes | % |
|---|---|---|---|
| Neil Kinnock | Llaf | 28078 | 74.6% |
| P Marland | C | 5799 | 15.4% |
| Charles Davey | PC | 3780 | 10.0% |
| | | 22279 | 59.2% |

## Brycheiniog a Maesyfed — Llaf
Eth: 52629. CP: 82.0%

| Candidate | Party | Votes | % |
|---|---|---|---|
| Caerwyn Roderick | Llaf | 18736 | 43.5% |
| Gareth Neale | C | 13892 | 32.2% |
| Geraint Howells | Rh | 8169 | 18.9% |
| George Jenkins | PC | 2349 | 5.4% |
| | | 4844 | 11.3% |

## Caerdydd – De-Ddwyrain/*South-East* — Llaf
Eth: 69067. CP: 73.2%

| Candidate | Party | Votes | % |
|---|---|---|---|
| Gwir Anrh. James Callaghan | Llaf | 26226 | 51.9% |
| N Lloyd Edwards | C | 20771 | 41.1% |
| Richard Davies | PC | 2585 | 5.1% |
| G W Parsons | NF | 982 | 1.9% |
| | | 5455 | 10.8% |

## Caerdydd – Gogledd/*North* — Llaf > C
Eth: 61057. CP: 76.7%

| Candidate | Party | Votes | % |
|---|---|---|---|
| Michael Roberts | C | 21983 | 46.9% |
| Ted Rowlands | Llaf | 20207 | 43.2% |
| H J O'Brien | Rh | 2701 | 5.8% |
| Brian Morgan Edwards | PC | 1927 | 4.1% |
| | | 1776 | 3.7% |

## Caerdydd – Gorllewin/*West* — Llaf
Eth: 61253. CP: 71.0%

| Candidate | Party | Votes | % |
|---|---|---|---|
| George Thomas | Llaf | 21655 | 49.7% |
| Robert Williams | C | 15878 | 36.5% |
| Dr Dafydd Hughes | PC | 4378 | 10.1% |
| S R C Wanhill | Rh | 1594 | 3.7% |
| | | 5777 | 13.2% |

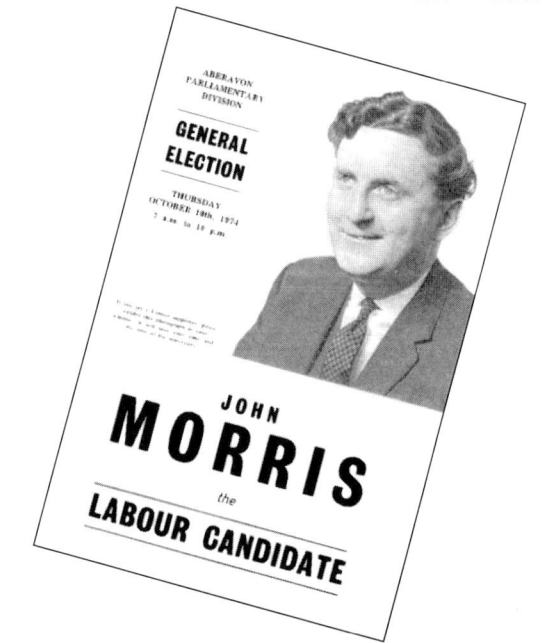

## Caerfyrddin
PC > **Llaf**

Eth: 58823. CP: 83.7%

| | | | |
|---|---|---|---|
| Gwynoro Jones | Llaf | 18719 | 38.0% |
| Gwynfor Evans | PC | 14812 | 30.1% |
| Huw Thomas | Rh | 10707 | 21.8% |
| L Havard Davies | C | 4975 | 10.1% |
| | | 3907 | 7.9% |

## Caerffili
**Llaf**

Eth: 51703. CP: 78.1%

| | | | |
|---|---|---|---|
| Alfred T Evans | Llaf | 24972 | 61.8% |
| Dr Philip J S Williams | PC | 11505 | 28.5% |
| P N Price | C | 3917 | 9.7% |
| | | 13467 | 33.3% |

## Caernarfon
**Llaf**

Eth: 41560. CP: 81.7%

| | | | |
|---|---|---|---|
| Gwir Anrh. Goronwy Roberts | Llaf | 13627 | 40.0% |
| Robyn Lewis | PC | 11331 | 33.4% |
| Miss K J Smith | C | 6812 | 20.1% |
| Dr J A Williams | Rh | 2195 | 6.5% |
| | | 2296 | 6.6% |

## Casnewydd
**Llaf**

Eth: 71520. CP: 75.7%

| | | | |
|---|---|---|---|
| Roy Hughes | Llaf | 30132 | 55.7% |
| A D Arnold | C | 22005 | 40.6% |
| Robert Vickery | PC | 1997 | 3.7% |
| | | 8127 | 15.1% |

## Castell-nedd
**Llaf**

Eth: 52667. CP: 75.4%

| | | | |
|---|---|---|---|
| Donald Coleman | Llaf | 28378 | 71.4% |
| D H J Martin-Jones | C | 6765 | 17.0% |
| Glyn John | PC | 4012 | 10.1% |
| H Pearce | Com | 579 | 1.5% |
| | | 21613 | 54.4% |

## Ceredigion
**Llaf**

Eth: 40302. CP: 82.1%

| | | | |
|---|---|---|---|
| D Elystan Morgan | Llaf | 11063 | 33.5% |
| Huw Lloyd Williams | Rh | 9800 | 29.6% |
| Hywel ap Robert | PC | 6498 | 19.6% |
| David George | C | 5715 | 17.3% |
| | | 1263 | 3.9% |

## Conwy
Llaf > **C**

Eth: 48662. CP: 82.0%

| | | | |
|---|---|---|---|
| Wyn Roberts | C | 16927 | 42.4% |
| Ednyfed Hudson Davies | Llaf | 16024 | 40.2% |
| Dafydd Elis Thomas | PC | 4311 | 10.8% |
| Elfyn Morris | Rh | 2626 | 6.6% |
| | | 903 | 2.2% |

## Dinbych
**C**

Eth: 60732. CP: 78.5%

| | | | |
|---|---|---|---|
| Geraint Morgan | C | 21246 | 44.6% |
| Mrs Ann Clwyd Roberts | Llaf | 12537 | 26.3% |
| I Hughes-Evans | Rh | 8636 | 18.1% |
| E Gwynn Matthews | PC | 5254 | 11.0% |
| | | 8709 | 18.3% |

## Fflint – Dwyrain/*East*
**Llaf**

Eth: 64793. CP: 81.2%

| | | | |
|---|---|---|---|
| Barry Jones | Llaf | 24227 | 46.1% |
| R M Amyes | C | 20145 | 38.3% |
| D O Diamond | Rh | 5888 | 11.2% |
| Gwilym Hughes | PC | 2332 | 4.4% |
| | | 4082 | 7.8% |

## Fflint – Gorllewin/*West*
**C**

Eth: 58115. CP: 77.8%

| | | | |
|---|---|---|---|
| Syr Anthony Meyer | C | 20999 | 46.4% |
| J Gilbert Evans | Llaf | 13655 | 30.2% |
| Martin Thomas | Rh | 7437 | 16.5% |
| Dr Alun Ogwen Jones | PC | 3108 | 6.9% |
| | | 7344 | 16.2% |

## Glynebwy
**Llaf**

Eth: 38461. CP: 78.4%

| | | | |
|---|---|---|---|
| Michael Foot | Llaf | 21817 | 72.4% |
| Angus Donaldson | Rh | 4371 | 14.5% |
| E S Jenkins | C | 2146 | 7.1% |
| Derek J Baskerville | PC | 1805 | 6.0% |
| | | 17446 | 57.9% |

## Gŵyr
**Llaf**

Eth: 54246. CP: 77.0%

| | | | |
|---|---|---|---|
| Ifor Davies | Llaf | 26485 | 63.4% |
| M J Carter | C | 9435 | 22.6% |
| Clifford Davies | PC | 5869 | 14.0% |
| | | 17050 | 40.8% |

## Llanelli
**Llaf**

Eth: 64616. CP: 77.4%

| | | | |
|---|---|---|---|
| Denzil Davies | Llaf | 31398 | 62.7% |
| Carwyn James | PC | 8387 | 16.8% |
| Miss M A Jones | C | 5777 | 11.6% |
| D J Lewis | Rh | 3834 | 7.7% |
| R E Hitchon | Com | 603 | 1.2% |
| | | 23011 | 45.9% |

## Meirionnydd
**Llaf**

Eth: 26434. CP: 84.3%

| | | | |
|---|---|---|---|
| William Edwards | Llaf | 8861 | 39.8% |
| Dafydd Wigley | PC | 5425 | 24.3% |
| I E Thomas | Rh | 5034 | 22.6% |
| D Elgan Edwards | C | 2965 | 13.3% |
| | | 3436 | 15.5% |

## Merthyr Tudful

Llaf > **LlafAnn**

Eth: 41291. CP: 77.9%

| | | | |
|---|---|---|---|
| S O Davies | LlafAnn | 16701 | 51.9% |
| Taliesin Lloyd | Llaf | 9234 | 28.7% |
| E Jones | C | 3169 | 9.8% |
| E Chris Rees | PC | 3076 | 9.6% |
| | | 7467 | 23.2% |

## Môn

**Llaf**

Eth: 41334. CP: 78.2%

| | | | |
|---|---|---|---|
| Gwir Anrh. Cledwyn Hughes | Llaf | 13966 | 43.2% |
| John Eilian Jones | C | 9220 | 28.5% |
| John Lasarus Williams | PC | 7140 | 22.1% |
| G W Roddick | Rh | 2013 | 6.2% |
| | | 4746 | 14.7% |

## Ogwr

**Llaf**

Eth: 65666. CP: 75.7%

| | | | |
|---|---|---|---|
| Walter Padley | Llaf | 33436 | 67.3% |
| A F Gardner | C | 10415 | 21.0% |
| Edward J Merriman | PC | 5828 | 11.7% |
| | | 23021 | 46.3% |

## Penfro

Llaf > **C**

Eth: 70649. CP: 77.9%

| | | | |
|---|---|---|---|
| R Nicholas Edwards | C | 19120 | 34.7% |
| Gordon Parry | Llaf | 17889 | 32.5% |
| Desmond Donnelly | DP | 11824 | 21.5% |
| Wynne Samuel | PC | 3681 | 6.7% |
| D W Thomas | Rh | 2541 | 4.6% |
| | | 1231 | 2.2% |

## Pontypridd

**Llaf**

Eth: 65191. CP: 74.5%

| | | | |
|---|---|---|---|
| Brynmor John | Llaf | 28414 | 58.5% |
| M C Withers | C | 8205 | 16.9% |
| Mrs Mary Murphy | Rh | 6871 | 14.2% |
| D Erroll Jones | PC | 5059 | 10.4% |
| | | 20209 | 41.6% |

## Pontypŵl

**Llaf**

Eth: 53821. CP: 72.0%

| | | | |
|---|---|---|---|
| Leo Abse | Llaf | 27402 | 70.7% |
| W M Bell | C | 8869 | 22.9% |
| Harri Webb | PC | 2053 | 5.3% |
| B Wilkinson | Com | 435 | 1.1% |
| | | 18533 | 47.8% |

## Rhondda, Y – Dwyrain/*East*

**Llaf**

Eth: 36836. CP: 77.5%

| | | | |
|---|---|---|---|
| Elfed Davies | Llaf | 19602 | 68.6% |
| Glyn James | PC | 6931 | 24.3% |
| R C Mullett | C | 1359 | 4.8% |
| A L Jones | Com | 659 | 2.3% |
| | | 12671 | 44.3% |

## Rhondda, Y – Gorllewin/*West*

**Llaf**

Eth: 30811. CP: 81.5%

| | | | |
|---|---|---|---|
| Alec Jones | Llaf | 18779 | 74.8% |
| H Victor Davies | PC | 3528 | 14.0% |
| J D Morgan | C | 1610 | 6.4% |
| Arthur True | Com | 1201 | 4.8% |
| | | 15251 | 60.8% |

## Trefaldwyn

**Rh**

Eth: 32304. CP: 82.3%

| | | | |
|---|---|---|---|
| Emlyn Hooson | Rh | 10202 | 38.4% |
| D J D Williams | C | 7891 | 29.7% |
| D W Thomas | Llaf | 5335 | 20.1% |
| E G Millward | PC | 3145 | 11.8% |
| | | 2311 | 8.7% |

## Trefynwy

Llaf > **C**

Eth: 75546. CP: 80.5%

| | | | |
|---|---|---|---|
| J Stradling Thomas | C | 28312 | 46.5% |
| Donald Anderson | Llaf | 26957 | 44.3% |
| D M Hando | Rh | 4061 | 6.7% |
| Stuart Neale | PC | 1501 | 2.5% |
| | | 1355 | 2.2% |

## Wrecsam

**Llaf**

Eth: 72744. CP: 75.2%

| | | | |
|---|---|---|---|
| Tom Ellis | Llaf | 31089 | 56.8% |
| G B Patterson | C | 15649 | 28.6% |
| W McBriar | Rh | 5067 | 9.3% |
| Cyril Golding | PC | 2894 | 5.3% |
| | | 15440 | 28.2% |

# Is-Etholiad 1972

## Merthyr Tudful

LlafAnn > **Llaf**

13/4/1972

Ar farwolaeth S O Davies / *On the death of S O Davies*

Eth: 40312. CP: 79.5%

| | | | |
|---|---|---|---|
| Ted Rowlands | Llaf | 15562 | 48.5% |
| Emrys Roberts | PC | 11852 | 37.0% |
| Christopher Barr | C | 2366 | 7.4% |
| Arthur Jones | Com | 1519 | 4.7% |
| Angus Donaldson | Rh | 765 | 2.4% |
| | | 3710 | 11.5% |

|       | P       | CP    | CPP   | S  |
|-------|---------|-------|-------|----|
| Llaf  | 745547  | 46.8% | 37.2% | 24 |
| C     | 412535  | 25.9% | 37.9% | 8  |
| Rh    | 255423  | 16.0% | 19.3% | 2  |
| PC    | 171364  | 10.8% |       | 2  |
| Com   | 4293    | 0.3%  |       |    |
| RhAnn | 4511    | 0.3%  |       |    |
| WRP   | 160     |       |       |    |
|       | ====    |       |       |    |
|       | 1593833 |       |       |    |

Llywodraeth Lafur/*Labour Government*
PW/*PM*    Harold Wilson

etholiad cyffredinol
# 1974
## general election

28 Chwefror
28 February

**Aberafan**           **Llaf**

Eth: 64186. CP: 75.6%

| | | | |
|---|---|---|---|
| Gwir Anrh. John Morris | Llaf | 31656 | 65.2% |
| P C Hubbard-Miles | C | 10968 | 22.6% |
| Parch. G G Foster | PC | 5898 | 12.2% |
| | | 20688 | 42.6% |

**Aberdâr**           **Llaf/Cyd.**

Eth: 48043. CP: 83.2%

| | | | |
|---|---|---|---|
| Ioan Evans | Llaf/Cyd. | 23805 | 59.5% |
| Glyn Owen | PC | 11973 | 30.0% |
| Michael Niblock | C | 3169 | 7.9% |
| Dr Alistair Wilson | Com | 1038 | 2.6% |
| | | 11832 | 29.5% |

**Abertawe – Dwyrain/*East***           **Llaf**

Eth: 58324. CP: 73.8%

| | | | |
|---|---|---|---|
| Neil McBride | Llaf | 28537 | 66.3% |
| David Mercer | C | 8850 | 20.6% |
| John Ball | PC | 5135 | 11.9% |
| William Jones | Com | 507 | 1.2% |
| | | 19687 | 45.7% |

**Abertawe – Gorllewin/*West***           **Llaf**

Eth: 64767. CP: 78.8%

| | | | |
|---|---|---|---|
| Alan Williams | Llaf | 22124 | 43.4% |
| David Lewis | C | 18786 | 36.8% |
| Brian Keal | Rh | 8248 | 16.2% |
| Derrick Hearne | PC | 1859 | 3.6% |
| | | 3338 | 6.5% |

**Abertyleri**           **Llaf**

Eth: 36310. CP: 78.6%

| | | | |
|---|---|---|---|
| Jeffrey Thomas | Llaf | 20068 | 70.3% |
| Aneurin Richards | PC | 3119 | 10.9% |
| Neil Hamilton | C | 2730 | 9.6% |
| Hugh Clarke | Rh | 2632 | 9.2% |
| | | 16949 | 59.4% |

**Barri, Y**           **C**

Eth: 69387. CP: 82.3%

| | | | |
|---|---|---|---|
| Syr Raymond Gower | C | 25326 | 44.4% |
| John Brooks | Llaf | 19779 | 34.6% |
| Dr Jennifer Lloyd | Rh | 10048 | 17.6% |
| Mrs Valerie Wynne-Williams | PC | 1924 | 3.4% |
| | | 5547 | 9.8% |

**Bedwellte**           **Llaf**

Eth: 49779. CP: 79.9%

| | | | |
|---|---|---|---|
| Neil Kinnock | Llaf | 26664 | 67.1% |
| Timothy Yeo | C | 5027 | 12.6% |
| Rowland Morgan | Rh | 5020 | 12.6% |
| Andrew Moore | PC | 3048 | 7.7% |
| | | 21637 | 54.4% |

**Brycheiniog a Maesyfed**           **Llaf**

Eth: 53878. CP: 83.4%

| | | | |
|---|---|---|---|
| Caerwyn Roderick | Llaf | 18180 | 40.5% |
| Lloyd Havard Davies | C | 15903 | 35.4% |
| Noel Thomas | Rh | 8741 | 19.4% |
| Dafydd Gitting | PC | 2099 | 4.7% |
| | | 2277 | 5.1% |

**Caerdydd – De-Ddwyrain/*South-East***           **Llaf**

Eth: 56810. CP: 74.2%

| | | | |
|---|---|---|---|
| Gwir Anrh. James Callaghan | Llaf | 20641 | 48.9% |
| Stefan Terlezki | C | 13495 | 32.0% |
| C Bailey | RhAnn | 3800 | 9.0% |
| Bernard Christon | Rh | 2978 | 7.1% |
| Keith Bush | PC | 1254 | 3.0% |
| | | 7146 | 16.9% |

**Caerdydd – Gogledd/*North***           **C**

Eth: 43435. CP: 78.5%

| | | | |
|---|---|---|---|
| Ian Grist | C | 14659 | 42.9% |
| John Collins | Llaf | 10806 | 31.6% |
| David Thomas | Rh | 7139 | 20.9% |
| Phil Richards | PC | 1586 | 4.6% |
| | | 3853 | 11.3% |

**Caerdydd – Gogledd-Orllewin/*North-West***           **C**

Eth: 43528. CP: 82.0%

| | | | |
|---|---|---|---|
| Michael Roberts | C | 16654 | 46.7% |
| Charles Blewett | Llaf | 10641 | 29.9% |
| Howard O'Brien | Rh | 7109 | 20.0% |
| Colin Palfrey | PC | 1227 | 3.4% |
| | | 6013 | 16.9% |

**Caerdydd – Gorllewin/*West***           **Llaf**

Eth: 51648. CP: 73.5%

| | | | |
|---|---|---|---|
| Gwir Anrh. George Thomas | Llaf | 16712 | 44.0% |
| Gareth Neale | C | 13366 | 35.2% |
| Michael James | Rh | 5812 | 15.3% |
| Dr Dafydd Hughes | PC | 2093 | 5.5% |
| | | 3346 | 8.8% |

**Caerfyrddin**           **Llaf**

Eth: 59984. CP: 83.5%

| | | | |
|---|---|---|---|
| Gwynoro Jones | Llaf | 17165 | 34.3% |
| Gwynfor Evans | PC | 17162 | 34.3% |
| David Owen-Jones | Rh | 9698 | 19.4% |
| William Newton Dunn | C | 6037 | 12.0% |
| | | 3 | 0.0% |

**Caerffili**           **Llaf**

Eth: 56035. CP: 77.5%

| | | | |
|---|---|---|---|
| Alfred Evans | Llaf | 24838 | 52.2% |
| Dr Philip J S Williams | PC | 11956 | 27.6% |
| Roger Everest | C | 5912 | 13.6% |
| D H Bevan | RhAnn | 711 | 1.6% |
| | | 12882 | 29.6% |

*Dafydd Wigley*

## Caernarfon  Llaf > PC
Eth: 42219. CP: 82.4%

| | | | |
|---|---|---|---|
| Dafydd Wigley | PC | 14103 | 40.5% |
| Gwir Anrh. Goronwy Roberts | Llaf | 12375 | 35.6% |
| Tristan Garel-Jones | C | 5803 | 16.7% |
| Gerald David | Rh | 2506 | 7.2% |
| | | 1728 | 4.9% |

## Casnewydd  Llaf
Eth: 74386. CP: 80.9%

| | | | |
|---|---|---|---|
| Roy Hughes | Llaf | 29384 | 48.8% |
| Gerald Price | C | 18002 | 29.9% |
| John H Morgan | Rh | 11868 | 19.7% |
| Mrs Phyllis Cox | PC | 936 | 1.5% |
| | | 11382 | 18.9% |

## Castell-nedd  Llaf
Eth: 51509. CP: 78.5%

| | | | |
|---|---|---|---|
| Donald Coleman | Llaf | 25351 | 62.3% |
| Huw Evans | PC | 8758 | 21.5% |
| Leslie Walters | C | 6616 | 16.2% |
| | | 16593 | 40.8% |

## Ceredigion  Llaf > Rh
Eth: 42766. CP: 83.7%

| | | | |
|---|---|---|---|
| Geraint Howells | Rh | 14371 | 40.2% |
| D Elystan Morgan | Llaf | 11895 | 33.2% |
| Trevor W Llewellyn | C | 4758 | 13.3% |
| Clifford Davies | PC | 4754 | 13.3% |
| | | 2476 | 7.0% |

## Conwy  C
Eth: 51383. CP: 81.2%

| | | | |
|---|---|---|---|
| Wyn Roberts | C | 16763 | 40.2% |
| Parch. D Ben Rees | Llaf | 12214 | 29.2% |
| Dr David T Jones | Rh | 8546 | 20.5% |
| Michael Farmer | PC | 4203 | 10.1% |
| | | 4549 | 11.0% |

## Dinbych  C
Eth: 63004. CP: 80.5%

| | | | |
|---|---|---|---|
| Geraint Morgan | C | 21258 | 41.9% |
| Dr David L Williams | Rh | 15243 | 30.0% |
| Emlyn Sherrington | Llaf | 10141 | 20.0% |
| Gwyn Matthews | PC | 4103 | 8.1% |
| | | 6015 | 11.9% |

## Fflint – Dwyrain/*East*  Llaf/Cyd.
Eth: 68676. CP: 84.8%

| | | | |
|---|---|---|---|
| Barry Jones | Llaf/Cyd. | 27663 | 47.5% |
| Michael J Penston | C | 18811 | 32.3% |
| Alex Carlile | Rh | 10653 | 18.3% |
| Neil Taylor | PC | 1135 | 1.9% |
| | | 8852 | 15.2% |

## Fflint – Gorllewin/*West*  C
Eth: 63877. CP: 81.5%

| | | | |
|---|---|---|---|
| Syr Anthony Meyer | C | 22039 | 42.3% |
| Norman B Harries | Llaf | 14897 | 28.6% |
| Paul Brighton | Rh | 12831 | 24.7% |
| Gwilym Hughes | PC | 2296 | 4.4% |
| | | 7142 | 13.7% |

## Glynebwy  Llaf
Eth: 37369. CP: 79.5%

| | | | |
|---|---|---|---|
| Michael Foot | Llaf | 20660 | 69.5% |
| Angus Donaldson | Rh | 4996 | 16.8% |
| Jonathan P Evans | C | 2303 | 7.8% |
| John D Rogers | PC | 1767 | 5.9% |
| | | 15664 | 52.7% |

## Gŵyr  Llaf
Eth: 56495. CP: 79.9%

| | | | |
|---|---|---|---|
| Ifor Davies | Llaf | 23856 | 52.9% |
| David George | C | 8780 | 19.4% |
| R C C Thomas | Rh | 8737 | 19.4% |
| John N Harris | PC | 3741 | 8.3% |
| | | 15076 | 33.5% |

## Llanelli  **Llaf**
Eth: 64096. CP: 78.2%

| | | | |
|---|---|---|---|
| Denzil Davies | Llaf | 28941 | 57.8% |
| Gwilym Richards | C | 7496 | 15.0% |
| John Evans | Rh | 7140 | 14.2% |
| Raymond Williams | PC | 6020 | 12.0% |
| Robert Hitchon | Com | 507 | 1.0% |
| | | 21445 | 42.8% |

## Meirionnydd  **Llaf > PC**
Eth: 26522. CP: 85.2%

| | | | |
|---|---|---|---|
| Dafydd Elis Thomas | PC | 7823 | 34.6% |
| William Edwards | Llaf | 7235 | 32.0% |
| Iolo A Jones | Rh | 4153 | 18.4% |
| Roy Owen | C | 3392 | 15.0% |
| | | 588 | 2.6% |

## Merthyr Tudful  **Llaf**
Eth: 39458. CP: 81.0%

| | | | |
|---|---|---|---|
| Ted Rowlands | Llaf | 20486 | 64.1% |
| Emrys Roberts | PC | 7336 | 22.9% |
| Michael Knowles | C | 2622 | 8.2% |
| David Bettell-Higgins | Rh | 1002 | 3.1% |
| Arthur Jones | Com | 369 | 1.2% |
| Roy Battersby | WRP | 160 | 0.5% |
| | | 13150 | 41.2% |

## Môn  **Llaf**
Eth: 43701. CP: 80.2%

| | | | |
|---|---|---|---|
| Gwir Anrh. Cledwyn Hughes | Llaf | 14652 | 41.8% |
| Thomas Vivian Lewis | C | 8898 | 25.4% |
| Dafydd Iwan | PC | 7610 | 21.7% |
| Edwin Jones | Rh | 3882 | 11.1% |
| | | 5754 | 16.4% |

## Ogwr  **Llaf**
Eth: 67382. CP: 79.8%

| | | | |
|---|---|---|---|
| Walter Padley | Llaf | 28372 | 52.8% |
| Mrs Jennie Gibbs | Rh | 10819 | 20.1% |
| Roger K Jones | C | 9416 | 17.5% |
| Edward Merriman | PC | 5139 | 9.6% |
| | | 17553 | 32.7% |

## Penfro  **C**
Eth: 71512. CP: 81.4%

| | | | |
|---|---|---|---|
| Nicholas Edwards | C | 22268 | 38.3% |
| Gordon Parry | Llaf | 20789 | 35.7% |
| Patrick Jones | Rh | 12340 | 21.2% |
| Richard Davies | PC | 2820 | 4.8% |
| | | 1479 | 2.6% |

## Pontypridd  **Llaf**
Eth: 69702. CP: 77.4%

| | | | |
|---|---|---|---|
| Brynmor John | Llaf | 28028 | 52.0% |
| Alun Jones | C | 11406 | 21.1% |
| Mrs Mary Murphy | Rh | 9889 | 18.3% |
| Richard Kemp | PC | 4612 | 8.6% |
| | | 16622 | 30.9% |

## Pontypŵl  **Llaf**
Eth: 54685. CP: 77.0%

| | | | |
|---|---|---|---|
| Leo Abse | Llaf | 25133 | 59.7% |
| Robert Mathias | Rh | 7668 | 18.2% |
| Theo Wallace | C | 7497 | 17.8% |
| Roger Tanner | PC | 1308 | 3.1% |
| Graham Williams | Com | 498 | 1.2% |
| | | 17465 | 41.5% |

## Y Rhondda  **Llaf**
Eth: 65221. CP: 80.0%

| | | | |
|---|---|---|---|
| Alec Jones | Llaf | 36880 | 70.7% |
| Glyn James | PC | 6739 | 12.9% |
| Peter Leyshon | C | 4111 | 7.9% |
| Dennis Austin | Rh | 3056 | 5.9% |
| Arthur True | Com | 1374 | 2.6% |
| | | 30141 | 57.8% |

## Trefaldwyn  **Rh**
Eth: 33316. CP: 82.5%

| | | | |
|---|---|---|---|
| Emlyn Hooson | Rh | 12495 | 45.4% |
| William Williams-Wynne | C | 7844 | 28.5% |
| Peter W Harries | Llaf | 4888 | 17.8% |
| Arwel Jones | PC | 2274 | 8.3% |
| | | 4651 | 16.9% |

## Trefynwy  **C**
Eth: 74205. CP: 84.1%

| | | | |
|---|---|---|---|
| J Stradling Thomas | C | 27269 | 43.7% |
| Frank R Thompson | Llaf | 22707 | 36.4% |
| David Hando | Rh | 11506 | 18.4% |
| Edward H Spanswick | PC | 930 | 1.5% |
| | | 4562 | 7.3% |

## Wrecsam  **Llaf**
Eth: 75522. CP: 77.6%

| | | | |
|---|---|---|---|
| Tom Ellis | Llaf | 27384 | 46.7% |
| John Pritchard | C | 14301 | 24.4% |
| Martin Thomas | Rh | 14297 | 24.4% |
| Hywel Roberts | PC | 2624 | 4.5% |
| | | 13083 | 22.3% |

|  | P | CP | CPP | S |
|---|---|---|---|---|
| Llaf | 761447 | 49.5% | 39.2% | 23 |
| C | 367248 | 23.9% | 35.8% | 8 |
| Rh | 238997 | 15.5% | 18.3% | 2 |
| PC | 166321 | 10.8% |  | 3 |
| Com | 2941 | 0.2% |  |  |
| WRP | 427 |  |  |  |
| BC | 342 |  |  |  |
| Marx-Len | 75 |  |  |  |
|  | ==== |  |  |  |
|  | 1537798 |  |  |  |

Llywodraeth Lafur/*Labour Government*
PW/*PM*    Harold Wilson (-4/1976)
             James Callaghan

etholiad cyffredinol
# 1974
general election

10 Hydref
10 October

## Aberafan
Eth: 64664. CP: 73.1%

| | | | |
|---|---|---|---|
| | | | **Llaf** |
| Gwir Anrh. John Morris | Llaf | 29683 | 62.8% |
| Nigel Hammond | C | 7931 | 16.8% |
| Mrs Sheila Cutts | Rh | 5178 | 11.0% |
| Geraint Thomas | PC | 4032 | 8.5% |
| J Bevan | WRP | 427 | 0.9% |
| | | 21752 | 46.0% |

## Aberdâr
Eth: 48370. CP: 79.1%

| | | | |
|---|---|---|---|
| | | | **Llaf/Cyd.** |
| Ioan Evans | Llaf/Cyd. | 24197 | 63.2% |
| Glyn Owen | PC | 8133 | 21.3% |
| Basil Webb | C | 2775 | 7.3% |
| Gerry Hill | Rh | 2118 | 5.5% |
| Dr Alistair Wilson | Com | 1028 | 2.7% |
| | | 16064 | 41.9% |

## Abertawe – Dwyrain/*East*
Eth: 58766. CP: 71.3%

| | | | |
|---|---|---|---|
| | | | **Llaf** |
| Donald Anderson | Llaf | 26735 | 63.8% |
| David J Mercer | C | 6014 | 14.4% |
| Roger Anstey | Rh | 5173 | 12.3% |
| John Ball | PC | 3978 | 9.5% |
| | | 20721 | 49.4% |

## Abertawe – Gorllewin/*West*
Eth: 65211. CP: 75.0%

| | | | |
|---|---|---|---|
| | | | **Llaf** |
| Alan Williams | Llaf | 22565 | 46.1% |
| Alan P Thomas | C | 17729 | 36.3% |
| Brian E Keal | Rh | 6842 | 14.0% |
| Guto ap Gwent | PC | 1778 | 3.6% |
| | | 4836 | 9.8% |

## Abertyleri
Eth: 36553. CP: 75.1%

| | | | |
|---|---|---|---|
| | | | **Llaf** |
| Jeffrey Thomas | Llaf | 20835 | 75.9% |
| Aneurin Richards | PC | 2480 | 9.0% |
| Pamela Larney | C | 2364 | 8.6% |
| Hugh Clark | Rh | 1779 | 6.5% |
| | | 18355 | 66.9% |

## Barri, Y
Eth: 69974. CP: 77.7%

| | | | |
|---|---|---|---|
| | | | **C** |
| Syr Raymond Gower | C | 23360 | 43.0% |
| John E Brooks | Llaf | 20457 | 37.6% |
| Dr Jennifer Lloyd | Rh | 8764 | 16.1% |
| Valerie Wynne-Williams | PC | 1793 | 3.3% |
| | | 2903 | 5.3% |

## Bedwellte
Eth: 50171. CP: 77.1%

| | | | |
|---|---|---|---|
| | | | **Llaf** |
| Neil Kinnock | Llaf | 27418 | 70.9% |
| Anrh. Peter Brooke | C | 4556 | 11.8% |
| Rowland Morgan | Rh | 3621 | 9.3% |
| David Mogford | PC | 3086 | 8.0% |
| | | 22862 | 59.1% |

## Brycheiniog a Maesyfed
Eth: 54288. CP: 81.4%

| | | | |
|---|---|---|---|
| | | | **Llaf** |
| Caerwyn Roderick | Llaf | 18622 | 42.1% |
| Lloyd Havard Davies | C | 15610 | 35.3% |
| Noel K Thomas | Rh | 7682 | 17.4% |
| Dafydd Gittins | PC | 2300 | 5.2% |
| | | 3012 | 6.8% |

## Caerdydd – De-Ddwyrain/*South-East*
Eth: 57284. CP: 70.8%

| | | | |
|---|---|---|---|
| | | | **Llaf** |
| Gwir Anrh. James Callaghan | Llaf | 21074 | 52.0% |
| Stefan Terlezki | C | 10356 | 25.5% |
| Christopher Bailey | Rh | 8006 | 19.9% |
| Keith Bush | PC | 983 | 2.4% |
| B C D Harris | Marx-Len | 75 | 0.2% |
| | | 10718 | 26.5% |

## Caerdydd – Gogledd/*North*
Eth: 43848. CP: 73.3%

| | | | |
|---|---|---|---|
| | | | **C** |
| Ian Grist | C | 13480 | 41.9% |
| John Collins | Llaf | 11479 | 35.7% |
| Michael German | Rh | 5728 | 17.8% |
| Philip Richards | PC | 1464 | 4.5% |
| | | 2001 | 6.2% |

## Caerdydd – Gogledd-Orllewin/*North-West*
Eth: 43776. CP: 79.0%

| | | | |
|---|---|---|---|
| | | | **C** |
| Michael Roberts | C | 15652 | 45.3% |
| Charles Blewett | Llaf | 11319 | 32.7% |
| Howard O'Brien | Rh | 6322 | 18.3% |
| Colin Palfrey | PC | 1278 | 3.7% |
| | | 4333 | 12.6% |

## Caerdydd – Gorllewin/*West*
Eth: 52070. CP: 69.7%

| | | | |
|---|---|---|---|
| | | | **Llaf** |
| Gwir Anrh. George Thomas | Llaf | 18153 | 50.0% |
| William Newton Dunn | C | 11481 | 31.6% |
| Michael James | Rh | 4669 | 12.9% |
| Dr Dafydd Hughes | PC | 2008 | 5.5% |
| | | 6672 | 18.4% |

*Gwynfor Evans yn cyfarch ei gefnogwyr brwd ar Sgwâr Caerfyrddin ar ôl adennill y Sedd*

## Caerfyrddin · Llaf > **PC**
Eth: 60390. CP: 85.6%

| | | | |
|---|---|---|---|
| Gwynfor Evans | PC | 23325 | 45.1% |
| Gwynoro Jones | Llaf | 19685 | 38.1% |
| David Owen-Jones | Rh | 5393 | 10.4% |
| Robert Hayward | C | 2962 | 5.7% |
| Brisbane Jones | BC | 342 | 0.7% |
| | | 3640 | 7.0% |

## Caerffili · **Llaf**
Eth: 56449. CP: 75.6%

| | | | |
|---|---|---|---|
| Alfred Evans | Llaf | 24161 | 56.6% |
| Dr Philip J S Williams | PC | 10452 | 24.5% |
| Densmore Dover | C | 4897 | 11.5% |
| Norman H Lewis | Rh | 3184 | 7.4% |
| | | 13709 | 32.1% |

## Caernarfon · **PC**
Eth: 42499. CP: 80.9%

| | | | |
|---|---|---|---|
| Dafydd Wigley | PC | 14624 | 42.6% |
| Emlyn Sherrington | Llaf | 11730 | 34.1% |
| Robert L Harvey | C | 4325 | 12.6% |
| Dewi Williams | Rh | 3690 | 10.7% |
| | | 2894 | 8.5% |

## Casnewydd · **Llaf**
Eth: 75041. CP: 75.6%

| | | | |
|---|---|---|---|
| Roy Hughes | Llaf | 30069 | 53.0% |
| Gerald Price | C | 16253 | 28.7% |
| John H Morgan | Rh | 9207 | 16.2% |
| Godfrey Lee | PC | 1216 | 2.1% |
| | | 13816 | 24.3% |

## Castell-nedd · **Llaf**
Eth: 52246. CP: 78.0%

| | | | |
|---|---|---|---|
| Donald Coleman | Llaf | 25028 | 61.5% |
| Huw Evans | PC | 7305 | 17.9% |
| Michael Harris | C | 4641 | 11.4% |
| David Owen | Rh | 3759 | 9.2% |
| | | 17723 | 43.6% |

## Ceredigion · **Rh**
Eth: 43043. CP: 80.5%

| | | | |
|---|---|---|---|
| Geraint Howells | Rh | 14612 | 42.1% |
| D Elystan Morgan | Llaf | 12202 | 35.2% |
| Clifford Davies | PC | 4583 | 13.2% |
| Delwyn Williams | C | 3275 | 9.4% |
| | | 2410 | 7.0% |

## Conwy · **C**
Eth: 51720. CP: 76.2%

| | | | |
|---|---|---|---|
| Wyn Roberts | C | 15614 | 39.6% |
| Parch. D Ben Rees | Llaf | 12808 | 32.5% |
| Dr David T Jones | Rh | 6344 | 16.1% |
| Michael Farmer | PC | 4668 | 11.8% |
| | | 2806 | 7.1% |

## Dinbych · **C**
Eth: 63491. CP: 76.4%

| | | | |
|---|---|---|---|
| Geraint Morgan | C | 18751 | 38.6% |
| Dr David Williams | Rh | 14200 | 29.3% |
| Paul Flynn | Llaf | 9824 | 20.2% |
| Ieuan Wyn Jones | PC | 5754 | 11.9% |
| | | 4551 | 9.3% |

## Fflint – Dwyrain/*East* · **Llaf**
Eth: 69255. CP: 79.7%

| | | | |
|---|---|---|---|
| Barry Jones | Llaf | 27002 | 48.9% |
| Michael Penstone | C | 17416 | 31.6% |
| Richard Fairley | Rh | 8986 | 16.3% |
| Frank Evans | PC | 1779 | 3.2% |
| | | 9586 | 17.3% |

## Fflint – Gorllewin/*West* · **C**
Eth: 64289. CP: 75.4%

| | | | |
|---|---|---|---|
| Syr Anthony Meyer | C | 20054 | 41.4% |
| Norman Harries | Llaf | 15234 | 31.4% |
| Paul Brighton | Rh | 10881 | 22.4% |
| Neil Taylor | PC | 2306 | 4.8% |
| | | 4820 | 10.0% |

## Glynebwy · **Llaf**
Eth: 37631. CP: 76.1%

| | | | |
|---|---|---|---|
| Gwir Anrh. Michael Foot | Llaf | 21226 | 74.1% |
| Angus Donaldson | Rh | 3167 | 11.1% |
| Jonathan Evans | C | 2153 | 7.5% |
| Gwilym ap Robert | PC | 2101 | 7.3% |
| | | 18059 | 63.0% |

## Gŵyr · **Llaf**
Eth: 56856. CP: 77.0%

| | | | |
|---|---|---|---|
| Ifor Davies | Llaf | 25067 | 57.3% |
| David George | C | 8863 | 20.2% |
| Richard Owen | Rh | 5453 | 12.5% |
| Meirion Powell | PC | 4369 | 10.0% |
| | | 16204 | 37.1% |

## Llanelli

Llaf

Eth: 64483. CP: 76.9%

| | | | |
|---|---|---|---|
| Denzil Davies | Llaf | 29474 | 59.4% |
| Michael Gimblett | Rh | 7173 | 14.5% |
| Raymond Williams | PC | 6797 | 13.7% |
| Gwilym Richard | C | 6141 | 12.4% |
| | | 22301 | 44.9% |

## Meirionnydd

PC

Eth: 26722. CP: 84.0%

| | | | |
|---|---|---|---|
| Dafydd Elis Thomas | PC | 9543 | 42.5% |
| William Edwards | Llaf | 6951 | 30.9% |
| Richard O Jones | Rh | 3454 | 15.4% |
| Roy Owen | C | 2509 | 11.2% |
| | | 2592 | 11.6% |

## Merthyr Tudful

Llaf

Eth: 39706. CP: 75.8%

| | | | |
|---|---|---|---|
| Ted Rowlands | Llaf | 21260 | 70.6% |
| Emrys Roberts | PC | 4455 | 14.8% |
| Leslie Walters | C | 2587 | 8.6% |
| David Bettell-Higgins | Rh | 1300 | 4.3% |
| Tom Roberts | Com | 509 | 1.7% |
| | | 16805 | 55.8% |

## Môn

Llaf

Eth: 44016. CP: 76.1%

| | | | |
|---|---|---|---|
| Gwir Anrh. Cledwyn Hughes | Llaf | 13947 | 41.6% |
| Vivian Lewis | C | 7975 | 23.8% |
| Dafydd Iwan | PC | 6410 | 19.1% |
| Mervyn Ankers | Rh | 5182 | 15.5% |
| | | 5972 | 17.8% |

## Ogwr

Llaf

Eth: 67911. CP: 75.4%

| | | | |
|---|---|---|---|
| Walter Padley | Llaf | 30453 | 59.5% |
| Roger Jones | C | 8249 | 16.1% |
| Mrs Jennie Gibbs | Rh | 8203 | 16.0% |
| Dafydd I Jones | PC | 4290 | 8.4% |
| | | 22204 | 43.4% |

## Penfro

C

Eth: 72036. CP: 79.5%

| | | | |
|---|---|---|---|
| Nicholas Edwards | C | 23190 | 40.5% |
| Gordon Parry | Llaf | 22418 | 39.1% |
| Patrick Jones | Rh | 9116 | 15.9% |
| Richard Davies | PC | 2580 | 4.5% |
| | | 772 | 1.4% |

## Pontypridd

Llaf

Eth: 70185. CP: 73.8%

| | | | |
|---|---|---|---|
| Brynmor John | Llaf | 29302 | 56.6% |
| Alun Jones | C | 10528 | 20.3% |
| Mrs Mary Murphy | Rh | 8050 | 15.5% |
| Richard Kemp | PC | 3917 | 7.6% |
| | | 18744 | 36.3% |

## Pontypŵl

Llaf

Eth: 55099. CP: 72.7%

| | | | |
|---|---|---|---|
| Leo Abse | Llaf | 25381 | 63.4% |
| Robert Moreland | C | 6686 | 16.7% |
| Robert Mathias | Rh | 5744 | 14.3% |
| Roger Tanner | PC | 2223 | 5.6% |
| | | 18695 | 46.7% |

## Y Rhondda

Llaf

Eth: 65770. CP: 76.2%

| | | | |
|---|---|---|---|
| Alec Jones | Llaf | 38654 | 77.1% |
| Don Morgan | PC | 4173 | 8.3% |
| Peter Leyshon | C | 3739 | 7.5% |
| Dennis Austin | Rh | 2142 | 4.3% |
| Arthur True | Com | 1404 | 2.8% |
| | | 34481 | 68.8% |

## Trefaldwyn

Rh

Eth: 33575. CP: 78.0%

| | | | |
|---|---|---|---|
| Emlyn Hooson | Rh | 11280 | 43.1% |
| William Williams-Wynne | C | 7421 | 28.4% |
| Peter Harries | Llaf | 5031 | 19.2% |
| Arwel Jones | PC | 2440 | 9.3% |
| | | 3859 | 14.7% |

## Trefynwy

C

Eth: 74819. CP: 79.5%

| | | | |
|---|---|---|---|
| J Stradling Thomas | C | 25460 | 42.8% |
| Richard Faulkner | Llaf | 23118 | 38.9% |
| David Hando | Rh | 10076 | 16.9% |
| Terry Brimmacombe | PC | 839 | 1.4% |
| | | 2342 | 3.9% |

## Wrecsam

Llaf

Eth: 76089. CP: 74.3%

| | | | |
|---|---|---|---|
| Tom Ellis | Llaf | 28885 | 51.1% |
| Martin Thomas | Rh | 12519 | 22.1% |
| John Pritchard | C | 12251 | 21.7% |
| Hywel Roberts | PC | 2859 | 5.1% |
| | | 16366 | 29.0% |

|        | P       | CP    | CPP   | S   |   |
|--------|---------|-------|-------|-----|---|
| Llaf   | 795493  | 48.6% | 36.9% | 22  | * |
| C      | 526254  | 32.2% | 43.9% | 11  |   |
| Rh     | 173725  | 10.6% | 13.8% | 1   |   |
| PC     | 132544  | 8.1%  |       | 2   |   |
| Com    | 4310    | 0.3%  |       |     |   |
| NF     | 2465    |       |       |     |   |
| Ecol   | 1250    |       |       |     |   |
| SL     | 375     |       |       |     |   |
| SosAnn | 132     |       |       |     |   |
| KBU    | 126     |       |       |     |   |
| WRP    | 114     |       |       |     |   |
|        | ====    |       |       |     |   |
|        | 1636788 |       |       |     |   |

\* Yn cynnwys Y Llefarydd/*Includes The Speaker*

Llywodraeth Geidwadol/*Conservative Government*
PW/*PM*    Margaret Thatcher

etholiad cyffredinol
# 1979
## general election

3 Mai
3 May

## Aberafan
Eth: 64864. CP: 79.2%

**Llaf**

| | | | |
|---|---|---|---|
| Gwir Anrh. John Morris | Llaf | 31665 | 61.7% |
| Frank McCarthy | C | 12692 | 24.7% |
| Mrs Sheila Cutts | Rh | 4624 | 9.0% |
| Geraint Thomas | PC | 1954 | 3.8% |
| Gerald Rowden | Com | 406 | 0.8% |
| | | 18973 | 37.0% |

## Aberdâr
Eth: 47500. CP: 78.6%

**Llaf**

| | | | |
|---|---|---|---|
| Ioan Evans | Llaf | 26716 | 71.5% |
| D Deere | C | 6453 | 17.3% |
| Philip Richards | PC | 3652 | 9.8% |
| Mrs Mary Winter | Com | 518 | 1.4% |
| | | 20263 | 54.2% |

## Abertawe – Dwyrain/*East*
Eth: 60350. CP: 75.6%

**Llaf**

| | | | |
|---|---|---|---|
| Donald Anderson | Llaf | 31909 | 69.9% |
| Sandra Edwards | C | 10689 | 23.4% |
| John Ball | PC | 2732 | 6.0% |
| William R Jones | Com | 308 | 0.7% |
| | | 21220 | 46.5% |

## Abertawe – Gorllewin/*West*
Eth: 65872. CP: 79.6%

**Llaf**

| | | | |
|---|---|---|---|
| Gwir Anrh. Alan Williams | Llaf | 24175 | 46.1% |
| David Mercer | C | 23774 | 45.3% |
| Martin Ball | Rh | 3484 | 6.7% |
| Guto ap Gwent | PC | 1012 | 1.9% |
| | | 401 | 0.8% |

## Abertyleri
Eth: 35602. CP: 80.2%

**Llaf**

| | | | |
|---|---|---|---|
| Jeffrey Thomas | Llaf | 21698 | 76.0% |
| Ralph Tuck | C | 4613 | 16.1% |
| David Harries | PC | 2248 | 7.9% |
| | | 17085 | 59.8% |

## Barri, Y
Eth: 75127. CP: 80.3%

**C**

| | | | |
|---|---|---|---|
| Syr Raymond Gower | C | 30720 | 50.9% |
| Peter Stead | Llaf | 21928 | 36.4% |
| William Barritt | Rh | 6105 | 10.1% |
| John Dixon | PC | 1281 | 2.1% |
| E R Kerton | NF | 312 | 0.5% |
| | | 8792 | 14.5% |

## Bedwellte
Eth: 50708. CP: 79.6%

**Llaf**

| | | | |
|---|---|---|---|
| Neil Kinnock | Llaf | 28794 | 71.3% |
| Robert Walter | C | 8358 | 20.7% |
| Timothy Richards | PC | 2648 | 6.6% |
| P M Rout | Ecol | 556 | 1.4% |
| | | 20436 | 50.6% |

## Brycheiniog a Maesyfed
Eth: 56975. CP: 84.2%

**Llaf > C**

| | | | |
|---|---|---|---|
| Tom Hooson | C | 22660 | 47.2% |
| Caerwyn Roderick | Llaf | 19633 | 40.9% |
| Norman Lewis | Rh | 4654 | 9.7% |
| Mrs Janet Power | PC | 1031 | 2.2% |
| | | 3027 | 6.3% |

## Caerdydd – De-Ddwyrain/*South-East*
Eth: 54556. CP: 73.8%

**Llaf**

| | | | |
|---|---|---|---|
| Gwir Anrh. James Callaghan | Llaf | 23871 | 59.2% |
| Alun Jones | C | 15170 | 37.7% |
| Emrys Roberts | PC | 628 | 1.6% |
| R W Aldridge | SL | 375 | 0.9% |
| Miss Pat Arrowsmith | SosAnn | 132 | 0.3% |
| Richard H Spencer | Com | 112 | 0.3% |
| | | 8701 | 21.5% |

## Caerdydd – Gogledd/*North*
Eth: 47973. CP: 75.7%

**C**

| | | | |
|---|---|---|---|
| Ian Grist | C | 17181 | 47.3% |
| M D Petrou | Llaf | 13133 | 36.2% |
| Michael German | Rh | 4921 | 13.5% |
| Owen John Thomas | PC | 1080 | 3.0% |
| | | 4048 | 11.1% |

## Caerdydd – Gogledd-Orllewin/*North-West*
Eth: 43639. CP: 80.6%

**C**

| | | | |
|---|---|---|---|
| Michael Roberts | C | 17925 | 51.0% |
| Peter Owen | Llaf/Cyd. | 11663 | 33.2% |
| John T Roberts | Rh | 4832 | 13.7% |
| Colin Palfrey | PC | 743 | 2.1% |
| | | 6262 | 17.8% |

## Caerdydd – Gorllewin/*West*
Eth: 51982. CP: 60.8%

**Llaf** (Y Llefarydd/*The Speaker*)

| | | | |
|---|---|---|---|
| George Thomas | Llaf | 27035 | 85.6% |
| (Y Llefarydd/*The Speaker* - 02/76) | | | |
| Alun Ogwen | PC | 3272 | 10.3% |
| C Gibbon | NF | 1287 | 4.1% |
| | | 23763 | 75.3% |

## Caerfyrddin
Eth: 61714. CP: 84.4%

**PC > Llaf**

| | | | |
|---|---|---|---|
| Dr Roger Thomas | Llaf | 18667 | 35.9% |
| Dr Gwynfor Evans | PC | 16689 | 32.0% |
| Nigel Thomas | C | 12272 | 23.6% |
| R C C Thomas | Rh | 4186 | 8.0% |
| C G Grice | NF | 149 | 0.3% |
| E J Clark | KBUP | 126 | 0.2% |
| | | 1978 | 3.9% |

## Caerffili
Eth: 58908. CP: 78.8%

**Llaf**

| | | | |
|---|---|---|---|
| Ednyfed Hudson Davies | Llaf | 27280 | 58.8% |
| John Ranelagh | C | 8783 | 18.9% |
| Dr Philip J S Williams | PC | 6931 | 14.9% |
| Norman Jones | Rh | 3430 | 7.4% |
| | | 18497 | 39.9% |

## Caernarfon
Eth: 43041. CP: 81.5%

**PC**

| | | | |
|---|---|---|---|
| Dafydd Wigley | PC | 17420 | 49.6% |
| T M Hughes | Llaf | 8696 | 24.8% |
| J E T Paice | C | 6968 | 19.9% |
| John Edwards | Rh | 1999 | 5.7% |
| | | 8724 | 24.9% |

## Casnewydd
Eth: 75122. CP: 79.7%

**Llaf**

| | | | |
|---|---|---|---|
| Roy Hughes | Llaf | 30919 | 51.6% |
| G G C Davies | C | 21742 | 36.3% |
| Anthony Lambert | Rh | 6270 | 10.5% |
| Robert Vickery | PC | 473 | 0.8% |
| Mrs G R Woodward | NF | 454 | 0.8% |
| | | 9177 | 15.3% |

## Castell-nedd
Eth: 51659. CP: 81.2%

**Llaf**

| | | | |
|---|---|---|---|
| Donald Coleman | Llaf | 27071 | 64.5% |
| Christopher Sandy | C | 8455 | 20.2% |
| Y Parch. Aled Gwyn | PC | 6430 | 15.3% |
| | | 18616 | 44.3% |

## Ceredigion
Eth: 45555. CP: 81.5%

**Rh**

| | | | |
|---|---|---|---|
| Geraint Howells | Rh | 13227 | 35.6% |
| Emlyn Thomas | C | 11033 | 29.7% |
| John Powell | Llaf | 7488 | 20.2% |
| Dr Dafydd Hughes | PC | 5382 | 14.5% |
| | | 2194 | 5.9% |

## Conwy
Eth: 51350. CP: 79.0%

**C**

| | | | |
|---|---|---|---|
| Wyn Roberts | C | 18142 | 44.7% |
| Gerson Davies | Llaf | 12069 | 29.8% |
| Y Parch. Roger Roberts | Rh | 6867 | 16.9% |
| Emyr Price | PC | 3497 | 8.6% |
| | | 6073 | 14.9% |

## Dinbych
Eth: 65902. CP: 80.0%

**C**

| | | | |
|---|---|---|---|
| Geraint Morgan | C | 23683 | 44.9% |
| Dr David Willams | Rh | 14833 | 28.2% |
| Y Parch. H R Thomas | Llaf | 9276 | 17.6% |
| Ieuan Wyn Jones | PC | 4915 | 9.3% |
| | | 8850 | 16.7% |

## Fflint – Dwyrain/*East*
Eth: 74262. CP: 81.7%

**Llaf**

| | | | |
|---|---|---|---|
| Barry Jones | Llaf | 29339 | 48.3% |
| Peter Warburton Jones | C | 23116 | 38.1% |
| Alex Carlile | Rh | 6736 | 11.1% |
| John Rogers | PC | 1198 | 2.0% |
| Glyn Davies | Com | 307 | 0.5% |
| | | 6223 | 10.2% |

## Fflint – Gorllewin/*West*
Eth: 68418. CP: 78.6%

**C**

| | | | |
|---|---|---|---|
| Syr Anthony Meyer | C | 26364 | 49.0% |
| M R Hughes | Llaf | 16678 | 31.0% |
| J H Parry | Rh | 9009 | 16.8% |
| Brian Morgan Edwards | PC | 1720 | 3.2% |
| | | 9686 | 18.0% |

## Glynebwy
Eth: 36207. CP: 79.9%

**Llaf**

| | | | |
|---|---|---|---|
| Gwir Anrh. Michael Foot | Llaf | 20028 | 69.2% |
| Geoffrey Inkin | C | 3937 | 13.6% |
| Ambrose T Pope | Rh | 3082 | 10.7% |
| Dr Gwilym ap Robert | PC | 1884 | 6.5% |
| | | 16091 | 55.6% |

## Gŵyr
Eth: 58023. CP: 80.8%

**Llaf**

| | | | |
|---|---|---|---|
| Ifor Davies | Llaf | 24963 | 53.2% |
| Trefor Llewellyn | C | 14322 | 30.5% |
| R Blakeborough-Pownall | Rh | 4245 | 9.1% |
| Eifion Thomas | PC | 3357 | 7.2% |
| | | 10641 | 22.7% |

## Llanelli
Eth: 64429. CP: 79.4%

**Llaf**

| | | | |
|---|---|---|---|
| Gwir Anrh. Denzil Davies | Llaf | 30416 | 59.5% |
| Gwilym Richards | C | 10471 | 20.5% |
| Kenneth D Rees | Rh | 5856 | 11.4% |
| Henry Roberts | PC | 3793 | 7.4% |
| R E Hitchon | Com | 617 | 1.2% |
| | | 19945 | 39.0% |

*Wyn Roberts*

## Meirionnydd                               PC
Eth: 27250. CP: 83.4%

| | | | |
|---|---|---|---|
| Dafydd Elis Thomas | PC | 9275 | 40.8% |
| Robert Harvey | C | 5365 | 23.6% |
| Rhion Jones | Llaf | 5332 | 23.5% |
| John H Parsons | Rh | 2752 | 12.1% |
| | | 3910 | 17.2% |

## Merthyr Tudful                             Llaf
Eth: 39680. CP: 79.1%

| | | | |
|---|---|---|---|
| Ted Rowlands | Llaf | 22386 | 71.3% |
| Robin de Wilde | C | 4426 | 14.1% |
| Eurfyl ap Gwilym | PC | 2962 | 9.4% |
| R D Oliver | Rh | 1275 | 4.1% |
| C C Dennett | Com | 223 | 0.7% |
| R T Gould | WRP | 114 | 0.4% |
| | | 17960 | 57.2% |

## Môn                                   Llaf > C
Eth: 47726. CP: 81.2%

| | | | |
|---|---|---|---|
| Keith Best | C | 15100 | 39.0% |
| D Elystan Morgan | Llaf | 12283 | 31.7% |
| John L Williams | PC | 7863 | 20.3% |
| J G Jones | Rh | 3500 | 9.0% |
| | | 2817 | 7.3% |

## Ogwr                                 Llaf
Eth: 70156. CP: 79.7%

| | | | |
|---|---|---|---|
| Ray Powell | Llaf | 29867 | 53.4% |
| Leslie Walters | C | 13780 | 24.6% |
| Mrs Jenny Gibbs | Rh | 9812 | 17.6% |
| Dafydd Jones | PC | 2450 | 4.4% |
| | | 16087 | 28.8% |

## Penfro                                 C
Eth: 76268. CP: 81.3%

| | | | |
|---|---|---|---|
| Gwir Anrh. Nicholas Edwards | C | 30483 | 49.2% |
| Alun Evans | Llaf | 23015 | 37.1% |
| Richard Livsey | Rh | 6249 | 10.1% |
| Ronald Dawe | PC | 1573 | 2.5% |
| B Kingzett | Ecol | 694 | 1.1% |
| | | 7468 | 12.1% |

## Pontypridd                               Llaf
Eth: 75050. CP: 78.1%

| | | | |
|---|---|---|---|
| Brynmor John | Llaf | 32801 | 56.0% |
| Michael Clay | C | 17114 | 29.2% |
| H Penri-Williams | Rh | 6228 | 10.6% |
| Alun A Roberts | PC | 2200 | 3.7% |
| R G Davies | NF | 263 | 0.5% |
| | | 15687 | 26.8%. |

## Pontypŵl                                 Llaf
Eth: 57187. CP: 78.4%

| | | | |
|---|---|---|---|
| Leo Abse | Llaf | 27751 | 61.9% |
| Thomas Sackville | C | 10383 | 23.2% |
| Robert Mathias | Rh | 5508 | 12.3% |
| William Hyde | PC | 1169 | 2.6% |
| | | 17368 | 38.7% |

## Y Rhondda                               Llaf
Eth: 63412. CP: 79.8%

| | | | |
|---|---|---|---|
| Gwir Anrh. Alec Jones | Llaf | 38007 | 75.1% |
| Peter Leyshon | C | 6526 | 12.9% |
| Glyn James | PC | 4226 | 8.4% |
| Arthur True | Com | 1819 | 3.6% |
| | | 31481 | 62.2% |

## Trefaldwyn                              Rh > C
Eth: 35786. CP: 81.4%

| | | | |
|---|---|---|---|
| Delwyn Williams | C | 11751 | 40.3% |
| Emlyn Hooson | Rh | 10158 | 34.9% |
| John Price | Llaf | 4751 | 16.3% |
| Carl Clowes | PC | 2474 | 8.5% |
| | | 1593 | 5.4% |

## Trefynwy                                C
Eth: 80085. CP: 82.7%

| | | | |
|---|---|---|---|
| J Stradling Thomas | C | 33547 | 50.6% |
| T M Steele | Llaf | 23785 | 35.9% |
| David Hando | Rh | 8294 | 12.5% |
| Gwyn Williams | PC | 641 | 1.0% |
| | | 9762 | 14.7% |

## Wrecsam                                Llaf
Eth: 78771. CP: 78.4%

| | | | |
|---|---|---|---|
| Tom Ellis | Llaf | 30405 | 49.2% |
| R Graham-Palmer | C | 18256 | 29.6% |
| Martin Thomas | Rh | 11389 | 18.4% |
| Hywel Roberts | PC | 1740 | 2.8% |
| | | 12149 | 19.6% |

# Is-Etholiad 1982

## Gŵyr                                Llaf
16/9/1982
Ar farwolaeth Ifor Davies / *On the death of Ifor Davies*
Eth:60123. CP: 65.4%

| | | | |
|---|---|---|---|
| Gareth Wardell | Llaf | 17095 | 43.5% |
| Gwynoro Jones | Cyng/DC | 9875 | 25.1% |
| Trefor Llewellyn | C | 8690 | 22.1% |
| D Ieuan Owen | PC | 3431 | 8.7% |
| J Donovan | Ann | 125 | 0.3% |
| D Burns | Ann | 103 | 0.3% |
| | | 7220 | 18.4% |

|       | P       | CP    | CPP   | S  |
|-------|---------|-------|-------|----|
| Llaf  | 603858  | 37.5% | 27.6% | 20 |
| C     | 499310  | 31.0% | 42.4% | 14 |
| Rh/DC | 373358  | 23.2% | 25.4% | 2  |
| PC    | 125309  | 7.8%  |       | 2  |
| Ecol  | 3510    | 0.2%  |       |    |
| Com   | 2015    | 0.1%  |       |    |
| Ann   | 1216    | 0.1%  |       |    |
| WRP   | 256     |       |       |    |
| BNP   | 154     |       |       |    |
|       | ====    |       |       |    |
|       | 1608986 |       |       |    |

Llywodraeth Geidwadol/*Conservative Government*
PW/*PM*    Margaret Thatcher

etholiad cyffredinol

# 1983

## general election

9 Mehefin
9 June

### Aberafan — **Llaf**

Eth: 53443. CP: 75.6% (64.2% Aberafan / 35.8% Pen-y-bont ar Ogwr)

| | | | |
|---|---|---|---|
| Gwir Anrh. John Morris | Llaf | 23745 | 58.8% |
| Mrs Sheila Cutts | Cyng/Rh | 8206 | 20.3% |
| George Bailey | C | 6605 | 16.3% |
| Glenn Phillips | PC | 1859 | 4.6% |
| | | 15539 | 38.5% |

### Abertawe – Dwyrain/*East* — **Llaf**

Eth: 57285. CP: 71.5%

| | | | |
|---|---|---|---|
| Donald Anderson | Llaf | 22297 | 54.4% |
| Martyn Shrewsbury | Cyng/Rh | 8762 | 21.4% |
| Nicholas O'Shaugnessy | C | 8080 | 19.7% |
| Clive Reid | PC | 1531 | 3.8% |
| W R Jones | Com | 294 | 0.7% |
| | | 13535 | 33.0% |

### Abertawe – Gorllewin/*West* — **Llaf**

Eth: 58237. CP: 73.5%

| | | | |
|---|---|---|---|
| Gwir Anrh. Alan Williams | Llaf | 18042 | 42.1% |
| Julian Lewis | C | 15692 | 36.6% |
| Peter G Sain ley Berry | Cyng/DC | 8036 | 18.8% |
| Meirion Pennar | PC | 795 | 1.9% |
| B Oubridge | Ecol | 265 | 0.6% |
| | | 2350 | 5.5% |

### Alyn a Glannau Dyfrdwy — **Llaf**

Eth: 56618. CP: 78.1% (94% D. Fflint / 6.0% Wrecsam)

| | | | |
|---|---|---|---|
| Barry Jones | Llaf | 17806 | 40.3% |
| Simon Burns | C | 16438 | 37.2% |
| Eric C Owen | Cyng/DC | 9535 | 21.6% |
| Alun Shore | PC | 413 | 0.9% |
| | | 1368 | 3.1% |

### Blaenau Gwent — **Llaf**

Eth: 55948. CP: 76.9% (53.8% Glynebwy / 38.5% Abertyleri / 7.8% Brycheiniog a Maesyfed)

| | | | |
|---|---|---|---|
| Gwir Anrh. Michael Foot | Llaf | 30113 | 69.9% |
| Gareth Atkinson | Cyng/Rh | 6488 | 15.1% |
| Talmai Morgan | C | 4816 | 11.2% |
| Stephen Morgan | PC | 1624 | 3.8% |
| | | 23625 | 54.8% |

### Bro Morgannwg — **C**

Eth: 62885. CP: 74.2% (76.8% Barry / 23.2% Pontypridd)

| | | | |
|---|---|---|---|
| Syr Raymond Gower | C | 22421 | 48.0% |
| Michael Sharp | Llaf | 12028 | 25.8% |
| Alan Evans | Cyng/DC | 11154 | 23.9% |
| John Dixon | PC | 1068 | 2.3% |
| | | 10393 | 22.2% |

### Brycheiniog a Maesyfed — **C**

Eth: 47277. CP: 80.1%

| | | | |
|---|---|---|---|
| Tom Hooson | C | 18255 | 48.2% |
| Parch. David Morris | Llaf | 9471 | 25.0% |
| Richard Livsey | Cyng/Rh | 9226 | 24.4% |
| Miss Siân Meredudd | PC | 640 | 1.7% |
| Richard Booth | Ann | 278 | 0.7% |
| | | 8784 | 23.2% |

### Caerdydd – Canol/*Central* — **C**

Eth: 53815. CP: 72.1% (78.2% G. Caerdydd / 21.8% D. Dd. Caerdydd )

| | | | |
|---|---|---|---|
| Ian Grist | C | 16090 | 41.4% |
| Michael German | Cyng/Rh | 12638 | 32.6% |
| Raymond Davies | Llaf | 9387 | 24.2% |
| Paul Morgan | PC | 704 | 1.8% |
| | | 3452 | 8.8% |

### Caerdydd – De a Phenarth/*South and Penarth* — **Llaf**

Eth: 59520. CP: 71.0% (68.1% D. Dd Caerdydd /30.1% Y Barri /1.6% Trefynwy)

| | | | |
|---|---|---|---|
| Gwir Anrh. James Callaghan | Llaf | 17448 | 41.3% |
| David Tredinnick | C | 15172 | 35.9% |
| Winston Roddick | Cyng/Rh | 8816 | 20.8% |
| Miss Siân Edwards | PC | 673 | 1.6% |
| B T Lewis | Ann | 165 | 0.4% |
| | | 2276 | 5.4% |

### Caerdydd – Gogledd/*North* — **C**

Eth: 53377. CP: 77.3% (82.2% G. O. Caerdydd / 8.7% G. Caerdydd / 7.0% Y Barri/ 2.1% Trefynwy)

| | | | |
|---|---|---|---|
| Gwilym Jones | C | 19433 | 47.1% |
| Anthony Jeremy | Cyng/DC | 12585 | 30.5% |
| Miss Jane Hutt | Llaf | 8256 | 20.0% |
| Dr Dafydd Huws | PC | 974 | 2.4% |
| | | 6848 | 16.6% |

### Caerdydd – Gorllewin/*West* — **Llaf > C**

Eth: 58538. CP: 69.6%

| | | | |
|---|---|---|---|
| Stefan Terlezki | C | 15472 | 37.9% |
| David Seligman | Llaf | 13698 | 33.6% |
| Jeffrey Thomas | Cyng/DC | 10388 | 25.5% |
| Meurig Parri | PC | 848 | 2.1% |
| G Jones | Ecol | 352 | 0.9% |
| | | 1774 | 4.3% |

### Caerfyrddin — **Llaf**

Eth: 63468. CP: 82.1%

| | | | |
|---|---|---|---|
| Dr Roger Thomas | Llaf | 16459 | 31.6% |
| Nigel Thomas | C | 15305 | 29.4% |
| Dr Gwynfor Evans | PC | 14099 | 27.0% |
| Mrs Joan Colin | Cyng/DC | 5737 | 11.0% |
| B Kingzett | Ecol | 374 | 0.7% |
| C Grice | BNP | 154 | 0.3% |
| | | 1154 | 2.2% |

## Caerffili — Llaf

Eth: 63479. CP: 74.5% (79.1% Caeffili / 19.7% Bedwellte / 1.2% Y Barri)

| Ron Davies | Llaf | 21570 | 45.6% |
|---|---|---|---|
| Anthony Lambert | Cyng/Rh | 10017 | 21.2% |
| Charles Welby | C | 9295 | 19.6% |
| Lindsay Whittle | PC | 6414 | 13.6% |
| | | 11553 | 24.4% |

## Caernarfon — PC

Eth: 44147. CP: 78.6%

| Dafydd Wigley | PC | 18308 | 52.7% |
|---|---|---|---|
| Dennis Jones | C | 7319 | 21.1% |
| Mrs Betty Williams | Llaf | 6736 | 19.4% |
| Gwyn Griffiths | Cyng/Rh | 2356 | 6.8% |
| | | 10989 | 31.6% |

## Castell-nedd — Llaf

Eth: 55272. CP: 76.5% (72.1% Castell-nedd / 27.9% Gŵyr)

| Donald Coleman | Llaf | 22670 | 53.6% |
|---|---|---|---|
| Keith Davies | Cyng/DC | 9066 | 21.4% |
| Richard Buckley | C | 7350 | 17.4% |
| D Ieuan Owen | PC | 3046 | 7.2% |
| J Donovan | Ann | 150 | 0.4% |
| | | 13604 | 32.2% |

## Casnewydd – Dwyrain/East — Llaf

Eth: 52503. CP: 76.6% (73.3% Casnewydd / 26.7% Trefynwy)

| Roy Hughes | Llaf | 15931 | 39.6% |
|---|---|---|---|
| Roy Thomason | C | 13301 | 33.1% |
| Mrs. Frances David | Cyng/DC | 10293 | 25.6% |
| David Thomas | PC | 697 | 1.7% |
| | | 2630 | 6.5% |

## Casnewydd – Gorllewin/West — C

Eth: 54125. CP: 77.5% (70.3% Casnewydd / 29.7% Trefynwy)

| Mark Robinson | C | 15948 | 38.0% |
|---|---|---|---|
| Bryan Davies | Llaf | 15367 | 36.6% |
| Whitney Jones | Cyng/Rh | 10163 | 24.2% |
| Dennis Watkins | PC | 477 | 1.2% |
| | | 581 | 1.4% |

## Ceredigion a Gogledd Penfro* — Cyng/Rh

Eth: 60523. CP: 77.8% (Ceredigion 79.7% / 20.3% Penfro)

| Geraint Howells | Cyng/Rh | 19677 | 41.8% |
|---|---|---|---|
| Tom Raw-Rees | C | 14038 | 29.8% |
| Eric Hughes | Llaf | 6840 | 14.6% |
| Cynog Dafis | PC | 6072 | 12.9% |
| Miss Marilyn Smith | Ecol | 431 | 0.9% |
| | | 5639 | 12.0% |

*Sedd newydd / new seat*

## Clwyd – De-Orllewin/South-West — C

Eth: 55792. CP: 77.3% (52.1% Dinbych / 42.3% Wrecsam / 5.6% Meirionnydd)

| Robert Harvey | C | 14575 | 33.8% |
|---|---|---|---|
| Tom Ellis | Cyng/DC | 13024 | 30.2% |
| Dennis Carter | Ll | 11829 | 27.4% |
| Toni Schiavone | PC | 3684 | 8.6% |
| | | 1551 | 3.6% |

## Clwyd – Gogledd-Orllewin/North-West — C

Eth: 62503. CP: 73.1% (55.0% Dinbych / 45.0% G. Fflint)

| Syr Anthony Meyer | C | 23283 | 51.0% |
|---|---|---|---|
| James Lewis | Cyng/Rh | 13294 | 29.1% |
| Ian Campbell | Llaf | 7433 | 16.3% |
| Manon Rhys | PC | 1669 | 3.6% |
| | | 9989 | 21.9% |

## Conwy — C

Eth: 51567. CP: 76.4%

| Wyn Roberts | C | 16413 | 41.7% |
|---|---|---|---|
| Y Parch. Roger Roberts | Cyng/Rh | 12145 | 30.8% |
| Ira Walters | Llaf | 6731 | 17.1% |
| Dafydd Iwan | PC | 4105 | 10.4% |
| | | 4268 | 10.9% |

## Cwm Cynon — Llaf

Eth: 50284. CP: 73.4% (93.7% Aberdâr / 4.1% Brycheiniog a Maesyfed / 2.2% Castell-nedd)

| Ioan Evans | Llaf | 20668 | 56.0% |
|---|---|---|---|
| Felix Aubel | Cyng/DC | 7594 | 20.6% |
| James Arbuthnot | C | 5240 | 14.2% |
| Mrs Pauline Jarman | PC | 3421 | 9.2% |
| | | 13074 | 35.4% |

## Delyn* — C

Eth: 62483. CP: 77.8% (69.5% G. Fflint / 30.5% D. Fflint )

| Keith Raffan | C | 20242 | 41.6% |
|---|---|---|---|
| James Colbert | Llaf | 14298 | 29.4% |
| John Parry | Cyng/Rh | 12545 | 25.8% |
| Haydn Huws | PC | 1558 | 3.2% |
| | | 5944 | 12.2% |

*Sedd newydd / new seat*

## Gŵyr — Llaf

Eth: 56693. CP: 78.7% (78.9% Gŵyr / 21.1% G. Abertawe)

| Gareth Wardell | Llaf | 16972 | 38.1% |
|---|---|---|---|
| Dr Tom Kenyon | C | 15767 | 35.3% |
| Gwynoro Jones | Cyng/DC | 10416 | 23.4% |
| Nigel Williams | PC | 1444 | 3.2% |
| | | 1205 | 2.8% |

## Islwyn — **Llaf**
Eth: 50261. CP: 77.7% (71.1% Bedwellte / 27.2% Abertyleri / 1.7% Casnewydd)

| | | | |
|---|---|---|---|
| Gwir Anrh. Neil Kinnock | Llaf | 23183 | 59.4% |
| David Johnson | Cyng/DC | 8803 | 22.5% |
| Michael Bevan | C | 5511 | 14.1% |
| Aneurin Richards | PC | 1574 | 4.0% |
| | | 14380 | 36.9% |

## Llanelli — **Llaf**
Eth: 63826. CP: 75.4%

| | | | |
|---|---|---|---|
| Gwir Anrh. Denzil Davies | Llaf | 23207 | 48.2% |
| Nicholas Kennedy | C | 9601 | 19.9% |
| Kenneth Rees | Cyng/Rh | 9076 | 18.9% |
| Hywel Teifi Edwards | PC | 5880 | 12.2% |
| R E Hitchon | Com | 371 | 0.8% |
| | | 13606 | 28.3% |

## Meirionnydd Nant Conwy — **PC**
Eth: 30459. CP: 81.3% (80.4% Meirionnydd / 10.0% Conwy / 9.5% Dinbych)

| | | | |
|---|---|---|---|
| Dafydd Elis Thomas | PC | 9709 | 39.2% |
| David Lloyd | C | 7066 | 28.5% |
| David Roberts | Cyng/DC | 4254 | 17.2% |
| Glyn Williams | Llaf | 3735 | 15.1% |
| | | 2643 | 10.7% |

## Merthyr Tudful a Rhymni — **Llaf**
Eth: 59486. CP: 72.5% (67.6% Merthyr Tudful / 13.7% Caerffili / 9.5% Glynebwy / 5.1% Bedwellte / 4.1% Brycheiniog a Maesyfed)

| | | | |
|---|---|---|---|
| Ted Rowlands | Llaf | 29053 | 67.3% |
| Philip Owen | Cyng/Rh | 6323 | 14.7% |
| Richard Blausten | C | 5449 | 12.6% |
| Gerald Howells | PC | 2058 | 4.8% |
| T Gould | WRP | 256 | 0.6% |
| | | 22730 | 52.6% |

## Ogwr — **Llaf**
Eth: 51378. CP: 76.9% (83.1% Ogwr / 16.9% Pontypridd)

| | | | |
|---|---|---|---|
| Ray Powell | Llaf | 23390 | 59.2% |
| John Parsons | Cyng/Rh | 6026 | 15.3% |
| Richard O'Sullivan | C | 5806 | 14.7% |
| Edward Merriman | PC | 3124 | 7.9% |
| Dr Noel Thomas | Ecol | 1161 | 2.9% |
| | | 17364 | 44.0% |

## Penfro — **C**
Eth: 67885. CP: 78.1%

| | | | |
|---|---|---|---|
| Gwir Anrh. Nicholas Edwards | C | 24860 | 46.9% |
| Alan Griffiths | Llaf | 15504 | 29.2% |
| John Pullin | Cyng/DC | 10983 | 20.7% |
| Ozi Osmond | PC | 1073 | 2.0% |
| D Hoffman | Ecol | 478 | 0.9% |
| G S Phillips | Ann | 136 | 0.3% |
| | | 9356 | 17.7% |

## Pen-y-bont ar Ogwr* — **C**
Eth: 53918. CP: 77.0% (55.6% Ogwr / 44.4% Aberafan)

| | | | |
|---|---|---|---|
| Peter Hubbard-Miles | C | 15950 | 38.4% |
| Alan Fellows | Llaf | 14623 | 35.2% |
| Russell Smart | Cyng/DC | 9630 | 23.2% |
| Keith Bush | PC | 1312 | 3.2% |
| | | 1327 | 3.2% |

*Sedd newydd / *new seat*

## Pontypridd — **Llaf**
Eth: 60882. CP: 72.7%

| | | | |
|---|---|---|---|
| Brynmor John | Llaf | 20188 | 45.6% |
| Richard Langridge | Cyng/DC | 11444 | 25.8% |
| Richard Evans | C | 10139 | 22.9% |
| Mrs Janet Davies | PC | 2065 | 4.7% |
| A K Jones | Ecol | 449 | 1.0% |
| | | 8744 | 19.8% |

## Rhondda, Y — **Llaf**
Eth: 62587. CP: 76.2%

| | | | |
|---|---|---|---|
| Allan Rogers | Llaf | 29448 | 61.7% |
| Allan Lloyd | Cyng/DC | 8078 | 17.0% |
| Geraint Davies | PC | 4845 | 10.2% |
| Peter Meyer | C | 3973 | 8.3% |
| Arthur True | Com | 1350 | 2.8% |
| | | 21370 | 44.7% |

## Torfaen — **Llaf**
Eth: 58739. CP: 74.4% (99.6% Pontypŵl)

| | | | |
|---|---|---|---|
| Leo Abse | Llaf | 20678 | 47.3% |
| Graham Blackburn | Cyng/Rh | 12393 | 28.3% |
| Peter Martin | C | 9751 | 22.3% |
| Mrs Phyllis Cox | PC | 896 | 2.1% |
| | | 8285 | 19.0% |

## Trefaldwyn — **C > Cyng/Rh**
Eth: 37474. CP: 79.2%

| | | | |
|---|---|---|---|
| Alex Carlile | Cyng/Rh | 12863 | 43.4% |
| Delwyn Williams | C | 12195 | 41.1% |
| Joe Wilson | Llaf | 2550 | 8.6% |
| Carl Clowes | PC | 1585 | 5.3% |
| D W L Rowlands | Ann | 487 | 1.6% |
| | | 668 | 2.3% |

## Trefynwy — **C**
Eth: 56112. CP: 78.8%

| | | | |
|---|---|---|---|
| J Stradling-Thomas | C | 21746 | 49.2% |
| Clive Lindley | Cyng/DC | 12403 | 28.0% |
| Christopher Short | Llaf | 9593 | 21.7% |
| Gwyn Williams | PC | 493 | 1.1% |
| | | 9343 | 21.1% |

### Wrecsam

Eth: 60707. CP: 77.5%

| | | | **Llaf** |
|---|---|---|---|
| Dr John Marek | Llaf | 16120 | 34.3% |
| Mrs Kay Wood | C | 15696 | 33.4% |
| Martin Thomas | Cyng/Rh | 13974 | 29.7% |
| John Thomas | PC | 1239 | 2.6% |
| | | 424 | 0.9% |

### Ynys Môn

Eth: 50359. CP: 79.6%

| | | | **C** |
|---|---|---|---|
| Keith Best | C | 15017 | 37.5% |
| Ieuan Wyn Jones | PC | 13333 | 33.3% |
| Tudor Williams | C | 6791 | 16.9% |
| David Thomas | Cyng/DC | 4947 | 12.3% |
| | | 1684 | 4.2% |

# Is-Etholiadau 1983-7

### Cwm Cynon

3/5/1984
Ar farwolaeth Ioan Evans / *On the death of Ioan Evans*
Eth: 50237. CP: 65.7%

| | | | **Llaf** |
|---|---|---|---|
| Mrs Ann Clwyd (Roberts) | Llaf | 19389 | 58.8% |
| Felix Aubel | Cyng/DC | 6554 | 19.9% |
| Clayton Jones | PC | 3619 | 11.0% |
| James Arbuthnot | C | 2441 | 7.4% |
| Mary Winter | Com | 642 | 1.9% |
| N Rencontre | W. Ann | 215 | 0.6% |
| P Nicholls-Jones | Ann | 122 | 0.4% |
| | | 12835 | 38.9% |

### Brycheiniog a Maesyfed

4/7/1985
Ar farwolaeth Tom Hooson / *On the death of Tom Hooson*
Eth: 48371. CP: 79.4%

| | | | **C > Cyng/Rh** |
|---|---|---|---|
| Richard Livsey | Cyng/Rh | 13753 | 35.8% |
| Richard Willey | Llaf | 13194 | 34.4% |
| C J Butler | C | 10631 | 27.7% |
| Mrs Janet Davies | PC | 435 | 1.1% |
| D Sutch | L | 202 | 0.5% |
| R Everest | Ann | 154 | 0.4% |
| A Genillard | Ann | 43 | 0.1% |
| | | 559 | 1.4% |

*Ann Clwyd*

# JIM CALLAGHAN

# LABOUR

| | P | CP | CPP | S |
|------|--------|-------|-------|----|
| Llaf | 765209 | 45.1% | 30.8% | 24 |
| C | 501316 | 29.5% | 42.3% | 8 |
| Rh/DC | 304230 | 17.9% | 22.5% | 3 |
| PC | 123599 | 7.3% | | 3 |
| G | 2221 | | | |
| Ann | 652 | | | |
| Com | 869 | | | |
| | ==== | | | |
| | 1698096 | | | |

Llywodraeth Geidwadol/*Conservative Government*
PW/*PM*   Margaret Thatcher (-11/1990)
          John Major

## etholiad cyffredinol
# 1987
## general election

11 Mehefin
11 June

## Aberafan
Eth: 52280. CP: 77.7%

| | | | | Llaf |
|---|---|---|---|---|
| Gwir Anrh. John Morris | Llaf | 27126 | 66.8% | |
| Mrs Marilyn Harris | C | 6517 | 16.0% | |
| Paul Warrick | Cyng/Rh | 5861 | 14.4% | |
| Miss Anne Howells | PC | 1124 | 2.8% | |
| | | 20609 | 50.8% | |

## Abertawe – Dwyrain/*East*
Eth: 57200. CP: 75.4%

| | | | | Llaf |
|---|---|---|---|---|
| Donald Anderson | Llaf | 27478 | 63.7% | |
| Richard Lewis | C | 8140 | 18.9% | |
| Y Parch. D Wynford Thomas | Cyng/Rh | 6380 | 14.8% | |
| Clive Reid | PC | 1145 | 2.7% | |
| | | 19338 | 44.8% | |

## Abertawe – Gorllewin/*West*
Eth: 59836. CP: 76.1%

| | | | | Llaf |
|---|---|---|---|---|
| Gwir Anrh. Alan Williams | Llaf | 22089 | 48.6% | |
| Nigel Evans | C | 15027 | 33.0% | |
| Martyn Ford | Cyng/Rh | 7019 | 15.4% | |
| Nigel Williams | PC | 902 | 2.0% | |
| Mrs Julie Harman | G | 469 | 1.0% | |
| | | 7062 | 15.6% | |

## Alyn a Glannau Dyfrdwy
Eth: 58373. CP: 80.9%

| | | | | Llaf |
|---|---|---|---|---|
| Barry Jones | Llaf | 22916 | 48.6% | |
| Nick Twilley | C | 16533 | 35.0% | |
| Eric Owen | Cyng/DC | 7273 | 15.4% | |
| John Rogers | PC | 478 | 1.0% | |
| | | 6383 | 13.6% | |

## Blaenau Gwent
Eth: 56011. CP: 77.2%

| | | | | Llaf |
|---|---|---|---|---|
| Gwir Anrh. Michael Foot | Llaf | 32820 | 75.9% | |
| Andrew Taylor | C | 4959 | 11.5% | |
| David McBride | Cyng/Rh | 3847 | 8.9% | |
| Stephen Morgan | PC | 1621 | 3.7% | |
| | | 27861 | 64.4% | |

## Bro Morgannwg
Eth: 65310. CP: 79.3%

| | | | | C |
|---|---|---|---|---|
| Syr Raymond Gower | C | 24229 | 46.8% | |
| John Smith | Llaf | 17978 | 34.7% | |
| Keith Davies | Cyng/DC | 8633 | 16.7% | |
| Penri Williams | PC | 946 | 1.8% | |
| | | 6251 | 12.1% | |

## Brycheiniog a Maesyfed
Eth: 49410. CP: 84.3%

| | | | | Cyng/Rh |
|---|---|---|---|---|
| Richard Livsey | Cyng/Rh | 14509 | 34.8% | |
| Jonathan Evans | C | 14453 | 34.7% | |
| Richard Willey | Llaf | 12180 | 29.2% | |
| John H Davies | PC | 535 | 1.3% | |
| | | 56 | 0.1% | |

## Caerdydd – Canol/*Central*
Eth: 52980. CP: 77.6%

| | | | | C |
|---|---|---|---|---|
| Ian Grist | C | 15241 | 37.1% | |
| Jon O Jones | Llaf | 13255 | 32.3% | |
| Michael German | Cyng/Rh | 12062 | 29.3% | |
| Dr Siân Caiach | PC | 535 | 1.3% | |
| | | 1986 | 4.8% | |

## Caerdydd – De a Phenarth/*South and Penarth*
Eth: 58714. CP: 76.4%

| | | | | Llaf |
|---|---|---|---|---|
| Alun Michael | Llaf | 20956 | 46.8% | |
| Gareth Neale | C | 16382 | 36.5% | |
| Mrs Jenny Randerson | Cyng/Rh | 6900 | 15.4% | |
| Mrs Siân Edwards | PC | 599 | 1.3% | |
| | | 4574 | 10.3% | |

## Caerdydd – Gogledd/*North*
Eth: 54704. CP: 81.0%

| | | | | C |
|---|---|---|---|---|
| Gwilym Jones | C | 20061 | 45.3% | |
| Stephen Tarbet | Llaf | 11827 | 26.7% | |
| Anthony Jeremy | Cyng/Rh | 11725 | 26.5% | |
| Mrs Eluned Bush | PC | 692 | 1.5% | |
| | | 8234 | 18.6% | |

## Caerdydd – Gorllewin/*West*
Eth: 57363. CP: 77.8%

| | | | | C > Llaf |
|---|---|---|---|---|
| Rhodri Morgan | Llaf | 20329 | 45.5% | |
| Stefan Terlezki | C | 16284 | 36.5% | |
| Geoffrey Drake | Cyng/DC | 7300 | 16.4% | |
| Peter Keelan | PC | 736 | 1.6% | |
| | | 4045 | 9.0% | |

## Caerfyrddin
Eth: 65315. CP: 82.8%

| | | | | Llaf |
|---|---|---|---|---|
| Dr Alan W Williams | Llaf | 19128 | 35.4% | |
| Rod Richards | C | 14811 | 27.4% | |
| Hywel Teifi Edwards | PC | 12457 | 23.0% | |
| Gwynoro Jones | Cyng/DC | 7203 | 13.3% | |
| G E Oubridge | G | 481 | 0.9% | |
| | | 4317 | 8.0% | |

CONSERVATIVE
CEIDWADWR

ROD RICHARDS
THIS TIME  Y TRO HWN

vote [X]
RICHARDS, Rod
conservative

## Caerffili
Eth: 64154. CP: 76.5%

| | | | Llaf |
|---|---|---|---|
| Ron Davies | Llaf | 28698 | 58.4% |
| Michael Powell | C | 9531 | 19.4% |
| Mike Butlin | Cyng/Rh | 6923 | 14.1% |
| Lindsay Whittle | PC | 3955 | 8.1% |
| | | 19167 | 39.0% |

## Caernarfon
Eth: 45661. CP: 78.0%

| | | | PC |
|---|---|---|---|
| Dafydd Wigley | PC | 20338 | 57.1% |
| Felix Aubel | C | 7526 | 21.1% |
| D Rhys Williams | Llaf | 5652 | 15.9% |
| John Parsons | Cyng/Rh | 2103 | 5.9% |
| | | 12812 | 36.0% |

## Castell-nedd
Eth: 55261. CP: 78.8%

| | | | Llaf |
|---|---|---|---|
| Donald Coleman | Llaf | 27612 | 63.4% |
| Martin Howe | C | 7034 | 16.1% |
| John Warman | Cyng/DC | 6132 | 14.1% |
| Huw John | PC | 2792 | 6.4% |
| | | 20578 | 47.3% |

## Casnewydd – Dwyrain/East
Eth: 52375. CP: 79.8%

| | | | Llaf |
|---|---|---|---|
| Roy Hughes | Llaf | 20518 | 49.1% |
| Graham Webster-Gardiner | C | 13454 | 32.2% |
| Mrs Frances David | Cyng/DC | 7383 | 17.6% |
| Gareth Butler | PC | 458 | 1.1% |
| | | 7064 | 16.9% |

## Casnewydd – Gorllewin/West
Eth: 55455. CP: 81.8%

| | | | C > Llaf |
|---|---|---|---|
| Paul Flynn | Llaf | 20887 | 46.1% |
| Mark Robinson | C | 18179 | 40.1% |
| Winston Roddick | Cyng/Rh | 5903 | 13.0% |
| Digby Bevan | PC | 377 | 0.8% |
| | | 2708 | 6.0% |

## Ceredigion a Gogledd Penfro
Eth: 63141. CP: 76.5%

| | | | Cyng/Rh |
|---|---|---|---|
| Geraint Howells | Cyng/Rh | 17683 | 36.6% |
| O J Williams | C | 12983 | 26.9% |
| John R Davies | Llaf | 8965 | 18.6% |
| Cynog Dafis | PC | 7848 | 16.2% |
| Mrs Marilyn Wakefield | G | 821 | 1.7% |
| | | 4700 | 9.7% |

## Clwyd – De-Orllewin/South-West
Eth: 58106. CP: 81.1%

| | | | C > Llaf |
|---|---|---|---|
| Martyn Jones | Llaf | 16701 | 35.4% |
| Robert Harvey | C | 15673 | 33.2% |
| Tom Ellis | Cyng/DC | 10778 | 22.9% |
| Eifion Lloyd Jones | PC | 3987 | 8.5% |
| | | 1028 | 2.2% |

## Clwyd – Gogledd-Orllewin/North-West
Eth: 66118. CP: 75.2%

| | | | C |
|---|---|---|---|
| Syr Anthony Meyer | C | 24116 | 48.5% |
| Keith Thomas | Llaf | 12335 | 24.8% |
| Gwyn Griffiths | Cyng/Rh | 11279 | 22.7% |
| Karl Davies | PC | 1966 | 4.0% |
| | | 11781 | 23.7% |

## Conwy
Eth: 52294. CP: 77.8%

| | | | C |
|---|---|---|---|
| Gwir Anrh. Wyn Roberts | C | 15730 | 38.7% |
| Parch. Roger Roberts | Cyng/Rh | 12706 | 31.2% |
| Mrs Betty Williams | Llaf | 9049 | 22.3% |
| Rhodri Davies | PC | 3177 | 7.8% |
| | | 3024 | 7.5% |

## Cwm Cynon
Eth: 49621. CP: 76.7%

| | | | Llaf |
|---|---|---|---|
| Mrs Ann Clwyd (Roberts) | Llaf | 26222 | 68.9% |
| Keith Butler | Cyng/DC | 4651 | 12.2% |
| Mark Bishop | C | 4638 | 12.2% |
| Mrs Dorothy Richards | PC | 2549 | 6.7% |
| | | 21571 | 56.7% |

## Delyn          C
Eth: 63915. CP: 82.1%

| | | | |
|---|---|---|---|
| Keith Raffan | C | 21728 | 41.4% |
| David Hanson | Llaf | 20504 | 39.1% |
| David Evans | Cyng/Rh | 8913 | 17.0% |
| David Owen | PC | 1339 | 2.5% |
| | | 1224 | 2.3% |

## Gŵyr          Llaf
Eth: 58871. CP: 80.7%

| | | | |
|---|---|---|---|
| Gareth Wardell | Llaf | 22138 | 46.6% |
| Gerald Price | C | 16374 | 34.5% |
| Owen Elliott | Cyng/DC | 7645 | 16.1% |
| Jonathan Edwards | PC | 1341 | 2.8% |
| | | 5764 | 12.1% |

## Islwyn          Llaf
Eth: 50414. CP: 80.4%

| | | | |
|---|---|---|---|
| Gwir Anrh. Neil Kinnock | Llaf | 28901 | 71.3% |
| John Twitchen | C | 5954 | 14.7% |
| Miss Jacqui Gasson | Cyng/DC | 3746 | 9.2% |
| Aneurin Richards | PC | 1932 | 4.8% |
| | | 22947 | 56.6% |

## Llanelli          Llaf
Eth: 63775. CP: 78.2%

| | | | |
|---|---|---|---|
| Gwir Anrh. Denzil Davies | Llaf | 29506 | 59.1% |
| Philip Circus | C | 8571 | 17.2% |
| Martyn Shrewsbury | Cyng/Rh | 6714 | 13.5% |
| Adrian Price | PC | 5088 | 10.2% |
| | | 20935 | 41.9% |

## Meirionnydd Nant Conwy          PC
Eth: 32214. CP: 80.6%

| | | | |
|---|---|---|---|
| Dafydd Elis Thomas | PC | 10392 | 40.0% |
| Dennis T Jones | C | 7366 | 28.3% |
| Hugh G Roberts | Llaf | 4397 | 16.9% |
| David L Roberts | Cyng/DC | 3814 | 14.8% |
| | | 3026 | 11.7% |

## Merthyr Tudful a Rhymni          Llaf
Eth: 58285. CP: 76.2%

| | | | |
|---|---|---|---|
| Ted Rowlands | Llaf | 33477 | 75.4% |
| Nicholas Walters | C | 5270 | 11.9% |
| Peter Verma | Cyng/Rh | 3573 | 8.0% |
| Mrs Janet Davies | PC | 2085 | 4.7% |
| | | 28207 | 63.5% |

## Ogwr          Llaf
Eth: 51631. CP: 79.5%

| | | | |
|---|---|---|---|
| Ray Powell | Llaf | 28462 | 69.4% |
| Michael Barratt | C | 6170 | 15.0% |
| Mair James | Cyng/DC | 3954 | 9.6% |
| John G Jones | PC | 1791 | 4.4% |
| T H Spence | Ann | 652 | 1.6% |
| | | 22292 | 54.4% |

## Penfro          C
Eth: 70358. CP: 80.8%

| | | | |
|---|---|---|---|
| Nicholas Bennett | C | 23314 | 41.0% |
| Bryan J Rayner | Llaf | 17614 | 31.0% |
| Patrick Jones | Cyng/Rh | 14832 | 26.1% |
| Ozi Osmond | PC | 1119 | 1.9% |
| | | 5700 | 10.0% |

## Pen-y-bont ar Ogwr          C > Llaf
Eth: 57163. CP: 80.6%

| | | | |
|---|---|---|---|
| Win Griffiths | Llaf | 21893 | 47.5% |
| Peter Hubbard-Miles | C | 17513 | 38.0% |
| Russell Smart | Cyng/DC | 5590 | 12.2% |
| Miss Laura McAllister | PC | 1065 | 2.3% |
| | | 4380 | 9.5% |

## Pontypridd          Llaf
Eth: 61105. CP: 76.8%

| | | | |
|---|---|---|---|
| Brynmor John | Llaf | 26422 | 56.3% |
| Desmond Swayne | C | 9135 | 19.5% |
| P Sain-Ley-Berry | Cyng/DC | 8865 | 18.9% |
| Delme Bowen | PC | 2498 | 5.3% |
| | | 17287 | 36.8% |

## Rhondda, Y          Llaf
Eth: 60931. CP: 78.0%

| | | | |
|---|---|---|---|
| Allan Rogers | Llaf | 34857 | 73.3% |
| Geraint Davies | PC | 4261 | 9.0% |
| J York Williams | Cyng/DC | 3935 | 8.3% |
| S H Reid | C | 3612 | 7.6% |
| Arthur True | Com | 869 | 1.8% |
| | | 30596 | 64.3% |

## Torfaen          Llaf
Eth: 59896. CP: 75.6%

| | | | |
|---|---|---|---|
| Paul Murphy | Llaf | 26577 | 58.7% |
| Graham Blackburn | Cyng/Rh | 9027 | 19.9% |
| Robert Gordon | C | 8632 | 19.1% |
| Miss Jill Evans | PC | 577 | 1.3% |
| Melvin Witherden | G | 450 | 1.0% |
| | | 17550 | 38.8% |

## Trefaldwyn

Cyng/Rh

Eth: 39806. CP: 79.4%

| | | | |
|---|---|---|---|
| Alex Carlile | Cyng/Rh | 14729 | 46.6% |
| David Evans | C | 12171 | 38.5% |
| E Llewellyn-Jones | Llaf | 3304 | 10.4% |
| Carl Clowes | PC | 1412 | 4.5% |
| | | 2558 | 8.1% |

## Trefynwy

C

Eth: 58292. CP: 80.8%

| | | | |
|---|---|---|---|
| Syr J Stradling Thomas | C | 22387 | 47.5% |
| Miss Katrina Gass | Llaf | 13037 | 27.7% |
| Clive Lindley | Cyng/DC | 11313 | 24.0% |
| Mrs Siân Meredudd | PC | 363 | 0.8% |
| | | 9850 | 19.8% |

## Wrecsam

Llaf

Eth: 62381. CP: 80.9%

| | | | |
|---|---|---|---|
| Dr John Marek | Llaf | 22144 | 43.9% |
| R Graham-Palmer | C | 17992 | 35.6% |
| Martin Thomas | Cyng/Rh | 9808 | 19.4% |
| Dennis Watkins | PC | 539 | 1.1% |
| | | 4152 | 8.2% |

## Ynys Môn

C > PC

Eth: 52633. CP: 81.7%

| | | | |
|---|---|---|---|
| Ieuan Wyn Jones | PC | 18580 | 43.2% |
| Roger Evans | C | 14282 | 33.2% |
| Colin Parry | Llaf | 7255 | 16.9% |
| Ieuan Evans | Cyng/DC | 2863 | 6.7% |
| | | 4298 | 10.0% |

# Is-Etholiadau 1987 - 1992

## Pontypridd

Llaf

23/2/1989

Ar farwolaeth Brynmor John / On the death of Brynmor John

Eth: 61193. CP: 62.2%

| | | | |
|---|---|---|---|
| Dr Kim Howells | Llaf | 20549 | 53.4% |
| Syd Morgan | PC | 9755 | 25.3% |
| Nigel Evans | C | 5212 | 13.5% |
| Tom Ellis | RhD | 1500 | 3.9% |
| Terry Thomas | DC | 1199 | 3.1% |
| D Richards | Com | 239 | 0.6% |
| D Black | Ann | 57 | 0.1% |
| | | 10794 | 28.1% |

## Bro Morgannwg

C > Llaf

4/5/1989

Ar farwolaeth Syr Raymond Gower / On the death of Sir Raymond Gower

Eth: 67549. CP: 70.7%

| | | | |
|---|---|---|---|
| John Smith | Llaf | 23342 | 48.9% |
| Rod Richards | C | 17314 | 36.3% |
| Frank Leavers | RhD | 2017 | 4.2% |
| John Dixon | PC | 1672 | 3.5% |
| K Davies | DC | 1098 | 2.3% |
| Miss Marilyn Wakefield | G | 971 | 2.0% |
| Chris Tiarks | Ann | 847 | 1.8% |
| D Sutch | L | 266 | 0.5% |
| E Roberts | Ann | 148 | 0.3% |
| L St Claire | Ann | 39 | 0.1% |
| D Black | Ann | 32 | 0.1% |
| | | 6028 | 12.6% |

## Castell-nedd

Llaf

4/4/1991

Ar farwolaeth Donald Coleman / On the death of Donald Coleman

Eth:54482. CP: 64.0%

| | | | |
|---|---|---|---|
| Peter Hain | Llaf | 17962 | 51.7% |
| Dewi Evans | PC | 8132 | 23.3% |
| Richard Evans | C | 2995 | 8.6% |
| David Lloyd | RhD | 2000 | 5.8% |
| John Warman | DC | 1826 | 5.3% |
| R Jeffries | Ann. | 1253 | 3.6% |
| D Sutch | L | 263 | 0.8% |
| B Kirk | Captain Bean | 262 | 0.8% |
| | | 9830 | 28.4% |

## Trefynwy

C > Llaf

16/5 /1991

Ar farwolaeth Syr John Stradling-Thomas / On the death of Sir John Stradling-Thomas

Eth: 59460. CP: 75.8%

| | | | |
|---|---|---|---|
| Huw Edwards | Llaf | 17733 | 39.3% |
| Roger Evans | C | 15327 | 34.0% |
| Mrs Frances David | RhD | 11164 | 24.8% |
| D Sutch | L | 314 | 0.7% |
| M Witherden | PC/G | 277 | 0.6% |
| P Carpenter | Ann | 164 | 0.4% |
| Ms L St Clair | Ann | 121 | 0.3% |
| | | 2406 | 5.3% |

|  | P | CP | CPP | S |
|---|---|---|---|---|
| Llaf | 865633 | 49.5% | 34.2% | 27 |
| C | 499677 | 28.6% | 41.9% | 6 |
| RhD | 217457 | 12.4% | 17.9% | 1 |
| PC a PC/G | 156796 | 9.0% | | 4 |
| G | 5273 | 0.3% | | |
| NLP | 1231 | 0.1% | | |
| Ann | 907 | | | |
| L | 661 | | | |
| CAnn | 637 | | | |
| ComGB | 245 | | | |
| AntiFed | 158 | | | |
| BNP | 121 | | | |
| | ==== | | | |
| | 1748796 | | | |

Llywodraeth Geidwadol/*Conservative Government*
PW/*PM*    John Major

etholiad cyffredinol

# 1992

general election

9 Ebrill
9 April

## Aberafan — **Llaf**
Eth: 51650. CP: 77.6%

| | | | |
|---|---|---|---|
| Gwir Anrh. John Morris | Llaf | 26877 | 67.1% |
| Hywel Willliams | C | 5567 | 13.9% |
| Ms Marilyn Harris | RhD | 4999 | 12.5% |
| David Saunders | PC | 1919 | 4.8% |
| Captain Beany | Ann | 707 | 1.8% |
| | | 21310 | 53.2% |

## Abertawe – Dwyrain/*East* — **Llaf**
Eth: 59196. CP: 75.6%

| | | | |
|---|---|---|---|
| Donald Anderson | Llaf | 31179 | 69.7% |
| Henri Davies | C | 7697 | 17.2% |
| Bob Barton | RhD | 4248 | 9.5% |
| Ms E Bonner Evans | PC | 1607 | 3.6% |
| | | 23482 | 52.5% |

## Abertawe – Gorllewin/*West* — **Llaf**
Eth: 59785. CP: 73.3%

| | | | |
|---|---|---|---|
| Gwir Anrh. Alan Williams | Llaf | 23238 | 53.0% |
| Roy Perry | C | 13760 | 31.4% |
| Martyn Shrewsbury | RhD | 4620 | 10.5% |
| Dr David Lloyd | PC | 1668 | 3.8% |
| Brig Oubridge | G | 564 | 1.3% |
| | | 9478 | 21.6% |

## Alyn a Glannau Dyfrdwy — **Llaf**
Eth: 60477. CP: 80.1%

| | | | |
|---|---|---|---|
| Barry Jones | Llaf | 25206 | 52.0% |
| Jeffrey Riley | C | 17355 | 35.8% |
| Bob Britton | RhD | 4687 | 9.7% |
| John Rogers | PC | 551 | 1.1% |
| Victor Button | G | 433 | 0.9% |
| John Cooksey | Ann | 200 | 0.4% |
| | | 7851 | 16.2% |

## Blaenau Gwent — **Llaf**
Eth: 55638. CP: 78.1%

| | | | |
|---|---|---|---|
| Llewellyn Smith | Llaf | 34333 | 79.0% |
| David Melding | C | 4266 | 9.8% |
| Alistair Burns | RhD | 2774 | 6.4% |
| Alun Davies | PC | 2099 | 4.8% |
| | | 30067 | 69.2% |

## Bro Morgannwg — **Llaf > C**
Eth: 66672. CP: 81.9%

| | | | |
|---|---|---|---|
| Walter Sweeney | C | 24220 | 44.3% |
| John Smith | Llaf | 24201 | 44.3% |
| Keith Davies | RhD | 5045 | 9.2% |
| David Haswell | PC | 1160 | 2.1% |
| | | 19 | 0.0% |

## Brycheiniog a Maesyfed — **RhD > C**
Eth: 51509. CP: 85.9%

| | | | |
|---|---|---|---|
| Jonathan Evans | C | 15977 | 36.1% |
| Richard Livsey | RhD | 15847 | 35.8% |
| Chris Mann | Llaf | 11634 | 26.3% |
| Ms Siân Meredudd | PC | 418 | 0.9% |
| Hugh Richards | G | 393 | 0.9% |
| | | 130 | 0.3% |

## Caerdydd – Canol/*Central* — **C > Llaf**
Eth: 57716. CP: 74.4%

| | | | |
|---|---|---|---|
| Jon O Jones | Llaf | 18014 | 42.0% |
| Ian Grist | C | 14549 | 33.9% |
| Ms Jenny Randerson | RhD | 9170 | 21.4% |
| Huw Marshall | PC | 748 | 1.7% |
| C Von Ruhland | G | 330 | 0.8% |
| Brian Francis | NLP | 105 | 0.2% |
| | | 3465 | 8.1% |

## Caerdydd – De a Phenarth/*South and Penarth* — **Llaf**
Eth: 61484. CP: 77.3%.

| | | | |
|---|---|---|---|
| Alun Michael | Llaf | 26383 | 55.5% |
| Thomas H Jarvie | C | 15958 | 33.6% |
| Peter Verma | RhD | 3707 | 7.8% |
| Ms Barbara Anglezarke | PC | 776 | 1.6% |
| Lester Davey | G | 676 | 1.4% |
| | | 10425 | 21.9% |

## Caerdydd – Gogledd/*North* — **C**
Eth: 56721. CP: 84.2%

| | | | |
|---|---|---|---|
| Gwilym Jones | C | 21547 | 45.1% |
| Mrs Julie Morgan | Llaf | 18578 | 38.9% |
| Ms Eve Warlow | RhD | 6487 | 13.6% |
| Mrs Eluned Bush | PC | 916 | 1.9% |
| John Morse | BNP | 121 | 0.3% |
| David Palmer | NLP | 86 | 0.2% |
| | | 2969 | 6.2% |

## Caerdydd – Gorllewin/*West* — **Llaf**
Eth: 58898. CP: 77.6%

| | | | |
|---|---|---|---|
| Rhodri Morgan | Llaf | 24306 | 53.2% |
| Michael Prior | C | 15015 | 32.9% |
| Ms Jacqui Gasson | RhD | 5002 | 10.9% |
| Ms Penni Bestic | PC | 1177 | 2.6% |
| Andrew Harding | NLP | 184 | 0.4% |
| | | 9291 | 20.3% |

## Caerffili — **Llaf**
Eth: 64529. CP: 77.2%

| | | | |
|---|---|---|---|
| Ron Davies | Llaf | 31713 | 63.7% |
| Howard Philpott | C | 9041 | 18.1% |
| Lindsay Whittle | PC | 4821 | 9.7% |
| Ms Siân Wilson | RhD | 4247 | 8.5% |
| | | 22672 | 45.5% |

## Caerfyrddin
Eth: 68887. CP: 82.7%

| | | | Llaf |
|---|---|---|---|
| Dr Alan W Williams | Llaf | 20879 | 36.6% |
| Rhodri Glyn Thomas | PC | 17957 | 31.5% |
| Stephen Cavenagh | C | 12782 | 22.4% |
| Juliana Hughes | RhD | 5353 | 9.4% |
| | | 2922 | 5.1% |

## Caernarfon
Eth: 46468. CP: 78.2%

| | | | PC |
|---|---|---|---|
| Dafydd Wigley | PC | 21439 | 59.0% |
| Peter Fowler | C | 6963 | 19.2% |
| Ms Sharon Mainwaring | Llaf | 5641 | 15.5% |
| Robert Arwel Williams | RhD | 2101 | 5.8% |
| Gwyndaf Evans | NLP | 173 | 0.5% |
| | | 14476 | 39.9% |

## Casnewydd – Dwyrain/*East*
Eth: 51603. CP: 81.2%

| | | | Llaf |
|---|---|---|---|
| Roy Hughes | Llaf | 23050 | 55.0% |
| Ms Angela Emmett | C | 13151 | 31.4% |
| William Oliver | RhD | 4991 | 11.9% |
| Stephen Ainley | G/PC | 716 | 1.7% |
| | | 9899 | 23.6% |

## Casnewydd – Gorllewin/*West*
Eth: 54871. CP: 82.8%

| | | | Llaf |
|---|---|---|---|
| Paul Flynn | Llaf | 24139 | 53.1% |
| Andrew Taylor | C | 16360 | 36.0% |
| Andrew Toye | RhD | 4296 | 9.5% |
| Peter Keelan | PC | 653 | 1.4% |
| | | 7779 | 17.1% |

## Castell-nedd
Eth: 56392. CP: 80.6%

| | | | Llaf |
|---|---|---|---|
| Peter Hain | Llaf | 30903 | 68.0% |
| David Adams | C | 6928 | 15.2% |
| Dr Dewi Evans | PC | 5145 | 11.3% |
| Michael Phillips | RhD | 2467 | 5.4% |
| | | 23975 | 52.8% |

## Ceredigion a Gogledd Penfro
Eth: 66180. CP: 77.4%

| | | | RhD > **PC/G** |
|---|---|---|---|
| Cynog Dafis | PC/G | 16020 | 31.3% |
| Geraint Howells | RhD | 12827 | 25.1% |
| O J Williams | C | 12718 | 24.8% |
| John Davies | Llaf | 9637 | 18.8% |
| | | 3193 | 6.2% |

## Clwyd – De-Orllewin/*South-West*
Eth: 60607. CP: 81.5%

| | | | Llaf |
|---|---|---|---|
| Martyn Jones | Llaf | 21490 | 43.5% |
| Gwilym Owen | C | 16549 | 33.5% |
| Gwyn Williams | RhD | 6027 | 12.2% |
| Eifion Lloyd Jones | PC | 4835 | 9.8% |
| Nigel Worth | G | 351 | 0.7% |
| Ms M B J Leadbetter | NLP | 155 | 0.3% |
| | | 4941 | 10.0% |

## Clwyd – Gogledd-Orllewin/*North-West*
Eth: 67351. CP: 78.6%

| | | | C |
|---|---|---|---|
| Rod Richards | C | 24488 | 46.2% |
| Christopher Ruane | Llaf | 18438 | 34.8% |
| Robert Ingham | RhD | 7999 | 15.1% |
| Neil Taylor | PC | 1888 | 3.6% |
| Ms Mary Swift | NLP | 158 | 0.3% |
| | | 6050 | 11.4% |

## Conwy
Eth: 53576. CP: 78.9%

| | | | C |
|---|---|---|---|
| Gwir Anrh. Syr Wyn Roberts | C | 14250 | 33.7% |
| Parch. Roger Roberts | RhD | 13255 | 31.4% |
| Mrs Betty Williams | Llaf | 10883 | 25.8 % |
| Rhodri Davies | PC | 3108 | 7.4% |
| Owen Wainwright | CAnn | 637 | 1.5% |
| David Hughes | NLP | 114 | 0.3% |
| | | 995 | 2.4% |

CYNOG DAFIS

Plaid Cymru · Gwyrdd / Green

## Cwm Cynon

Eth: 49695. CP: 76.5%

| | | | Llaf |
|---|---|---|---|
| Mrs Ann Clwyd (Roberts) | Llaf | 26254 | 69.1% |
| Andrew Smith | C | 4890 | 12.9% |
| Terry Benney | PC | 4186 | 11.0% |
| Marcello Varma | RhD | 2667 | 7.0% |
| | | 21364 | 56.2% |

## Delyn

Eth: 66591. CP: 83.4%

| | | | Llaf |
|---|---|---|---|
| David Hanson | Llaf | 24979 | 45.0% |
| Michael Whitby | C | 22940 | 41.3% |
| Ray Dodd | RhD | 6208 | 11.2% |
| Ashley Drake | PC | 1414 | 2.5% |
| | | 2039 | 3.7% |

## Gŵyr

Eth: 57231. CP: 81.8%

| | | | Llaf |
|---|---|---|---|
| Gareth Wardell | Llaf | 23455 | 50.1% |
| Anthony Donnelly | C | 16437 | 35.1% |
| Christopher Davies | RhD | 4655 | 9.9% |
| Adam Price | PC | 1638 | 3.5% |
| B Kingzett | G | 448 | 1.0% |
| Gerry Egan | L | 114 | 0.2% |
| Michael Beresford | NLP | 74 | 0.2% |
| | | 7018 | 15.0% |

## Islwyn

Eth: 51079. CP: 81.5%

| | | | Llaf |
|---|---|---|---|
| Gwir Anrh. Neil Kinnock | Llaf | 30908 | 74.3% |
| Peter Bone | C | 6180 | 14.8% |
| Andrew Symonds | RhD | 2352 | 5.7% |
| Ms Helen Jones | PC | 1636 | 3.9% |
| D Sutch | L | 547 | 1.3% |
| | | 24728 | 59.4% |

## Llanelli

Eth: 65058. CP: 77.8%

| | | | Llaf |
|---|---|---|---|
| Gwir Anrh. Denzil Davies | Llaf | 27802 | 54.9% |
| Graham Down | C | 8532 | 16.9% |
| Marc Phillips | PC | 7878 | 15.6% |
| Keith Evans | RhD | 6404 | 12.7% |
| | | 19270 | 38.1% |

## Meirionnydd Nant Conwy

Eth: 32413. CP: 81.5%

| | | | PC |
|---|---|---|---|
| Elfyn Llwyd | PC | 11608 | 44.0% |
| Gwyn Lewis | C | 6995 | 26.5% |
| Rhys Williams | Llaf | 4978 | 18.8% |
| Miss Ruth Parry | RhD | 2358 | 8.9% |
| Bill Pritchard | G | 471 | 1.8% |
| | | 4613 | 17.5% |

## Merthyr Tudful a Rhymni

Eth: 58430. CP: 75.8%

| | | | Llaf |
|---|---|---|---|
| Ted Rowlands | Llaf | 31710 | 71.6% |
| Robyn Rowland | RhD | 4997 | 11.3% |
| Mark Hughes | C | 4904 | 11.1% |
| Alun Cox | PC | 2704 | 6.1% |
| | | 26713 | 60.3% |

## Ogwr

Eth: 52195. CP: 80.6%

| | | | Llaf |
|---|---|---|---|
| Ray Powell | Llaf | 30186 | 71.7% |
| David Edwards | C | 6359 | 15.1% |
| John Warman | RhD | 2868 | 6.8% |
| Ms Laura McAllister | PC | 2667 | 6.3% |
| | | 23827 | 56.6% |

## Penfro

Eth: 73187. CP: 82.9%

| | | | C > Llaf |
|---|---|---|---|
| Nick Ainger | Llaf | 26253 | 43.3% |
| Nicholas Bennett | C | 25498 | 42.0% |
| Peter Berry | RhD | 6625 | 10.9% |
| Conrad Bryant | PC | 1627 | 2.7% |
| Roger Coghill | G | 484 | 0.8% |
| Michael Stoddart | Anti Fed | 158 | 0.3% |
| | | 755 | 1.3% |

## Pen-y-bont ar Ogwr

Eth: 58531. CP: 80.4%

| | | | Llaf |
|---|---|---|---|
| Win Griffiths | Llaf | 24143 | 51.3% |
| David Unwin | C | 16817 | 35.7% |
| David Mills | RhD | 4827 | 10.3% |
| Alun Lloyd Jones | PC | 1301 | 2.8% |
| | | 7326 | 15.6% |

## Pontypridd

Eth: 61685. CP: 79.3%

| | | | Llaf |
|---|---|---|---|
| Dr Kim Howells | Llaf | 29722 | 60.8% |
| Peter Donnelly | C | 9925 | 20.3% |
| Delme Bowen | PC | 4448 | 9.1% |
| Steve Belzac | RhD | 4180 | 8.5% |
| Ms Emma Jackson | G | 615 | 1.3% |
| | | 19797 | 40.5% |

## Rhondda, Y

Eth: 59955. CP: 76.6%

| | | | Llaf |
|---|---|---|---|
| Allan Rogers | Llaf | 34243 | 74.5% |
| Geraint Davies | PC | 5427 | 11.8% |
| John Richards | C | 3588 | 7.8% |
| Paul Nicholls-Jones | RhD | 2431 | 5.3% |
| Mark Fisher | Com GB | 245 | 0.5% |
| | | 28816 | 62.7% |

## Torfaen              Llaf

Eth: 61104. CP: 77.5%

| | | | |
|---|---|---|---|
| Paul Murphy | Llaf | 30352 | 64.1% |
| Mark Watkins | C | 9598 | 20.3% |
| Malcolm Hewson | RhD | 6178 | 13.1% |
| Dr John Cox | PC | 1210 | 2.6% |
| | | 20754 | 43.8% |

## Trefaldwyn              **RhD**

Eth: 41386. CP: 79.9%

| | | | |
|---|---|---|---|
| Alex Carlile | RhD | 16031 | 48.5% |
| Ms Jeannie France-Hayhurst | C | 10822 | 32.7% |
| Steve Wood | Llaf | 4115 | 12.4% |
| Hugh Parsons | PC | 1581 | 4.8% |
| Patrick Adams | G | 508 | 1.5% |
| | | 5209 | 15.8% |

## Trefynwy              Llaf > **C**

Eth: 59147. CP: 86.1%

| | | | |
|---|---|---|---|
| Roger Evans | C | 24059 | 47.3% |
| Huw Edwards | Llaf | 20855 | 41.0% |
| Ms Frances David | RhD | 5562 | 10.9% |
| Mel Witherden | PC/G | 431 | 0.8% |
| | | 3204 | 6.3% |

## Wrecsam              Llaf

Eth: 63720. CP: 80.7%

| | | | |
|---|---|---|---|
| Dr John Marek | Llaf | 24830 | 48.3% |
| Owen Paterson | C | 18114 | 35.2% |
| Andrew Thomas | RhD | 7074 | 13.8% |
| Gareth Wheatley | PC | 1415 | 2.8% |
| | | 6716 | 13.1% |

## Ynys Môn              **PC**

Eth: 53412. CP: 80.6%

| | | | |
|---|---|---|---|
| Ieuan Wyn Jones | PC | 15984 | 37.1% |
| G P Rowlands | C | 14878 | 34.6% |
| Dr Robin Jones | Llaf | 10126 | 23.5% |
| Ms Pauline Badger | RhD | 1891 | 4.4% |
| Ms Susan Parry | NLP | 182 | 0.4% |
| | | 1106 | 2.6% |

# Is-Etholiad 1995

## Islwyn              Llaf

16/2/1995

Ar benodiad Neil Kinnock yn Gomisiynydd Ewropeaidd / *On Neil Kinnock's appointment as a European Commissioner*

Eth: 51354. CP: 45.1%

| | | | |
|---|---|---|---|
| Don Touhig | Llaf | 16030 | 69.2% |
| Ms Jocelyn Davies | PC | 2933 | 12.7% |
| John Bushell | RhD | 2448 | 10.6% |
| Robert Buckland | C | 913 | 3.9% |
| Eraill | | 842 | 3.6% |
| | | 13097 | 56.5% |

*Neil Kinnock*

| | P | CP | CPP | S |
|---|---|---|---|---|
| Llaf | 886935 | 54.8% | 43.2% | 34 |
| C | 317127 | 19.6% | 30.7% | 0 |
| RhD | 200020 | 12.3% | 16.8% | 2 |
| PC | 161030 | 9.9% | | 4 |
| Reff | 38245 | 2.4% | | |
| LlafSos | 6203 | 0.4% | | |
| G | 1718 | 0.1% | | |
| NLP | 516 | | | |
| Eraill | 7909 | 0.5% | | |
| | ==== | | | |
| | 1619703 | | | |

Llywodraeth Lafur/*Labour Government*
PW/PM    Tony Blair

etholiad cyfredinol

# 1997

## general election

1 Mai
1 May

## Aberafan

**Llaf**

Eth: 50025. CP: 71.9%

| | | | |
|---|---|---|---|
| Gwir Anrh. John Morris | Llaf | 25650 | 71.3% |
| Ron McConville | RhD | 4079 | 11.3% |
| Peter Harper | C | 2835 | 7.9% |
| Phillip Cockwell | PC | 2088 | 5.8% |
| Peter David | Reff | 970 | 2.7% |
| | | 21571 | 60.0% |

## Abertawe – Dwyrain/*East*

**Llaf**

Eth: 57373. CP: 67.4%

| | | | |
|---|---|---|---|
| Donald Anderson | Llaf | 29151 | 75.4% |
| Ms Catherine Dibble | C | 3582 | 9.3% |
| Elwyn Jones | RhD | 3440 | 8.9% |
| Ms Michelle Pooley | PC | 1308 | 3.4% |
| C Maggs | Reff | 904 | 2.3% |
| R Job | Sos | 289 | 0.7% |
| | | 25569 | 66.1% |

## Abertawe – Gorllewin/*West*

**Llaf**

Eth: 58703. CP:68.9%

| | | | |
|---|---|---|---|
| Gwir Anrh. Alan Williams | Llaf | 22748 | 56.2% |
| Andrew Baker | C | 8589 | 20.5% |
| John Newbury | RhD | 5872 | 14.5% |
| Dr David Lloyd | PC | 2675 | 6.6% |
| D Proctor | LlafSos | 885 | 2.2% |
| | | 14459 | 35.7% |

## Alyn a Glannau Dyfrdwy

**Llaf**

Eth: 58091. CP: 72.2%

| | | | |
|---|---|---|---|
| Barry Jones | Llaf | 25955 | 61.9% |
| Timothy Roberts | C | 9552 | 22.8% |
| Mrs Eleanor Burnham | RhD | 4076 | 9.7% |
| Michael Jones | Reff | 1627 | 3.9% |
| Mrs Siw Hills | PC | 738 | 1.8% |
| | | 16403 | 39.1% |

## Blaenau Gwent

**Llaf**

Eth: 54800. CP: 72.3%

| | | | |
|---|---|---|---|
| Llewellyn Smith | Llaf | 31493 | 79.5% |
| Ms Geraldine Layton | RhD | 3458 | 8.7% |
| Mrs Margrit Williams | C | 2607 | 6.6% |
| Jim Criddle | PC | 2072 | 5.2% |
| | | 28035 | 70.8% |

## Bro Morgannwg

**C > Llaf**

Eth: 67213. CP: 80.2%

| | | | |
|---|---|---|---|
| John Smith | Llaf | 29054 | 53.9% |
| Walter Sweeney | C | 18522 | 34.4% |
| Mrs Suzanne Campbell | RhD | 4945 | 9.2% |
| Ms Melanie Corps | PC | 1393 | 2.6% |
| | | 10532 | 19.5% |

## Brycheiniog a Maesyfed

**C > RhD**

Eth: 52142. CP: 82.2%

| | | | |
|---|---|---|---|
| Richard Livsey | RhD | 17516 | 40.8% |
| Jonathan Evans | C | 12419 | 29.0% |
| Christopher Mann | Llaf | 11424 | 26.6% |
| Liz Phillips | Reff | 900 | 2.1% |
| Steven Cornelius | PC | 622 | 1.5% |
| | | 5097 | 11.9% |

## Caerdydd – Canol/*Central*

**Llaf**

Eth: 60354. CP: 70.0%

| | | | |
|---|---|---|---|
| Jon O Jones | Llaf | 18464 | 43.7% |
| Mrs Jenny Randerson | RhD | 10541 | 24.9% |
| David Melding | C | 8470 | 20.0% |
| Terry Burns | LlafSos | 2230 | 5.3% |
| Wayne Vernon | PC | 1504 | 3.6% |
| Nicholas Lloyd | Reff | 760 | 1.8% |
| Craig James | L | 204 | 0.5% |
| Anthony Hobbs | NLP | 80 | 0.2% |
| | | 7923 | 18.8% |

## Caerdydd – De a Phenarth/*South and Penarth*

**Llaf**

Eth: 61838. CP: 68.6%.

| | | | |
|---|---|---|---|
| Alun Michael | Llaf | 22647 | 53.4% |
| Ms Caroline Roberts | C | 8766 | 20.7% |
| Dr Simon Wakefield | RhD | 3964 | 9.3% |
| J Forman | LlafCen | 3942 | 9.3% |
| David Hazwell | PC | 1356 | 3.2% |
| Phillip Steven Morgan | Reff | 1211 | 2.9% |
| Mike Shepherd | Sos | 344 | 0.8% |
| Ms Barbara Caves | NLP | 170 | 0.4% |
| | | 13881 | 32.7% |

## Caerdydd – Gogledd/*North*

**C > Llaf**

Eth: 60430. CP: 80.2%

| | | | |
|---|---|---|---|
| Mrs Julie Morgan | Llaf | 24460 | 50.4% |
| Gwilym Jones | C | 16334 | 33.7% |
| Robyn Rowland | RhD | 5294 | 10.9% |
| Dr Colin Palfrey | PC | 1201 | 2.5% |
| Edward Litchfield | Reff | 1199 | 2.5% |
| | | 8126 | 16.7% |

## Caerdydd – Gorllewin/*West*

**Llaf**

Eth: 58198. CP: 69.2%

| | | | |
|---|---|---|---|
| Rhodri Morgan | Llaf | 24297 | 60.3% |
| Simon Hoare | C | 8669 | 21.5% |
| Ms Jacqui Gasson | RhD | 4366 | 10.8% |
| Ms Gwenllian Carr | PC | 1949 | 4.8% |
| Trefor Johns | Reff | 996 | 2.5% |
| | | 15628 | 38.8% |

## Caerffili
Eth: 64621. CP: 70.1%

| | | | Llaf |
|---|---|---|---|
| Gwir Anrh. Ron Davies | Llaf | 30697 | 67.8% |
| Rhodri Harris | C | 4858 | 10.7% |
| Lindsay Whittle | PC | 4383 | 9.7% |
| Tony Ferguson | RhD | 3724 | 8.2% |
| Mark Morgan | Reff | 1337 | 3.0% |
| Ms Catherine Williams | P-L | 270 | 0.6% |
| | | 25839 | 57.1% |

## Caerfyrddin – Dwyrain a Dinefwr/*East and Dinefwr*
Eth: 53079. CP: 78.6%

| | | | Llaf |
|---|---|---|---|
| Dr Alan W Williams | Llaf | 17907 | 42.9% |
| Rhodri Glyn Thomas | PC | 14457 | 34.6% |
| Edmund Hayward | C | 5022 | 12.0% |
| Juliana Hughes | RhD | 3150 | 7.5% |
| Ian Humphreys-Evans | Reff | 1196 | 2.9% |
| | | 3450 | 8.3% |

## Caerfyrddin – Gn a De Penfro/*West and S. Pembroke**
Eth: 55724. CP: 76.5%

| | | | Llaf |
|---|---|---|---|
| Nick Ainger | Llaf | 20956 | 49.1% |
| O J Williams | C | 11335 | 26.6% |
| Roy Llewelyn | PC | 5402 | 12.7% |
| Keith Evans | RhD | 3516 | 8.2% |
| Joy Poirrier | Reff | 1432 | 3.4% |
| | | 9621 | 22.5% |

*Sedd newydd / New seat

## Caernarfon
Eth: 46815. CP: 72.6%

| | | | PC |
|---|---|---|---|
| Dafydd Wigley | PC | 17616 | 51.8% |
| Eifion Williams | Llaf | 10167 | 29.5% |
| Elwyn Williams | C | 4230 | 12.4% |
| Ms Mary J McQueen | RhD | 1686 | 5.0% |
| Clive Collins | Reff | 811 | 2.4% |
| | | 7449 | 23.4% |

## Casnewydd – Dwyrain/*East*
Eth: 50997. CP: 73.1%

| | | | Llaf |
|---|---|---|---|
| Alan Howarth | Llaf | 21481 | 57.7% |
| David Evans | C | 7958 | 21.4% |
| Alistair Cameron | RhD | 3880 | 10.4% |
| Arthur Scargill | LlafSos | 1951 | 5.2% |
| Garth Davis | Reff | 1267 | 3.4% |
| Christopher Holland | PC | 721 | 1.9% |
| | | 13523 | 36.3% |

## Casnewydd – Gorllewin/*West*
Eth: 53914. CP: 74.6%

| | | | Llaf |
|---|---|---|---|
| Paul Flynn | Llaf | 24331 | 60.5% |
| Peter Clarke | C | 9794 | 24.4% |
| Stan Wilson | RhD | 3907 | 9.7% |
| Colin Thomsett | Reff | 1199 | 3.0% |
| Huw Jackson | PC | 648 | 1.6% |
| Hugh Moelwyn Hughes | AnnDU | 323 | 0.8% |
| | | 14537 | 36.1% |

## Castell-nedd
Eth: 55425. CP: 74.3%

| | | | Llaf |
|---|---|---|---|
| Peter Hain | Llaf | 30324 | 73.5% |
| David Evans | C | 3583 | 8.7% |
| Trefor Jones | PC | 3344 | 8.1% |
| Frank Little | RhD | 2597 | 6.3% |
| Peter Morris | Reff | 975 | 2.4% |
| Howard Marks | Cannabis | 420 | 1.0% |
| | | 26741 | 64.8% |

## Ceredigion
Eth: 54378. CP: 73.9%

| | | | PC |
|---|---|---|---|
| Cynog Dafis | PC | 16728 | 41.6% |
| R G Harris | Llaf | 9767 | 24.3% |
| S Dai Davies | RhD | 6616 | 16.5% |
| Dr Felix Aubel | C | 5983 | 14.9% |
| John Leaney | Reff | 1092 | 2.7% |
| | | 6961 | 17.3% |

## Clwyd – De/*South*
Eth: 53495. CP: 73.6%

| | | | Llaf |
|---|---|---|---|
| Martyn Jones | Llaf | 22901 | 58.1% |
| Boris Johnson | C | 9091 | 23.1% |
| Andrew Chadwick | RhD | 3684 | 9.4% |
| Gareth Victor Williams | PC | 2500 | 6.3% |
| Alex Lewis | Reff | 1207 | 3.1% |
| | | 13810 | 35.0% |

67.8% o newid yn y ffiniau / *of change in the boundary*

## Clwyd – Gorllewin/*West*
Eth: 53467. CP: 75.3%

| | | | C > Llaf |
|---|---|---|---|
| Gareth Thomas | Llaf | 14918 | 37.1% |
| Rod Richards | C | 13070 | 32.5% |
| Eryl Williams | PC | 5421 | 13.5% |
| Gwyn Williams | RhD | 5151 | 12.8% |
| Heather Collins | Reff | 1114 | 2.8% |
| D Neal | Ann | 583 | 1.4% |
| | | 1848 | 4.6% |

65.6% o newid yn y ffiniau / *of change in the boundary*

## Conwy
C > **Llaf**

Eth: 55092. CP: 75.4%

| | | | |
|---|---|---|---|
| Mrs Betty Williams | Llaf | 14561 | 35.0% |
| Parch. Roger Roberts | RhD | 12965 | 31.2% |
| David I Jones | C | 10085 | 24.3% |
| Rhodri Davies | PC | 2844 | 6.8% |
| Alan Barnham | Reff | 760 | 1.8% |
| Richard Bradley | RhD Amgen | 250 | 0.6% |
| David Hughes | NLP | 95 | 0.2% |
| | | 1596 | 3.8% |

## Cwm Cynon
**Llaf**

Eth: 48286. CP: 69.2%

| | | | |
|---|---|---|---|
| Mrs Ann Clwyd (Roberts) | Llaf | 23307 | 69.7% |
| Alun Davies | PC | 3552 | 10.6% |
| Huw Price | RhD | 3459 | 10.3% |
| Andrew Smith | C | 2262 | 6.8% |
| Gwyn John | Reff | 844 | 2.5% |
| | | 19755 | 59.1% |

## Delyn
**Llaf**

Eth: 53693. CP: 74.0%

| | | | |
|---|---|---|---|
| David Hanson | Llaf | 22300 | 56.1% |
| Ms Karen Lumley | C | 10607 | 26.7% |
| Phil Lloyd | RhD | 4160 | 10.5% |
| Ashley Drake | PC | 1558 | 3.9% |
| Elizabeth Soutter | Reff | 1117 | 2.8% |
| | | 11693 | 29.4% |

20.3% o newid yn y ffiniau / *of change in the boundary*

## Dyffryn Clwyd*
**Llaf**

Eth: 39132. CP: 74.6%

| | | | |
|---|---|---|---|
| Chris Raune | Llaf | 20617 | 52.7% |
| David Edwards | C | 11662 | 29.8% |
| Daniel Munford | RhD | 3425 | 8.8% |
| Gwyneth Kensler | PC | 2301 | 5.9% |
| Simon Vickers | Reff | 834 | 2.1% |
| Scott Cooke | UK | 293 | 0.7% |
| | | 18515 | 22.9% |

*Sedd newydd/*New Seat*

## Gŵyr
**Llaf**

Eth: 57691. CP: 75.1%

| | | | |
|---|---|---|---|
| Martin Caton | Llaf | 23313 | 53.8% |
| Alun Cairns | C | 10306 | 23.8% |
| Howard Evans | RhD | 5624 | 13.0% |
| Elwyn Williams | PC | 2226 | 5.1% |
| Richard Lewis | Reff | 1745 | 4.0% |
| Anthony Popham | Rhyddid | 122 | 0.3% |
| | | 13007 | 30.0% |

## Islwyn
**Llaf**

Eth: 50540. CP: 72.0%

| | | | |
|---|---|---|---|
| Don Touhig | Llaf | 26995 | 74.2% |
| Chris Worker | RhD | 3064 | 8.4% |
| Russell Walters | C | 2864 | 7.9% |
| Darren Jones | PC | 2272 | 6.2% |
| Ms Susan Monaghan | Reff | 1209 | 3.3% |
| | | 23931 | 65.8% |

## Llanelli
**Llaf**

Eth: 58323. CP: 70.7%

| | | | |
|---|---|---|---|
| Gwir Anrh. Denzil Davies | Llaf | 23851 | 57.9% |
| Marc Phillips | PC | 7812 | 19.0% |
| Andrew Hayes | C | 5003 | 12.1% |
| Nick Burree | RhD | 3788 | 9.2% |
| John Wilcock | LlafSos | 757 | 1.8% |
| | | 16039 | 38.9% |

8.5% o newid yn y ffiniau / *of change in the boundary*

## Meirionnydd Nant Conwy
**PC**

Eth: 32345. CP: 76.0%

| | | | |
|---|---|---|---|
| Elfyn Llwyd | PC | 12465 | 50.7% |
| Hefin Rees | Llaf | 5660 | 23.0% |
| Jeremy Quin | C | 3922 | 16.0% |
| Ms Robina Feeley | RhD | 1719 | 7.0% |
| Phillip Hodge | Reff | 809 | 3.3% |
| | | 6805 | 27.7% |

## Merthyr Tudful a Rhymni
**Llaf**

Eth: 56507. CP: 69.3%

| | | | |
|---|---|---|---|
| Ted Rowlands | Llaf | 30012 | 76.7% |
| Duncan Anstey | RhD | 2926 | 7.5% |
| Jonathan Morgan | C | 2508 | 6.4% |
| Alun Cox | PC | 2344 | 6.0% |
| Alan Cowdell | LlafAnn | 691 | 1.8% |
| Ron Hutchings | Reff | 660 | 1.7% |
| | | 27086 | 69.2% |

## Ogwr
**Llaf**

Eth: 52078. CP: 73.1%

| | | | |
|---|---|---|---|
| Syr Ray Powell | Llaf | 28163 | 74.0% |
| David Urwin | C | 3716 | 9.8% |
| Ms Kirsty Williams | RhD | 3510 | 9.2% |
| John Rogers | PC | 2679 | 7.0% |
| | | 24447 | 64.2% |

## Pen-y-bont ar Ogwr
**Llaf**

Eth: 59721. CP: 72.4%

| | | | |
|---|---|---|---|
| Win Griffiths | Llaf | 25115 | 58.1% |
| David Davies | C | 9867 | 22.8% |
| Andrew McKinlay | RhD | 4968 | 11.5% |
| Tudor Greaves | Reff | 1662 | 3.8% |
| Dennis Watkins | PC | 1649 | 3.8% |
| | | 15248 | 35.3% |

## Pontypridd — Llaf
Eth: 64185. CP: 71.4%

| | | | |
|---|---|---|---|
| Dr Kim Howells | Llaf | 29290 | 63.9% |
| Nigel Howells | RhD | 6161 | 13.4% |
| Jonathan Cowen | C | 5910 | 12.9% |
| Owain Llewelyn | PC | 2977 | 6.5% |
| John Wood | Reff | 874 | 1.9% |
| Pete Skelly | LlafSos | 380 | 0.8% |
| Robert Griffiths | Com | 178 | 0.4% |
| A Moore | NLP | 85 | 0.2% |
| | | 23129 | 50.4% |

## Preseli* — Llaf
Eth: 54088. CP: 78.4%

| | | | |
|---|---|---|---|
| Mrs Jackie Lawrence | Llaf | 20477 | 48.3% |
| Robert Buckland | C | 11741 | 27.7% |
| Jeff Clarke | RhD | 5527 | 13.0% |
| Alun Lloyd Jones | PC | 2683 | 6.3% |
| David Berry | Reff | 1574 | 3.7% |
| Molly Scott Cato | G | 401 | 0.9% |
| | | 8736 | 20.6% |

*Sedd newydd/New Seat*

## Rhondda, Y — Llaf
Eth: 57105. CP: 71.5%

| | | | |
|---|---|---|---|
| Allan Rogers | Llaf | 30381 | 74.5% |
| Ms Leanne Wood | PC | 5450 | 13.4% |
| Dr Rodney Berman | RhD | 2307 | 5.7% |
| Stephen Whiting | C | 1551 | 3.8% |
| Stephen Gardiner | Reff | 658 | 1.6% |
| Kevin Jakeway | G | 460 | 1.1% |
| | | 24931 | 61.1% |

## Torfaen — Llaf
Eth: 60343. CP: 71.6%

| | | | |
|---|---|---|---|
| Paul Murphy | Llaf | 29863 | 69.1% |
| Neil Parish | C | 5327 | 12.3% |
| Ms Jean Grey | RhD | 5249 | 12.1% |
| Ms Debora Holler | Reff | 1245 | 2.9% |
| Robert Gough | PC | 1042 | 2.4% |
| Roger Coghill | G | 519 | 1.2% |
| | | 24536 | 56.8% |

## Trefaldwyn — RhD
Eth: 42618. CP: 74.9%

| | | | |
|---|---|---|---|
| Lambit Opik | RhD | 14647 | 45.9% |
| Glyn Davies | C | 8344 | 26.1% |
| Ms Angharad Davies | Llaf | 6109 | 19.1% |
| Ms Helen Mary Jones | PC | 1608 | 5.0% |
| John Bufton | Reff | 879 | 2.8% |
| Ms Sue Walker | G | 338 | 1.1% |
| | | 6303 | 19.8% |

## Trefynwy — C > Llaf
Eth: 60703. CP: 80.8%

| | | | |
|---|---|---|---|
| Huw Edwards | Llaf | 23404 | 47.7% |
| Roger Evans | C | 19226 | 39.2% |
| Mark Williams | RhD | 4689 | 9.6% |
| Niall Warry | Reff | 1190 | 2.4% |
| Alan Cotton | PC | 516 | 1.1% |
| | | 4178 | 8.5% |

## Wrecsam — Llaf
Eth: 50741. CP: 71.8%

| | | | |
|---|---|---|---|
| Dr John Marek | Llaf | 20450 | 56.1% |
| Stuart Andrews | C | 8688 | 23.9% |
| Andrew Thomas | RhD | 4833 | 13.3% |
| John Cronk | Reff | 1195 | 3.3% |
| Kevin Plant | PC | 1170 | 3.2% |
| N Low | NLP | 86 | 0.2% |
| | | 11762 | 32.3% |

## Ynys Môn — PC
Eth: 52952. CP: 75.4%

| | | | |
|---|---|---|---|
| Ieuan Wyn Jones | PC | 15756 | 39.5% |
| Owen Edwards | Llaf | 13275 | 33.2% |
| Gwilym Owen | C | 8569 | 21.5% |
| Derek Burnham | RhD | 1537 | 3.8% |
| Hugh Grey Morris | Reff | 793 | 2.0% |
| | | 2481 | 6.3% |

# Refferendwm ac Etholiadau Ewropeaidd
# European Referendum and Elections

# Refferendwm 5/5/1975 Referendum

Cwestiwn/*Question:*

"A ydych chi'n credu y dylai'r Deyrnas Unedig aros o fewn y Gymuned Ewropeaidd? *Do you think that the United Kingdom should stay in the European Community?"*

| **CYMRU/WALES** | | **Y** |
|---|---|---|
| CP: 66.7% (CPP 64.%) | | |
| Y | 869135 | 64.8% |
| N | 472711 | 35.2% |
| | 396424 | 29.6% |

| **Clwyd** | | **Y** |
|---|---|---|
| Eth:272798. CP: 65.8% | | |
| Y | 123980 | 69.1% |
| N | 55424 | 30.9% |

| **Dyfed** | | **Y** |
|---|---|---|
| Eth:241415. CP: 67.5% | | |
| Y | 109184 | 67.6% |
| N | 52264 | 32.4% |

| **Gwent** | | **Y** |
|---|---|---|
| Eth:314369. CP: 68.2% | | |
| Y | 132557 | 62.1% |
| N | 80992 | 37.9% |

| **Gwynedd** | | **Y** |
|---|---|---|
| Eth:167706. CP: 64.3% | | |
| Y | 76421 | 70.6% |
| N | 31807 | 29.4% |

| **Morgannwg – Canol/Mid** | | **Y** |
|---|---|---|
| Eth:390175. CP: 66.6% | | |
| Y | 147348 | 56.9% |
| N | 111672 | 43.1% |

| **Morgannwg – De/South** | | **Y** |
|---|---|---|
| Eth:275324. CP: 66.7% | | |
| Y | 127932 | 69.5% |
| N | 56224 | 30.5% |

| **Morgannwg – Gorllewin/West** | | **Y** |
|---|---|---|
| Eth:272818. CP: 67.4% | | |
| Y | 112989 | 61.6% |
| N | 70316 | 38.4% |

| **Powys** | | **Y** |
|---|---|---|
| Eth:76531. CP: 67.9% | | |
| Y | 38724 | 74.3% |
| N | 13372 | 25.7% |

# Etholiad 1979 Election

Eth:1972901. CP:36.0%
Mehefin 7 June

| | P | CP | CPP | S |
|---|---|---|---|---|
| Llaf | 294978 | 41.5% | 33.0% | 3 |
| C | 259729 | 36.6% | 50.6% | 1 |
| PC | 83399 | 11.7% | | |
| Rh | 67962 | 9.6% | 13.1% | |
| Eraill/*Others* | 4008 | 0.6% | 0.7% | |

### Canol a Gorllewin Cymru/*Mid and West Wales*     **Llaf**

Eth:489816. CP: 38.2% (Abertawe Dwyrain a Gorllewin/*Swansea East, West,* Brycheiniog a Maesyfed/*Brecon & Radnor,* Caerfyrddin/*Carmarthen,* Ceredigion, Gŵyr/*Gower,* Llanelli, Penfro/*Pembroke*)

| Mrs Ann Clwyd (Roberts) | Llaf | 77474 | 41.5% |
|---|---|---|---|
| David Lloyd | C | 67226 | 36.0% |
| Hywel Moseley | PC | 22730 | 12.2% |
| R C C Thomas | Rh | 17811 | 9.4% |
| H D Windsor Williams | Ann | 1826 | 1.0% |
| | | 10248 | 5.8% |

### De Cymru/*South Wales*     **Llaf**

Eth:535752. CP: 32.9% (Aberafan, Y Barri, Castell-nedd/*Neath,* Caerdydd De Ddwyrain, Gogledd, Gogledd Orllewin, Gorllewin/*Cardiff South East, North, North West, West,* Ogwr/*Ogmore,* Pontypridd)

| Win Griffith | Llaf | 77784 | 44.1% |
|---|---|---|---|
| Stefan Terlezki | C | 66852 | 37.9% |
| J Greaves | Rh | 17811 | 10.1% |
| Dafydd Williams | PC | 14029 | 7.9% |
| | | 10932 | 6.3% |

### De-Ddwyrain Cymru/*South-East Wales*     **Llaf**

Eth:454152. CP: 31.1% (Aberdâr, Abertileri, Bedwellte, Caerffili, Casnewydd/*Newport,* Glynebwy/*Ebbw Vale,* Merthyr Tydfil, Pontypŵl, Y Rhondda, Trefnwy/*Monmouth*)

| Allan Rogers | Llaf | 93093 | 54.8% |
|---|---|---|---|
| Ms Ann Robinson | C | 51478 | 30.3% |
| Ms Mary Jones | PC | 12469 | 7.3% |
| A Pope | Rh | 10534 | 6.2% |
| B Kelly | NFSE | 2182 | 1.3% |
| | | 41615 | 24.5% |

### Gogledd Cymru/*North Wales*     **C**

Eth:493181. CP: 35.9% (Caernarfon, Conwy, Dinbych/*Denbigh,* Fflint Dwyrain a Gorllewin/*Flint East, West,* Meirionnydd, Môn/*Anglesey,* Trefaldwyn/*Montgomery,* Wrecsam)

| Ms Beata Brookes | C | 74173 | 41.9% |
|---|---|---|---|
| T Dillan | Llaf | 46627 | 26.3% |
| Ieuan Wyn Jones | PC | 34171 | 19.3% |
| Ms Nesta Wyn Ellis | Rh | 21989 | 17.4% |
| | | 27546 | 15.6% |

# Etholiad 1984 Election

Eth:214?970. CP:36.0%
Mehefin 14 June

|  | P | CP | CPP | S |
|---|---|---|---|---|
| Llaf | 375982 | 44.5% | 36.5% | 3 |
| C | 214086 | 25.4% | 40.8% | 1 |
| Cyng | 146947 | 17.4% | 19.5% |  |
| PC | 103031 | 12.2% |  |  |
| Eraill/Others | 4266 | 0.6% | 0.7% |  |

## Canol a Gorllewin Cymru/Mid and West Wales    Llaf
Eth:533643. CP: 40.2%

| David Morris | Llaf | 89362 | 41.6% |
|---|---|---|---|
| D Lewis | C | 52910 | 24.7% |
| David Lloyd | Cyng/Rh | 35168 | 16.4% |
| Dr Philip J S Williams | PC | 32880 | 15.3% |
| Miss Marilyn Smith | Ecol | 4266 | 2.0% |
|  |  | 36452 | 16.9% |

## De Cymru/South Wales    Llaf
Eth:509434. CP: 38.4%

| Win Griffith | Llaf | 99936 | 57.1% |
|---|---|---|---|
| Miss J Pattman | C | 55678 | 28.5% |
| Mrs J Davies | Cyng/Rh | 26588 | 13.6% |
| Dr Dafydd Huws | PC | 13201 | 6.8% |
|  |  | 44258 | 22.7% |

## De-Ddwyrain Cymru/South-East Wales    Llaf
Eth:565738. CP: 38.1%

| Llewellyn Smith | Llaf | 131916 | 61.2% |
|---|---|---|---|
| R Whyatt | C | 36359 | 16.9% |
| C Lindlay | Cyng/DC | 28330 | 13.1% |
| Syd Morgan | PC | 18830 | 8.7% |
|  |  | 95557 | 44.3% |

## Gogledd Cymru/North Wales    C
Eth:516153. CP: 42.4%

| Miss Beata Brookes | C | 69139 | 31.6% |
|---|---|---|---|
| Tom Ellis | Cyng/DC | 56861 | 26.0% |
| Ian Campbell | Llaf | 54768 | 25.0% |
| Dafydd Iwan | PC | 38117 | 17.4% |
|  |  | 12278 | 5.6% |

# Etholiad 1989 Election

Eth:2194651. CP:40.7%. CPP:36.2%
Mehefin 15 June

|  | P | CP | CPP | S |
|---|---|---|---|---|
| Llaf | 436730 | 48.9% | 40.1% | 4 |
| C | 209313 | 23.5% | 34.7% |  |
| PC | 115062 | 12.9% |  |  |
| G | 99546 | 11.1% | 14.9% |  |
| SLD | 28785 | 3.2% | 6.2% |  |
| DC | 3153 | 0.4% | 0.5% |  |

## Canol a Gorllewin Cymru/Mid and West Wales    Llaf
Eth:548253. CP: 41.2%

| Parch. David R Morris | Llaf | 105670 | 46.9% |
|---|---|---|---|
| O J Williams | C | 53758 | 23.9% |
| Ms B I McPake | G | 29852 | 13.2% |
| Dr P J S Williams | PC | 26063 | 11.6% |
| A Sinclair | RhDC | 10031 | 4.5% |
|  |  | 51912 | 23.0% |

## De Cymru/South Wales    Llaf
Eth:520963. CP: 38.1%

| Wayne David | Llaf | 108550 | 54.7% |
|---|---|---|---|
| A R Taylor | C | 45993 | 23.2% |
| G P Jones | G | 25993 | 13.1% |
| Peter Keelan | PC | 10727 | 5.4% |
| P K Verma | RhDC | 4037 | 2.0% |
| D A T Thomas | DC | 3153 | 1.6% |
|  |  | 62557 | 31.5% |

## De-Ddwyrain Cymru/South-East Wales    Llaf
Eth:563343. CP: 38.3%

| Llewellyn Smith | Llaf | 138872 | 64.3% |
|---|---|---|---|
| R J Young | C | 30384 | 14.1% |
| M J Witherden | G | 27869 | 12.9% |
| Ms Jill Evans | PC | 14152 | 6.6% |
| P Nicholls-Jones | RhDC | 4661 | 2.2% |
|  |  | 108488 | 50.2% |

## Gogledd Cymru/North Wales    C > Llaf
Eth:540290. CP: 46.8%

| A Joe Wilson | Llaf | 83638 | 33.1% |
|---|---|---|---|
| Ms Beata Brookes | C | 79178 | 31.3% |
| Dafydd Elis Thomas | PC | 64120 | 25.4% |
| P H W Adams | G | 15832 | 6.3% |
| R K Marshall | RhDC | 10056 | 4.0% |
|  |  | 4460 | 1.8% |

# Etholiad 1994 Election

Eth:2204465. CP:42.8%. CPP:36.2%
Mehefin 9 June

|  | P | CP | CPP | S |
|---|---|---|---|---|
| Llaf | 530749 | 55.9% | 42.7% | 5 |
| PC | 162478 | 17.1% |  |  |
| C | 138323 | 14.6% | 26.9% |  |
| RhD | 82480 | 8.7% | 16.1% |  |
| G | 19413 | 2.0% | 3.1% |  |
| Eraill/Others | 16689 | 1.7% | 0.4% |  |

## Canol a Gorllewin Cymru/Mid and West Wales          Llaf

Eth:401529. CP: 48.0% (Brycheiniog a Maesyfed/Brecon & Radnor, Caerfyrddin/Carmarthen, Ceredigion a Gogledd Penfro/Ceredigion & North Pembroke, Llanelli, Meirionnydd Nant Conwy, Trefaldwyn/Montgomery, Penfro/Pembroke)

| Miss Eluned Morgan | Llaf | 78092 | 40.5% |
|---|---|---|---|
| Marc Phillips | PC | 48858 | 25.4% |
| Peter Bone | C | 31606 | 16.4% |
| Mrs Juliana Hughes | RhD | 23719 | 12.3% |
| David W Ll Rowlands | Ann | 5536 | 2.9% |
| Christopher Busby | G | 3938 | 2.0% |
| Tom Griffiths Jones | NLP | 988 | 0.5% |
|  |  | 29234 | 15.1% |

## De Cymru Canol/South Wales Central          Llaf

Eth:477182. CP: 39.4% (Bro Morgannwg/Vale of Glamorgan, Cwm Cynon Valley, Caerdydd Canol, De a Phenarth, Gogledd a Gorllewin/Cardiff Central, South & Penarth, North & West, Pontypridd, Y Rhondda)

| Wayne David | Llaf | 115396 | 61.4% |
|---|---|---|---|
| Ms L Verity | C | 29340 | 15.6% |
| Owain Llywelyn | PC | 18857 | 10.0% |
| John Dixon | RhD | 18471 | 9.8% |
| C von Ruhland | G | 4002 | 2.1% |
| Robert Griffiths | Comm | 1073 | 0.6% |
| D Dunguay | NLP | 889 | 0.5% |
|  |  | 86082 | 45.8% |

## De Cymru Dwyrain/South Wales East          Llaf

Eth:454794. CP: 43.1% (Blaenau Gwent, Caerffili, Casnewydd Dwyrain a Gorllewin/Newport East, West, Islwyn, Merthyr Tydful a Rhymni, Torfaen, Trefnwy/Monmouth)

| Mrs Glenys Kinnock | Llaf | 144907 | 74.0% |
|---|---|---|---|
| Mrs R Blomfield-Smith | C | 24660 | 12.6% |
| C Woolgrove | RhD | 9963 | 5.1% |
| Ms Jill Evans | PC | 9550 | 4.9% |
| R Coghill | G | 4509 | 2.3% |
| Ms S Williams | WSoc | 1270 | 0.7% |
| Dr R Brussatis | NLP | 1027 | 0.5% |
|  |  | 120247 | 61.4% |

## De Cymru Gorllewin/ South Wales West          Llaf

Eth:395131. CP: 39.9% (Aberafon, Abertawe Dwyrain, Gorllewin/Swansea East, West, Castell-nedd/Neath, Gŵyr/Gower, Ogwr/Ogmore, Pen-y-bont ar Ogwr/Bridgend)

| David Morris | Llaf | 104263 | 66.1% |
|---|---|---|---|
| R Buckland | C | 19293 | 12.2% |
| S Bushell | RhD | 15499 | 9.8% |
| Ms Catherine Adams | PC | 12364 | 7.8% |
| Ms Jill Evans | G | 4114 | 2.6% |
| Ms H Evans | NLP | 1112 | 0.7% |
| Capt. Beany | Beanus | 1106 | 0.7% |
|  |  | 84970 | 53.9% |

## Gogledd Cymru/North Wales*          Llaf

Eth:475829. CP: 45.3% (Alyn a Glannau Dyfrdwy/Alyn & Deeside, Caernarfon, Clwyd De Orllewin, Gogledd Orllewin/South West, North West, Conwy, Delyn, Wrecsam, Ynys Môn)

| Joe Wilson | Llaf | 88091 | 40.8% |
|---|---|---|---|
| Dafydd Wigley | PC | 72849 | 33.8% |
| Glyn Môn Hughes | C | 33450 | 15.5% |
| Miss Ruth Parry | RhD | 14828 | 6.9% |
| Patrick Adams | G | 2850 | 1.3% |
| David E Hughes | NLP | 2065 | 1.0% |
| John M Cooksey | Ann | 1623 | 0.8% |
|  |  | 15242 | 7.0% |

*Sedd newydd/New Seat

# Refferenda Datganoli
# Devolution Referenda

# Refferendwm 1/3/1979 Referendum

Cwestiwn/ *Question:*

A ydych am roi darpariaethau Deddf Cymru,1978, mewn gweithrediad? *Do you want the provisions of the Wales Act, 1978, put into effect?*

**CYMRU/*WALES***     **N**
Eth:2038049. CP:58.8%

| | | |
|---|---|---|
| **N** | 956330 | 79.7% |
| **Y** | 243048 | 20.3% |
| Mwyafrif yn erbyn/*Majority against* | 713282 | 59.4% |

**Clwyd**     **N**
Eth:282273. CP:51.6%

| | | |
|---|---|---|
| N | 114119 | 78% |
| Y | 31384 | 22% |
| Mwyafrif yn erbyn/*Majority against* | 82735 | 56% |

**Dyfed**     **N**
Eth:245071. CP:65.2%

| | | |
|---|---|---|
| N | 114947 | 72% |
| Y | 44849 | 28% |
| Mwyafrif yn erbyn/*Majority against* | 70098 | 44% |

**Gwent**     **N**
Eth:316931. CP:55.8%

| | | |
|---|---|---|
| N | 155389 | 88% |
| Y | 21369 | 12% |
| Mwyafrif yn erbyn/*Majority against* | 134020 | 76% |

**Gwynedd**     **N**
Eth:166318. CP:65.4%

| | | |
|---|---|---|
| N | 71157 | 65.6% |
| Y | 37363 | 34.4% |
| Mwyafrif yn erbyn/*Majority against* | 33794 | 31.2% |

**Morgannwg – Canol/*Mid***     **N**
Eth:390567. CP:59.4%

| | | |
|---|---|---|
| N | 184196 | 79.8% |
| Y | 46747 | 20.2% |
| Mwyafrif yn erbyn/*Majority against* | 137449 | 59.6% |

**Morgannwg – De/*South***     **N**
Eth:280610. CP:59.5%

| | | |
|---|---|---|
| N | 144186 | 86.9% |
| Y | 21830 | 13.1% |
| Mwyafrif yn erbyn/*Majority against* | 122356 | 73.8% |

**Morgannwg – Gorllewin/*West***     **N**
Eth:273260. CP:58.2%

| | | |
|---|---|---|
| N | 128834 | 81.3% |
| Y | 29663 | 18.7% |
| Mwyafrif yn erbyn/*Majority against* | 99171 | 62.6% |

**Powys**     **N**
Eth:80297. CP:66.9%

| | | |
|---|---|---|
| N | 43502 | 81.5% |
| Y | 9843 | 18.5% |
| Mwyafrif yn erbyn/*Majority against* | 33659 | 63% |

# Refferendwm 18/9/1997 Referendum

Cwestiwn/*Question:*

Yr wyf yn cytuno y dylid cael cynulliad i Gymru
*I agree there should be a Welsh Assembly*

Nid wyf yn cytuno y dylid cael cynulliad i Gymru
*I do not agree there should be a Welsh Assembly.*

### CYMRU/*WALES* — Y
CP 50.3%

| | | |
|---|---:|---:|
| Y | 559419 | 50.3% |
| N | 552698 | 49.7% |
| Mwyafrif o blaid/*Majority in favour* | 6721 | 0.6% |

### Abertawe — Y
Eth: 174725. CP: 47.3%

| | | |
|---|---:|---:|
| Y | 42789 | 52% |
| N | 39561 | 48.0% |
| Mwyafrif o blaid/*Majority in favour* | 3228 | 3.9% |

### Blaenau Gwent — Y
Eth: 55089. CP:49.6%

| | | |
|---|---:|---:|
| Y | 15237 | 56.1% |
| N | 11928 | 43.9% |
| Mwyafrif o blaid/*Majority in favour* | 3399 | 12.2% |

### Bro Morgannwg — N
Eth: 89111. CP:54.5%

| | | |
|---|---:|---:|
| N | 30613 | 63.3% |
| Y | 17776 | 36.7% |
| Mwyafrif yn erbyn/*Majority against* | 12837 | 26.6% |

### Caerdydd — N
Eth:228571. CP:47%

| | | |
|---|---:|---:|
| N | 59589 | 55.6% |
| Y | 47527 | 44.4% |
| Mwyafrif yn erbyn/*Majority against* | 12062 | 11.2% |

### Caerfyrddin Sir — Y
Eth:133467. CP:56.6%

| | | |
|---|---:|---:|
| Y | 49115 | 65.3% |
| N | 26119 | 34.7% |
| Mwyafrif o blaid/*Majority in favour* | 22996 | 30.6% |

### Caerffili — Y
Eth:129060. CP:49.5%

| | | |
|---|---:|---:|
| Y | 34830 | 54.7% |
| N | 28841 | 45.3% |
| Mwyafrif o blaid/*Majority in favour* | 5989 | 9.4% |

### Casnewydd — N
Eth:94094. CP:46.1%

| | | |
|---|---:|---:|
| N | 27017 | 62.6% |
| Y | 16172 | 37.4% |
| Mwyafrif yn erbyn/*Majority against* | 10835 | 25.2% |

### Castell-nedd/Port Talbot — Y
Eth: 106333. CP: 52.1%

| | | |
|---|---:|---:|
| Y | 36730 | 66.6% |
| N | 18463 | 33.4% |
| Mwyafrif o blaid/*Majority in favour* | 18267 | 33.2% |

### Ceredigion — Y
Eth:54440. CP:57.1%

| | | |
|---|---:|---:|
| Y | 18304 | 59.1% |
| N | 12614 | 40.9% |
| Mwyafrif o blaid/*Majority in favour* | 5690 | 18.2% |

### Conwy — N
Eth: 87231. CP: 51.5%

| | | |
|---|---:|---:|
| N | 26521 | 59.0% |
| Y | 18369 | 41.0% |
| Mwyafrif yn erbyn/*Majority against* | 8152 | 18.0% |

### Dinbych Sir — N
Eth: 70410. CP: 49.9%

| | | |
|---|---:|---:|
| N | 20732 | 59.2% |
| Y | 14271 | 40.8% |
| Mwyafrif yn erbyn/*Majority against* | 6461 | 18.4% |

### Fflint Sir — N
Eth: 113181. CP: 41.1%

| | | |
|---|---:|---:|
| N | 28707 | 61.9% |
| Y | 17746 | 38.1% |
| Mwyafrif yn erbyn/*Majority against* | 10961 | 23.8% |

### Gwynedd — Y
Eth: 92520. CP: 60%

| | | |
|---|---:|---:|
| Y | 35425 | 64.1% |
| N | 19859 | 35.9% |
| Mwyafrif o blaid/*Majority in favour* | 15566 | 28.2% |

### Merthyr Tudful — Y
Eth: 44107. CP: 49.8%

| | | |
|---|---:|---:|
| Y | 12707 | 58.2% |
| N | 9121 | 41.8% |
| Mwyafrif o blaid/*Majority in favour* | 3586 | 16.4% |

### Mynwy Sir — N
Eth: 65309. CP: 50.7%

| | | |
|---|---:|---:|
| N | 22403 | 67.9% |
| Y | 10592 | 32.1% |
| Mwyafrif yn erbyn/*Majority against* | 11811 | 35.8% |

## Pen-y-bont ar Ogwr     **Y**
Eth: 100400. CP: 50.8%

| | | |
|---|---|---|
| Y | 27632 | 54.4% |
| N | 23172 | 46.6% |
| Mwyafrif o blaid/*Majority in favour* | 4460 | 7.8% |

## Penfro Sir     **N**
Eth: 88720. CP: 52.8%

| | | |
|---|---|---|
| N | 26712 | 57.2% |
| Y | 19979 | 42.8% |
| Mwyafrif yn erbyn/*Majority against* | 6732 | 14.4% |

## Powys     **N**
Eth: 96107. CP: 56.5%

| | | |
|---|---|---|
| N | 30966 | 57.3% |
| Y | 23038 | 42.7% |
| Mwyafrif yn erbyn/*Majority against* | 7928 | 15.6% |

## Rhondda Cynon Taf     **Y**
Eth: 175639. CP: 50.0%

| | | |
|---|---|---|
| Y | 51201 | 58.5% |
| N | 36362 | 41.5% |
| Mwyafrif o blaid/*Majority in favour* | 14839 | 17.0% |

## Torfaen     **N**
Eth:69505. CP:45.6%

| | | |
|---|---|---|
| N | 15854 | 50.1% |
| Y | 15756 | 49.9% |
| Mwyafrif yn erbyn/*Majority against* | 98 | 0.2% |

## Wrecsam     **N**
Eth: 96787. CP: 42.5%

| | | |
|---|---|---|
| N | 22449 | 54.7% |
| Y | 18574 | 45.3% |
| Mwyafrif yn erbyn/*Majority against* | 4875 | 9.4% |

## Ynys Môn     **Y**
Eth: 54044. CP: 57%

| | | |
|---|---|---|
| Y | 15649 | 50.9% |
| N | 15095 | 49.1% |
| Mwyafrif o blaid/*Majority in favour* | 554 | 1.8% |

*"Good morning Wales. And it is a **very** good morning in Wales!"*

*Ron Davies*

**Mapiau Etholiadau a Refferenda**

**Elections and Referenda Maps**

# Map A

Etholaethau yr etholiadau canlynol/*Constituencies of the following elections:*
24/11/1885, 1/7/1886, 17/7/1895, 28/9/1900, 7/1/1906, 14/1/1910, 2/12/1910

1. Abertawe Bwr – Tref/*Town*
2. Abertawe Bwr – Rhanbarth/*District*
3. Brycheiniog
4. Caerdydd Bwr
5. Caerfyrddin Sir – Dwyrain/*East*
6. Caerfyrddin Sir – Gorllewin/*West*
7. Caerfyrddin Bwr
8. Caernarfon Sir – Arfon
9. Caernarfon Sir – Eifion
10. Caernarfon Bwr
11. Ceredigion
12. Dinbych Sir – Dwyrain/*East*
13. Dinbych Sir – Gorllewin/*West*
14. Dinbych Bwr
15. Fflint Sir
16. Fflint Bwr
17. Maesyfed
18. Meirionnydd
19. Merthyr Tudful Bwr (2 sedd)
20. Môn
21. Morgannwg – Canol/*Mid*
22. Morgannwg – De/*South*
23. Morgannwg – Dwyrain/*East*
24. Morgannwg – Gorllewin neu Gŵyr/*West or Gower*
25. Morgannwg – Rhondda, Y
26. Mynwy – De/*South*
27. Mynwy – Gogledd/*North*
28. Mynwy – Gorllewin/*West*
29. Mynwy Bwr
30. Penfro Sir
31. Penfro a Hwlffordd Bwr
32. Trefaldwyn Sir
33. Trefaldwyn Bwr

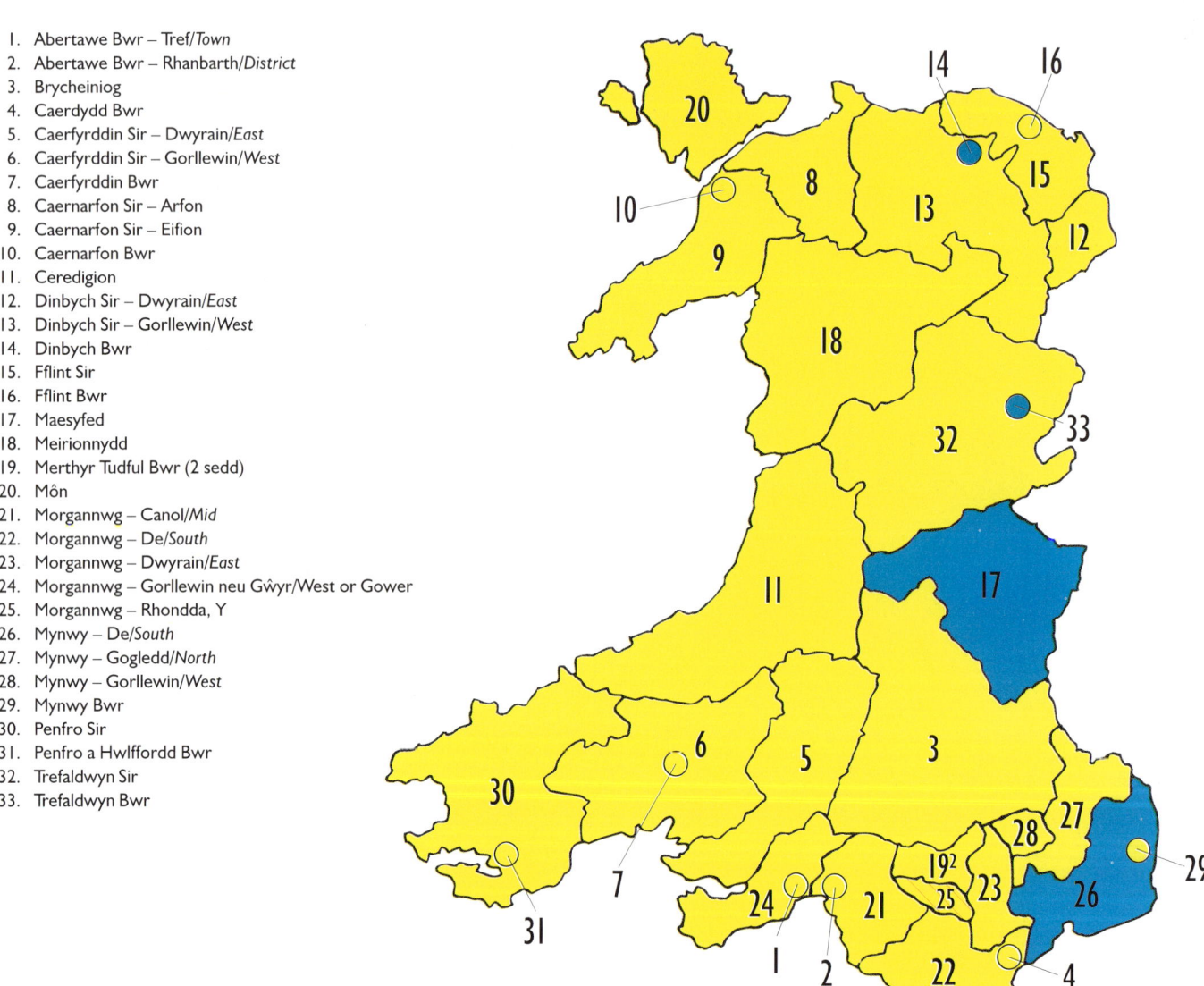

# Map B

Etholaethau yr etholiadau canlynol/*Constituencies of the following elections:*
14/12/1918, 15/11/1922, 6/12/1923, 29/10/1924, 30/5/1929, 27/10/1931, 14/11/1935, 5/7/1945

1. Aberafan
2. Aberdâr
3. Abertawe – Dwyrain/*East*
4. Abertawe – Gorllewin/*West*
5. Abertyleri
6. Bedwellte
7. Brycheiniog a Maesyfed
8. Caerdydd – Canol/*Central*
9. Caerdydd – De/*South*
10. Caerdydd – Dwyrain/*East*
11. Caerfyrddin
12. Caerffili
13. Caernarfon Sir
14. Caernarfon Bwr
15. Casnewydd
16. Castell-nedd
17. Ceredigion
18. Dinbych
19. Fflint
20. Glynebwy
21. Gŵyr
22. Llandaf a'r Barri
23. Llanelli
24. Meirionnydd
25. Merthyr Tudful
26. Môn
27. Ogwr
28. Penfro
29. Pontypridd
30. Pontypŵl
31. Prifysgol Cymru
32. Rhondda, Y – Dwyrain/*East*
33. Rhondda, Y – Gorllewin/*West*
34. Trefaldwyn
35. Trefynwy
36. Wrecsam

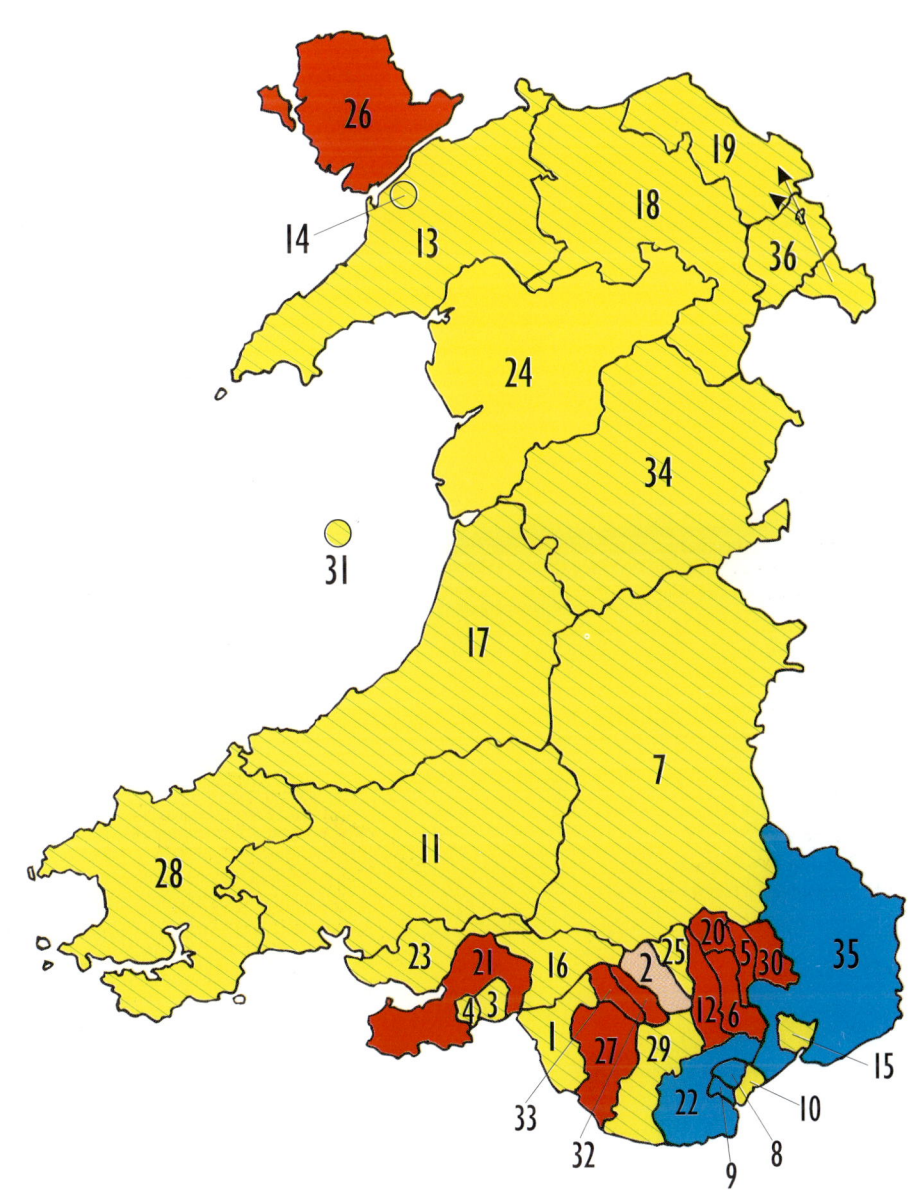

# Map C

Etholaethau yr etholiadau canlynol/*Constituencies of the following elections:*
23/2/1950, 25/10/1951, 25/5/1955, 8/10/1959, 15/10/1964, 31/3/1966, 18/6/1970

1. Aberafan
2. Aberdâr
3. Abertawe – Dwyrain/*East*
4. Abertawe – Gorllewin/*West*
5. Abertyleri
6. Barri, Y
7. Bedwellte
8. Brycheiniog a Maesyfed
9. Caerdydd – De-Ddwyrain/*South-East*
10. Caerdydd – Gogledd/*North*
11. Caerdydd – Gorllewin/*West*
12. Caerfyrddin
13. Caerffili
14. Caernarfon
15. Casnewydd
16. Castell-nedd
17. Ceredigion
18. Conwy
19. Dinbych
20. Fflint – Dwyrain/*East*
21. Fflint – Gorllewin/*West*
22. Glynebwy
23. Gŵyr
24. Llanelli
25. Meirionnydd
26. Merthyr Tudful
27. Môn
28. Ogwr
29. Penfro
30. Pontypridd
31. Pontypŵl
32. Rhondda, Y – Dwyrain/*East*
33. Rhondda, Y – Gorllewin/*West*
34. Trefaldwyn
35. Trefynwy
36. Wrecsam

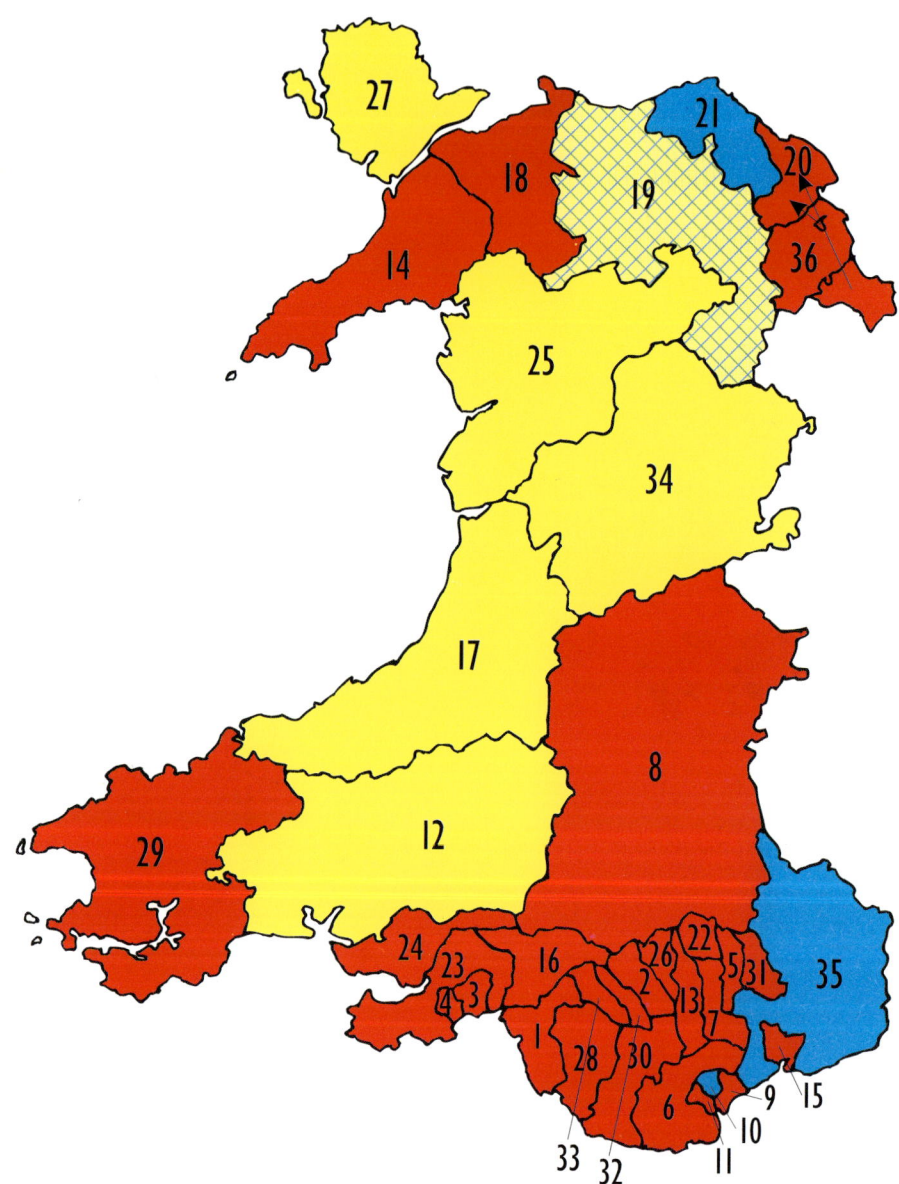

# Map CH

Etholaethau yr etholiadau canlynol/*Constituencies of the following elections:*
28/2/1974, 10/10/1974, 3/5/1979

1. Aberafan
2. Aberdâr
3. Abertawe – Dwyrain/*East*
4. Abertawe – Gorllewin/*West*
5. Abertyleri
6. Barri, Y
7. Bedwellte
8. Brycheiniog a Maesyfed
9. Caerdydd – De-Ddwyrain/*South-East*
10. Caerdydd – Gogledd/*North*
11. Caerdydd – Gogledd-Orllewin/*North-West*
12. Caerdydd – Gorllewin/*West*
13. Caerfyrddin
14. Caerffili
15. Caernarfon
16. Casnewydd
17. Castell-nedd
18. Ceredigion
19. Conwy
20. Dinbych
21. Fflint – Dwyrain/*East*
22. Fflint – Gorllewin/*West*
23. Glynebwy
24. Gŵyr
25. Llanelli
26. Meirionnydd
27. Merthyr Tudful
28. Môn
29. Ogwr
30. Penfro
31. Pontypridd
32. Pontypŵl
33. Rhondda, Y
34. Trefaldwyn
35. Trefynwy
36. Wrecsam

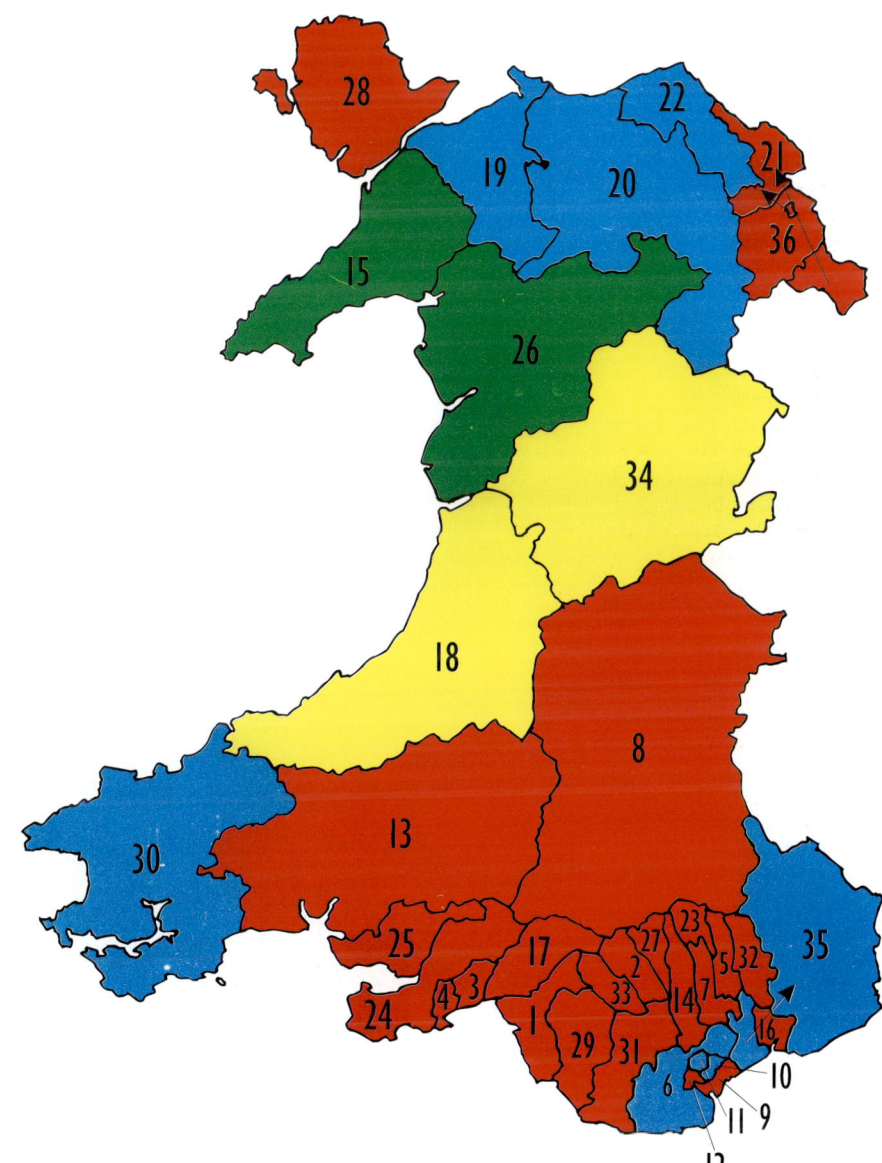

# Map D

Etholaethau yr etholiadau canlynol/*Constituencies of the following elections:*
3/6/1983, 11/6/1987, 9/4/1992

1. Aberafan
2. Abertawe – Dwyrain/*East*
3. Abertawe – Gorllewin/*West*
4. Alyn a Glannau Dyfrdwy
5. Blaenau Gwent
6. Bro Morgannwg
7. Brycheiniog a Maesyfed
8. Caerdydd – Canol/*Central*
9. Caerdydd – De a Phenarth/*South and Penarth*
10. Caerdydd – Gogledd/*North*
11. Caerdydd – Gorllewin/*West*
12. Caerfyrddin
13. Caerffili
14. Caernarfon
15. Castell-nedd
16. Casnewydd – Dwyrain/*East*
17. Casnewydd – Gorllewin/*West*
18. Ceredigion a Gogledd Penfro
19. Clwyd – De-Orllewin/*South-West*
20. Clwyd – Gogledd-Orllewin/*North-West*
21. Conwy
22. Cwm Cynon
23. Delyn
24. Gŵyr
25. Islwyn
26. Llanelli
27. Meirionnydd Nant Conwy
28. Merthyr Tudful a Rhymni
29. Ogwr
30. Penfro
31. Pen-y-bont ar Ogwr
32. Pontypridd
33. Rhondda, Y
34. Torfaen
35. Trefaldwyn
36. Trefynwy
37. Wrecsam
38. Ynys Môn

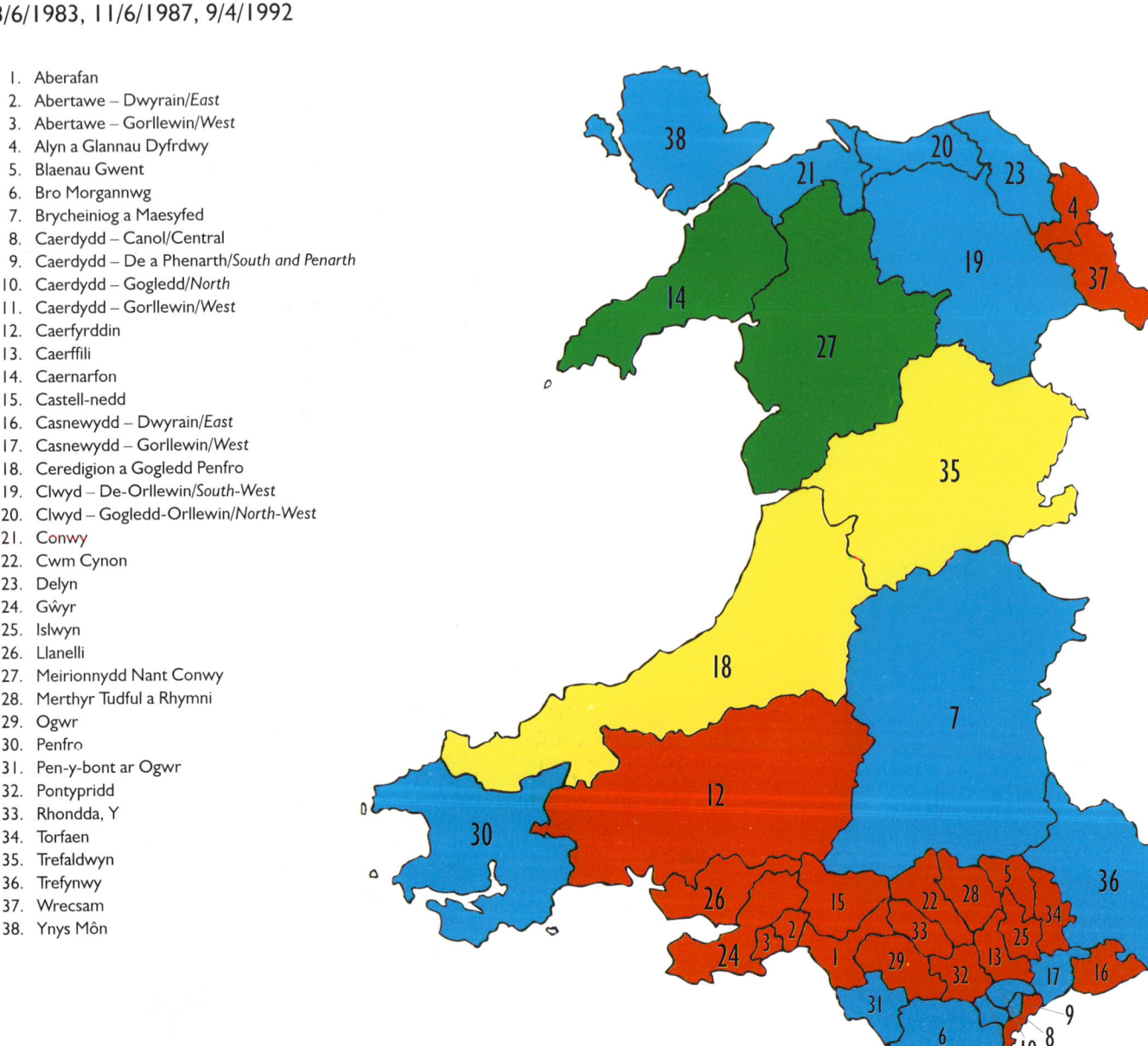

# Map DD

Etholaethau yr etholiad canlynol/*Constituencies of the following election:*
1/5/1997

1. Aberafan
2. Abertawe – Dwyrain/*East*
3. Abertawe – Gorllewin/*West*
4. Alyn a Glannau Dyfrdwy
5. Blaenau Gwent
6. Bro Morgannwg
7. Brycheiniog a Sir Faesyfed
8. Caerdydd – Canol/*Central*
9. Caerdydd – De a Phenarth/*South and Penarth*
10. Caerdydd – Gogledd/*North*
11. Caerdydd – Gorllewin/*West*
12. Caerffili
13. Caerfyrddin – Dwyrain a Dinefwr/*East and Dinefwr*
14. Caerfyrddin – Gn. a De Penfro/*West and S. Pembroke*
15. Caernarfon
16. Casnewydd – Dwyrain/*East*
17. Casnewydd – Gorllewin/*West*
18. Castell-nedd
19. Ceredigion
20. Clwyd – De/*South*
21. Clwyd – Gorllewin/*West*
22. Conwy
23. Cwm Cynon
24. Delyn
25. Dyffryn Clwyd
26. Gŵyr
27. Islwyn
28. Llanelli
29. Meirionnydd Nant Conwy
30. Merthyr Tudful a Rhymni
31. Ogwr
32. Pen-y-bont ar Ogwr
33. Pontypridd
34. Preseli
35. Rhondda, Y
36. Torfaen
37. Trefaldwyn
38. Trefynwy
39. Wrecsam
40. Ynys Môn

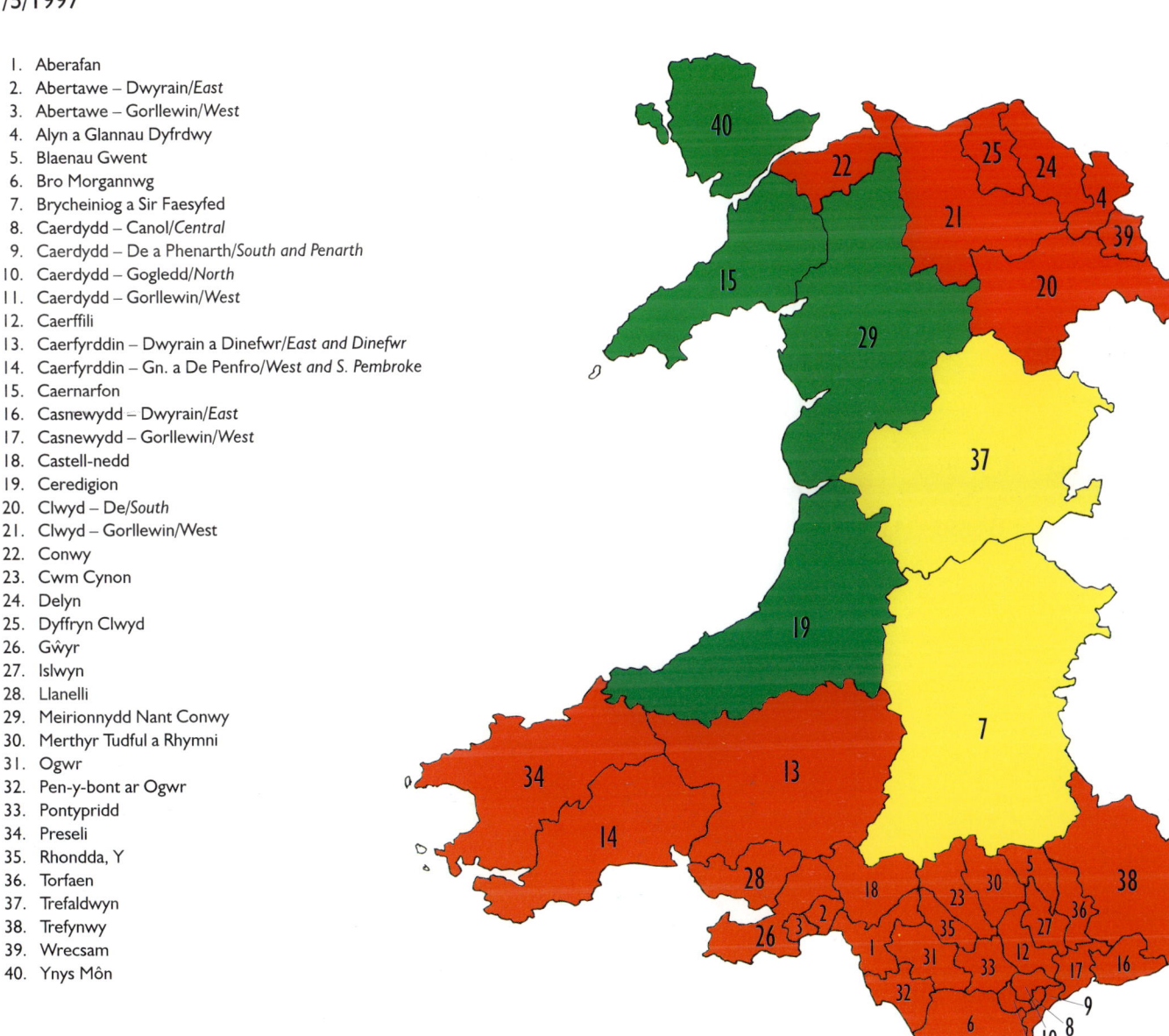

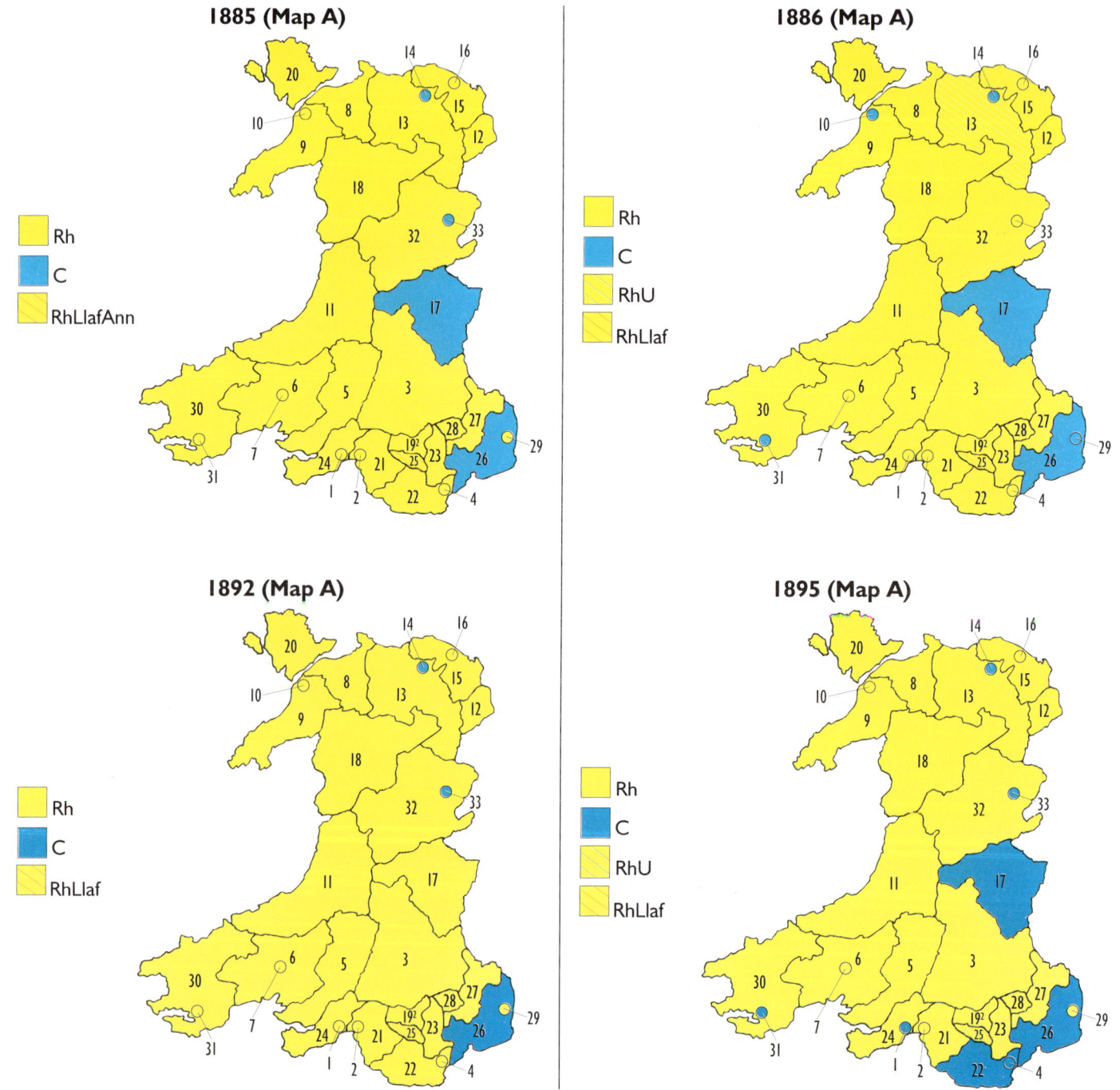

## 1885 (Map A)

Rh
C
RhLlafAnn

## 1886 (Map A)

Rh
C
RhU
RhLlaf

## 1892 (Map A)

Rh
C
RhLlaf

## 1895 (Map A)

Rh
C
RhU
RhLlaf

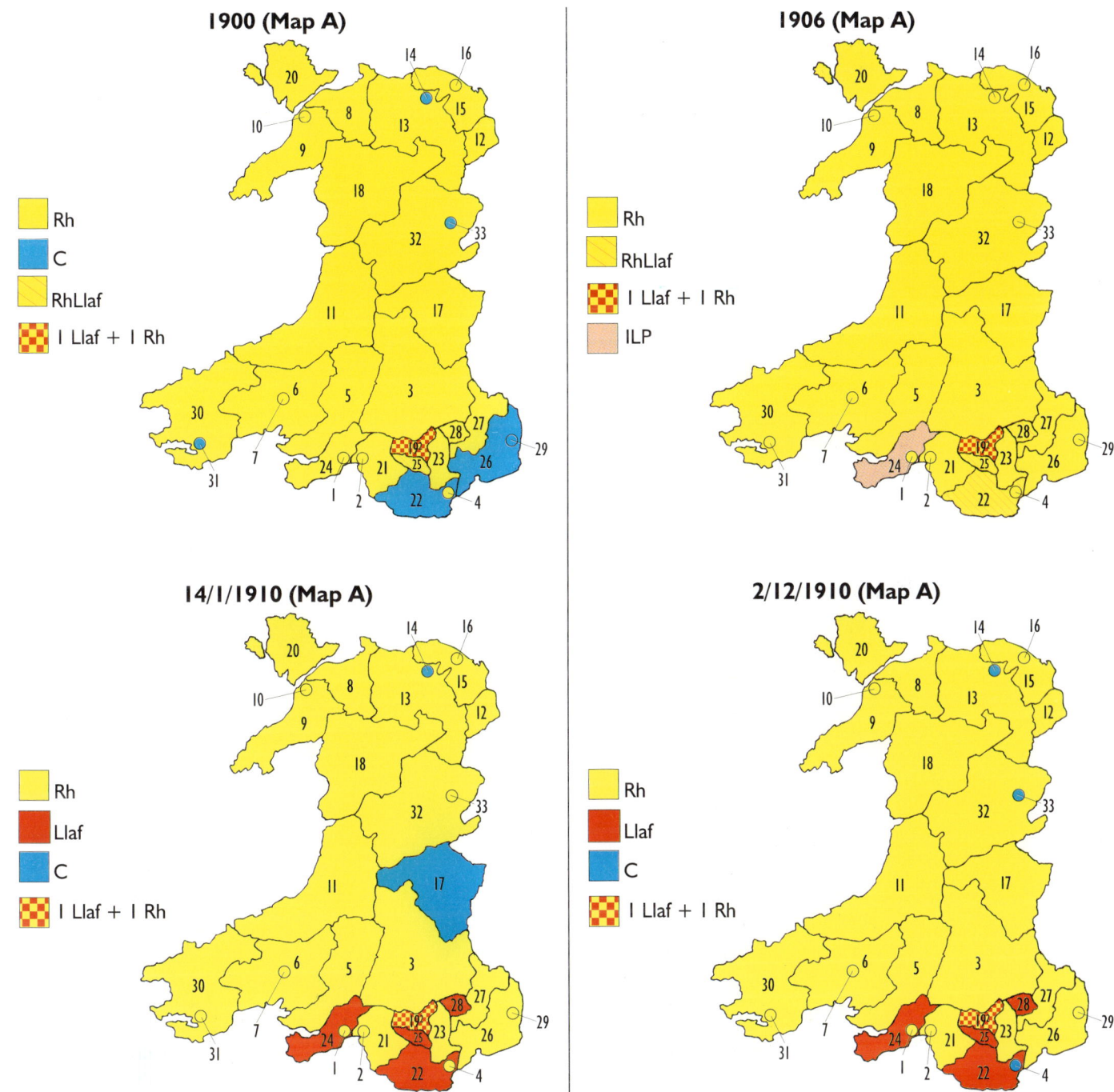

**1900 (Map A)**

Rh
C
RhLlaf
1 Llaf + 1 Rh

**1906 (Map A)**

Rh
RhLlaf
1 Llaf + 1 Rh
ILP

**14/1/1910 (Map A)**

Rh
Llaf
C
1 Llaf + 1 Rh

**2/12/1910 (Map A)**

Rh
Llaf
C
1 Llaf + 1 Rh

171

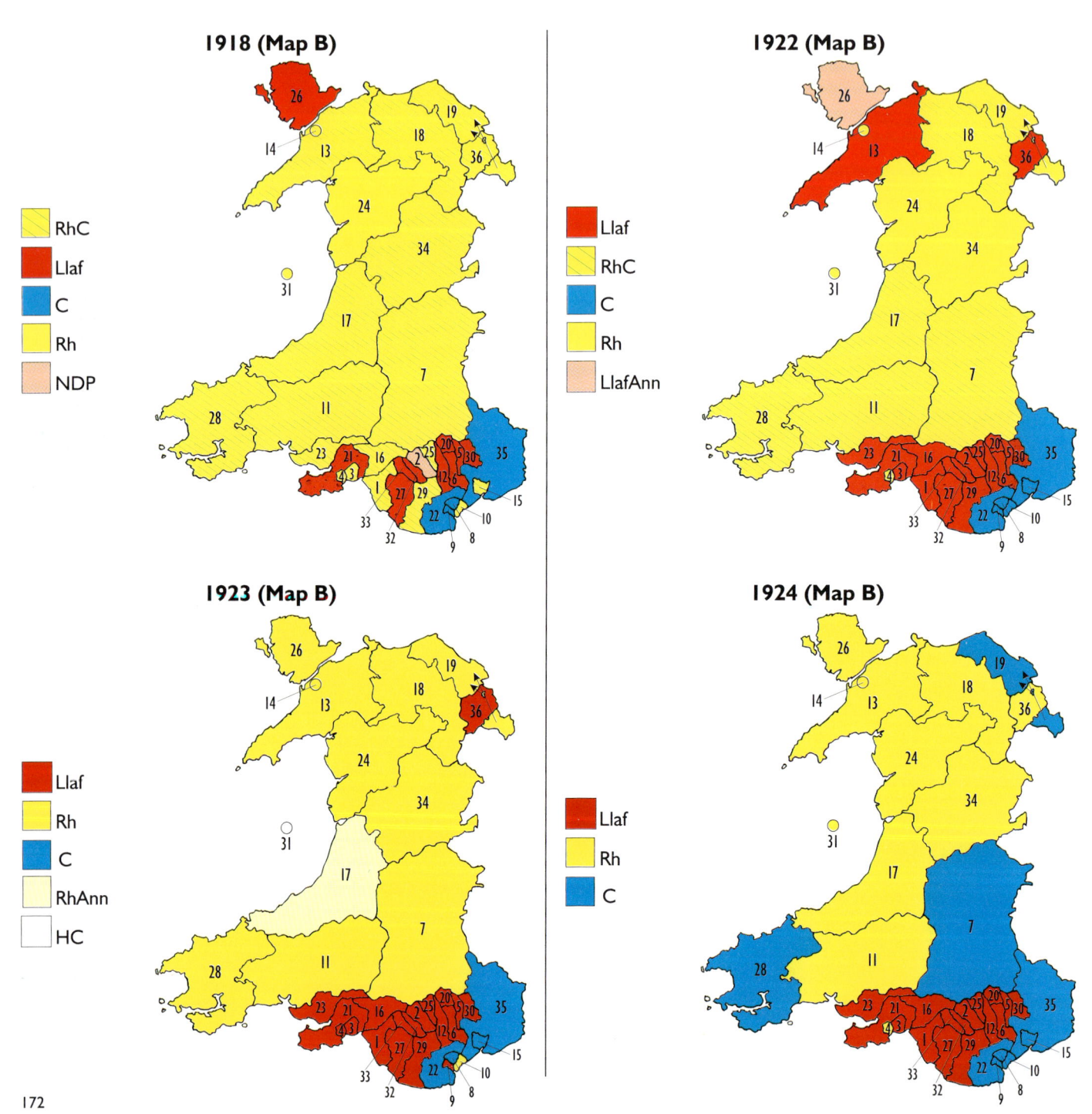

### 1918 (Map B)

RhC
Llaf
C
Rh
NDP

### 1922 (Map B)

Llaf
RhC
C
Rh
LlafAnn

### 1923 (Map B)

Llaf
Rh
C
RhAnn
HC

### 1924 (Map B)

Llaf
Rh
C

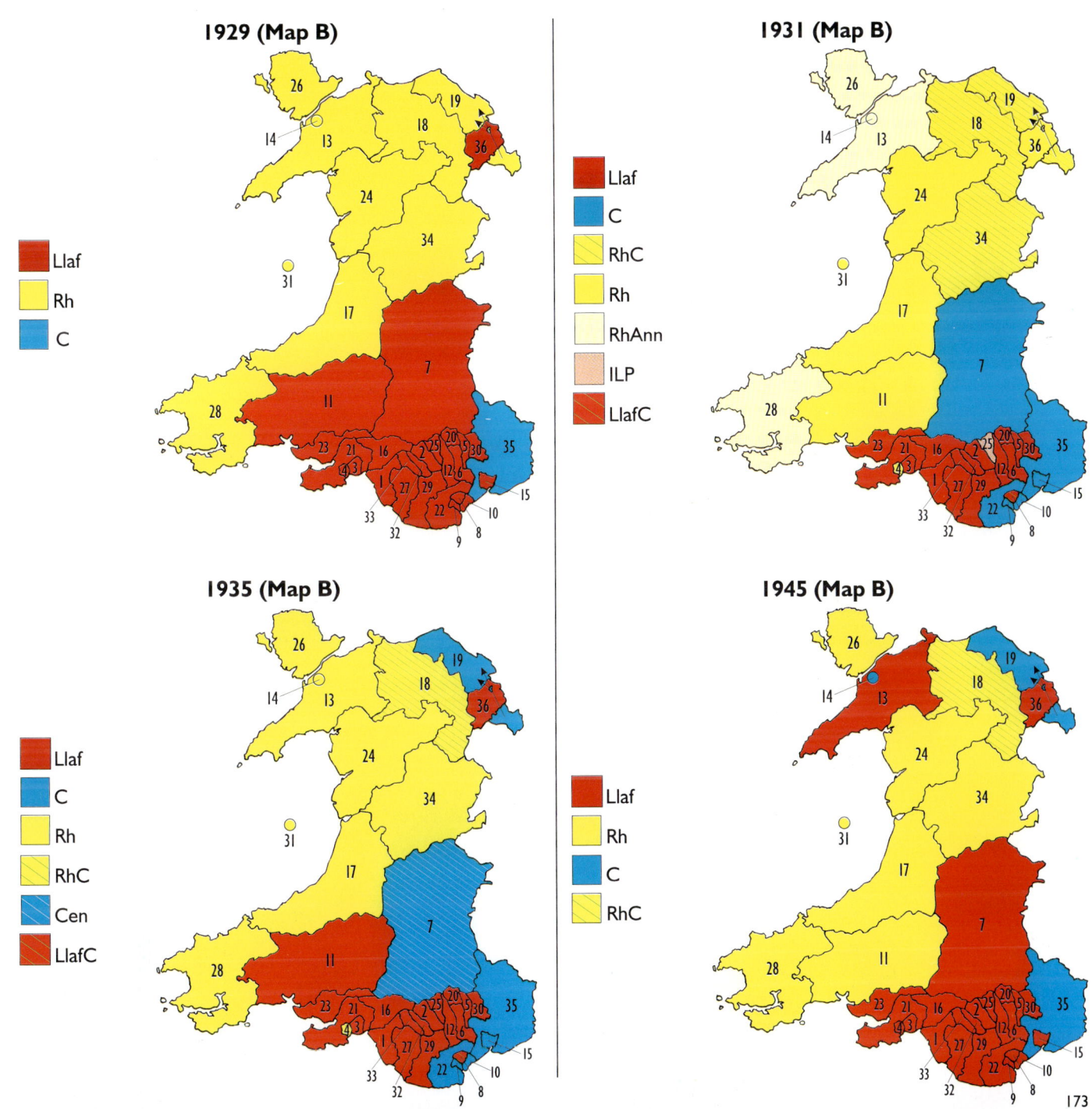

## 1929 (Map B)

Llaf
Rh
C

## 1931 (Map B)

Llaf
C
RhC
Rh
RhAnn
ILP
LlafC

## 1935 (Map B)

Llaf
C
Rh
RhC
Cen
LlafC

## 1945 (Map B)

Llaf
Rh
C
RhC

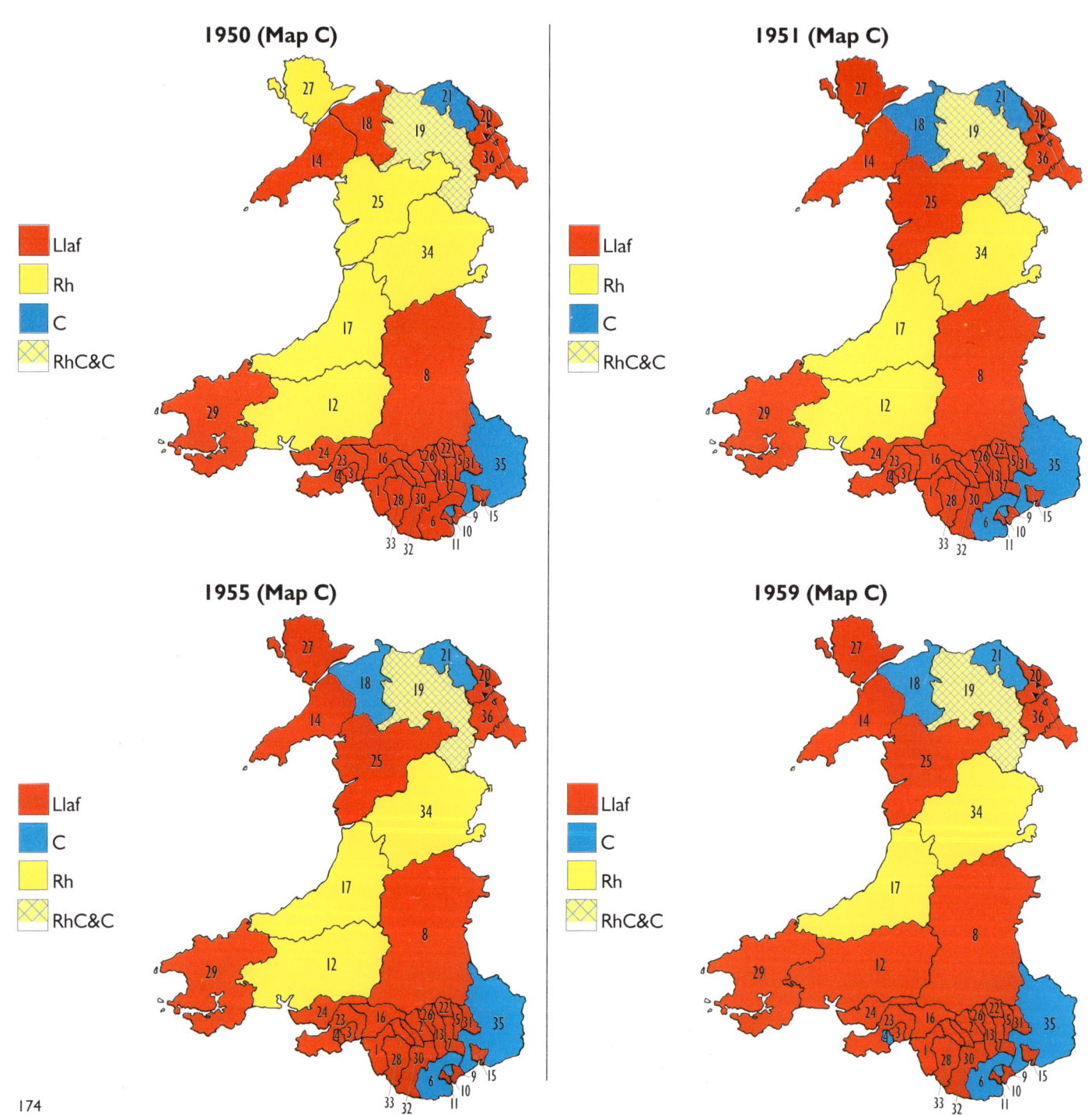

## 1950 (Map C)

Llaf
Rh
C
RhC&C

## 1951 (Map C)

Llaf
Rh
C
RhC&C

## 1955 (Map C)

Llaf
C
Rh
RhC&C

## 1959 (Map C)

Llaf
C
Rh
RhC&C

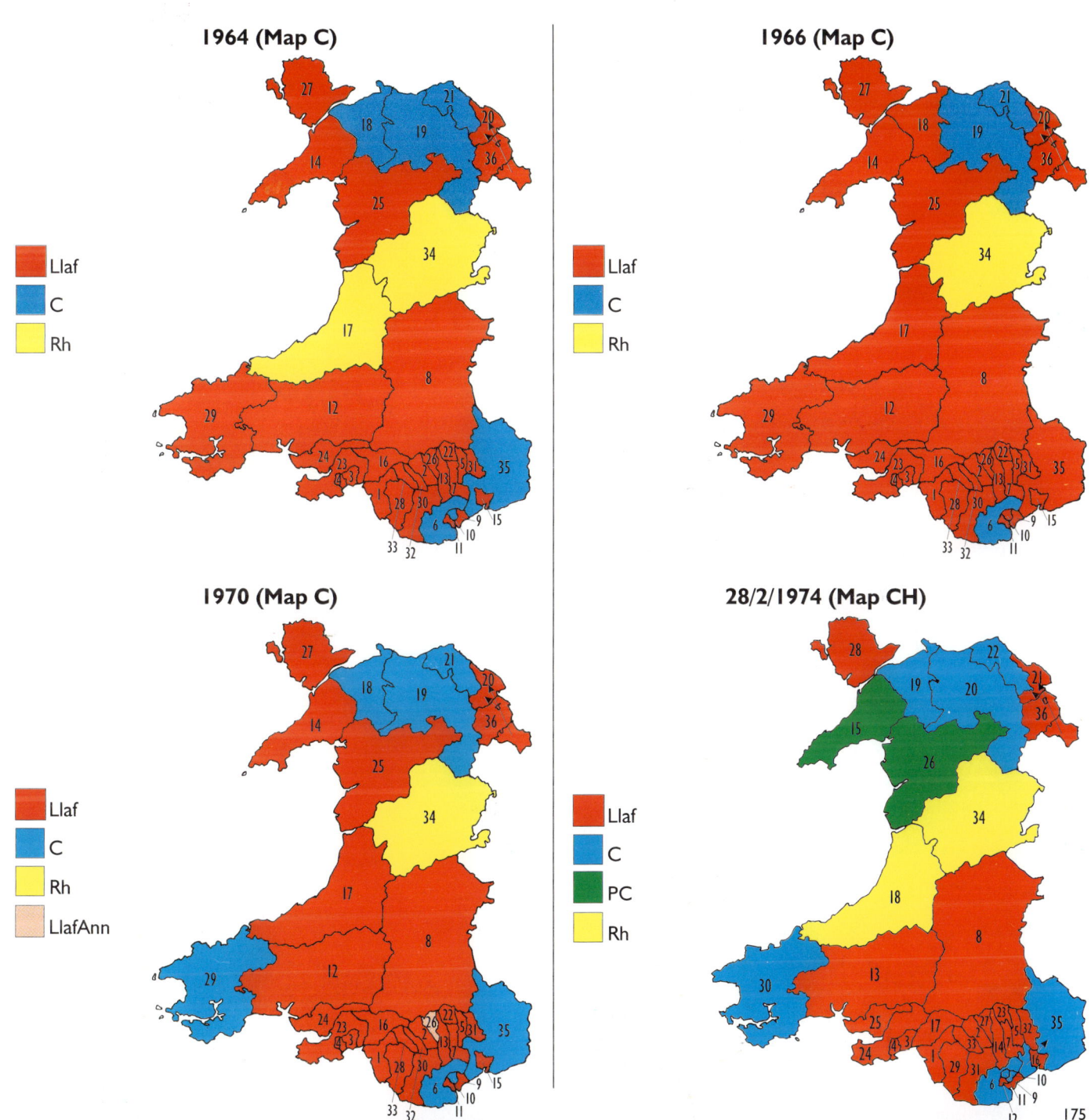

## 1964 (Map C)

Llaf
C
Rh

## 1966 (Map C)

Llaf
C
Rh

## 1970 (Map C)

Llaf
C
Rh
LlafAnn

## 28/2/1974 (Map CH)

Llaf
C
PC
Rh

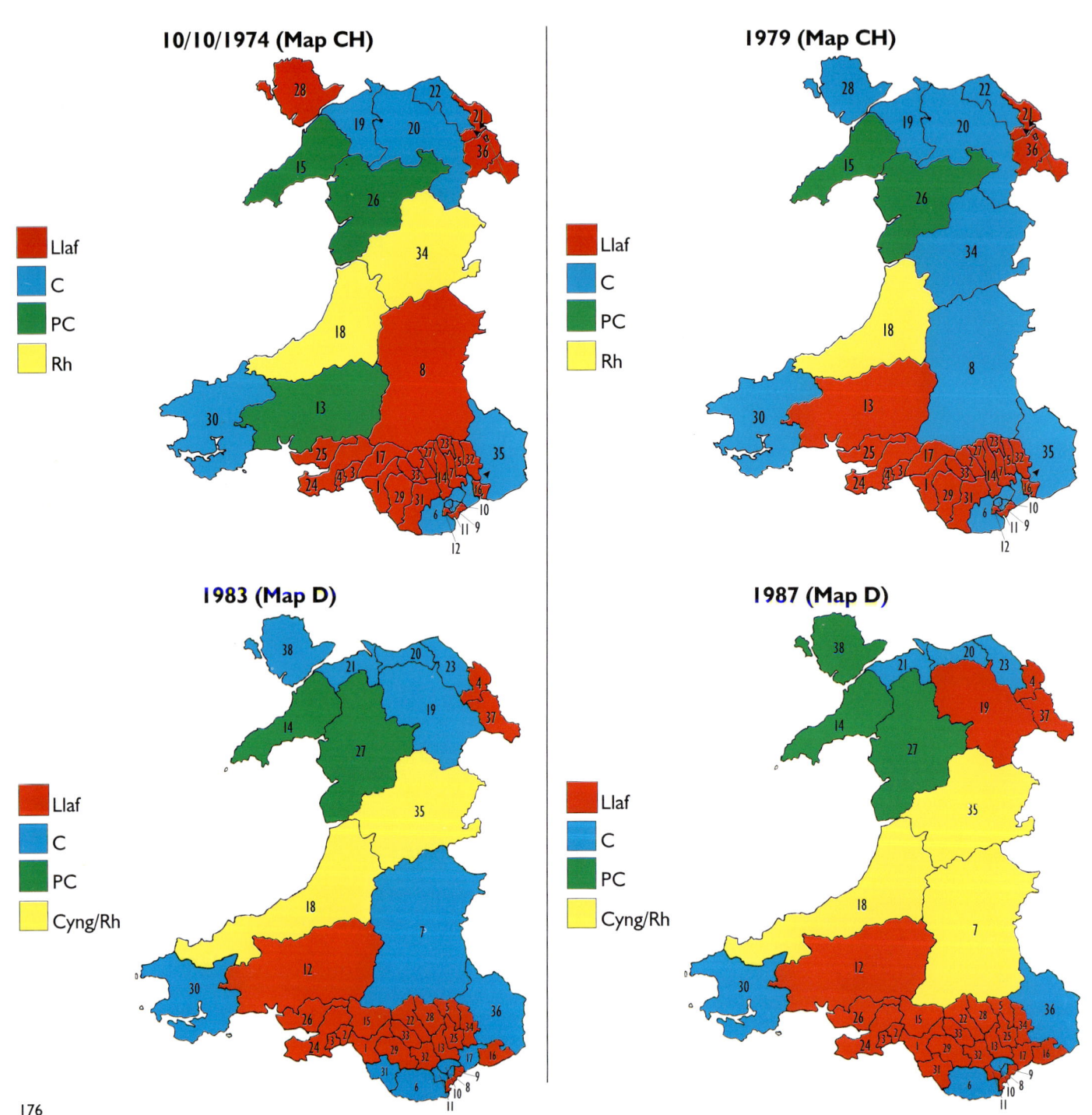

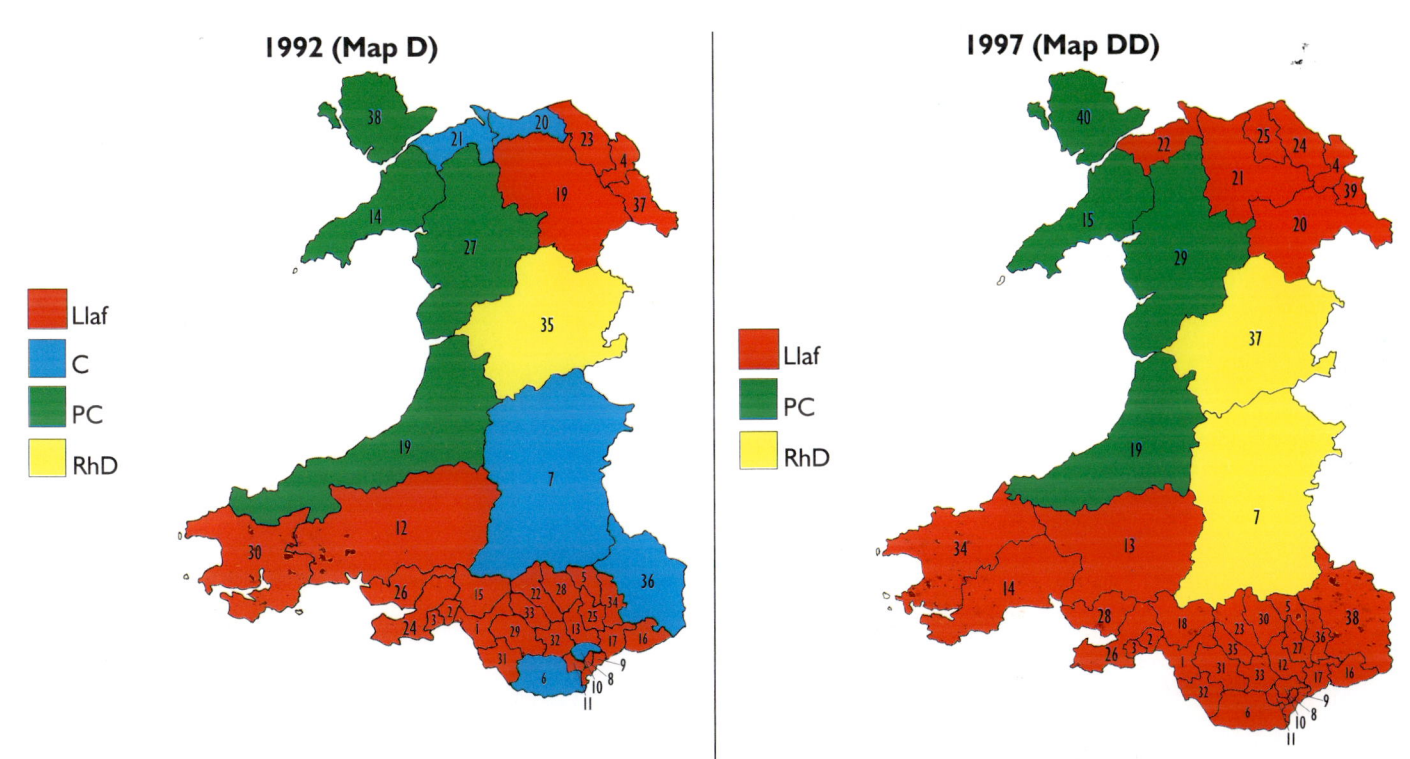

**1992 (Map D)**

Llaf
C
PC
RhD

**1997 (Map DD)**

Llaf
PC
RhD

# Etholiadau Ewrop a Refferenda
## European Elections and Referenda

Gweler tudalennau 14-17 am fanylion yr etholaethau.
*See pages 14-17 for details on the constituencies.*

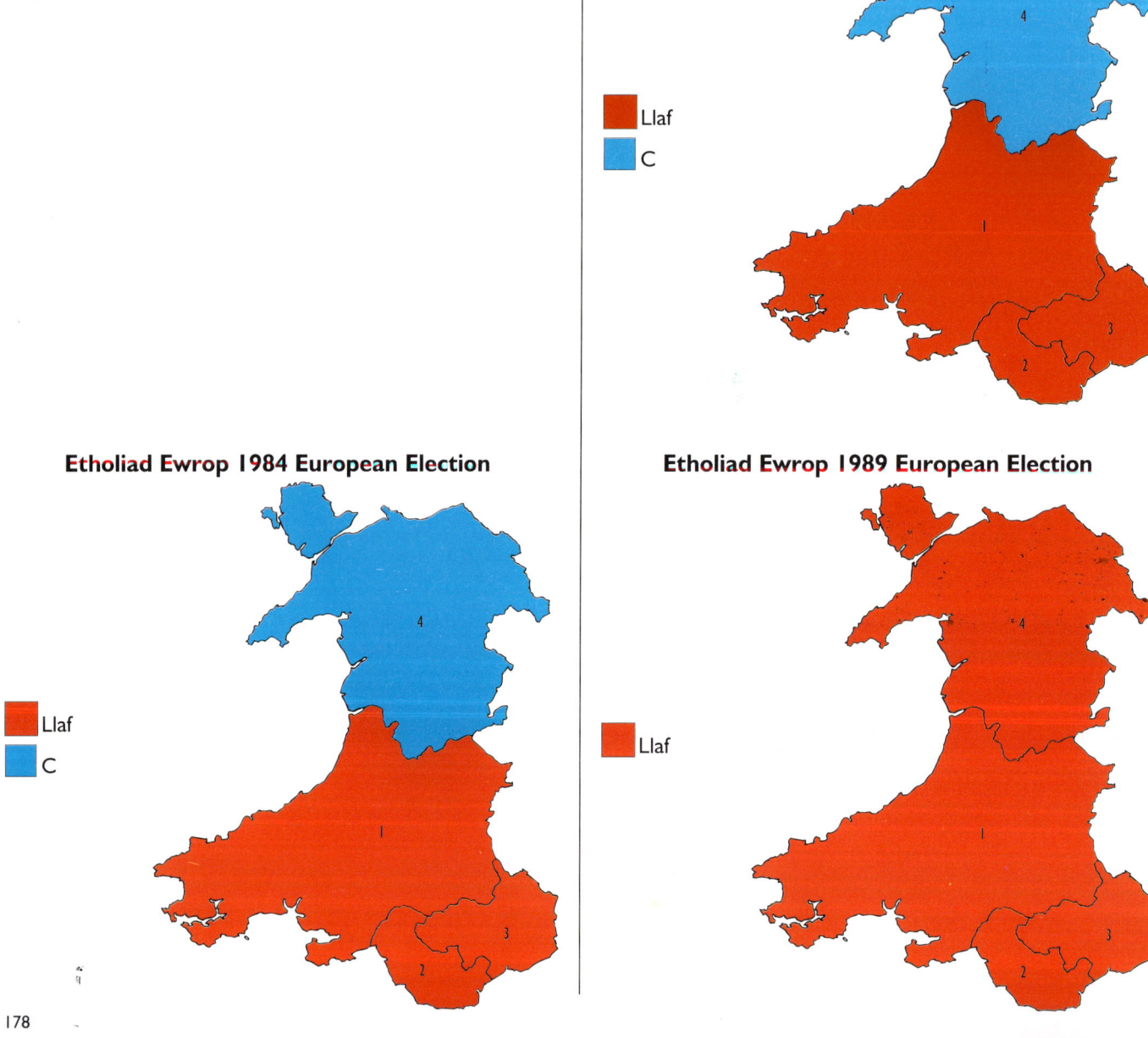

## Etholiad Ewrop 1979 European Election

Llaf
C

## Etholiad Ewrop 1984 European Election

Llaf
C

## Etholiad Ewrop 1989 European Election

Llaf

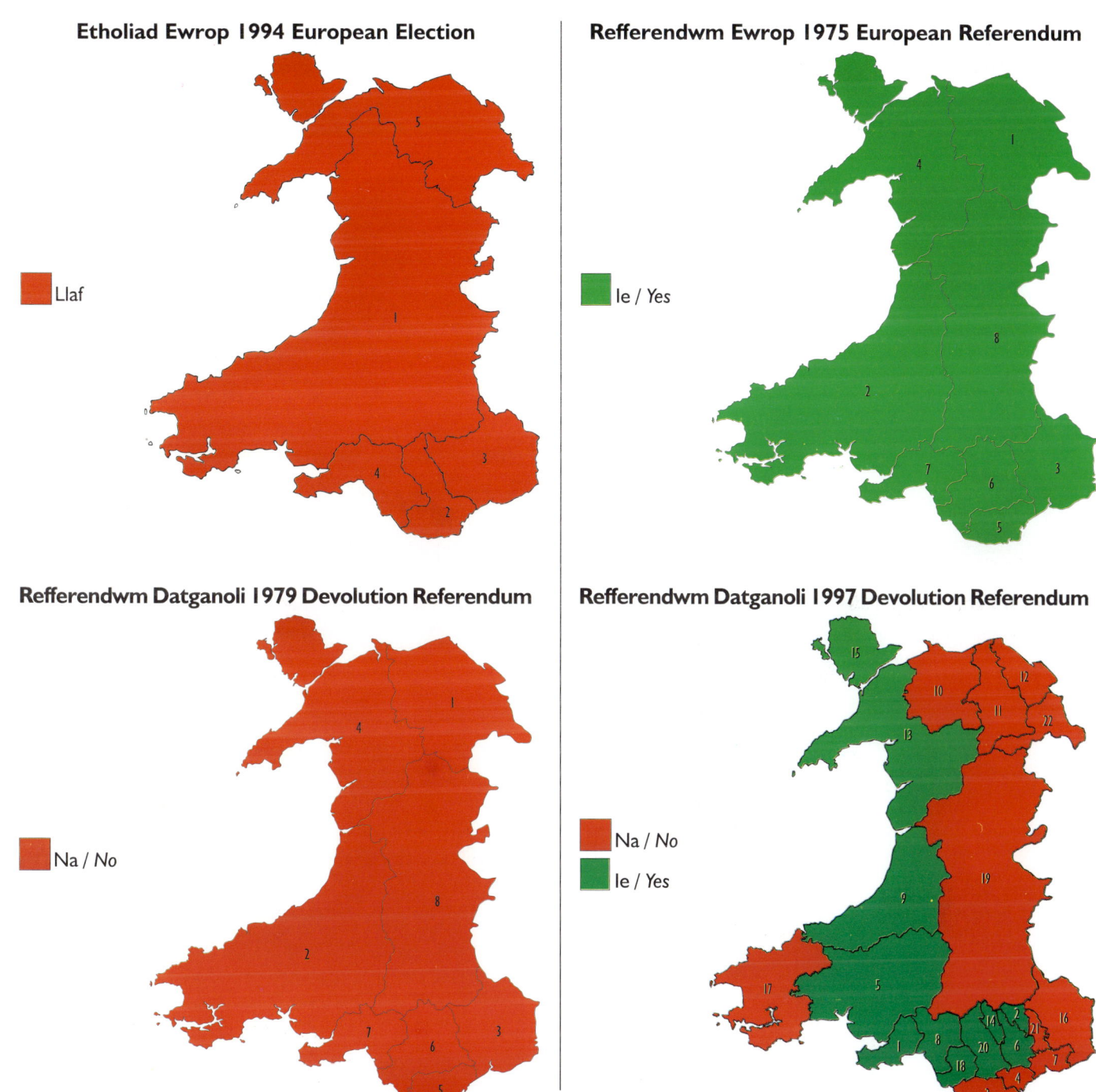

## Etholiad Ewrop 1994 European Election

Llaf

## Refferendwm Ewrop 1975 European Referendum

Ie / Yes

## Refferendwm Datganoli 1979 Devolution Referendum

Na / No

## Refferendwm Datganoli 1997 Devolution Referendum

Na / No
Ie / Yes

179

**Aelodau Seneddol Cymru 1885-1997**

**Welsh Members of Parliament 1885-1997**

**Abraham, William** (1842-1922) Mabon; g. Cwmafon, Morg.; glöwr; llyw. cyntaf Ffederasiwn Glowyr De Cymru; cynr. Rhondda 1885-1922 (Gorll. Rhondda ar ôl ad-drefnu 1918).

**Abraham, William** (1842-1922) known as Mabon; b. Cwmafon, Glam.; worked underground; first pres. of South Wales Miners Federation; rep. Rhondda div. of Glam. 1885-1922 (Rhondda West after re-org. of 1918).

**Abse, Leo** g. 1917; addys. Y. U. Howard Gardens, Caerdydd a'r LSE. Cyfreithiwr. Eth. dros Bontypŵl mewn is-eth. yn 1958, a chynr. yr eth. (Torfaen bellach) hyd ei ymddeoliad yn 1987. Cyhoeddodd lyfrau ar Margaret Thatcher a Tony Blair.

**Abse, Leo** b. 1917; ed. Howard Gardens High S., Cardiff and LSE. Solicitor. El. for Pontypool at a by-el. in 1958 and rep. const. (later Torfaen) until his retirement 1987. Has since published studies of Margaret Thatcher and Tony Blair.

**Ainger, Nick** g. 1949 yn Sheffield; addys. Y. R. Netherthorpe, Swydd Derby. Bu'n gweithio fel rigiwr yn Noc Penfro ac yn aelod o'r hen G. S. Dyfed cyn ei eth. dros Benfro 1992-7 (Gorllewin Caerfyrddin a De Penfro 1997).

**Ainger, Nick** b. 1949, Sheffield; ed. Netherthorpe G. S., Derbyshire. Worked as a rigger in Pembroke Dock and was a member of the former Dyfed C. C. before entering Parl. as a Member for Pembroke 1992-7 (Carmarthen West and Pembrokeshire South 1997).

**Allen, Charles Francis Egerton** (1847-1927) o Fwthyn Heywood, Dinbych y Pysgod; addys. Col. Sant Ioan; Caerg., y Deml Fewnol 1867. Galwyd i'r Bar 1871. Bu'n ddarlithydd yng Nghyfraith Lloegr yn Bengal. Cofiadur Rangoon 1883-4. Cynr. Penfro a Hwlffordd 1892-5.

**Allen, Charles Francis Egerton** (1847-1927) of Heywood Cottage, Tenby; ed. St. John's Coll., Camb., student of Inner Temple 1867, called to the Bar 1871. One time lecturer in English Law at Bengal. Recorder of Rangoon 1883-4. Rep. Pembroke and Haverfordwest 1892-5.

**Allen, Henry George** (1816-86) o Heywood, Dinbych y Pysgod; addys. Rugby, Eglwys Crist, Rhyd., Lincoln's Inn. Galwyd i'r Bar yn y Deml Fewnol 1841, QC 1880. Cofiadur Andover 1857-72. Cad. C. S. Penfro 1888-92. Cynr. Penfro a Hwlffordd 1880-6.

**Allen, Henry George** (1816-86) of Heywood, Tenby; ed. Rugby, Christ Church, Oxon., Lincoln's Inn. Called to the Bar at the Inner Temple 1841, QC 1880. Recorder of Andover 1857-72, Chairman of Pembrokeshire C.C. 1888-92. Rep. Pembroke and Haverfordwest 1880-6.

**Anderson, Donald** g. 1939; addys. Y. R. Abertawe, CPC Abertawe; bu'n ddarlithydd a diplomat. Bargyfreithiwr. Gweinidog lleyg gyda'r Methodistiaid. Cynr. Mynwy 1966-70, eth. dros Ddwyrain Abertawe 1974.

**Anderson, Donald** b. 1939; ed. Swansea G. S., UCW Swansea; former Univ. lecturer and diplomat. Barrister. Methodist lay preacher. Rep. Monmouth 1966-70, el. for Swansea East 1974.

**Barker, George** (1858-1942) g. Hanley, Stoke on Trent; gweithiodd dan ddaear hyd yn 10 oed. Arwisgwyd am ei ddewrder yn Rhyfel y Zulu, 1879. Cynr. Abertyleri 1922-9.

**Barker, George** (1858-1942) b. Hanley, Stoke on Trent; worked underground until 10 yrs old. Decorated for bravery in Zulu War, 1879. Rep. Abertillery 1922-9.

**Bell, (Syr) R M** (1914-82) o Gaerdydd; addys. Y. U. Caerdydd, Col. Magdalen Rhyd., Bargyfreithiwr. Cynr. Casnewydd Mai-Gorff. 1945; eth. dros Dde Swydd Buckingham 1950.

**Bell, (Sir) R M** (1914-82) from Cardiff; ed. Cardiff High S., Magdalen Coll., Oxon. Barrister. Rep. Newport May-July 1945; el. for South Buckinghamshire 1950.

**Bennet, (Syr) E N** (m. 1947) g. Durham; addys. Col. Hertford, Rhyd; cynr. Canol Caerdydd fel Llaf. rhwng 1929-31 a Llaf. Cened. 1931-45.

**Bennet, (Sir) E N** (d. 1947) b. Durham; ed. Hertford Coll. Oxon.; rep. Cardiff Central as Lab. Member 1929-31 and as Nat. Lab. 1931-45.

**Bennett, Nicholas** g. 1949; addys. Y. Sedgehill, Llundain, Poly. Gogledd Llundain a Phrif. Sussex. Cyn-athro a swyddog addysg. Olynodd Nicholas Edwards fel AS dros sir Benfro yn 1987 ond fe'i trechwyd yn Eth. Cyff. 1992.

**Bennett, Nicholas** b. 1949; ed. Sedgehill S., London, North London Poly. and Univ. of Sussex. Former teacher and ed. officer. Succeeded Nicholas Edwards as MP for Pembroke in 1987 but defeated at following Gen. El. 1992.

**Best, Keith** g. 1949; addys. Col. Brighton a Chol. Keeble, Rhyd. Bargyfreithiwr a darlithydd. Cynr. Sir Fôn (wedi hynny Ynys Môn) 1979-87.

**Best, Keith** b. 1949; ed. Brighton Coll., Keeble Coll., Oxon. Barrister and lecturer. Rep. Anglesey (later Ynys Môn) 1979-87.

**Bevan, Aneurin** (1897-1960) g. Tredegar, Myn.; addys. Y. E. Sirhywi a Chol. Canol Llaf; gweithiai dan ddaear yn 13; cynr. Glynebwy 1929-60. Gweinidog Iechyd a Thai 1945. Gweinidog Llaf. 1951, bu'n llefarydd ar Faterion Tramor.

**Bevan, Aneurin** (1897-1960) b. Tredegar, Mon.; ed. Sirhywi E. S. and Central Lab. Coll.; worked underground at 13; rep. Ebbw Vale 1929-60. Min. of Health and Housing 1945. Min. of Lab. 1951, later spokesman on Foreign Affairs.

**Birch, Nigel** (1906-81) addys. Eton; eth. dros Fflint 1945 (Gorllewin Fflint o 1948-70); ymddiswyddodd fel Ysg. Econ. i'r Trysorlys 1958, Y Weinyddiaeth Weithfeydd 1954-5, Ysg. Gwladol Awyr 1955-7. Dyrchafwyd i Dŷ'r Arglwyddi fel Arglwydd Rhyl 1970.

**Birch, Nigel** (1906-81) ed. Eton; el. for Flint 1945 (West Flint 1948-70); resigned as Economic Sec. to Treas. 1958, Min. of Works 1954-5, Sec. of State Air 1955-7. Entered House of Lords as Lord Rhyl 1970.

**Box, Donald** (1917-93); addys. Llandaf, Y. U. Pinner a Harrow. Ymladdodd Casnewydd 1955 a 1956, cynr. Gogledd Caerdydd 1959-66.

**Box, Donald** (1917-93); ed. Llandaff, Pinner and Harrow C.S. Contested Newport 1955 and 1956, rep. Cardiff North 1959-66.

**Bowen, Roderic** g. 1913; addys. Aberteifi, CPC Aberystwyth, St. Ioan, Caerg., galwyd i'r Bar 1937; cynr. Ceredigion 1945-66. Dir. Gadeirydd Ffyrdd a Moddau; Cofiadur Merthyr, yna Abertawe. Cadeirydd Pwyllgor y Llywod. ar Arwyddion Ffyrdd Dwyieithog 1972.

**Bowen, Roderic** b. 1913; ed. Cardigan, UCW Aberystwyth, St. John's, Camb., called to Bar 1937; rep. Cardiganshire 1945-66. Dep. Chairman Ways and Means; Recorder of Merthyr, later Swansea. Chairman of Gov. Committee on Bilingual Traffic Signs 1972.

**Brace, William** (1865-1947) addys. Y. Fwrdd. Rhisga, Myn.; glöwr, yn ddiw. yn Asiant Glowyr; cyn. De Morgannwg 1906-18 ac Abertyleri 1918-20. Is-Ysg. Swyddfa Gartref 1915.

**Brace, William** (1865-1947) ed. Risca Board Sch., Mon.; working miner, later Miner's Agent: rep. South Glamorgan 1906-18 and Abertillery 1918-20. Under-Sec. Home Office 1915.

**Breese, Charles E** (1867-1932) g. Porthmadog; addys. Y. Amwythig, cyn. Caernarfon (Rhag.) 1918-22.

**Breese, Charles E** (1867-1932) b. Porthmadog; ed. Shrewsbury Sch., rep. Caernarfon (Dec.) 1918-22.

**Brookes, Beata** g. 1931; addys. Abergele, Prifysgol Cymru a'r Alliance Française, Paris. Ymladdodd nifer o etholiadau seneddol yn Lloegr cyn ei hethol dros Ogledd Cymru i'r Senedd Ewropeaidd yn 1979. Collodd ei sedd yn 1989 i Laf.

**Brookes, Beata** b.1931; ed. Abergele, Univ.of Wales and Alliance Française, Paris. Contested several parliamentary elections in England before being el. to rep. North Wales in the European Parliament in 1979. Lost her seat in 1989 to Lab.

**Callaghan, James** g. 1912 Portsmouth ac addys. yno; cynr. De Caerdydd (wedi hynny De-Ddwyrain Caerdydd) 1945-83. Cang. y Trys. 1964-7, Ysg. Cartref 1967-70. Ysg. Tramor 1974-6. PW 1976-9. Dyrchafwyd i Dŷ'r Arglwyddi yn 1987 fel Arglwydd Callaghan o Gaerdydd.

**Callaghan, James** b. 1912 Portsmouth and ed. there; rep. Cardiff South (later Cardiff South East) 1945-83. Chancellor of Ex. 1964-7, Home Sec. 1967-70. Foreign Sec. 1974-6. PM 1976-9. Elevated to peerage as Lord Callaghan of Cardiff 1987.

**Carbutt, Syr Edward Hamer** g. 1838, Tŷ Llanwern, Casnewydd. Peiriannydd mecanyddol. Maer Leeds 1873; cynr. Bwr. Mynwy 1880-6 pan drechwyd ef. Gwnaed yn Farwnig yn 1892.

**Carbutt, Sir Edward Hamer** b. 1838, Llanwern House, Newport. Mechanical engineer. Mayor of Leeds 1873; rep. Monmouth Districts 1880-6 when defeated. Cr. a Bart. 1892.

**Carlile, Alex** g. 1948 Gogledd Cymru. Bargyfreithiwr, QC, Cofiadur Llys y Goron; addys. Col. Epsom, Col. Kings, Llundain, a Grays Inn. Ymladdodd Dwyrain Fflint 1974 a 1979 cyn cipio Trefaldwyn 1983. Ymddeolodd yn 1997. Er 1992 bu'n arweinydd y Rhyddfryd. Dem. yng Nghymru a'u llefarydd ar Faterion Cymreig; bu'n lefarydd ar Iechyd, Cyflogaeth, Masnach a Diwydiant, Materion Tramor ac Ewrop, Materion Cartref a Chyfreithiol.

**Carlile, Alex** b. 1948 North Wales. Barrister, QC, Crown Court Recorder; ed. Epsom Coll., Kings Coll., London and Grays Inn. Contested Flint East 1974 and 1979 before entering Parliament as MP for Montgomery 1983. Retired in 1997. Since 1992 has been leader of Lib. Dems. in Wales and their spokesman on Welsh Affairs, having formerly spoken on Health, Employment, Trade and Industry, Foreign and European Affairs, Home and Legal Affairs.

**Caton, Martin** g. 1951 addys. Y. R. Newport (Essex), Y. Amaethyddol Norfolk, Col. Addys. Bellach, Aberystwyth. Eth. yn aelod dros Gŵyr 1997 ar ymddiswyddiad Gareth Wardell.

**Caton, Martin** b.1951 ed. Newport (Essex) G.S., Norfolk Sch. of Agriculture, Aberystwyth Coll. of Further Ed. Became Member for Gower 1997 on retirement of Gareth Wardell.

**Clarry, (Syr) Reginald G** (1882-1945) g. Derby. Peiriannydd Sifil ac arbenigwr ar Danwydd. Cynr. Casnewydd 1922-9, 1931-45.

**Clarry, (Sir) Reginald G** (1882-1945) b. Derby. Civil Engineer and Fuel Specialist. Rep. Newport 1922-9, 1931-45.

**Clwyd, Ann** g. 1937 addys. Y.R. Treffynnon, Y. y Frenhines, Caer a CPC Bangor. Gynt yn newyddiadurwraig a gohebydd a chynhyrchydd teledu annibynnol. Bu'n Aelod Ewropeaidd dros Ganol a Gorllewin Cymru 1979-84. Eth. i Westminster yn is-eth. Cwm Cynon 1984 ar ôl methu yn Ninbych 1970 a Chaerloyw 1974. Aelod o Gabinet yr wrthblaid 1989-93, lle bu'n Weinidog Datblygiad a Chydweithrediad Tramor 1989-92, Ysg. Treftadaeth Cenedlaethol 1992-3 ac Ysg. Cyflogaeth 1993-4. Collodd ei swydd fel llefarydd y fainc flaen ar Faterion Tramor yn dilyn taith dramor answyddogol.

**Clwyd, Ann** b. 1937 ed. Holywell G. S., Queen's Sch., Chester and UCW Bangor. Former journalist and freelance TV reporter and producer. Served as MEP for Mid and West Wales 1979-84. El. to Parliament at the Cynon Valley by-el. 1984 having previously contested Denbigh 1970 and Gloucester 1974. Member of Shadow Cabinet 1989-93. Was Shadow Minister for Overseas Development and Co-operation 1989-92, National Heritage Sec. 1992-3 and for Employment 1993-4. Dismissed as Front Bench spokesman on Foreign Affairs following an unauthorised foreign visit.

**Coleman, Donald** (1925-1991) addys. Y. Tregatwg, Y Barri a Chol.Tech. Caerdydd; cyn-aelod o Gwmni Opera Cymru. Eth. yn 1964 i gynr. Castellnedd ac yno y bu tan ei farwolaeth yn 1991.

**Coleman, Donald** (1925-1991) ed. Cadoxton Sch., Barry and Cardiff Tech. Coll.; former member of Welsh Opera Comp. El. in 1964 for Neath and rep. the const. until his death in 1991.

**Cope, (Syr) William** (1870-1946) g. Caerdydd; addys. Col. Repton a Clare, Caerg., Bargyfreithiwr. KC; cynr. Llandaf a Barri 1918-29. Is-Arglwydd yn y Trys. 1933-8. Glas Caerg. (rygbi) 1891, enillodd gap i Gymru yn 1895.
**Cope, (Sir) William** (1870-1946) b. Cardiff; ed. Repton and Clare Coll. Camb., Barrister. KC; rep. Llandaff and Barry 1918-29. Jun. Lord of Treas. 1933-8. Camb. blue (rugby) 1891, capped for Wales 1895.

**Cornwallis-West, William** (1835-1917), Castell Rhuthun, addys. Eton ac yn Lincoln's Inn 1858. Galwyd i'r Bar 1862. Uchel Siryf Sir Ddinbych 1872. Pen. Arglwydd Rhaglaw 1872. Ymladdodd Lymington 1874 a Gorllewin Swydd Gaer 1880. Cynr. Gorllewin Dinbych 1885-92.
**Cornwallis-West, William** (1835-1917), Rhuthun Castle, ed. Eton and at Lincoln's Inn 1858. Called to the Bar 1862. High Sheriff of Denbighshire 1872. App. Lord Lieutenant 1872. Contested Lymington 1874 and West Cheshire 1880. Rep. Denbigh West 1885-92.

**Cory, (Syr) J Herbert** (1857-1933) addys. Tregoney, Cernyw. Perchennog llongau; cynr. Caerdydd 1915-8 a De Chaerdydd 1918-23. Uchel Siryf Morg. 1913-4.
**Cory, (Sir) J Herbert** (1857-1933) ed. Tregoney, Cornwall. Shipowner; rep. Cardiff 1915-8 and Cardiff South 1918-23. High Sheriff Glam. 1913-4.

**Cove, William George** (1888-1963); g. Treherbert, cyn-löwr ac athro; addys. Prif. Exeter; cynr. Wellingborough, Northants 1923-9 ag Aberafan 1929-59. Llyw. UCA 1922. Cad. Grŵp Sen. y Blaid Laf. Gymreig. Rhyddfreiniwr Bwr. Aberafan, 1957.
**Cove, William George** (1888-1963); b. Treherbert, ex-miner and teacher; ed. Exeter Univ.; rep. Wellingborough, Northants 1923-9 and Aberavon 1929-59. Pres. NUT 1922. Chair. Welsh Lab. Parl. Group. Freeman Bor. of Aberavon 1957.

**Cowell-Stepney, Syr Emile Algernon Arthur Keppel** (1834 1909) Dell, Llanelli; addys. Eton. Ymladdodd Caerfyrddin yn aflwyddiannus yn 1874, ond cynr. yr eth. 1876-8 pan dderbyniodd Gantrefi'r Chiltern. Cynr. yr un eth. eto 1886-92, pan ymddeolodd ar ôl ymuno â'r Rhydd. Ceid. y flwyddyn flaenorol.
**Cowell-Stepney, Sir Emile Algernon Arthur Keppel** (1834-1909) Dell, Llanelli; ed. Eton. Unsuccessfully contested Carmarthen 1874, but rep. the const. 1876-8 when he accepted the Chiltern Hundreds. Rep. the same const. again between 1886-92, when he retired having joined the Lib. Unionists the previous year.

**Crichton-Stuart, Yr Arglwydd Ninian** (1883-1915) 3ydd mab yr Ardalydd Bute; cynr. Caerdydd 1910 (Rhag.) hyd 1915. Lladdwyd yn y Rhyfel Mawr.

**Crichton-Stuart, Lord Ninian** (1883-1915) 3rd son of Marq. of Bute; rep. Cardiff 1910 (Dec.) until 1915. Killed in the First World War.

**Dafis, Cynog** g. 1938; addys. Y. U. Sirol Aberaeron, Y. R. y Bechgyn Castellnedd a CPC Aberystwyth. Cyn-athro ac ymchwilydd mewn addys. Eth. dros Geredigion a Gogledd Penfro 1992 fel ymgeisydd Plaid Cymru a Phlaid y Gwyrddion Ceredigion, a Phlaid Cymru yn unig 1997.
**Dafis, Cynog** b. 1938; ed. Aberaeron County Sec. Sch., Neath Boys' G.S. and UCW Aberystwyth. Former teacher and researcher in education. El. for Ceredigion and North Pembrokeshire in 1992 as Plaid Cymru candidate in alliance with Ceredigion Green Party, and Plaid Cymru only 1997.

**Daggar, George** (1879-1950) addys. Y. E. Abertyleri a Chol. Llaf., Llundain; cyn löwr ag Asiant Glowyr; cynr. Abertyleri 1929-50.
**Daggar, George** (1879-1950) ed. Abertillery El. Sch. and Labour Coll., London; former miner and Miners' Agent; rep. Abertillery 1929-50.

**David, Wayne** g. 1957, addys. Y. U. Cynffig, CPC, Caerdydd ac Abertawe. Cyn-athro ysgol a thiwtor gyda Mudiad Addys. y Gweithwyr. Eth. yn aelod Ewropeaidd dros Dde Cymru 1989, (Canol De Cymru) o 1994 pan ddaeth yn arweinydd y Blaid Laf. Sen. Ewropeaidd.
**David, Wayne** b.1957, ed. Cynffig C. S., UCW, Cardiff and Swansea. Former school teacher and WEA tutor. El. to represent South Wales in the European Parliament in 1989, (South Wales Central from 1994) after which he was appointed leader of the European Parl. Lab. Party.

**Davies, Alfred** (1848-1907) brodor o Sir Gaerfyrddin, mab i Weinidog gyda'r Annibynwyr, Llundain. Cynr. Caerfyrddin 1900-6.
**Davies, Alfred** (1848-1907) native of Carmarthenshire, son of Congregational Min., London. Rep. Carmarthen 1900-6.

**Davies, Clement** (1884-1962) addys. Y. Llanfyllin, Trinity Hall, Caerg. Bargyfreithiwr, QC.; cynr. Sir Drefaldwyn 1929-62. Arweinydd y Blaid Ryddfrydol 1945-56.
**Davies, Clement** (1884-1962) ed. Llanfyllin Sch., Trinity Hall, Camb.; Barrister, QC.; rep. Montgomeryshire 1929-62. Leader of the Liberal Party 1945-56.

**Davies, D L** (1872-1937) g. Trefforest. Bu'n löwr am 25 mlynedd. Asiant Glowyr ym Mhontypridd. Eth. dros Bontypridd mewn is-eth. 1931 a chynr. yr eth. hyd ei farwolaeth.
**Davies, D L** (1872-1937) b. Trefforest. Worked as miner for 25 yrs. Miners' Agent at Pontypridd. Returned for Pontypridd at a by-el. 1931 and rep. the const. until his death.

**Davies, D R Seaborne** (1904-84) g. Pwllheli; addys. Y. R. Pwllheli, CPC Aberystwyth a Chol. Sant Ioan, Caerg. Athro yn y Gyfraith a Deon Cyfadran y Gyfraith, Prif. Lerpwl 1946-71. Dilynodd D Lloyd George fel aelod dros Fwr. Caernarfon 1945 ond fe'i gorchfygwyd yn yr Eth. Cyff. yr un flwyddyn.

**Davies, D R Seaborne** (1904-84) b. Pwllheli; ed. Pwllheli G. S., UCW Aberystwyth, St. John's, Camb. Professor of Common Law and Dean of the Faculty of Law, Liverpool Univ. 1946-71. Followed D Lloyd George as member for Caernarfon Bor. 1945 but defeated at the Gen. El. of same year.

**Davies, (Syr) David Saunders** (1852-1934) addys. Llanymddyfri. Uchel Siryf Dinbych 1911. Rhannol berchennog ar *Baner ac Amserau Cymru*; p. ferch Thomas Gee. Cynr. Dinbych 1918-22.

**Davies, (Sir) David Saunders** (1852-1934) ed. Llandovery. High Sheriff Denbigh 1911. Part owner of *Baner ac Amserau Cymru*; m. dau. of Thomas Gee. Rep. Denbigh 1918-22.

**Davies, David** (1818-90) Broneirion, Llandinam. Adeiladydd rheilffyrdd a pherchennog glofeydd llwyddiannus. Hunan-addysgiedig. Ymladdodd Ceredigion yn aflwyddiannus 1865; cynr. Bwr. Ceredigion 1874-5 a Cheredigion 1885-6.

**Davies, David** (1818-90) Broneirion, Llandinam. Self educated highly successful railway constructor and colliery proprietor. Unsuccessfully contested Cardiganshire 1865; rep. Cardigan Bor. 1874-5 and Cardiganshire 1885-6.

**Davies, David** (1880-1944) Ŵyr yr uchod. Addys. Y. Merchiston Castle, Caeredin, Col. y Brenin, Caerg.; cynr. Trefaldwyn 1906-29. Llywydd y Gymdeithas Goffa Genedlaethol Gymreig.

**Davies, David** (1880-1944) Grandson of above. Ed. Merchiston Castle Sch., Edinburgh, King's Coll. Camb.; rep. Montgomery 1906-29. Pres. of Welsh Nat. Memorial Assoc.

**Davies, Denzil** g. 1938; addys. Y. R. y Bechgyn, Caerfyrddin, Col. Pembroke, Rhyd. Bargyfreithiwr; eth. dros Lanelli 1970. Gweinidog Gwladol yn y Trysorlys 1975-9.

**Davies, Denzil** b. 1938; ed. Carmarthen Boys G.S., Pembroke Coll., Oxon. Barrister;. el. for Llanelli 1970, Min. of State, Treasury 1975-9.

**Davies, Ednyfed Hudson** g. 1929. Darlithydd a darlledwr; addys. Y. R. Dinefwr, Abertawe, CPC Abertawe a Chol. Balliol Rhyd.; cynr. Conwy 1966-70 a Chaerffili 1979-83.

**Davies, Ednyfed Hudson** b. 1929. Lecturer and broadcaster; ed. Dynevor G.S. Swansea, UCW Swansea and Balliol Coll. Oxon.; rep. Conwy 1966-70, and Caerphilly 1979-83.

**Davies, Ellis W** (1871-1939) addysgwyd yn breifat a Phrif. Lerpwl. Cyfreithiwr; cynr. Rhanbarth Eifion, Caernarfon 1906-18 a Dinbych 1923-9.

**Davies, Ellis W** (1871-1939) ed. privately and Liverpool Univ., Solicitor, rep. Eifion Div. of Caernarfon 1906-18 and Denbigh 1923-9.

**Davies, Evan** cynr. Glynebwy 1920-9. Asiant Glowyr a chyn-gadeirydd Cyngor Ardal Drefol Glynebwy.

**Davies, Evan** rep. Ebbw Vale 1920-9. Miners' Agent and former Chairman, Ebbw Vale UDC.

**Davies, G Elfed** (1913-92) addys. Pendyrys, Col. Cyngor Cened. Llaf. Cynlöwr; cynr. Dwyrain Rhondda 1959-74 nes uno'r eth. â Gorllewin Rhondda cyn Eth. Cyff. 1974. Ysg. Sen. Preifat i'r Gweinidog Llaf. 1964 ac i'r Gweinidog Ynni 1968. Dyrchafwyd i Dŷ'r Arglwyddi fel Arglwydd Davies o Ben-rhys.

**Davies, G Elfed** (1913-92) ed. Tylorstown, National Council of Lab. Colleges. Former miner; rep. Rhondda East 1959-74 until const. was merged with Rhondda West before 1974 Gen. El. PPS to Min. of Lab. 1964 and to Min. of Power 1968. Raised to peerage as Lord Davies of Pen-rhys.

**Davies, George M Ll** (1880-1949) Gweinidog Presb. a heddychwr; addys. Lerpwl. Ei garcharu nifer o weithiau 1917-9 oherwydd ei heddychiaeth; cynr. Prif. Cymru 1923-4. Rhwng y ddau ryfel gweithiodd gyda'r anghenus ym Morg. a Myn.

**Davies, George M Ll** (1880-1949) Calvinistic Minister and pacifist; ed. Liverpool. Imprisoned several times for pacifist views 1917-9; rep. Univ. of Wales 1923-4 and later during inter-war depression worked amongst the distressed of Glam. and Mon.

**Davies, Ifor** (1910-82) addys. Tregwyr, Col. Tech. Abertawe, Col. Ruskin Rhyd. Swyddog Personél. Eth Gŵyr 1959. Is-ysg. yn y Swyddfa Gymreig 1966-9.

**Davies, Ifor** (1910-82) ed. Gowerton, Tech. Col. Swansea, Ruskin Coll. Ox.; Personnel Officer. El. for Gower 1959. Under Sec. at Welsh Office 1966-9.

**Davies, John Cledwyn** m. 1952. Bargyfreithiwr o'r Deml Fewnol, yna Cyfarwyddwr Addysg Dinbych; cyn-brifathro Y. R. Treffynnon; cynr. Dinbych 1922-3.

**Davies, John Cledwyn** d. 1952. Barrister, Inner Temple. Director of Education for Denbigh, former Headmaster Holywell S.S.; rep. Denbigh 1922-3.

**Davies, M L Vaughan** (1840-1935) g. Tan-y-bwlch, Aberystwyth, addys. Harrow. Uchel Siryf Ceredigion 1875; cynr. Ceredigion 1895-1921. Dyrchafwyd i Dŷ'r Arglwyddi fel Arglwydd Ystwyth 1921

**Davies, M L Vaughan** (1840-1935) b. Tan-y-bwlch, Aberystwyth; ed. Harrow. High Sheriff Cardiganshire 1875; rep. Cardiganshire 1895-1921. Elev. to peerage in 1921 as Lord Ystwyth.

**Davies, Richard** (1818-96) Treborth, Bangor; g. Llangefni; addys. Y. Gen. Llangefni. Masnachwr coed ac yna perchennog llongau. Ymladdodd Caernarfon 1852. Uchel Siryf Môn 1858; Arglwydd Raglaw Môn 1884. Cynr. Môn 1868-86.

**Davies, Richard** (1818-96) Treborth, Bangor; b. Llangefni; ed. Llangefni Nat. Sch. Timber merchant and later shipowner. Contested Caernarfon 1852. High Sheriff of Anglesey 1858; ap. Lord Lieutenant of Anglesey 1884. Rep. Anglesey 1868-86.

**Davies, Ron** g. 1946 Machen, Gwent; addys. Y. R. Basaleg, Poly. Portsmouth a CPC Caerdydd. Cyn-athro a thiwtor-drefnydd Mudiad Addysg. y Gweithwyr. Gweithgar mewn Llywod. Leol cyn ei eth. dros Gaerffili 1983. Chwip yn yr Wrthblaid 1985-7, llefarydd ar Fwyd, Amaethyddiaeth a Materion Gwledig 1987. Eth. i Gabinet yr Wrthblaid 1992. Ysg. Gwladol Cymru yr Wrthblaid ac Ysg. Gwladol Cymru 1997-8.
**Davies, Ron** b. 1946 Machen, Gwent; ed. Basaleg G. S., Portsmouth Poly. and UCW, Cardiff. Former teacher and WEA tutor-organiser. Was active in local government before entering Parliament as MP for Caerphilly, 1983. Shadow Whip 1985-7, spokesman on Food, Agriculture and Rural Affairs 1987. Shadow Secretary of State for Wales and Secretary of State for Wales 1997-8.

**Davies, S O** (1886-1972) addys. CPC Caerdydd, Col. Gwyddonol Brenhinol. Peiriannydd Mwyngloddio. Cyn-faer Merthyr Tudful; cynr. Merthyr Tudful 1934-72. Safodd fel Llaf. Ann. yn Eth. Cyff. 1970 wedi i'r Blaid Laf. leol wrthod ei ailfabwysiadu, ac enillodd yn gyfforddus.
**Davies, S O** (1886-1972) ed. UCW. Cardiff, Royal Coll. of Science. Mining engineer, former Mayor of Merthyr; rep. Merthyr Tudful 1934-72. Not re-adopted by local Lab. party for Gen. El. of 1970 but stood as Ind. Lab., winning comfortably.

**Davies, William Rees Morgan** (1863-1939) Scoveston, Aberdaugleddau. Galwyd i'r Bar, y Deml Fewnol 1887; cynr. Penfro 1880-92 a Phenfro ac Aberdaugleddau 1892. Ysg. Preifat Canghellor y Trys. (Sir William Harcourt) 1893.
**Davies, William Rees Morgan** (1863-1939) Scoveston, Milford Haven. Called to the Bar at the Inner Temple 1887; rep. Pembrokeshire 1880-92 and Pembroke and Haverfordwest 1892. Asst. Private Sec. to the Chancellor of the Ex. (Sir William Harcourt) 1893.

**Dickson-Burnie, Robert John** g. 1842 Dawlish, De Dyfnaint. Maer Abertawe 1884. Eth. i gynr. Tref Abertawe 1892.
**Dickson-Burnie, Robert John** b. 1842 Dawlish, S. Devon. Mayor of Swansea 1884. El. MP for Swansea Town 1892.

**Dillwyn, Lewis Llewelyn** (1814-92) Hendrefoylan, Abertawe, g. Neuadd Sgeti, addys. Caerfaddon. Maer Abertawe 1847; cynr. Abertawe 1855-85 a Thref Abertawe 1885-92.
**Dillwyn, Lewis Llewelyn** (1814-92) Hendrefoylan, Swansea, b. Sgeti Hall, ed. Bath. Mayor of Swansea 1847; rep. Swansea 1855-85 and Swansea Town 1885-92.

**Donnelly, Desmond** (1920-74) addys. Bembridge, Ynys Wyth. Eth. i gynr. Penfro 1950. Diarddelwyd o'r Blaid Laf. 1968. Ffurfiodd Y Blaid Ddemocrataidd ond collodd ei sedd wrth ymladd yn enw'r blaid honno yn Eth. cyff. 1970. Ymunodd â'r Blaid Geid.
**Donnelly, Desmond** (1920-74) ed. Bembridge, Isle of Wight. El. for Pembrokeshire 1950. Expelled from Lab. Party 1968 and formed Democratic Party and defeated as candidate of same at Gen. El. 1970. Joined Cons. Party.

**Edmunds, J E** g. 1882 Ffynnon Taf; addys. Y. Gradd Uwch Caerdydd, CPC Caerdydd; cynr. Dwyrain Caerdydd 1929-31.
**Edmunds, J E** b. 1882 Taffs Well; ed. Cardiff High Grade Sch., UCW Cardiff; rep. Cardiff East 1929-31.

**Edwards, A Clement** (1869-1938) addys. Y. Gen. Trefyclo, Maes. Galwyd i'r Bar; cynr. Bwr. Dinbych 1906-10, Dwyrain Morgannwg 1910-8, De Hammersmith 1918-22.
**Edwards, A Clement** (1869-1938) ed. Nat. Sch., Knighton, Radn. Called to Bar; rep. Denbigh Bor. 1906-10, Glamorgan East 1910-8, Hammersmith South 1918-22.

**Edwards, (Syr) Charles** (1867-1954) Llangynllo, Maes.; addys. Y. Gen. yno. Yn gweithio dan ddaear yng Nghwm Sirhywi yn 14 oed. Cynr. Bedwellte 1918-50. Prif Chwip 1931.
**Edwards, (Sir) Charles** (1867-1954) Llangynllo, Radn.; ed. at Nat. Sch. there. Miner at 14 in Sirhywi Valley, rep. Bedwellty 1918-50. Chief Whip 1931.

**Edwards, (Syr) Francis (Frank)** (1852-1927) Trefyclo, Maes. addys. Amwythig, Col. Iesu, Rhyd. Uchel Siryf Maes. 1898; cynr. Maesyfed 1892-5 pan trechwyd ef. Ailethol. Rhag. 1910 a phara'n AS hyd 1918.
**Edwards, (Sir) Francis (Frank)** (1852-1927) Knighton, Radn.; ed. Shrewsbury Sch., Jesus Coll., Oxon. High Sheriff of Radnor 1898; rep. Radnor 1892-5, when he was defeated. Re-el. in Dec. 1910 and MP until 1918.

**Edwards, Huw** g. 1953. Addys. Y. U. Eastfield, Mitcham, Poly. Manceinion a Phrif. Caerefrog. Cyn-ddarlithydd Prif. Enillodd Mynwy i Laf. mewn is-eth. 1991 a'i cholli yn yr Eth. Cyff. dilynol 1992. Ei ailetol 1997.
**Edwards, Huw** b. 1953. Ed. Eastfield High School, Mitcham, Manchester Poly. and Univ. of York. Former Univ. lecturer. Captured Monmouth for Labour at 1991 by-el., but defeated at following Gen. El. 1992. Re-el. 1997.

**Edwards, J Hugh** (1869-1945) g. Aberystwyth; addys. Y. R. Aberystwyth a CPC yno. Awdur a golygydd. Ysgrifennodd nifer o lyfrau am D Lloyd George, a bu'n olygydd y cylchgrawn *Wales*. Ysgrifennodd yn helaeth i gylchgronau a phapurau newydd. Cynr. Canol Morgannwg 1910-8, Castell-nedd 1918-22 ac Accrington 1923-9.

**Edwards, J Hugh** (1869-1945) b. Aberystwyth; ed. Aberystwyth G.S. and UCW. Author of several books on D Lloyd George, and edited *Wales*, a national magazine. Wrote extensively for journals and newspapers. Rep. Glamorgan Central 1910-8, Neath 1918-22 and Accrington 1923-9.

**Edwards, John** g. Llanbadarn Fawr, Aberystwyth 1882; y gyn. a chan. Castell-nedd, CPC Aberystwyth. Ysgolfeistr. Cyhoeddodd ddramâu am fywyd Cymreig. Uchgapten yn y Rhyfel Mawr a'i enwi mewn adroddiadau. Enillodd fedal DSO. Cynr. Aberafan 1918-22.

**Edwards, John** b. Llanbadarn Fawr, Aberystwyth 1882; ed. Brit. and Int. S. Neath, UCW Aberystwyth. Schoolmaster. Published plays on Welsh life. Major during great war, mentioned in dispaches, awarded DSO. Rep. Aberafan 1918-22.

**Edwards, Ness** (1897-1968) addys. Col. Llaf. Llundain; cyn. Caerffili 1939-68. Ysg. Sen. i'r Gweinidog Llaf. 1945, Postfeistr Cyffredinol 1950-1.

**Edwards, Ness** (1897-1968) ed. London Lab. Coll.; rep. Caerphilly 1939-68. Parl. Sec. Min. of Lab. 1945, Postmaster General 1950-1.

**Edwards, Nicholas** g. 1934; addys. Y. Westminster, Col. y Drindod, Caerg. Brocer Yswiriant; cynr. Penfro 1970-87. Ysg. Gwladol Cymru 1979-87. Dyrchafwyd i Dŷ'r Arglwyddi 1987 fel Arglwydd Crucywel o Bont Esgob.

**Edwards, Nicholas** b. 1934; ed. Westminster Sch., Trinity Coll., Camb. Insurance Broker; rep. Pembrokeshire 1970-87. Sec. of State for Wales 1979-87. Raised to peerage in 1987 as Lord Crickhowell of Pont Esgob.

**Edwards, O M** (1858-1920) o Lanuwchllyn, addys. Y. R. y Bala, Col. y Bala, CPC Aberystwyth, a Col. Ballioll, Rhyd. Gŵr llên, awdur ysbrydoledig a dylanwadol. Prif Arolygydd Ysgolion cyntaf Cymru, 1907; eth. i gynr. Meirionnydd, Mai 1899, ar farwolaeth T E Ellis, ac eisteddodd hyd Eth. Cyff. y flwyddyn ganlynol.

**Edwards, O M** (1858-1920) of Llanuwchllyn, ed. Bala G. S., Bala Theol. Coll., UCW Aberystwyth, Glasgow, and Balliol Coll. Oxon. Man of letters. Inspirational and influential author and editor. App. first Chief Inspector of Schools in Wales, 1907; el. for Meirioneth in May 1899 at a by-el. following the death of T E Ellis, and sat until the Gen. El. of the following year.

**Edwards, William** g. 1938; addys. Y. R. Amlwch, Y. R. Syr Thomas Jones, Prif. Lerpwl a Chol. y Gyfraith, Llundain. Cyfreithiwr; cynr. Meirionnydd 1966-74.

**Edwards, William** b. 1938; ed. Amlwch G.S., Sir Thomas Jones C. S., Liverpool Univ. and London Coll. of Law. Solicitor; el. for Meirioneth 1966-74.

**Elliot, Syr George** (1815-93) o Friars, Casnewydd; g. Morg. Dechrau ei yrfa fel glöwr bach - daeth yn berchennog gweithiau glo lluosog. AS Gogledd Durham 1868-85, ymladdodd De-Ddwyrain Durham 1885. Cynr. Mynwy 1886-92.

**Elliot, Sir George** (1815-93) of Friars, Newport; b. Glamorgan. Commenced career as pit boy, became extensive colliery proprietor. MP for North Durham 1868-85, contested S. E. Durham 1885. Rep. Monmouthshire 1886-92.

**Ellis, Thomas Edward** (1859-99) g. Cynlas, Llandderfel; addys. Y. Bryd. Llandderfel, Y. R. y Bala, CPC Aberystwyth a Chol. Newydd Rhyd.; cynr. Meirionnydd 1886-99; Prif Chwip 1894-9.

**Ellis, Thomas Edward** (1859-99) b. Cynlas, Llandderfel; ed. British Sch., Llandderfel, Bala G. S., UCW Aberystwyth and New Coll., Oxon.; rep. Merioneth 1886-99; Chief Ministerial Whip 1894-9.

**Ellis, Tom** g. 1924; addys. Y. R. Rhiwabon, Prif. Cymru, Prif. Nottingham. Peiriannydd Mwyngloddio a Rheolwr Gwaith Glo. Cyn-aelod o'r Senedd Ewropeaidd; cynr. Wrecsam 1970-1983. Ymladdodd Gorllewin Fflint 1966 a De Orllewin Clwyd 1983 fel ymgeisydd y BDdS.

**Ellis, Tom** b. 1924; ed. Rhiwabon G.S., Univ. of Wales, Univ. of Nottingham. Mining engineer and colliery manager. Former member of European Parliament; rep. Wrexham 1970-1983. Contested West Flint 1966 and Clwyd South West 1983 as SDP.

**Evans, Arthur** g. Llundain 1894; addys. breifat a thramor, cynr. Dwyrain Caerlŷr 1922-3 a De Caerdydd 1924-9, 1931-45. Cynrychiolydd i'r Gynhadledd Seneddol Rhyngwladol 1923, 1925 a 1936.

**Evans, Arthur** b. 1894 London; ed. privately and abroad, rep. Leicester East 1922-3 and Cardiff South 1924-9, 1931-45. Delegate to the International Parliamentary Conference 1923, 1925 and 1936.

**Evans, D Owen** (1876-1945) Penbryn, Ceredigion, addys. Y. Llanymddyfri, Imperial Coll. of Science, Llundain. Bargyfreithiwr, Gray's Inn. Cyhoeddodd weithiau ar faterion ariannol; cynr. Ceredigion 1932-45.

**Evans, D Owen** (1876-1945) Penbryn, Cardiganshire, ed. Llandovery Sch., Imperial Coll. of Science, London. Barrister, Gray's Inn. Published works on financial matters; rep. Cardiganshire 1932-45.

**Evans, E H Garner** (1911-63) addys. Y. R. Llangollen, CPC Aberystwyth, Col. Gonville a Caius., Caerg. Llywydd yr Undeb 1934. Bargyfreithiwr; cynr. Dinbych 1950-5.

**Evans, E H Garner** (1911-63) ed. Llangollen G. S., UCW Aberystwyth, Gonville and Caius Coll., Camb. Pres. of Camb. Union 1934. Barrister; rep. Denbigh 1950-5.

**Evans, Ernest** (1885-1965) g. Aberystwyth, addys. Col. Llanymddyfri, CPC Aberystwyth, Trinity Hall, Caerg. Bargyfreithiwr, KC., yna Barnwr Llys Sirol. Ysg. Preifat i'r PW (D Lloyd George) 1918-20; cynr. Ceredigion 1921-3 a Phrif. Cymru 1924-43.

**Evans, Ernest** (1885-1965) b. Aberystwyth, ed. Llandovery Coll., UCW Aberystwyth, Trinity Hall, Camb. Barrister. KC., later County Court Judge. Private Sec. to PM (D Lloyd George) 1918-20; rep. Cardiganshire 1921-3 and the Univ. of Wales 1924-43.

**Evans, Fred** (1914-87) addys. Y. R. Bargoed a CPC Caerdydd. Cyn-brifathro Ysgol Lewis, Pengam. Ymladdodd Leominster 1955, Stroud 1959. Eth. i gynr. Caerffili mewn is-eth. 1968 a chynr. yr etholaeth hyd 1979.
**Evans, Fred** (1914-87) ed. Bargoed G. S. and UCW Cardiff. Former headmaster Lewis Sch. Pengam. Contested Leominster 1955, Stroud 1959. Returned for Caerphilly at by-el. 1968, and rep. the const. until 1979.

**Evans, Gwynfor** g. 1912; addys. Y. S. y Barri, CPC Aberystwyth, Col. St. Ioan, Rhyd.; Llywydd Plaid Cymru 1945-81 (Llyw. Anrh. ers hynny); cynr. Caerfyrddin 1966-70, adennilll y sedd yn Eth. Cyff. Hyd. 1974, ond ei cholli drachefn yn 1979.
**Evans, Gwynfor** b. 1912; ed. Barry C. S., UCW Aberystwyth, St. John's Oxon; Pres. Plaid Cymru 1945-81 (Hon. Pres. since); rep. Carmarthen 1966-70, regaining the seat at Gen. El. Oct. 1974, but defeated again in 1979.

**Evans, Ioan** (1927-84) addys. Y. R. Llanelli, CPC Abertawe. Cyfarwyddwr Cronfa Ryngwladol Amddiffyn a Chymorth 1970-4; cynr. Birmingham Yardley 1964-70 ac Aberdâr 1974-84. Ysg. Sen. Preifat i Ysg. Gwladol Cymru 1975.
**Evans, Ioan** (1927-84) ed. Llanelli G. S., UCW Swansea. Director International Defence and Aid Fund 1970-4; rep. Birmingham Yardley 1964-70 and Aberdare 1974-84. PPS Sec. of State for Wales 1975.

**Evans, J H** (1878-1950) g. Cwm-parc, y Rhondda; addys. Col. Ruskin Rhyd. Glöwr am 18 mlynedd, yna Asiant Glowyr. Hen. ar Gyngor Sir Morg. Ymladdodd Trefaldwyn 1929; cynr. Ogwr 1946-50.
**Evans, J H** (1878-1950) b. Cwm-parc, Rhondda; ed. Ruskin Coll. Oxon. Miner for 18 yrs., then Miners' Agent. Alderman of Glam. C.C. Contested Montgomeryshire 1929; rep. Ogmore 1946-50.

**Evans, Jonathan** g. 1950 Tredegar; addys. Y. Lewis Pengam, Y. U. Hawardian, Caerdydd, a Chol. y Gyfraith, Guildford a Lancaster Gate. Cyfreithiwr; eth.i gynr. Brycheiniog a Maesyfed 1992-7, wedi iddo ymladd Glynebwy (ddwywaith 1974) a Gogledd-ddwyrain Wolverhampton 1979. Pen. yn Is-ysg. Sen. yn y Swyddfa Gymreig 1996.
**Evans, Jonathan** b. 1950 Tredegar; ed. Lewis Sch. Pengam, Hawardian High Sch. Cardiff, and the Coll. of Law, Guildford and Lancaster Gate. Solicitor; el. for Brecon and Radnor 1992-7, having contested the seat at the previous Gen. El. Had previously contested Ebbw Vale (twice in 1974) and Wolverhampton North-east in 1979. In 1996 was app. Parl. Under-Sec. at the Welsh Office.

**Evans, Richard T** (1890-1946) g. Cefn-coed, Brych.; addys. Prif. Cym. Gwasanaethodd fel Capten gyda Chyffinwyr De Cymru yn y Rhyfel Mawr; cynr. Caerfyrddin 1931-5.
**Evans, Richard T** (1890-1946) b. Cefn-coed, Brec.; ed. Univ. of Wales. Served in France as Capt. in Great War with the South Wales Borderers; rep. Carmarthen 1931-5.

**Evans, Roger** g. 1947 Caerdydd, addys. Y. Parc Clytha Park, Casnewydd, Y. R. Bryste a Trinity Hall, Caerg. Bargyfreithiwr; ymladdodd Trefynwy mewn is-eth. 1991, ac ennill y sedd yn Eth. Cyff. 1992. Daliodd y sedd hyd 1997 pan gollodd i Laf. Ymladdodd Gorllewin Warley 1974 (Hyd) a 1979, ac Ynys Môn yn 1987. Pen. yn Is-ysg. Sen. yn Adran Nawdd Gymdeithasol 1994.
**Evans, Roger** b. 1947 Cardiff; ed. Clytha Park Sch., Newport, Bristol G. S. and Trinity Hall, Camb. Barrister; contested the Monmouth by-el. 1991, capturing the seat at the following Gen. El. in 1992. Had formerly contested Warley West 1974 (Oct) and 1979, and Ynys Môn in 1987. In 1994 was app. Parl. Under-Sec. at Dept. of Social Security. Lost his seat 1997.

**Evans (Syr) Samuel T** (1859-1918) g. Sgiwen; addys. Y. Golegol Abertawe, CPC Aberystwyth a Phrif. Llundain. Galwyd i'r Bar 1891, QC 1901. Cofiadur Abertawe 1908; Twrnai Cyffredinol 1908. Pen. yn Llywydd Adran Profiant, Ysgariad a Morlys yr Uchel Lys 1910; cynr. Canol Morgannwg 1890-1910.
**Evans (Sir) Samuel T** (1859-1918) b. Sgiwen; ed. Collegiate Sch., Swansea, UCW Aberystwyth and Univ. of London. Called to the Bar 1891, QC 1901. Recorder of Swansea 1908; Sol. Gen. 1908. App. Pres. of Probate, Divorce and Admiralty Div. of High Court 1910; rep. Glamorgan Central 1890-1910.

**Finch, Harold** g. 1898-1970. Cyn-löwr. Ysg. Adran De Cymru o'r UCG; cynr. Bedwellte 1950-70. Is-Ysg. yn y Swyddfa Gymreig 1964-6. Awdurdod ar afiechydon glowyr a niweidiau diwydiannol.
**Finch, Harold** b. 1898-1970. Former miner. Was sec. of S. Wales Area NUM; rep. Bedwellty 1950-70. Under Sec. Welsh Office 1964-6. Authority on miners' occupational diseases and industrial injuries.

**Flynn, Paul** g. 1935; addys. Col. St. Illtyd, Caerdydd a CPC Caerdydd. Cyn-gemegydd diwydiannol yng ngwaith dur Llanwern. Eth. Gorllewin Casnewydd 1987 ar ôl ymladd Dinbych 1974 (Hyd.). Llefarydd yr wrthblaid ar Nawdd Cymdeithasol 1988-90, Gweinidog Swyddfa Gymreig yr Wrthblaid 1988. Ysg. Grŵp AS Llaf. Cymreig.
**Flynn, Paul** b. 1935; ed. St. Illtyd Coll., Cardiff and Univ. Coll. Cardiff. Former industrial chemist at Llanwern steel works. El. for Newport West 1987 having contested Denbigh 1974 (Oct). Opp. spokesman on Social Security 1988-90, Shadow Min. Welsh Office 1988. Sec. of the Welsh group of Lab. MPs.

**Foot, Michael** g. 1913. addys. Swanage, Reading a Chol. Wadham Rhyd. Newyddiadurwr. Cyn. Plymouth, Devonport 1945-55. Glynebwy (yna Blaenau Gwent) 1960-92 . Ymladdodd Trefynwy 1935. Cofiannydd Aneurin Bevan a'i olynydd fel AS. Ysg. Gwladol dros Gyflogaeth 1974-6, Arglwydd Lyw. y Tŷ 1976-9, Arweinydd yr Wrthblaid 1980-3.
**Foot, Michael** b. 1913. ed. Swanage, Reading and Wadham Coll. Oxon. Journalist. Rep. Plymouth, Devonport 1945-55. Rep. Ebbw Vale (later Blaenau Gwent) 1960-92. Unsucc. contested Monmouth 1935. Biographer

of Aneurin Bevan whom he succeeded as MP. Sec. of State for Employment 1974-6, Lord President of the Council and Leader of the Commons 1976-9, Leader of the Opposition 1980-3.

**Forestier-Walker, L** (1866-1934) addys. Academi Frenhinol, Gosport. Cynblannwr te yn Ceylon (Sri Lanka). Dychwelodd i Fynwy a'r gweithfeydd glo 1889; cynr. Trefynwy 1918-34.
**Forestier-Walker, L** (1866-1934) ed. Royal Academy, Gosport. Ex-tea-planter in Ceylon (Sri Lanka). Returned to Monmouth and mining 1889; rep. Monmouth 1918-34.

**Freeman, Peter** (1888-1956) addys. Y. Haberdashers Llundain; cynr. Brycheiniog a Maesyfed 1929-31 a Chasnewydd 1945-56. O 1920-3 ef oedd Pencampwr Tenis Lawnt Cymru.
**Freeman, Peter** (1888-1956) ed. Haberdashers' Sch. London; rep. Brecon and Radnor 1929-31 and Newport 1945-56. From 1920-3 was Welsh Lawn Tennis Champion.

**Fuller-Maitland, William** (1844-1932) o Lanfair-ym-Muallt, Brych. addys. Harrow a Chol. Crist, Rhyd. Ymladdodd Brycheiniog yn aflwyddiannus 1874 ond cynr. yr eth. 1875-95.
**Fuller-Maitland, William** (1844-1932) of Builth, Breconshire; ed. Harrow, and Christ Coll. Oxon. Unsucc. contested Breconshire 1874, but rep. the const. 1875-95.

**Gibbins, F W** (1861-1937) g. Castell-nedd. addys. yn breifat. Crynwr. Islyw. y Gymd. Goffa Genedlaethol Gymreig. Uchel Siryf Morg. 1908-9; cynr. Canol Morgannwg 1910 (o Fawrth hyd Rhagfyr).
**Gibbins, F W** (1861-1937) b. Neath. ed. privately. Quaker. Vice-Pres. Welsh National Memorial Ass. High Sheriff Glam. 1908-9; rep. Glamorgan Central 1910 (from March to December).

**Gould, J C** (1882-1944) g. Penarth; addys. Caerdydd. Perchennog llongau. Cynr. Canol Caerdydd 1918-24.
**Gould, J C** (1882-1944) b. Penarth; ed. Cardiff. Shipowner. Rep. Cardiff Central 1918-24.

**Gower (Syr) Raymond** (1916-89) addys. Y. R. Castell-nedd, Y. U. Caerdydd, CPC Caerdydd ac Y. y Gyfraith, Caerdydd. Cyfreithiwr. Cynr. y Barri (yn ddiw. Bro Morgannwg) 1951-89.
**Gower (Sir) Raymond** (1916-89) ed. Neath G.S., Cardiff High Sch., UCW Cardiff and Cardiff Sch. of Law. Solicitor. Rep. Barry (later Vale of Glamorgan) 1951-89.

**Grenfell, D R** (1881-1968) g. Penrheol, Gorseinon; addys. Y. E. Penrheol. Gweithiodd dan ddaear o 12 i 35 mlwydd oed. Asiant Glowyr. Cynr. Gŵyr 1922-51. Ysg. Gwladol dros Lofeydd 1940-2, Cadeirydd Bwrdd Twristiaeth Cymru 1948. Ef oedd Tad y Tŷ ar ei ymddeoliad.

**Grenfell, D R** (1881-1968) b. Penrheol, Gorseinon; ed. Penrheol el. sch. Worked underground from age of 12 to 35. Miner's Agent. Rep. Gower 1922-51. Sec. of State for Mines 1940-2. Chairman Welsh Tourist Board 1948. Father of the House of Commons on his retirement.

**Griffith, Ellis Jones** (yn ddiw. **Syr Ellis (Jones) Ellis-Griffith**) (1860-1926) g. Birmingham lle'r oedd ei dad yn adeiladydd; addys. Brynsiencyn, Holt, CPC Aberystwyth, Col. Downing Caerg. Llywydd yr Undeb 1886. Galwyd i'r Bar gan y Deml Ganol 1887. KC 1910. Ymladdodd Rhanbarth Toxteth o Lerpwl 1892 a sedd Prif. Cymru 1922. Cynr. Môn 1895-1918, a Chaerfyrddin 1923-4. Is-Ysg. yn y Swyddfa Gartref 1912-5. Cofiadur Penbedw 1907-12.
**Griffith, Ellis Jones** (later **Sir Ellis (Jones) Ellis-Griffith**) (1860-1926) b. Birmingham where his father was a builder; ed. Brynsiencyn, Holt, UCW Aberystwyth, Downing Coll. Camb. Pres. of Union 1886. Called to Bar by the Middle Temple 1887. QC 1910. Contested the Toxteth Div. of Liverpool 1892. Rep. Anglesey 1895-1918. Contested the Univ. of Wales seat 1922, and rep. Carmarthen 1923-4. Under-Sec. Home Office 1912-5. Recorder of Birkenhead 1907-12.

**Griffiths, James** (1890-1975) addys. Col. Cenedlaethol Llaf. Cyn-löwr. Cynr. Llanelli 1936-70. Gweinidog Yswiriant Cenedlaethol 1945-50. Ysg. Gwladol dros y Trefedigaethau 1950-1. Dirprwy Arweinydd y Blaid Laf. 1955-9. Ysg. Gwladol cyntaf Cymru 1964-6
**Griffiths, James** (1890-1975) ed. National Lab. Coll. Ex-miner. Rep. Llanelli 1936-70. Min. of Nat. Ins. 1945-50. Sec. of State for Colonies 1950-1. Deputy Leader of Lab. Party 1955-9. First Sec. of State for Wales 1964-6.

**Griffiths, Thomas** (1867-1955) g. Castell-nedd; addys. Y. Wirfoddol Melin, Col. Ruskin, Rhyd.; cynr. Pontypŵl l918-35. Chwip Llaf. 1919-25. Awdurdod ar lestri Nantgarw ac Abertawe
**Griffiths, Thomas** (1867-1955) b. Neath; ed. Melin Voluntary Sch., Ruskin Coll. Oxon.; rep. Pontypool l918-35. Lab. Whip 1919-25. Connoisseur of Nantgarw and Swansea China.

**Griffiths, Win** g. De Affrica 1943. addys. Y. R. y Bechgyn Aberhonddu a CPC Caerdydd. Cyn-athro hanes. Cynr. De Cymru yn Senedd Ewrop 1979-89. Eth. i gynr. Pen-y-bont ar Ogwr 1987. Llefarydd ar Warchod Amgylcheddol 1990-2, Addysg 1992-4. Gweinidog yr Wrthblaid dros Faterion Cymreig 1996. Is-Ysg. Gwladol Sen. yn y Swyddfa Gymreig 1997-8.
**Griffiths, Win** b. South Africa 1943. ed. Brecon Boys' G.S. and UCW Cardiff. Former History teacher. Rep. South Wales as MEP 1979-89. El. MP for Bridgend 1987. Opp. Spokesman on Environmental Protection 1990-2, Education 1992-4. Shadow Minister for Welsh Affairs 1996. Parl. Under-Sec. of State, Welsh Office 1997-8.

**Grigg (Syr) P J** (1890-1964). cynr. Dwyrain Caerdydd 1942-5. Ysg. Gwladol dros Ryfel 1942-5. Cyn-gadeirydd y Bwrdd Tollau. Cyfarwyddwr Cwmni Imperial Tobacco 1947. Aelod o Lywodraeth yr India 1934-9.

**Grigg (Sir) P J** (1890-1964). rep. Cardiff East 1942-5. Sec. of State for War 1942-5. Former Chairman of Board of Customs. Director of Imperial Tobacco Co. 1947. Member of Govt. of India 1934-9.

**Grist, Ian** g. 1933; addys. Repton, Col. Iesu, Rhyd. Swyddog ymchwil a gwybodaeth y Blaid Geid. Ymladdodd Aberafan 1970. Eth. i gynr. Gogledd Caerdydd 1974 (Chwef.)-83 a Chanol Caerdydd 1983 hyd nes iddo golli'r sedd yn 1992. Ysg. Sen. Preifat i Ysg. Gwladol Cymru 1979-81. Aelod o'r Pwyllgor Dethol Cymreig 1981.
**Grist, Ian** b. 1933; ed. Repton, Jesus Coll. Oxon. Cons. Party Research and Information Officer. Contested Aberavon 1970. El. for Cardiff North 1974 (Feb)-83 and Cardiff Central from 1983 until his defeat in 1992. PPS Sec. of State for Wales 1979-81. Member of Welsh Select Committee 1981.

**Grosvenor, (Arglwydd) Richard de Aquila** (1857-1912) o Lundain, addys. Westminster a Chol. y Drindod Rhyd. Cynr. Sir Fflint 1861-86, Cyfrin Gyngor 1872. Dyrchafwyd yn Arglwydd Stalbridge 1886.
**Grosvenor, (Lord) Richard de Aquila** (1857-1912) of London, ed. Westminster and Trinity Coll. Oxon. Rep. Flintshire 1861-86, Privy Council 1872. Cr. Lord Stalbridge 1886.

**Gruffydd, W J** (1881-1954) g. Bethel, Llanddeiniolen; addys. Bethel, Caernarfon, Col. Iesu, Rhyd. Athro'r Gymraeg CPC Caerdydd 1918-46. Bardd ac ysgolhaig. Golygydd dylanwadol *Y Llenor* 1922-51; cynr. Prif. Cymru 1943-50.
**Gruffydd, W J** (1881-1954) b. Bethel, Llanddeiniolen; ed. Bethel, Caernarfon, Jesus Coll. Oxon. Professor of Welsh UCW Cardiff 1918-46. Poet and scholar, edited the influential *Llenor* 1922-51; rep. the Univ. of Wales 1943-50.

**Guest, I G** g. 1903. Mab Arglwydd Wimborne; addys. Eton, Col. y Drindod, Caerg.; dilynodd yrfa fasnachol mewn llongau. Cynr. Brycheiniog a Maesyfed 1935-9. Daeth yn ail Arglwydd Wimborne 1939.
**Guest, I G** b. 1903. Son of Lord Wimborne; ed. Eton, Trinity Coll. Camb.; followed commercial career in shipping. Rep. Brecon and Radnor 1935-9. Succeeded as second Lord Wimborne 1939.

**Guest, Ivor** (1873-1939). Mab hynaf Arglwydd Wimbourne; addys. Eton, Col. y Drindod, Caerg. Gwasanaethodd yn Rhyfel De Affrica; cynr. Plymouth fel Ceid. 1900-5 a Chaerdydd fel Rhydd. 1906-10 pan ddyrchafwyd yn Farwn Ashby St. Leger.
**Guest, Ivor** (1873-1939). Eldest son of Lord Wimbourne; ed. Eton, Trinity Coll., Camb. Served in South African War; rep. Plymouth as Cons. 1900-5 and Cardiff as Lib. 1906-10 when elevated Baron Ashby St. Leger.

**Hain, Peter** g. Nairobi 1950. Addys. Y. U. y Bechgyn Pretoria, Prif. Llundain a Phrif. Sussex. Bu'n bennaeth ymchwil gydag Undeb y Gweithwyr Cyfathrebu. Gynt yn Rhydd. (Cadeirydd y Rhydd. Ieuainc 1971-3), ymunodd â Llaf. 1977, gan ymladd Putney 1983 ac 1987. Eth. dros Gastell Nedd mewn is-eth. a achoswyd gan farwolaeth Donald Coleman 1991. Pen. yn Chwip Llaf. 1995, Is-Ysg. Sen. yn y Swyddfa Gymreig 1997.
**Hain, Peter** b. Nairobi 1950. ed. Pretoria Boys' High Sch., Univ. of London and Sussex Univ. Was head of research with Union of Communication Workers. Formely a Lib. (Chairman of Young Libs 1971-3), joined Lab. Party 1977, contesting the Putney const. 1983 and 1987. Entered Parl. as MP for Neath at a by-el. caused by the death of Donald Coleman 1991. App. Lab. Whip 1995. Parl. Under-Sec. of State, Welsh Office 1997.

**Hall, G H** (1881-1965) g. Penrhiwceiber; addys. Y. G. Penrhiwceiber; cynr. Aberdâr 1922-46. Arglwydd Sifil yn y Morlys 1929-31, Is-Ysg. Gwladol dros Faterion Tramor 1943-5, Ysg. Gwladol dros y Trefedigaethau 1945. Dyrchafwyd yn Is-Iarll Hall 1946.
**Hall, G H** (1881-1965) b. Penrhiwceiber; ed. Penrhiwceiber E. S.; rep. Aberdare 1922-46. Civil Lord of the Admiralty 1929-31, Under-Sec. of State for Foreign Affairs 1943-5, Sec. of State for Colonies 1945. Elevated to peerage as Viscount Hall 1946.

**Hall, W D'Arcy** g. 1891; addys. Eton, Col. Milwrol Brenhinol Sandhurst; cynr. Brycheiniog a Maesyfed 1924-9, 1931-5
**Hall, W D'Arcy** b. 1891; ed. Eton, Royal Military Coll. Sandhurst; rep. Brecon and Radnor 1924-9, 1931-5.

**Hanbury-Tracy, Yr Anrh. Frederick Stephen Archibald** (1848-1906); addys. Col. y Drindod, Caerg. Milwr. Cynr. Bwr. Trefaldwyn 1877-85 a 1886-92.
**Hanbury-Tracy, Hon. Frederick Stephen Archibald** b. 1848, ed. Trinity Coll., Camb. Soldier. Rep. Montgomery Bor. 1877-85 and 1886-92.

**Hanson, David** g. 1957 Lerpwl. Addys. Y. G. Verdin Winsford a Phrif. Hull. Cyn-gyfarwyddwr elusen genedlaethol. Ymladdodd Eddisbury 1983, Gorllewin Swydd Gaer yn yr Eth. Ewropeaidd 1984 a Delyn 1987, gan ennill y sedd 1992.
**Hanson, David** b. 1957 Liverpool, ed. Verdin Comp. Sch. Winsford and Hull Univ. Former director of a national charity. Contested Eddisbury 1983, Cheshire West in the European El. 1984, and Delyn 1987, capturing the seat in 1992.

**Harcourt, Gwir Anrh. Syr William George Granville Venables Vernon** (1827-1904) addys. Col. y Drindod, Caerg. QC. Cynr. Gorllewin Mynwy 1895-1904.
**Harcourt, Rt. Hon. Sir William George Granville Venables Vernon** (1827-1904) ed. Trinity Coll. Camb. QC. Rep. Monmouthshire West 1895-1904.

**Hardie, J Keir** (1856-1915) g. Swydd Lanark, yr Alban. Arloeswr a heddychwr. Gweithiodd dan ddaear o 7 i 14 oed. Sefydlodd a gol. *The Miner*, 1887, ac wedi hynny bu'n golygu'r *Labour Leader*. Cadeirydd ILP 1893-1900. Yn 1888 ef oedd yr ymgeisydd Llaf. cyntaf i ymgeisio am sedd seneddol. Cynr. De West Ham 1892-5 a Merthyr Tudful 1900-15.

**Hardie, J Keir** (1856-1915) b. Lanarkshire, Scotland. Lab. pioneer and pacifist. Worked underground from age of 7-14 years. Founder and ed. of *The Miner*, 1887, and subsequently of the *Labour Leader*. Chair. ILP 1893-1900. In 1888 was first Lab. candidate to stand for Parl. Rep. West Ham South 1892-5; Merthyr Tudful 1900-15.

**Hartshorn, Vernon** (1872-1931) g. Pont-y-waun, Myn. Gweithiodd fel glöwr. Daeth yn swyddog yn Ffederasiwn Glowyr De Cymru; cynr. Ogwr 1918-31. Postfeistr Cyffredinol 1924. Arglwydd y Sêl Gyfrin 1929.
**Hartshorn, Vernon** (1872-1931) b. Pont-y-waun, Mon. Worked as a miner. Became official of S. Wales Miners Federation; rep. Ogmore 1918-31. Postmaster General 1924. Lord Privy Seal 1929.

**Harris, F Rutherford** (1856-1920) g. Castell Llangybi, Myn. Sefydlodd bractis meddygol yn Kimberley, De Affrica. Cyfaill i Cecil Rhodes a Dr Jameson. Eth. i Senedd Talaith y Cape 1898. Sicrhaodd Bwr. Mynwy i'r Ceid., Hyd. 1900 "mewn gornest o lygredd aruthrol" (Dr K O Morgan). Collodd ei sedd drwy ddeiseb fel canlyniad flwyddyn yn ddiweddarach.
**Harris, F Rutherford** (1856-1920) of Llangibby Castle, Monmouthshire. Est. a medical practice in Kimberley, Cape Province South Africa. Friend of Cecil Rhodes and Dr Jameson. El. to the Cape Parliament 1898. Won Monmouth Bor. for Unionists, Oct. 1900 "in a contest of spectacular corruption" (Dr K O Morgan). Unseated by petition as a result a year later.

**Harvey, Robert** g. 1953; addys. Eton a Christ Church, Rhyd. Newyddiadurwr, gol. cynorthwyol yr *Economist*, a darlledwr. Cynr. De-Orllewin Clwyd 1983-7.
**Harvey, Robert** b. 1953; ed. Eton and Christ Church, Oxon. Journalist, assistant editor of the *Economist*, and broadcaster. Rep. Clwyd South-West 1983-7.

**Haslam, Lewis** (1856-1922) g. Bolton; addys. Univ. Coll. Sch. a Phrif. Llundain; cynr. Bwr. Mynwy 1906-18 a Chasnewydd 1918-22.
**Haslam, Lewis** (1856-1922) b. Bolton; ed. Univ. Coll. Sch. and Univ. of London; rep. Monmouth Bor. 1906-18 and Newport 1918-22.

**Hemmerde, E. G.** (1871-1948) addys. Caer-wynt, Col. y Brif. Rhyd. Galwyd i'r Bar; cynr. Dwyrain Dinbych 1906-10 (Ion) Fel Rhydd., Gogledd Orllewin Norfolk 1912-8 a Crewe 1922-4 fel Llaf.
**Hemmerde, E. G.** (1871-1948) ed. Winchester, Univ. Coll. Oxon. Called to Bar; rep. Denbighshire East 1906-10 (Jan) as Lib., Norfolk North West 1912-8 and Crewe 1922-4 as Lab.

**Henderson, Arthur** (1893-1968) mab i gyn-Ysg. Tramor o'r un enw; Bargyfreithiwr. Cynr. De Caerdydd 1923-4 ac 1929-31. Eth. dros Kingswinford, Swydd Stafford 1935.
**Henderson, Arthur** (1893-1968) s. of former Foreign Sec., Arthur Henderson; Barrister. Rep. Cardiff South 1923-4 and 1929-31. El. for Kingswinford, Staffs., 1935.

**Herbert, Yr Uwchfrigadydd Syr Ivor John Caradoc** (1851-1933) g. Cwrt Llanarth, Raglan. Milwr proffesiynol aml ei anrhydeddau; cynr. De Mynwy 1906-17. Dyrchafwyd i Dŷ'r Arglwyddi fel Arglwydd Treowen.
**Herbert, Major-Gen. Sir Ivor John Caradoc** (1851-1933) b. Llanarth Court, Raglan. A much decorated professional soldier; rep. South Monmouthshire 1906-17. Elevated to peerage as Lord Treowen.

**Herbert, J A** (1895-1943) addys. Wellington a Phrif. Harvard. Cadweinydd i Raglaw India 1926-8. Is-Ysg. Sen. dros India 1936. Pen. Llywodraethwr Bengal 1939. Cynr. Trefnwyr 1934-9. Bu farw yn Calcutta.
**Herbert, J A** (1895-1943) ed. Wellington and Harvard Univ. Aide de Camp Viceroy of India 1926-8. Parl. Under-Sec for India 1936. App. Governor of Bengal 1939. Rep. Monmouth 1934-9. Died in Calcutta.

**Hinds, John** (1862-1928) Dilledydd. Bu'n Arglwydd Raglaw Sir Gaerfyrddin a Chad. Undeb y Bedyddwyr Cymraeg 1925-6. Cynr. Gorll. Caerfyrddin 1910-22 (Caerfyrddin ar ôl ad-drefnu 1918).
**Hinds, John** (1862-1928) Draper. Served as Lord Lieutenant of Carms. and Chairman of Welsh Baptist Union. Mayor of Carmarthen 1925-6. Rep. Carmarthen 1910-22 (Carmarthenshire after re-org. 1918).

**Hooson, Emlyn** g. 1925; addys. Y. S. Dinbych, CPC Aberystwyth. Galwyd i'r Bar 1949. QC. Eth. dros Drefaldwyn mewn is-eth. a achoswyd gan farwolaeth Clement Davies yn 1962. Arweinydd y Blaid Rydd. Gymreig. Collodd ei sedd yn Eth. Cyff. 1979 a dyrchafwyd i Dŷ'r Arglwyddi.
**Hooson, Emlyn** b. 1925; ed. Denbigh C. S., UCW Aberystwyth. Called to Bar 1949. QC. El. for Montgomeryshire at a by-el. caused by the death of Clement Davies in 1962. Leader Welsh Lib. Party. Defeated at Gen. El. of 1979 and later ennobled as Lord Hooson.

**Hooson, Tom** (1933-85) addys. Y. R. y Rhyl a Phrif. Rhyd. Cyfarwyddwr cyhoeddi, cyn-gad. y Bow Group a *Crossbow*. Cyfarwyddwr Cyfathrebu'r Blaid Geid. 1976-8. Ymladdodd Caernarfon 1959. Cynr. Brycheiniog a Maesyfed 1979 hyd ei farwolaeth.
**Hooson, Tom** (1933-85) ed. Rhyl G. S. and Univ. Oxon. Publishing director, former chairman of the Bow Group and *Crossbow*. Con. Party Director of Communications 1976-8. Contested Caernarfon 1959. Rep. Brecon and Radnor from 1979 until his death.

**Hopkin, Daniel** (1886-1951) g. Llanilltud Fawr. Addys. Col. Hyfforddi Caerfyrddin, St. Catherine, Caerg. Paratôdd ar gyfer y Bar yn Gray's Inn. Cyn-ddisgybl-athro ac athro ac yn ddiweddarach bargyfreithiwr. Cynr. Caerfyrddin 1929-31, 1935-41.
**Hopkin, Daniel** (1886-1951) b. Llantwit Major. Ed. Carmarthen Training Coll., St. Catherine, Camb. Read for Bar at Gray's Inn. Former pupil-teacher and teacher and later barrister. Rep. Carmarthen 1929-31, 1935-41.

**Howarth, Alan** g. 1944; addys. Y. Rugby, Col. y Brenin, Caerg. Aelod Ceid. dros Stratford-ar-Avon 1983(Hyd.)-95. Gadawodd y Ceid. am Laf. yn Hyd. 1997. Aelod Llaf. dros Ddwyrain Casnewydd 1997, ar ymddiswyddiad Roy Hughes. Is-Ysg. Sen. yn yr Adran Addysg a Chyflogaeth 1997, swydd a ddaliai hefyd o dan y Ceid. 1989-92.

**Howarth, Alan** b. 1944, ed. Rugby Sch., King's Coll. Cambridge. Cons. Member for Stratford-upon-Avon 1983(Oct.)-95, when he resigned from Cons. Party and joined Lab. Party in Oct. 1997. Lab. Member for Newport East 1997, on retirement of Roy Hughes. Parliamentary Under-Sec. of State, Dept. of Education and Employment 1997, a post he also held under Cons. 1989-92.

**Howells, Geraint** g. 1925; addys. Y. R. Ardwyn Aberystwyth. Ffermwr. Ymladdodd Brycheiniog a Maesyfed 1970. Enillodd Ceredigion (yn ddiw. Ceredigion a Gogledd Penfro) oddi ar Llaf., Chwe.1974, a dal y sedd hyd 1992 pan gollodd hi i Blaid Cymru/Gwyrdd. Arweinydd y Blaid Rydd. Gymreig tra yn y Senedd, a'i llefarydd ar amaethyddiaeth. Dyrchafwyd i Dŷ'r Arglwyddi fel Arglwydd Geraint o Bonterwyd.

**Howells, Geraint** b. 1925; ed. Ardwyn G.S. Aberystwyth. Farmer. Contested Brecon and Radnor 1970. Gained Cardiganshire (later Ceredigion and Pembroke North) from Labour, Feb. 1974, and held seat until 1992 when defeated by Plaid Cymru/Green. Leader of Welsh Lib. Party while in Parl. and party spokesman on agricultural matters. Raised to the peerage as Lord Geraint of Ponterwyd.

**Howells, Kim** g. 1946 Merthyr Tudful; addys. Y. R. Aberpennar, Col. Celf Hornsey, Col. Celf a Thechnegol Caergrawnt a Phrif. Warwick. Cyn-swyddog UCG. Eth. dros Bontypridd mewn is-eth. 1989. Llefarydd Mainc Flaen ar Ddatblygiad a Chydweithrediad, Materion Tramor 1993-5 a Diwydiant 1995. Is-Ysg. Sen. yr Adran Addysg a Chyflogaeth 1997.

**Howells, Kim** b. 1946 Merthyr Tudful; ed. Mountain Ash G. S., Hornsey Coll. of Art, Cambridge Coll. of Art & Technology and Warwick Univ. Former full-time official of the S. Wales Area NUM. El. MP for Pontypridd 1989. Front Bench spokesman on Development and Co-operation, Foreign Affairs spokesman 1993-5, and Industry 1995. Parl. Under-Sec. of State, Dept. of Education and Employment 1997.

**Hubbard-Miles, Peter** g. 1927; addys. Y. Lewis Pengam. Gŵr busnes hunan-gyflogedig. Ymladdodd Aberafan 1974 (Chwef.). Eth. dros sedd newydd Pen-y-bont ar Ogwr 1983, a'i cholli hi yn yr Eth. Cyff. dilynol 1987.

**Hubbard-Miles, Peter** b. 1927; ed. Lewis Sch. Pengam. Self-employed businesman. Contested Aberavon 1974 (Feb.) El. for the new seat of Bridgend 1983 but defeated at following Gen. El. in 1987.

**Hughes, Cledwyn** g. 1916; addys. Y. R. Caergybi, CPC Aberystwyth. Cyfreithiwr. Eth. i gynr. Môn 1951 a daliodd y sedd hyd ei ymddeoliad cyn Eth. Cyff. 1979. Ysg. Gwladol Cymru 1966-8; Gweinidog Amaeth 1968-70. Cad. y Blaid Sen. Gymreig 1975. Dyrchafwyd i Dŷ'r Arglwyddi fel yr Arglwydd Cledwyn o Benrhos lle daeth yn arweinydd y Blaid Laf.

**Hughes, Cledwyn** b. 1916; ed. Holyhead G. S., UCW Aberystwyth. Solicitor. El. for Anglesey 1951 and held seat until his retirement before the 1979 Gen. El. Sec. of State for Wales 1966-8; Min. of Agriculture 1968-70. Chairman of Parl. Lab. Party 1975. Entered the House of Lords as Lord Cledwyn of Penrhos, where he became Leader of the Labour Party.

**Hughes, Ronw Moelwyn** (1897-1955) g. Aberteifi; addys. Y.S. Aberteifi, CPC Aberystwyth, Col. Downing, Caerg. Galwyd i'r Bar ar y Gylchdaith Ogleddol. Darlithydd mewn Cyfraith. Ymladdodd Gorllewin Rhondda 1929, Southport 1931 (Llaf.), Ceredigion 1935, Caerfyrddin 1941. Cynr. Caerfyrddin 1941-5; Gogledd Islington 1950-1. Cofiadur Bolton 1946-9.

**Hughes, Ronw Moelwyn** (1897-1955) b. Cardigan; ed. Cardigan S. Sch., UCW Aberystwyth, Downing Col. Camb. Called to the Bar on the Northern Circuit. Lecturer in Law. Conts. Rhondda West 1929, Southport 1931 (Lab.), Cardiganshire 1935, Carmarthenshire 1941. Repr. Carmarthenshire 1941-5; Islington North 1950-1. Recorder Bolton 1946-9.

**Hughes, Roy** g. 1925; addys. Y. R. Pontllan-fraith, Col. Ruskin Rhyd. Cyn-Swyddog Gweinyddol. Cynr. Casnewydd (Dwyrain Casnewydd yn ddiweddarach) 1966-97. Dyrchafwyd i Dŷ'r Arglwyddi fel yr Arglwydd Islwyn o Gasnewydd.

**Hughes, Roy** b. 1925; ed. Pontllan-fraith G. S., Ruskin Coll. Oxon. Former Administrative Officer. El. for Newport (later Newport East) 1966-97. Elevated to the House of Lords as Lord Islwyn of Casnewydd

**Humphreys-Owen, Arthur Charles** (1836-1905) Glansevern, Berriw; addys. Harrow, Col. y Drindod, Caerg. Bargyfreithiwr o Lincoln's Inn; Cynr. Trefaldwyn 1894-1905.

**Humphreys-Owen, Arthur Charles** (1836-1905) of Glansevern, Berriew; ed. Harrow, Trinity Coll. Camb. Barrister of Lincoln's Inn; rep. Montgomeryshire 1894-1905.

**Idris, Thomas Howell Williams** (1842-1925) o sir Benfro. Uchel Siryf Meirionnydd 1912. Maer St. Pancras 1903-4. Cynr. Bwr. Fflint 1906-10. Ychwanegodd yr enw Idris at ei enw yn 1893.

**Idris, Thomas Howell Williams** (1842-1925) from Pembrokeshire. High Sheriff Merioneth 1912. Mayor of St. Pancras 1903-4. Rep. Flint Bor. 1906-10. Assumed add. name Idris by deed poll, 1893.

**Jackson, W F** (1893-1954) Ffermwr ffrwythau, Rhosan Wy. Eth. dros Brycheiniog a Maesyfed mewn is-eth. 1939 hyd 1945. Dyrchafwyd i Dŷ'r Arglwyddi fel Arglwydd Jackson o Glewstone (swydd Henffordd) 1945.

**Jackson, W F** (1893-1985) Fruit farmer, Ross on Wye. Elec. for Brecon and Radnor in by-el. 1939 sat until 1945. Raised to Peerage as Lord Jackson of Glewstone (Hereford) 1945.

**James, Charles Herbert,** (1817-90) g. Merthyr Tudful. Atwrnai yng nghyfraith a chyfreithiwr ym Merthyr am 40 mlynedd. Cynr. Merthyr 1880-8 pan dderbyniodd Gantrefi'r Chiltern.

**James, Charles Herbert,** (1817-90) b. Merthyr Tudful. Attorney at Law and Solicitor who practised at Merthyr for 40 years. Rep. Merthyr 1880-8 when he accepted the Chiltern Hundreds.

**Jenkins, Arthur** (m.1946) addys. Y. S. Farteg, Col. Ruskin, Rhyd., ac ysgol breifat yn Ffrainc. Gweithiodd dan ddaear nes oedd yn 20 oed; cynr. Pontypŵl 1935-46. Ysg. Sen. Preifat i Clement Atlee 1940-5. Ysg. Sen. yn y Weinyddiaeth Addysg 1945. Tad Roy Jenkins (yr Arglwydd Jenkins o Hillhead).
**Jenkins, Arthur** (d. 1946) ed. Farteg C. Sch., Ruskin Coll., Oxon. and private sch. in France. Worked underground until 20; rep. Pontypool 1935-46. PPS to Clement Atlee 1940-45. Parl. Sec. Min. of Education 1945. Father of Roy Jenkins (Lord Jenkins of Hillhead).

**Jenkins, (Syr) John Jones** (1835-1915) o'r Grange, Abertawe. Maer Abertawe 1869-70. Cynr. Bwr. Caerfyrddin 1882-6, wedi ymladd yn aflwyddiannus yno yn 1880, 1886 ac 1892. Ail-eth. yn 1895 a daliodd y sedd nes ei cholli yn 1910. Dyrchafwyd yn farchog yn 1881 ac yn Farwn Glantawe 1906.
**Jenkins, (Sir) John Jones** (1835-1915) of the Grange, Swansea. Mayor of Swansea 1869-70. Rep. Carmarthen Bor. 1882-6, having been unsucc. there in 1880, 1886 and 1892. Returned 1895 and sat until defeated again in 1910. Knighted 1881. Cr. Baron Glantawe 1906.

**Jenkins, William Albert** (1878-1968) g. Abertawe. Masnachwr a brocer llongau. Cynr. Brycheiniog a Maesyfed 1922-4.
**Jenkins, William Albert** (1878-1968) b. Swansea. Merchant and shipbroker. Rep. Brecon and Radnor 1922-4.

**Jenkins, (Syr) William** (1871-1944) g. Troed-y-rhiw, Cymer; addys. Y. Gen. Glyncorrwg. Dechreuodd weithio ar y rheilffordd yn 11 oed ac yn ddiw. yn löwr ac Asiant Glowyr. Cynr. Castell-nedd 1922-45.
**Jenkins, (Sir) William** (1871-1944) b. Troed-y-rhiw, Cymer; ed. Glyncorrwg Nat. Sch. Commenced working on railway when 11 years old, later a miner and Miners' Agent. Rep. Neath 1922-45.

**John, Brynmor** (1934-89) addys. Y. R. Pontypridd, Col. Prif. Llundain. Cyfreithiwr. Eth. dros Bontypridd 1970 a daliodd y sedd nes ei farw. Is-Ysg. Sen. dros Amddiffyn, RAF 1974. Gweinidog Gwladol yn y Swyddfa Gartref 1976-9, aelod o Gabinet yr Wrthblaid 1981-3.
**John, Brynmor** (1934-89) ed. Pontypridd G. S., Univ. Coll. London. Solicitor. El. for Pontypridd 1970 and held seat until his death. Parl. Under Sec. of State for Defence, RAF 1974. Minister of State, Home Office 1976-9, member of Shadow Cabinet 1981-3.

**John, Edward Thomas** (1857-1931) g. Pontypridd. Hyfforddwyd fel diwydiannwr yn Middlesborough. Cynr. Dwyrain Dinbych fel Rhydd. 1910-8. Cyhoeddodd nifer o weithiau am Gymru. Cenedlaetholwr selog a noddodd Fesur Ymreolaeth i Gymru. Ymunodd â'r Blaid Laf. Gorff. 1918. Ymladdodd yn aflwyddiannus ym Mrycheiniog a Maesyfed 1922 ac 1924 ac ym Môn yn 1923(Eb.).
**John, Edward Thomas** (1857-1931) b. Pontypridd. Trained as industrialist at Middlesborough. Rep. East Denbighshire as Lib. 1910-8. Published several works on Wales. An ardent nationalist who sponsored a Welsh Home Rule Bill. Joined Lab. Party July 1918. Unsucc. contested Brecon and Radnor 1922 and 1924 and Anglesey in 1923(Ap.).

**John, William** (1879-1955) g. Cocyd, Abertawe; addys. Y. G. Cocyd. Yn gweithio dan ddaear pan oedd yn 13 oed. Asiant Glowyr yn y Rhondda; cynr. Gorllewin Rhondda 1920-50. Ysg. Sen. Preifat i'r Gweinidog Llaf. 1929-30.
**John, William** (1879-1955) b. Cockett, Swansea; ed. Cockett Nat. Sch. Worked underground at 13. Miners' Agent for Rhondda; rep. Rhondda West 1920-50. PPS Min. of Lab. 1929-30.

**Jones, Alec** (1924-83) addys. Col. Normal Bangor. Cyn-athro ysgol. Eth. dros Orllewin Rhondda (Rhondda'n ddiw.) mewn is-eth. 1967, a daliodd y sedd hyd ei farw. Ysg. Sen. Preifat i'r Gweinidog Cyfarpar Amddiffyn 1968-70. Llefarydd y Fainc Flaen ar Faterion Cymreig 1979.
**Jones, Alec** (1924-83) ed. Bangor Normal Coll. Former teacher. El. for Rhondda West (later Rhondda) at by-el. 1967, holding the seat until his death. PPS Min. of Defence for Equipment 1968-70. Front Bench spokesman on Welsh Affairs 1979

**Jones, Barry** g. 1938; addys. Y. R. Penarlâg, Col. Normal Bangor. Cyn-athro ysgol. Eth. dros Ddwyrain Fflint 1970-83, ac Alyn a Glannau Dyfrdwy 1983. Ymladdodd Northwich 1966. Is-Ysg. Sen. yn y Swyddfa Gymreig 1974-9; Ysg. Gwladol Cymru yn yr Wrthblaid 1983-92.
**Jones, Barry** b. 1938; ed. Hawarden Gram. Sch., Bangor Normal Coll. School-teacher. El. for East Flint 1970-83, and Alyn and Deeside 1983. Contested Northwich 1966. Parl. Under. Sec. of State for Wales 1974-9; Shadow Sec. of State for Wales 1983-92.

**Jones, (Syr) D Brynmor** (1852-1921) addys. Y. a Col. Prif. Llundain. Galwyd i'r Bar 1876. Pen. yn Farnwr Llys Sirol 1885. Cofiadur Merthyr 1910 a Chaerdydd 1914-5; cynr. Stroud 1892 a Rhan. Abertawe 1895-1914. Pen. 'Master in Lunacy' 1914.
**Jones, (Sir) D Brynmor** (1852-1921) ed. Univ. Sch. and Coll., London. Called to Bar 1876. App. County Court Judge 1885. Recorder of Merthyr 1910 and Cardiff 1914-5; rep. Stroud 1892 and Swansea District 1895-1914. App. 'Master in Lunacy' 1914.

**Jones, (Syr) Edgar Rees** (1878-1962) Cwmaman, Aberdâr; addys. CPC Caerdydd. Bargyfreithiwr. Galwyd i'r Bar Americanaidd 1913; cynr. Merthyr 1910-22. Swyddog yn y Weinyddiaeth Arfau 1915-8.

**Jones, (Sir) Edgar Rees** (1878-1962) Cwmaman, Aberdare; ed. UCW Cardiff. Barrister. Called to American Bar 1913; rep. Merthyr 1910-22. Official at Min. of Munitions 1915-8.

**Jones, (Syr) Evan David** (1859-1949) g. Pen-twr, Abergwaun; addys. yn breifat ac ym Mhrif. Bryste; cynr. Penfro 1918(Rhag.)-22.
**Jones, (Sir) Evan David** (1859-1949) b. Pen-twr, Fishguard; ed. privately and at Univ. of Bristol; rep. Pembrokeshire 1918(Dec.)-22.

**Jones, Evan Rowland** (1840-1920) g. Tregaron, addys. Tregaron a Llangeitho. Gwasanaethodd yn Rhyfel Cartref America 1861-5 ac ysgrifennodd lyfrau am y profiad. Un o arwyr Gettysburg, daeth yn uwch-gapten. Conswl America yn Newcastle upon Tyne a Chaerdydd. Cynr. Bwr. Caerfyrddin 1892-5.
**Jones, Evan Rowland** (1840-1920) b. Tregaron, ed. Tregaron and Llangeitho. Served in United States Army during American Civil War 1861-5 and was author of books based on the experience. Became Major. Hero of Gettysburg. Was US Consul at Newcastle upon Tyne and Cardiff. Sat for Carmarthen Bor. 1892-5.

**Jones, Gwilym** g. 1947. Cyn-Frocer Yswiriant a chyfarwyddwr. Bu'n aelod o Gyngor Dinas Caerdydd. Cynr. Gogledd Caerdydd 1983-97. Pen. yn Is-Ysg. Gwladol Sen. dros Gymru 1992-7.
**Jones, Gwilym** b. 1947. Former Insurance Broker and director. Served as member of the Cardiff City Council. Entered Parl. as MP for Cardiff North 1983-97. App. Parl. Under Sec. of State for Wales 1992-7.

**Jones, Gwynoro** g. 1942; addys. Y. R. Gwendraeth a CPC. Caerdydd, Swyddog Cysylltiadau Cyhoeddus Llaf. yng Nghymru. Cynr. Caerfyrddin 1970-4 (Hyd.). Ymladdodd Gŵyr ar ran y Gyng./DC. yn is-eth. 1982, Eth. Cyff. 1983 ac yng Nghaerfyrddin yn 1987.
**Jones, Gwynoro** b. 1942; ed. Gwendraeth G. S. and UCW Cardiff. Labour Party PR Officer, Wales. Rep. Carmarthen 1970-4 (Oct). Contested Gower as SDP candidate at 1982 by-el., 1983 Gen. El. and Carmarthen 1987.

**Jones, (Syr) H Haydn** (1863-1950) g. Rhuthun; addys. Y. Fwrdd Tywyn, Perchennog chwarel lechi. Cynr. Merionnydd 1910-45. Cyhoeddodd gasgliad o emynau *Cân a Moliant*.
**Jones, (Sir) H Haydn** (1863-1950) b. Rhuthun; ed. Board Sch., Tywyn, Mer. Slate Quarry proprietor. Rep. Merioneth 1910-45. Published collection of hymns *Cân a Moliant*.

**Jones, Ieuan Wyn** g. 1949; addys. Y. R. Pontardawe, Ysgol y Berwyn, y Bala, Poly. Lerpwl a Phrif. Llundain. Cyfreithiwr. Ymladdodd Dinbych 1979, sedd Gogledd Cymru yn yr Eth. Ewropeaidd yn yr un flwyddyn, ac Ynys Môn yn 1983. Eth. ef i gynr. Ynys Môn 1987. Llefarydd PC ar Ewrop a Materion Tramor.
**Jones, Ieuan Wyn** b. 1949; ed. Pontardawe G. S., Ysgol y Berwyn, Bala, Liverpool Poly., and London Univ. Solicitor. Contested Denbigh 1979, the North Wales seat in the European El. of the same year, and Ynys Môn 1983.

Entered Parliament as MP for latter const. 1987. Party spokesman on Europe and Foreign Affairs.

**Jones, J Idwal** (1900-82) addys. Y. R. Rhiwabon, Col. Normal Bangor a Phrif. Llundain. Cyn-brifathro Y. U. Fodern y Rhos. Awdur gwerslyfrau ar Ddaearyddiaeth a Hanes Cymru; cynr. Wrecsam 1955-70.
**Jones, J Idwal** (1900-82) ed. Rhiwabon G. S., Bangor Normal Coll., and London Univ. Former headmaster Sec. Mod. Sch., Rhos. Author of textbooks on Geog. and Hist. of Wales; rep. Wrexham 1955-70.

**Jones, Parch. J Towyn** (1858-1925) g. Cei Newydd, Ceredigion. Gweinidog yr Efengyl (Annibyn.); ennill Dwyrain Caerfyrddin mewn is-eth. 1912 a'i chadw nes dileu'r sedd yn 1918; cynr. Llanelli 1918-22. Chwip Cymreig ac Arglwydd y Trysorlys 1917. Llyw. Undeb yr Annibynwyr Cymreig 1920.
**Jones, Rev. J Towyn** (1858-1925) b. New Quay, Cards. Min. of Religion (Ind); cap. East Carmarthenshire at a by-elec. 1912-8; rep. Llanelli 1918-22. Welsh Whip and Lord of Treasury 1917. Pres. of Welsh Union of Independents 1920.

**Jones, Jon Owen** g. 1954 Rhondda; addys. Y. G. Rhydfelen, Prif. East Anglia a CPC Caerdydd. Cyn-athro ysgol. Ymladdodd Canol Caerdydd 1987, ac ennill y sedd yn 1992. Chwip yn yr Wrthblaid 1996 gyda chyfrifoldeb arbennig am Gymru a Thrafnidiaeth. Llyw. Ymgyrch dros Gynulliad Cymreig 1988-91. Arglwydd Gomisiynydd yn y Trysorlys (Chwip y Llywodraeth). Is-Ysg. Gwladol Sen. yn y Swyddfa Gymreig 1998.
**Jones, Jon Owen** b. 1954 Rhondda; ed. Rhydfelen Comp. S., Univ. of East Anglia and UCW Cardiff. Former comp. sch. teacher. Contested Cardiff Central 1987, capturing the seat 1992. Opp. Whip 1996 with special responsibility for Wales and Transport. Pres. of Campaign for a Welsh Assembly 1988-91. A Lord Commissioner of HM Treasury (Government Whip). Parl. Under-Sec. of State, Welsh Office 1998.

**Jones, (Syr) Lewis** (1884-1968) g. Brynaman; addys. Rhydaman, Prif. Reading Swyddog yn y Weinyddiaeth Arfau yn ystod y Rhyfel Mawr; cynr. Gorllewin Abertawe 1931-45.
**Jones, (Sir) Lewis** (1884-1968) b. Brynaman; ed. Ammanford, Reading Univ. Official at Min. of Munitions during Great War; rep. Swansea West 1931-45.

**Jones, Martyn** g. 1947 swydd Gaer; addys. Y. R. Grove Park, Poly. Lerpwl a Trent. Cyn-ficrobiolegydd yn y diwydiant bragu. Enillodd De-Orllewin Clwyd oddi ar y Ceid. 1987 a chadw'r sedd (De Clwyd bellach) yn 1997. Pen. yn Chwip i'r Wrthblaid 1988 a bu'n llefarydd Mainc Flaen ar Fwyd, Amaethyddiaeth a Materion Gwledig 1994-5. Cad. Pwyllgor Amaeth y Blaid Laf. Sen. 1987-94, Cad. Pwyllgor Dethol Tŷ'r Cyffredin ar Faterion Cymreig 1997.
**Jones, Martyn** b. 1947 Cheshire; ed. Grove Park Gram. Sch., Liverpool and Trent Poly. Former microbiologist in the brewery industry. Gained Clwyd South-West from Con. 1987-97, and Clwyd South 1997. App. Opp. Whip

1988 and was Front Bench spokesman on Food, Agriculture and Rural Affairs 1994-5. Chairman of Parl. Lab. Party Agricultural Comm. 1987-94. Chair. HC Select Comm. on Welsh Affairs in 1997.

**Jones, Morgan** (1885-1939) g. Gelli-gaer; addys. Y. Lewis Pengam a Phrif. Reading. Cyn-athro ysgol elf; cynr. Caerffli 1921-39. Ysg. Sen. Bwrdd Addysg 1924 ac eto yn 1929-31, Chwip Llaf. 1929, Cad. Pwyllgor Cyfrifon Cyhoeddus 1931-5.
**Jones, Morgan** (1885-1939) b. Gelli-gaer; ed. Lewis Pengam, Reading Univ. Former el. sch. teacher; rep. Caerphilly 1921-1939. Parl. Sec. to Board of Ed. 1924 and again 1929-31, Labour Whip 1929, Chair. Public Accounts Comm. 1931-5.

**Jones, Robert Thomas** (m.1940); g. Blaenau Ffestiniog. Yn gweithio yn y chwarel cyn bod yn 13 oed. Comisiynydd Trafnidiaeth yn ardal y Gogledd-Orllewin 1931-40. Ysg. Cyff. Undeb Chwarelwyr Gogledd Cymru 1908-33. Cynr. Caernarfon 1922-3.
**Jones, Robert Thomas** (d. 1940); b. Blaenau Ffestiniog. Worked at slate quarry before age of 13. Traffic Commissioner North West Area 1931-40. Gen. Sec. N. Wales Quarrymen Union 1908-33. Rep. Caernarfon 1922-3.

**Jones, T I Mardy** (1879-1970) Cyn-löwr yn gweithio dan ddaear pan oedd yn 14 oed; cynr. Pontypridd ar ran Llaf. 1922-31 ac ymladdod y sedd fel Llaf. Ann. yn 1931.
**Jones, T I Mardy** (1879-1970) Ex-miner who worked underground at age of 14; rep. Pontypridd 1922-31 as Lab., and contested the seat as Ind. Lab. 1931.

**Jones, T W** (1898-1984) g. Ponciau, Rhosllannerchrugog; addys. Ponciau, Col. Normal Bangor; cyn-löwr, cyn-athro a chyn-swyddog Cysylltiadau Cyhoeddus. Carcharwyd fel gwrthwynebydd cydwybodol yn 1917. Cynr. Meirionnydd 1951-66. Dyrchafwyd i Dŷ'r Arglwyddi fel Arglwydd Maelor.
**Jones, T W** (1898-1984) b. Ponciau, Rhosllannerchrugog; ed. Ponciau, Normal Coll. Bangor; ex-miner, teacher and PR Officer. Imprisoned as conscientious objector in 1917. Rep. Merioneth 1951-66. Elevated to House of Lords as Lord Maelor.

**Jones, W N** (1858-1934) g. Rhydaman. Cyfarwyddwr cwmnïau glofaol a pherchennog gweithiau glo; Uchel Siryf Caerfyrddin 1924-5. Bu'n Is-Gadfridog yn ystod y Rhyfel Mawr. Cynr. Caerfyrddin 1928-9.
**Jones, W N** (1858-1934) b. Ammanford. Director of colliery companies and extensive coal owner; High Sheriff of Carmarthen 1924-5. Held rank of Lieut-Gen. during Great War. Rep. Carmarthen 1928-9.

**Jones, William** (1857-1915) b. Ceint Bach, Môn; addys. Llangefni, Col. Normal Bangor, CPC Aberystwyth. Cyn-ddisgybl athro ac ysgolfeistr. Cynr. Rhanbarth Arfon o Gaernarfon 1895-1915. Areithiwr nodedig. Pen. yn Is-Arglwydd yn y Trysorlys 1911.

**Jones, William** (1857-1915) b. Ceint Bach, Anglesey; ed. Llangefni, Bangor Normal Coll., UCW Aberystwyth. Former pupil-teacher and schoolmaster. Rep. Arfon div. of Caernarfon 1895-1915. Renowned orator. App. Junior Lord of the Treasury 1911.

**Jones, William Elwyn E** (1904-89); addys. Y. U. Bootle, Y. S. Ffestiniog, CPC Bangor. Clerc Tref Bangor 1939-69; cynr. Conwy 1950-1.
**Jones, William Elwyn E** (1904-89); ed. Bootle Sec. Sch., Ffestiniog C. S., UCNW Bangor. Bangor Town Clerk 1939-69; rep. Conwy 1950-1.

**Jones-Parry, Thomas Duncombe Love** (1832-91) o Gastell Madryn; g. Llanbedrog; addys. Rugby a Chol. y Brif. Rhyd. Uchel Siryf Caernarfon 1854. Cynr. Caernarfon 1868-74 pan drechwyd ef, a Bwr. Caernarfon o 1882 hyd 1886 pan gollodd ei sedd drachefn.
**Jones-Parry, Thomas Duncombe Love** (1832-91) of Madryn Castle; b. Llanbedrog, ed. Rugby and Univ. Coll. Oxon. High Sheriff of Caernarfon 1854. Rep Caernarfon from 1868 until 1874 when he was defeated, and Caernarfon Bor. from 1882 until 1886 when he again lost his seat.

**Kenyon, (Anrh.) George Thomas** (1840-1908) Llannerch Panna, sir Fflint; addys. Harrow a Christ Church, Rhyd. Galwyd i'r Bar yn y Deml Ganol 1869. Cynr. Dinbych 1885-95, 1900-6.
**Kenyon, (Hon.) George Thomas** (1840-1908) Llannerch Panna, Flintshire; ed. Harrow and Christ Church, Oxon. Called to Bar Middle Temple 1869. Rep. Denbigh Bor. 1885-95, 1900-6.

**Kinloch-Cooke, (Syr) Clement** (m. 1944) addys. Col. Brighton, Sant Ioan, Caerg. cynr. Devonport 1910-23, Dwyrain Caerdydd 1924-9.
**Kinloch-Cooke, (Sir) Clement** (d. 1944) ed. Brighton Coll, St. John's Camb; rep. Devonport 1910-23, Cardiff East 1924-9.
[Assumed add. name of Kinloch]

**Kinnock, Glenys** g. 1944; addys. Y. R. Caergybi, CPC Caerdydd. Cyn-athrawes. Eth. i gyn. De-Ddwyrain Cymru yn y Sen. Ewropeaidd 1994. Aelod o Fwrdd UNICEF.
**Kinnock, Glenys** b. 1944; ed. Holyhead G. S., UCW Cardiff. Former teacher. El. MEP for South Wales East in 1994. An elec. Member of the UK Board of UNICEF.

**Kinnock, Neil** g. 1942; addys. Y. Lewis Pengam, CPC Caerdydd. Tiwtor Undeb Llaf., WEA Eth. dros Bedwellte (Islwyn yn ddiw.) 1970. Aelod o Gabinet yr Wrthblaid 1980-2. Arweinydd y Blaid Laf. ac Arweinydd yr Wrthblaid 1983-92. Ymddiswyddodd o'i sedd yn 1994 i fynd yn Gomisiynydd Ewropeaidd.
**Kinnock, Neil** b. 1942; ed. Lewis Sch. Pengam. UCW Cardiff. Trade Union Tutor, WEA El. for Bedwellty (later Islwyn) 1970. Member of Shadow Cabinet 1980-2. Leader of the Lab. Party and Leader of the Opp. 1983-92. Resigned his seat in 1994 to become European Commissioner.

**Lakin, C H A** (1893-1948) addys. Sant. Ioan, Rhyd. Newyddiadurwr; cynr. Llandaf a'r Barri 1942-5.
**Lakin, C H A** (1893-1948) ed. St. John's, Oxon. Journalist; rep. Llandaff and Barry 1942-5.

**Laurie, Is-Gadfridog John Wimburn** (1835-1912) g. Llundain; addys. Harrow, Dresden, Sandhurst. Ymladdodd yn Rhyfel y Crimea ac yn India yn ystod y Gwrthryfel; cynr. Penfro 1895-1905.
**Laurie, Lieut-Gen. John Wimburn** (1835-1912) b. London; ed. Harrow, Dresden, Sandhurst. Fought in Crimean War and in India during the Mutiny; rep. Pembroke 1895-1905.

**Lawrence, Jackie** g. 1948; addys. Y. Upperthorpe, Darlington, Col. Upperthorpe a'r Brif. Agored. Arw. y grŵp Llaf. ar Gyngor Sir Benfro 1995-7, aelod o cyn-Gyngor Sir Dyfed 1993-6. Eth. i gynr. Preseli Penfro 1997.
**Lawrence, Jackie** b. 1948; ed. Upperthorpe Sch., Darlington, Upperthorpe Coll. and the Open Univ. Leader of Labour group on Pembrokeshire County Council 1995-7. El. Member for Preseli Pembrokeshire 1997.

**Lawrence, (Syr) Joseph** (1848-1919) addys. yn breifat a Chol. Owens Manceinion; ymladdodd Caerdydd yn 1900. Cynr. Mynwy 1901-6.
**Lawrence, (Sir) Joseph** (1848-1919) ed. privately and Owens Coll. Manchester; Unsucc. contested Cardiff 1900. Rep. Monmouth 1901-6.

**Lewis, (Syr) J Herbert** (1858-1933) g. Cei Mostyn, sir Fflint; addys. Dinbych, Prif. McGill, Montreal a Chol. Exeter Rhyd. Cyfreithiwr. Cynr. Bwr. Fflint 1892-1906, Fflint 1906-18, Prif. Cymru 1918-22. Ysg. Sen. i'r Bwrdd Addysg 1915-9. Cad. cyntaf Cyngor Sir Fflint 1888-93. Is-Arglwydd yn y Trysorlys 1906-9. Ysg. Sen. i'r Bwrdd Llywodraeth Leol 1909-15.
**Lewis, (Sir) J Herbert** (1858-1933) b. Mostyn Quay, Flints.; ed. Denbigh, McGill Univ, Montreal and Exeter Coll., Oxon. Lawyer by profession. Rep. Flint Borough 1892-1906; Flint 1906-18; University of Wales 1918-22. Parl. Sec. Board of Education 1915-9. First chairman Flint C.C. 1888-93. Junior Lord of Treasury 1906-9. Parl. Sec. Local Gov. Board 1909-15.

**Lewis, T A** (1881-1923) g. Nanhyfer, Sir Benfro; addys. CPC Caerdydd. Cyn-Feistr Y. R. Knutsford a Chanolfan Athrawon y Rhondda; cynr. Pontypridd 1918-22. Is-arglwydd yn y Trysorlys 1922.
**Lewis, T A** (1881-1923) b. Nevern, Pembs., ed. UCW Cardiff. Former Master of Knutsford G. S. and Rhondda Teachers' Centre; rep. Pontypridd 1918-22. Jun. Lord of Treas. 1922.

**Lewis, Thomas P** (1821-97) Brynogwen, Bangor; addys. Y. Gen. Llanfechell Masnachwr ŷd a blawd; cynr. Môn 1886-95.
**Lewis, Thomas P** (1821-97) of Brynogwen, Bangor; ed. Llanfechell National Sch. Corn and flour merchant. Rep. Anglesey 1886-95.

**Livsey, Richard** g. 1935; addys. Bedales, Col. Amaethyddol Seale-Hague a Phrif. Reading. Cyn-ddarlithydd Col. Amaethyddol yn Aberystwyth. Ymladdodd Perth a Dwyrain Swydd Perth 1970, Penfro 1979 a Brycheiniog a Maesyfed 1983, gan gipio'r sedd honno oddi ar y Ceid. mewn is-eth. 1985, ei cholli yn Eth. Cyff. 1992, a'i hail-ennill 1997. Cyn Lyw. y Rhydd. Cymreig a chyn-aelod o'r Pwyllgor Dethol ar Faterion Cymreig.
**Livsey, Richard** b. 1935, ed. Bedales, Seale-Hague Agricultural Coll. and Reading Univ. Before entering Parl. was Agricultural Coll. lecturer at Aberystwyth. Contested Perth and East Perthshire 1970, Pembroke 1979 and Brecon and Radnor 1983, capturing the latter seat from Con. at a by-el. 1985. Successfully defended the seat in 1987 until the Gen. Elec. 1992. Regained the seat 1997. Past Pres. of Welsh Lib. Dems and former member of the Select Comm. on Welsh Affairs.

**Lougher, (Syr) Lewis** (1871-1955) addys. Caerdydd. Perchennog llongau. Cynr. Dwyrain Caerdydd 1922-3, Canol Caerdydd 1924-9. Uchel Siryf Morg. 1931. Cadeirydd a chyfarwyddwr amryw gwmnïau.
**Lougher, Lewis (Sir)** (1871-1955) ed. Cardiff. Shipowner. Rep. Cardiff East 1922-3, Cardiff Central 1924-9. High Sheriff of Glam. 1931. Chairman and Director of many companies.

**Llewellyn, (Syr) David** (1916-92); g. Aberdâr, addys. Eton, Col. y Drindod, Caerg. Meistr Argraffu. Ymladdodd Aberafan 1945. Cynr. Gogledd Caerdydd 1950-9. Is-Ysg. yn y Swyddfa Gartref 1951-2.
**Llewellyn, (Sir) David** (1916-92); b. Aberdare, ed. Eton, Trinity Coll. Camb. Master Printer. Contested Aberavon 1945. Rep. Cardiff North 1950-9. Under-Sec. Home Office 1951-2.

**Llewellyn-Jones, Frederick** (1866-1941) g. Bethesda, Caernarfon; addys. Y. Friars, Bangor, Col. Diw. y Bala, CPC Aberystwyth. Cyfreithiwr. Cynr. Fflint 1929-35. Cyh. amryw erthyglau ar Gyfraith Ryngwladol.
**Llewellyn-Jones, Frederick** (1866-1941) b. Bethesda, Caernarfon; ed. Friars Sch., Bangor, Bala Theol. Coll., UCW Aberystwyth. Solicitor. Rep. Flint 1929-35. Pub. many articles on International Law.

**Lloyd, C Ellis** addys. Sant Woolos, Casnewydd, Y. R. Pen-y-bont ar Ogwr. Galwyd i'r Bar 1926; cynr. Llandaf a'r Barri 1929-31. Nofelydd.
**Lloyd, C Ellis** ed. St. Woolos, Newport, Bridgend G. S. Called to Bar 1926; rep. Llandaff and Barry 1929-31. Novelist.

**Lloyd George, David** (1863-1945) g. Manceinion ond symud i Lanystumdwy pan oedd yn flwydd oed ar farwolaeth ei dad yn 1864; addys. Y. Eglwysig Llanystumdwy; Cyfreithiwr. Cynr. Bwr. Caernarfon 1890-1945. Llyw. y Bwrdd Masnach 1905; Cang. y Trys. 1908; Gweinidog Arfau 1915; PW 1916-22. Dyrchafwyd yn Iarll Lloyd George o Ddwyfor ychydig cyn ei farw.
**Lloyd George, David** (1863-1945) b. Manchester but moved to his mother's native village of Llanystumdwy when he was one year old on the death of his

father in 1864; ed. Llanystumdwy Church Sch.; Solicitor. Rep. Caernarfon Bor. 1890-1945. Pres. of the Board of Trade 1905; Chancellor of the Ex. 1908; Min. of Munitions 1915; PM 1916-22. Created Earl Lloyd George of Dwyfor shortly before his death.

**Lloyd-George, Gwilym** (1894-1967) ail fab D Lloyd George; addys. Col. Eastbourne a Chol. Iesu, Caerg.; cynr. Penfro 1922-4, 1929-50, Gogledd Newcastle upon Tyne 1951-7. Gweinidog Bwyd 1941-2; Gweinidog Tanwydd ac Ynni 1942-5; Gweinigog Cartref gyda chyfrifoldeb am Faterion Cymreig 1954-7. Dyrchafwyd yn Is-Iarll Tenby.
**Lloyd-George, Gwilym** (1894-1967) second s. of D Lloyd George; ed. Eastbourne Coll. and Jesus Coll. Camb.; rep. Pembrokeshire 1922-4, 1929-50, Newcastle upon Tyne North 1951-7. Min. of Food 1941-2; Min. of Fuel and Power 1942-5; Home Sec. with responsibility for Welsh Affairs 1954-7. Became first Viscount Tenby.

**Lloyd George, Megan** (1902-66) ail ferch D Lloyd George; addys. Garratt's Hall, Banstead, ac ym Mharis; cynr. Môn dros y Rhydd. 1929-51 a Chaerfyrddin dros Llaf. 1957-66. Bu'n gad. y Blaid Sen. Gymreig.
**Lloyd George, Megan** (1902-66) second dau. of D Lloyd George; ed. Garratt's Hall, Banstead, and in Paris; rep. Anglesey as Lib. 1929-51 and Carmarthenshire as Lab. 1957-66. Was chair. of Welsh Parl. Party.

**Llwyd, Elfyn** g. 1951 Betws-y-coed; addys. Y. Dyffryn Conwy, Llanrwst, CPC Aberystwyth a Chol. y Gyfraith, Caer. Cyfreithiwr. Chwip Sen. PC a'i llefarydd ar Faterion Cartref a Thai.
**Llwyd, Elfyn** b. 1951 Betws-y-coed; ed. Ysgol Dyffryn Conwy, Llanrwst, UCW Aberystwyth and the Coll. of Law, Chester. Solicitor. PC Parl. Whip, spokesman on Home Affairs and Housing.

**McBride, Neil** (1910-74) g. Neilston, Swydd Renfrew; addys. Y. St. Thomas, Neilston, Y. R. Paisley a Chyng. Cened. Col. Llaf. Hyfforddwyd fel llathrwr efydd; ymladdodd Perth a Dwyrain Perth 1951, High Peak, swydd Derby 1955. Cynr. Dwyrain Abertawe 1963-74. Arglwydd Gomisiynydd yn y Trysorlys 1969-70. Chwip Cyn. 1966-9, Chwip yr Wrthblaid 1970-4.
**McBride, Neil** (1910-74) b. Neilston, Renfrewshire; ed. St. Thomas's s., Neilston, Paisley G. S. and Nat. Council of Lab. Colleges. Trained as brass-finisher. Contested Perth and Perth East 1951, High Peak, Derbyshire 1955. Rep. Swansea East 1963-74. Lord Commissioner of the Treasury 1969-70. Assistant Gov. Whip 1966-9. Opp. Whip 1970-4.

**Macdonald, J Ramsay** (1866-1937) g. Lossiemouth, yr Alban; cynr. Caerlŷr 1906-18, Aberafan 1922-9, Adran Seaham Swydd Durham 1929-35, Prif. yr Alban 1936-7. Arweinydd yr Wrthblaid 1922. PW 1923-4, 1929-35.
**Macdonald, J Ramsay** (1866-1937) b. Lossiemouth, Scotland; rep. Leicester 1906-18; Aberavon 1922-9; Seaham Div. Co. Durham 1929-35; Scottish Univ. 1936-7. Leader of Opp. 1922. PM 1923-4, 1929-35.

**McKenna, Y Gwir Anrh. Reginald** (1863-1943) g. Llundain; addys. Col. y Brenin, Llundain a Chol. y Drindod, Caerg.; cynr. Gogledd Mynwy 1895-1918, (Pontypŵl yn ddiw.) Ysg. Cartref 1911-5, Canghellor y Trysorlys 1915-6.
**McKenna, Rt. Hon. Reginald** (1863-1943) b. London; ed. King's Coll., London. Trinity Coll. Camb.; rep. North Monmouthshire 1895-1918, when the const. became Pontypool. Home Sec. 1911-5, Chancellor of Ex. 1915-6.

**Maclean, J M** (1835-1906). Newyddiadurwr a pherchennog papurau newydd. Cymrawd o Brif. Bombay, awdur llyfrau am India. Ymladdodd Bwr. Elgin 1880, cynr. Oldham 1885-92 a Chaerdydd 1895-1900.
**Maclean, J M** (1835-1906) . Journalist and newspaper proprietor. Fellow of Bombay Univ., author of books on India. Contested Elgin Bor. 1880, sat for Oldham 1885-92 and for Cardiff 1895-1900.

**Mainwaring, W H** (m. 1971) Cyn-löwr; addys. Col. Llaf. Canol lle bu'n darlithio 1919-24. Asiant Glowyr 1924-33; cynr. Dwyrain Rhondda 1933-59.
**Mainwaring, W H** (d. 1971) Former Miner; ed. at Labour Central Coll., where he was later a lecturer 1919-24. Miners' Agent 1924-33; rep. Rhondda East 1933-59.

**Maitland, William Fuller** (1844-1932) Llanfair-ym-Muallt; addys. Harrow a Christ Church, Rhyd.; cynr. Brycheiniog 1875-92.
**Maitland, William Fuller** (1844-1932) Builth; ed. Harrow and Christ Church, Oxon. Rep. Brecon 1875-92.

**Marek, Dr John** g. 1940 Llundain. Addys. Y. R. Chatham House a Chol. y Brenin, Llundain. Bu'n darlithio mewn Mathemateg Gymhwysol yn CPC Aberystwyth cyn ei ethol i'r Sen. Cyn-aelod o Gyngor Ceredigion. Ymladdodd Llwydlo 1974 (Hyd.). Eth. dros Wrecsam 1983. Llefarydd Mainc Flaen yr Wrthblaid ar Iechyd 1985-7 ac ar Faterion Ariannol ac Economaidd, a'r Gwasanaeth Sifil 1987-92.
**Marek, Dr John** b. 1940 London. Ed. Chatham House G. S. and King's Coll., London. Before entering Parl. Previously Applied Mathematics lecturer at UCW Aberystwyth, and a member of the Ceredigion D. C. Contested Ludlow 1974 (Oct). El. to represent Wrexham 1983. Opp. Front Bench spokesman on Health 1985-7 and on Treasury and Economic Affairs and the Civil Service 1987-92.

**Marquand, H A** (1901-72) Athro Cysylltiadau Diwydiannol; CPC Caerdydd. Cynr. Dwyrain Caerdydd 1945-50. Ysg. dros Fasnach Dramor 1945-7, Talfeistr Cyffredinol 1947-8, Ysg. Yswiriant, 1948-50, Gweinidog Iechyd Ion.-Hyd. 1951. Bu'n AS Rhanbarth Dwyrain Middlesbrough 1950-61.
**Marquand, H A** (1901-72) Professor of Industrial Relations, UCW Cardiff. Rep. Cardiff East 1945-50. Sec. for Overseas Trade 1945-7, Paymaster General 1947-8, Min. of Pensions 1948-50, Min. of Health Jan.-Oct. 1951. Was MP for East Div. of Middlesbrough 1950-61.

**Matthews, D** (1888-1960) Treforus. Masnachwr haearn a dur. Cyn-faer Abertawe; cynr. Dwyrain Abertawe 1919 (is-eth.)-22.

**Matthews, D** (1888-1960) Morriston. Iron and steel Merchant. Ex-mayor of Swansea; rep. Swansea East 1919 (by-el.)-22.

**Mayne, Rear-Admiral Richard Charles** (1835-92) o Slough; addys. Eton. Morwr aml ei anrhydeddau. Ymladdodd Penfro a Hwlfforrd 1885, ei hennill yn 1886 a'i dal hyd 1892.

**Mayne, Rear-Admiral Richard Charles** (1835-92) of Slough; ed. Eton. Much decorated sailor. Unsucc. contested. Pembroke and Haverfordwest 1885, capturing the seat in 1886 and holding it until 1892.

**Meyer, (Syr) Anthony** g. 1920; addys. Eton, Col. Newydd Rhyd. Golygydd cylchgronau a thanysgrifiwr Lloyd's; cynr. Eton a Slough 1964-6. Cynr. Gorllewin Fflint (Gogledd Orllewin Clwyd yn ddiw.) 1970-92.

**Meyer, (Sir) Anthony** b. 1920; ed. Eton, New Coll. Oxon. Magazine editor and Lloyd's underwriter; rep. Eton and Slough 1964-6. Rep. Flint West (later Clwyd North West) 1970-92.

**Michael, Alun** g. 1943; addys. Y. R. Bae Colwyn a Phrif. Keele. Cyn-newyddiadurwr a gweithiwr cymunedol a ieuenctyd. Aelod o Gyngor Dinas Caerdydd 1973-89. Cynr. De Caerdydd a Phenarth 1987. Gwasanaethodd fel Whip yn yr Wrthblaid a llefarydd ar Faterion Cymreig 1988-92; llefarydd Mainc Flaen ar Faterion Cartref 1992-7. Gweinidog yn y Swyddfa Gartef 1997. Ysgrifennydd Gwladol Cymru 1998-.

**Michael, Alun** b. 1943; ed. Colwyn Bay G. S. and Keele Univ. Former journalist and youth and community worker. Member of Cardiff City Council 1973-89. Elec. MP for Cardiff South and Penarth 1987. Has served as Opp. Whip and spokesman on Welsh Affairs 1988-92; Front Bench spokesman on Home Affairs 1992-7; Minister of State Home Office 1997. Secretary of State for Wales 1998-.

**Mond, (Syr) Alfred** (1868-1930) g. Farnworth, swydd Gaerhirfryn; addys. Col. Cheltenham, Sant Ioan, Caerg., Prif. Caeredin; cynr. Caer 1906-10; Tref Abertawe 1910-8; Gorllewin Abertawe 1918-23; Caerfyrddin 1924-8. Croesodd lawr y Tŷ at y Ceid. yn 1926 oherwydd ei wrthwynebiad i bolisi tir Lloyd George, ond gwahoddwyd gan ei etholwyr i barhau i'w cynr. hyd nes ei ddyrchafu i Dŷ'r Arglwyddi yn 1928 (Arglwydd Melchett).

**Mond, (Sir) Alfred** (1868-1930) Farnworth, Lancs.; ed. Cheltenham Coll., St. John's Camb., Edinburgh Univ; rep. Chester 1906-10; Swansea Town 1910-18; Swansea West 1918-23; Carmarthen 1924-8. Crossed the floor of the House to the Conservatives in 1926 because of objection to Lloyd George's land policy, but invited by his constituents to remain their representative until he became a peer (Lord Melchett) 1928.

**Morgan, D Elystan** g. 1932; addys. Y. R. Ardwyn a CPC Aberystwyth. Bargyfreithiwr, Barnwr Llys Sirol. Ymladdodd bedair gwaith fel ymgeisydd PC (is-Eth. Wrecsam 1955, Eth. Cyff. 1955 a 1959, Meirionnydd 1964).

Enillodd Ceredigion i Laf. 1966 a daliodd y sedd hyd 1974. Is-Ysg. yn y Swyddfa Gartref 1969. Dyrchafwyd i Dŷ'r Arglwyddi fel yr Arglwydd Elystan-Morgan o Aberteifi, 1981. Llywydd CPC Aberystwyth 1997.

**Morgan, D Elystan** b. 1932; ed. Ardwyn G. S. and UCW Aberystwyth. Barrister, County Court Judge. Contested 4 Parl. El. as Plaid Cymru candidate (Wrexham 1955 by-el., 1955 and 1959 Gen El., Merioneth 1964). Gained Cardiganshire for Labour 1966 and held seat until 1974. Under Sec. Home Office 1969. Raised to peerage as Lord Elystan-Morgan of Aberteifi 1981. Pres. UCW Aberystwyth 1997.

**Morgan, David Watts** (1867-1933) addys. Y. C. Castell-nedd ac Abertawe. Gweithiodd dan ddaear; cynr. Dwyrain Rhondda 1918-33.

**Morgan, David Watts** (1867-1933) ed. Neath and Swansea. E. S. Worked underground; rep. Rhondda East 1918-33.

**Morgan, Eluned** g. 1967; addys. Col. Iwerydd a Phrif. Hull, Madrid, Strasbourg a Bogota. Cyn-ymchwilydd teledu; eth. i gynr. Canol a Gorllewin Cymru yn y Senedd Ewropeaidd yn 1994.

**Morgan, Eluned** b. 1967; ed. Atlantic Coll. and Universities of Hull, Madrid, Strasbourg and Bogota. Former TV researcher, elected MEP for Mid and West Wales in 1994.

**Morgan, (Anrh.) Frederick Courtnay** (1834-1909) Castell Rhiw'r Perrai, Mynwy; addys. Caer-wynt; cynr. Mynwy 1874-85 a De Mynwy 1885-1906.

**Morgan, (Hon.) Frederick Courtnay** (1834-1909) Ruperra Castle, Monmouthshire; ed. Winchester; rep. Monmouthshire 1874-85 and South Monmouthshire 1885-1906.

**Morgan, Gwir Anrh. Sir George Osborne** (1826-97) Neuadd Brymbo g. Conwy; addys. Y. Friars Bangor, Y. Amwythig, Col. Balliol a Worcester Rhyd.; galwyd i'r Bar Lincoln's Inn 1853, QC. 1869. Cynr. sir Dinbych 1868-85 a'r Rhanbarth Ddwyreiniol 1885-97. Cyfrin Gyngor 1880. Pen. yn Is-Ysg. Gwladol dros y Trefedigaethau 1886. Dyrchafwyd yn Farwn yn 1892.

**Morgan, Rt. Hon. Sir George Osborne** (1826-97) Brymbo Hall. b. Conwy; ed. Friars Sch. Bangor, Shrewsbury Sch., Balliol and Worcester Colleges, Oxon; Lincoln's Inn; called to the Bar 1853, QC. 1869. Rep. Denbighshire 1868-85 and the Eastern Div. 1885-97. Privy Council 1880, was app. Under-Sec. of State for the Colonies 1886. Cr. Baronet 1892.

**Morgan, John Lloyd** (1861-1944) addys. Col. Tettenhall, Wolverhampton, Col. Owens, Manceinion a Trinity Hall, Caerg.; cynr. Gorllewin Caerfyrddin 1889-1910. Pen. yn Farnwr Llys Sirol.

**Morgan, John Lloyd** (1861-1944) ed. Tettenhall Coll., Wolverhampton, Owens Coll., Manchester and Trinity Hall, Camb.; rep. Carmarthenshire West 1889-1910. App. County Court Judge.

**Morgan, Julie** g. 1944; addys. Y. Howell Llandaf, Col. y Brenin, Llundain, Manceinion a CPC Caerdydd. Cyn-weithiwr cymdeithasol. Ymladdodd

Gogledd Caerdydd 1992; eth. 1997; yn briod â Rhodri Morgan, yr Aelod dros Orllewin Caerdydd. Pen. yn Aelod o Bwyllgor Dethol Tŷ'r Cyffredin ar Faterion Cymreig 1997.

**Morgan, Julie** b. 1944; ed. Howell's Sch. Llandaff, King's Coll. London, Manchester and Cardiff Universities. Former Social Worker. Contested Cardiff North 1992, el. 1997; m. Rhodri Morgan, Member for Cardiff West. Appt. member of the House of Commons Select Comm. on Welsh Affairs 1997.

**Morgan, Rhodri** g. 1939 Caerdydd; addys. Y. S. Eglwys Newydd, Sant Ioan, Rhyd., a Phrif. Harvard. Cyn-gynrychiolydd y Comisiwn Ewropeaidd yng Nghymru a Swyddog Datblygu Diwydiant Cyngor Sir Morg. Eth. i gynr. Gorllewin Caerdydd yn 1987. Bu'n lefarydd yr Wrthblaid ar Ynni. Llefarydd Mainc Flaen ar Faterion Cymreig 1992-7.

**Morgan, Rhodri** b. 1939 Cardiff; ed. Whitchurch G. S., St. John's Coll. Oxon., and Harvard Univ. Former European Comm. Representative in Wales and Industrial Development Officer for South Glam.C.C. Entered Parl. 1987 as MP for Cardiff West. Has served as Opp. spokesman on Energy. Front Bench spokesman on Welsh Affairs 1992-7.

**Morgan, W Geraint** (1920-95) addys. CPC Aberystwyth, Trinity Hall, Caerg. Galwyd i'r Bar 1947. Ymladdodd Huyton 1955, Meirionnydd 1951. Cynr. Dinbych 1959-87.

**Morgan, W Geraint** (1920-95) ed. UCW Aberystwyth, Trinity Hall, Camb. Called to Bar 1947. Contested Huyton 1955, Merioneth 1951. Rep. Denbigh 1959-87.

**Morgan, William Pritchard** (1844-1924) o Ddolgellau. g. Casnewydd, sir Fynwy. Cyfreithiwr. Hapfasnachwr mewn aur a weithiodd yn ardal Dolgellau. Bu'n byw yn Awstralia, teithiodd i Korea, ac ymddiddorodd mewn cloddio aur yn China. Ef oedd 'Yr Aelod dros China' i ddarllenwyr *Tarian y Gweithiwr*, papur newydd y glowyr. Cynr. Merthyr ar ôl Henry Richard o 1888 hyd 1900.

**Morgan, William Pritchard** (1844-1924) of Dolgellau. b. Newport, Gwent. Solicitor. A gold speculator, who worked in the Dolgellau area. Lived in Australia, travelled to Korea, also interested in gold mining in China. He was 'The member for China' to the readers of *Tarian y Gweithiwr*, the miners' journal. Rep. Merthyr as successor to Henry Richard in 1888 and held the seat until his defeat in 1900.

**Morley, Charles** (1847-1917) addys. Col. Drindod. Caerg.; cynr. Brycheiniog a Maesyfed 1895-1906.

**Morley, Charles** (1847-1917) ed. Trinity Coll. Camb.; rep. Breconshire 1895-1906.

**Morris, David** g. 1930; addys. Col. Ruskin Rhyd., CPC Abertawe, Col. Diwinyddol, Aberystwyth; Cyn-weithiwr mewn ffowndri, gweinidog Presbyteraidd a chynghorydd addys. Eth. i gynr. Gorllewin De Cymru (gynt Canol a Gorllewin De Cymru) 1984.

**Morris, David** b. 1930; ed. Ruskin Coll. Oxon., Univ. Coll. Swansea, Theological Coll., Aberystwyth, Former foundry worker, Presbyterian minister and educational adviser. Elected MEP for South Wales West (formerly Mid and West Wales) in 1984.

**Morris, John** g. 1931; addys. Y. R. Ardwyn, CPC Aberystwyth, Col. Gonville a Caius, Caerg., Academi'r Gyfraith Ryngwladol, yr Hague, QC, Gray's Inn. Bargyfreithiwr. Cynr. Aberafan er 1959. Gweinidog Amddiffyn (Cyfarpar) 1968-70. Ysg. Gwladol dros Gymru 1974-9. Twrnai Cyffredinol dros yr Wrthblaid 1979-81, 1983-96. Twrnai Cyffredinol 1997.

**Morris, John** b. 1931; ed. Ardwyn G. S., UCW Aberystwyth, Gonville and Caius, Camb., Academy of International Law, The Hague, and Gray's Inn. Barrister. QC. Rep. Aberavon since 1959. Min. Defence (Equipment) 1968-70. Sec. State for Wales 1974-9. Shadow Attorney General 1979-81, 1983-96. Attorney General 1997.

**Morris, Owen Temple** (1896-1985) g. Caerdydd. Barnwr Llys Sirol. Cyn-Gofiadur Merthyr; cynr. Dwyrain Caerdydd 1931-42.

**Morris, Owen Temple** (1896-1985) b. Cardiff. County Court Judge. Ex-recorder of Merthyr; rep. Cardiff East 1931-42.

**Morris, Percy** (1893-1967) addys. Y. Ll. Dinefwr Abertawe. Clerc ar y rheilffyrdd; cynr. Gorllewin Abertawe 1945-59.

**Morris, Percy** (1893-1967) ed. Dynevor S. Sch. Swansea. Railway clerk; rep. Swansea West 1945-59.

**Morris, (Syr) Rhys Hopkin** (1888-1957) g. Maesteg; addys. Prif. Cymru, Prif. Llundain; Bargyfreithiwr, y Deml Ganol. Cynr. Ceredigion 1923-32, Caerfyrddin 1945-57. Yn 1936 pen. yn Gyfarwyddwr Rhanbarthol y BBC yng Nghymru. Dirprwy-gad. Ffyrdd a Moddau 1951-5.

**Morris, (Sir) Rhys Hopkin** (1888-1957) b. Maesteg; ed. Univ. of Wales, Univ. of London, Middle Temple. Barrister. Rep. Cardiganshire 1923-32, Carmarthenshire 1945-57. In 1936 became Regional Director of Wales, BBC. Deputy Chairman Ways and Means 1951-5.

**Morris-Jones, (Syr) J H** (1884-1973) g. Waun-fawr, Caern; addys. Y. R. Porthaethwy, Col. Sant Mungo, Glasgow. Meddyg. Cynr. Dinbych 1929-50. Chwip cynorthwyol yn y Llyw. Gen. 1932.

**Morris-Jones, (Sir) J H** (1884-1973) b. Waun-fawr, Caern; ed. Menai Bridge, G. S., St. Mungo Coll., Glasgow. Physician. Rep. Denbigh 1929-50. Assistant Whip. National Gov. 1932.

**Mort, D L** (1888-1963) Llansawel, Morg. Cyn-weithiwr dur; cynr. Eccles 1929-31 a Dwyrain Abertawe 1940-63. Ysg. Sen. Preifat i'r Twrnai Cyff. 1929-31.

**Mort, D L** (1888-1963) . Briton Ferry. Ex-steelworker; rep. Eccles 1929-31 and Swansea East 1940-63. PPS to Attorney General 1929-31.

**Moss, Samuel** g. 1858 Rossett, Gogledd Cymru; addys. Col. Worcester, Rhyd.; Bagyfreithiwr. Cynr. Dwyrain Dinbych 1897-1906.
**Moss, Samuel** b. 1858 Rossett, N. Wales; ed. Worcester Coll, Oxon.; Barrister. Rep. Denbigh East 1897-1906.

**Munro, Patrick M** (1883-1942) g. Glasgow; addys. Y. R. Leeds, Christ Church, Rhyd. Cyn-Swyddog y Llyw. yn Sudan. Capt. tîm Rygbi'r Alban 1907, 1911; cynr. Llandaf a'r Barri 1931-42. Bu farw yn yr Ail Ryfel Byd.
**Munro, Patrick M** (1883-1942) b. Glasgow; ed. Leeds G. S., Christ Church, Oxon. Ex-Gov. Official in Sudan. Capt. Scotland Rugby XV 1907, 1911; rep. Llandaff and Barry 1931-42. Died on active service.

**Murphy, Paul** g. 1948 Brynbuga; addys. Y. Sant Francis, Abersychan, Y. Gorll. Mynwy, Pontypŵl a Chol. Oriel Rhyd. Cyn-ddarlithydd mewn Hanes a Llywodraeth a chyng. ar Gyngor Bwr. Torfaen. Ymladdodd Wells 1979 a'i eth. i gynr. Torfaen 1987. Llefarydd yr Wrthblaid ar Faterion Cymreig 1988-94, Gogledd Iwerddon 1994-5, Materion Tramor 1987-8 ac Amddiffyn 1995. Gweinidog Gwladol Gogledd Iwerddon 1997.
**Murphy, Paul** b. 1948 Usk; ed. St. Francis Sch., Abersychan, West Mon. Sch., Pontypool and Oriel Coll. Oxon. Former lecturer in History and Government and a Torfaen Bor. Councillor. Contested Wells 1979. Entered Parl. 1987 for Torfaen. Opp. spokesman on Welsh Affairs 1988-94, Northen Ireland 1994-5 and Foreign Affairs 1987-8. App. Opp. spokesman on Defence 1995. Minister of State, Northern Ireland 1997.

**Newnes, (Syr) George** (1851-1910) addys. Neuadd Silcoates, swydd Efrog, Y. y Ddinas, Llundain. Perch. y *Westminster Gazette*. Cynr. Newmarket (Caerg.) 1885-95; Tref Abertawe 1900-10.
**Newnes, (Sir) George** (1851-1910) ed. Silcoates Hall, Yorks., City of London Sch. Prop.of *Westminster Gazette*. Rep. Newmarket (Cambs) 1885-95; Swansea Town 1900-10.

**Onions, Alfred** (1858-1921) g. Swydd Amwythig. Trysorydd Ffederasiwn Glowyr De Cymru. Cad. Cyng. Sir Mynwy. Cynr. Caerffili 1918-21.
**Onions, Alfred** (1858-1921) b. Salop. Treasurer of S. Wales Miners Federation. Chairman Monmouth C. C. Rep. Caerphilly 1918-21.

**Opik, Lembit** g. 1965; addys. y Sefydliad Academig Frenhinol Belffast a Phrif. Bryste. Ymladdodd Canol Newcastle 1992 a Northumbria yn yr Eth. Ewropeaidd 1994; eth. i gyn., Trefaldwyn 1997 ar ymddeoliad Alex Carlile.
**Opik, Lembit** b. 1965; ed. Royal Belfast Academical Institution and Bristol Univ. Contested Newcastle Central 1992, Northumbria European El. 1994; el. Montgomeryshire 1997 on retirement of Alex Carlile.

**Ormsby-Gore, Anrh. William George Arthur** Cynr. Bwr. Dinbych 1910-8. Eth. dros Stafford 1919. Galwyd ef yn ôl o'r Rhyfel Mawr i weithio ar staff y Cabinet rhyfel. Dyrchafwyd i Dŷ'r Arglwyddi fel Arglwydd Harlech.

**Ormsby-Gore, Hon. William George Arthur** Rep. Denbigh Bor. 1910-8. El. for Stafford 1919. Recalled from active service during Great War to work on staff of war Cabinet. Elevated to peerage as Lord Harlech.

**Owen, (Syr) Goronwy** (1881-1963) g. Aberystwyth; addys. Prif. Cymru, Bargyfreithiwr Gray's Inn. Cynr. Caernarfon 1923-45. Prif. Chwip y Rhydd. 1931.
**Owen, (Sir) Goronwy** (1881-1963) b. Aberystwyth; ed. Univ. of Wales, Gray's Inn. Barrister. Rep. Caernarfon 1923-45. Chief Lib. Whip 1931.

**Padley, Walter** (1916-84); addys. Chipping Norton, Col. Ruskin Rhyd. Cynr. Ogwr 1950- 79. Cad. y Blaid Laf. 1965-6. Gweinidog Gwladol yn y Swyddfa Dramor 1964-7.
**Padley, Walter** (1916-84); ed. Chipping Norton, Ruskin Coll., Oxon. Rep. Ogmore 1950- 79. Chairman Lab. Party 1965-6. Min. of State Foreign Office 1964-7.

**Parry, T Henry** (1881-1939) g. Yr Wyddgrug, sir Fflint; addys. Y. R. Alun, CPC Aberystwyth, Christ Church, Caerg. Bargyfreithiwr. Cynr. Bwr. Fflint a Fflint 1913-24.
**Parry, T Henry** (1881-1939) b. Mold, Flints.; ed. Alun G. S., UCW Aberystwyth, Christ Church, Camb. Barrister. Rep. Flint Bor. and Flint 1913-24.

**Pearson, Arthur** (1897-1980); addys. ym Mhontypridd. Am 25 mlynedd bu'n gweithio mewn gwaith cadwyni; cynr. Pontypridd 1938-70. Trysorydd yr 'Household' 1946-51. Chwip yr Wrthblaid 1951-64.
**Pearson, Arthur** (1897-1980); ed. Pontypridd. Chain worker for 25 yrs.; rep. Pontypridd 1938-70. Treasurer of the Household 1946-51. Opposition Whip 1951-64.

**Philipps, John Wynford** (1860-1938) addys. Felsted a Chol. Keble Rhyd. Galwyd i'r Bar, y Deml Ganol. Cynr. Canol Swydd Lanark 1888-94; Penfro 1898-1908, pan ddyrchafwyd ef i Dŷ'r Arglwyddi fel Barwn St Davids.
**Philipps, John Wynford** (1860-1938) ed. Felsted and Keble Coll., Oxon. Called to the Bar Middle Temple. Rep. Mid-Lanarkshire 1888-94; Pembrokeshire 1898-1908, when he accepted Chiltern Hundreds on elevation to the Peerage as Baron St. Davids.

**Philipps, (Syr) Owen** g. 1863; addys. Col. Newton., De Dyfnaint; cynr. Penfro 1906-10 (Rhag.). Brawd i J W Philipps uchod.
**Philipps, (Sir) Owen** b. 1863; ed. Newton Coll., South Devon; rep. Pembroke 1906-19 (Dec.). Brother of J W Philipps above.

**Powell, (Syr) Ray** g. 1928; addys. Y. R. Pentre, y Rhondda, Col. Cyngor Cen. Llaf. a'r LSE. Gweithiodd ar y rheilffordd, fel rheolwr siop, ac i Awdurdod Dŵr Cymru. Eth. i'r Senedd dros Ogwr yn 1979. Chwip yr Wrthblaid 1985-95. Ei ddyrchafu'n farchog 1996.

**Powell, (Sir) Ray** b. 1928; ed. Pentre G. S., Rhondda, National Council of Labour Colleges and LSE. Worked on railway, as shop manager and Welsh Water Authority official. Elec. for Ogmore 1979. Opp. Whip 1985-95. Knighted 1996.

**Powell, Walter Rice Howell** (1819-89), Maes-gwyn, Hendy-gwyn; addys. Christ Church, Rhyd. Uchel Siryf Caerfyrddin 1849. Cynr. Caerfyrddin 1880-5 a Gorllewin Caerfyrddin 1885-9.
**Powell, Walter Rice Howell** (1819-89) of Maes-gwyn, Whitland; ed. Christ Church Oxon. High Sheriff of Carmarthen 1849. Rep. Carmarthenshire 1880-5 and West Carmarthenshire 1885-9.

**Price, C W M** g. 1872 Hwlffordd; addys. Clifton, Hwlffordd. Cyfreithiwr. Cynr. Penfro 1924-9.
**Price, C W M** b. 1872 Haverfordwest; ed. Clifton, Haverfordwest. Solicitor. Rep. Pembroke 1924-9.

**Price, Thomas Phillips** (1844-1932) Triley Court, Y Fenni; addys. Col. Winchester a Phrif. Rhyd. Galwyd i'r Bar 1869, y Deml Fewnol. Uchel Siryf Mynwy 1882. Cynr. Gogledd Mynwy 1885-95.
**Price, Thomas Phillips** (1844-1932 ) of Triley Court, Abergavenny. ed. Winchester Coll., and Univ. Coll. Oxon., student of Inner Temple 1865, called to the Bar 1869. High Sheriff of Monmouthshire 1882. Rep. Monmouthshire North 1885-95.

**Price-White, D A** (1906-78) addys. Y. Friars, CPC Bangor. Cyfreithiwr. Cynr. Bwr. Caernarfon 1945-50 – yr olaf i ddal hen sedd David Lloyd George.
**Price-White, D A** (1906-78) ed. Friars sch., UCNW Bangor. Solicitor. Rep. Caernarfon Bor. 1945-50 – last incumbent of David Lloyd George's old seat.

**Probert, Arthur** (1909-75) addys. Y. R. Aberdâr; Swyddog mewn Llyw. Leol. Cynr. Aberdâr 1954-74. Chwip yr Wrthblaid 1959-61.
**Probert, Arthur** (1909-75) ed. Aberdare G. S.; Local Gov. Officer. Rep. Aberdare 1954-74. Opposition Whip 1959-61.

**Pryce-Jones, Cyrn. Edward** (1861-1926), Milford Hall, y Drenewydd, Trefaldwyn. addys. Lerpwl, Col. Iesu, Caerg. Galwyd i'r Bar, y Deml Fewnol 1892. Uchel Siryf Trefaldwyn 1923; cynr. Bwr. Trefaldwyn 1895-1906; 1910-8.
**Pryce-Jones, Col. Edward** (1861-1926) of Milford Hall, Newtown, Mont; ed. Liverpool, Jesus Coll. Camb. Called to Bar at Inner Temple 1892. High Sheriff Mont. 1923; rep. Montgomery District 1895-1906; 1910-8.

**Pryce-Jones, (Syr) Pryce** (1834-1920) Dolerw, y Drenewydd. Cyfreithiwr. Dyrchafwyd yn farchog yn 1887 pan fabwysiadwyd yr enw ychwanegol Pryce. Eth. i gynr. Bwr. Trefaldwyn 1885, ar ôl ymladd yr eth. yn aflwyddiannus yn 1880. Collodd y sedd yn 1886, ond ailenillodd hi yn 1892 a'i dal hyd ei ymddeoliad yn 1895.

**Pryce-Jones, (Sir) Pryce** (1834-1920) of Dolerw, Newtown. Solicitor. Knighted in 1887 when he assumed the additional name of Pryce. El. for Montgomery District 1885, having unsucc. contested the const. in 1880. Defeated in 1886, but returned again in 1892 and sat until his retirement in 1895.

**Pugh, David** (1806-90) Manorafon; addys. Rugby, Col. Balliol Rhyd. Galwyd i'r Bar 1837, y Deml Fewnol. Uchel Siryf Caerfyrddin 1885. Cynr. Caerfyrddin 1857-68, a Dwyrain Caerfyrddin 1885-90.
**Pugh, David** (1806-90) of Manorafon; ed. Rugby, Balliol Coll. Oxon., Inner Temple, Called to the Bar 1837. High Sheriff of Carmarthen 1885. Rep. Carmarthen 1857-1868, where he was defeated, and Carmarthen East 1885-90.

**Pym, L M** (1884-1945) g. Wentworth, swydd Efrog; addys. Bedford, Col. Magdalen Caerg.; cynr. Mynwy 1935-45.
**Pym, L M** (1884-1945) b. Wentworth, Yorks.; ed. Bedford, Magdalen Coll. Camb.; rep. Monmouth 1935-45.

**Raffan, Keith** g. 1949; addys. Col. Robert Gordon, Aberdeen a Corpus Christi, Caerg. Newyddiadurwr a darlledwr. Eth. dros ethol. newydd Delyn 1983, wedi ymladd Dulwich Chwef. 1974 a Dwyrain swydd Aberdeen yn Hyd. yr un flwyddyn. Ymddeolodd cyn Eth. Cyff. 1992.
**Raffan, Keith** b. 1949; ed. Robert Gordon's Coll. Aberdeen and Corpus Christi, Camb. Journalist and broadcaster. El. to the new const. of Delyn 1983, having previously contested Dulwich Feb. 1974 and East Aberdeenshire in Oct. of the same year. Stood down at Gen. El. 1992.

**Randell, David** (1854-1921) o Lanelli. Mab i fasnachwr. Addys. Y. y Parch. Thomas James, Llanelli ac Y. Dr. Condor, Wandsworth. Cyfreithiwr. Cynr. Gŵyr 1886-1900.
**Randell, David** (1854-1921) of Llanelli. Son of a merchant. Ed. Rev. Thomas James Sch., Llanelli and Dr. Condor's Sch. Wandsworth. Solicitor. Rep. Gower 1886-1900.

**Rathbone, William** (1819-1902), Greenbank, Lerpwl. Masnachwr yn Lerpwl. Cynr. Lerpwl 1868-1880. Ymladdodd De-Orllewin Swydd Gaerhirfryn 1880 (Eb.), ond enillodd Caernarfon yn ail eth. y flwyddyn honno; cynr. yr eth. hyd 1885. O 1885-95 cynr. Rhanbarth Arfon, Caernarfon.
**Rathbone, William** (1819-1902) of Greenbank, Liverpool. A Liverpool merchant. Rep. Liverpool 1868-1880. Unsucc. contested S. W. Lancs in 1880 (April), but captured Caernarfonshire in the second el. of that year; rep the const. until 1885. From 1885-95 he rep. the Arfon Div. of Caernarfon.

**Reed, (Syr) Edward James** (1830-1906) addys. Portsmouth; cynr. Bwr. Penfro 1874-80, Caerdydd 1880-95, 1900-6. Arglwydd y Trysorlys 1886.
**Reed, (Sir) Edward James** (1830-1906) ed. Portsmouth; rep. Pembroke District 1874-80, Cardiff 1880-95, 1900-6. Lord of Treasury 1886.

**Rees, Mrs Dorothy M** (1898-1987) Cyn-athrawes ysgol. Henadur ar G. S. Morg.; cynr. y Barri 1950-1. Ysg. Sen. Breifat i'r Gweinidog Yswiriant Cenedlaethol.

**Rees, Mrs Dorothy M** (1898-1987) Former schoolteacher. Alderman of Glam. C.C.; rep. Barry 1950-1. PPS Min. of Nat. Ins.

**Rees, Griffith Caradoc** (1868-1924) o Gilgerran; addys. Institiwt Lerpwl. Bargyfreithiwr. Ysg. Sen. Preifat i Syr John Simon, Gweinidog Cartref 1915. Ymladdodd Bwr. Dinbych 1910 (Rhag.). Cynr. Rhanbarth Eifion o Gaernarfon 1915-8.

**Rees, Griffith Caradoc** (1868-1924) of Cilgerran; ed. Liverpool Inst. Barrister. PPS to Sir John Simon, Home Sec. 1915. Unsucc. contested Denbigh Bor. 1910 (Dec.). Rep. Arfon Div. of Caernarfon 1915-8.

**Rees, (Syr) John David** (1854-1922) addys. Col. Cheltenham. Gwasanaethodd yng ngwasanaeth Sifil India; cynr. Bwr. Trefaldwyn 1906-10. Eth. dros Ranbarth Dwyrain Nottingham 1912.

**Rees, (Sir) John David** (1854-1922) ed. Cheltenham Coll., Indian Civil Service; rep. Montgomery Bor. 1906-10. El. for East Div. of Nottingham 1912.

**Rees, J E Hugh** g. 1928; addys. Y. Parc Wern ac Y. Glan-môr Abertawe, Y. Bromsgrove Caerwrangon. Tirfeasurydd Siartredig. Cynr. Gorllewin Abertawe 1959-64. Chwip Cynorthwyol yn y Llywodraeth 1962-4.

**Rees, J E Hugh** b. 1928; ed. Parc Wern Sch. and Glan-môr Sch., Swansea, Bromsgrove Sch., Worcester. Chartered Surveyor. Rep. Swansea West 1959-64. Assistant Gov. Whip 1962-4.

**Rendel, Stuart** (1834-1913) Plas Dinam; g. Plymouth, addys. Eton, Col. Oriel, Rhyd., Lincoln's Inn, y Deml Ganol; galwyd i'r Bar 1861. Cynr. Trefaldwyn 1880 hyd 1894 pan dderbyniodd y Cantrefi Chiltern. Cymwynaswr CPC Aberystwyth lle enwir Cadair (Saesneg) a Neuadd Breswyl ar ei ôl. Cyflwynodd Grogythan, Aberystwyth i fod yn safle Llyfrgell Genedlaethol Cymru. Dyrchafwyd i Dŷ'r Arglwyddi yn 1894 fel yr Arglwydd Rendel.

**Rendel, Stuart** (1834-1913) Plas Dinam; b. Plymouth, ed. Eton, Oriel Coll., Oxon., Lincoln's Inn, Inner Temple, called to the Bar in 1861. Rep. Montgomeryshire 1880-94 when he accepted the Chiltern Hundreds. Benefactor of UCW Aberystwyth whose Chair of English bears his name as well as a Hall of Residence. Presented Grogythan, Aberystwyth as site for the National Library of Wales. Promoted to the peerage 1894 as Lord Rendel.

**Richard, Henry** (1812-88). Mab y gweinidog enwog Ebenezer Richards, Tregaron. Addys. yn Llangeitho a Chol. yr Annibynwyr Highbury, Llundain. Gweinidog Ymneilltuol ac yna Ysg. yr Undeb Heddwch. Cynr. Merthyr 1868-88.

**Richard, Henry** (1812-88). Ed. at Llangeitho and Highbury Congregational Coll., London. Nonconformist minister and then Sec. of the Peace Union. Rep Merthyr 1868-88.

**Richard, Thomas** (1859-1931) g. Beaufort, Myn. Yn gweithio dan ddaear yn 12 oed; cynr. Gorllewin Mynwy, Glynebwy yn ddiw. 1904-20.

**Richard, Thomas** (1859-1931) b. Beaufort, Mon. Worked underground at 12; rep. Monmouthshire West and later Ebbw Vale 1904-20.

**Richards, Robert** (1884-1955) g. Llangynog, Tref.; addys. Y. U. Llanfyllin, CPC Aberystwyth, Col. Sant Ioan, Caerg. Darlithydd prifysgol a hanesydd; cynr. Wrecsam 1922-4, 1929-31, 1935-55.

**Richards, Robert** (1884-1955) b. Llangynog, Mont.; ed. Llanfyllin S.S., UCW Aberystwyth, St. John's, Camb. Univ. lecturer & historian; rep. Wrexham 1922-4, 1929-31, 1935-55.

**Richards, Rod** g. 1947 Llanelli; addys. Col. Llanymddyfri a CPC Abertawe. Aelod o staff cuddwybodaeth amddiffyn yn y Weinyddiaeth Amddiffyn, a chyflwynydd newyddion a materion cyfoes ar y teledu. Ymladdodd Caerfyrddin 1987 a Bro Morgannwg mewn is-eth. 1989. Eth. dros Ogledd-Orllewin Clwyd 1992. Pen. Ysg. Sen. Preifat i'r Gweinidog Gwladol yn y Swyddfa Dramor 1993, ac Is-Ysg. Sen. yn y Swyddfa Gymreig 1994 hyd ei ymddiswyddiad yn 1996. Collodd ei sedd yn Eth. Cyff. 1997.

**Richards, Rod** b. 1947 Llanelli;. ed. Llandovery Coll. and UCW Swansea. Member of defence intelligence staff in Min. of Defence, and TV news and current affairs presenter. Contested Carmarthenshire 1987 and Vale of Glam. by-el. 1989. El. for Clwyd North West 1992. Some time special advisor to Sec. State for Wales. App. PPS to the Minister of State at the Foreign and Commonwealth Office 1993, and Parl. Under-Sec. Welsh Office 1994 until his resignation 1996. Lost his seat at 1997 Gen. El.

**Roberts, Aled O** (1889-1949) g. Lerpwl; addys. Col. Lerpwl; Brocer Yswiriant. Trys. Eist. Gen. Lerpwl 1929; cynr. Wrecsam 1931-5.

**Roberts, Aled O** (1889-1949) b. Liverpool; ed. Liverpool Coll.; Insurance Broker. Treasurer of Liverpool Nat. Eisteddfod 1929; rep. Wrexham 1931-5.

**Roberts, E H G** g. 1890 Yr Wyddgrug; addys. Malvern, Col. y Drindod, Rhyd. Bargyfreithiwr. Cynr. Fflint 1924-9.

**Roberts, E H G** b. 1890 Mold; ed. Malvern, Trinity Coll., Oxon. Barrister. Rep. Flint 1924-9.

**Roberts, Emrys** (1910-90) addys. Caernarfon, CPC Aberystwyth, Col. Gonville a Caius, Caerg. Bargyfreithiwr. Cynr. Meirionnydd 1945-51. Cad. Corfforaeth Ddatblygu Canolbarth Cymru 1968. Cad. Bwrdd Datblygu Cymru Wledig 1976.

**Roberts, Emrys** (1910-90) ed. Caernarfon, UCW Aberystwyth, Gonville & Caius Coll. Camb. Barrister. Rep. Merioneth 1945-51. Chairman of Mid-Wales Development Corporation 1968. Chairman of Welsh Rural Development Board 1976.

**Roberts, Goronwy** (1913-81) addys. Y. R. Ogwen, CPC Bangor a Llundain. Darlithydd Prifysgol. Cynr. Caernarfon 1945-74. Gweinidog Gwladol yn y Swyddfa Gymreig 1964-6, Addysg a Gwyddoniaeth, 1966-7, Y Swyddfa

Dramor 1967-9, y Bwrdd Masnach 1969-70. Collodd ei sedd 1974 (Chwef.) a dyrchafwyd i Dŷ'r Arglwyddi.

**Roberts, Goronwy** (1913-81) ed. Ogwen G. S., UCNW Bangor and London. University Lecturer. Rep. Caernarfon 1945-74. Min. of State Welsh Office 1964-6, Educ. & Science, 1966-7, Foreign & Commonwealth Affairs 1967-9, Board of Trade 1969-70. Defeated Feb. 1974 and elevated to peerage.

**Roberts, John** (1835-94) Bryngwenallt, Abergele; addys. Brighton. Cynr. Bwr. Fflint 1878-92.
**Roberts, John** (1835-94) of Bryngwenallt, Abergele; ed. Brighton. Rep Flint Bor. 1878-92

**Roberts, John Bryn** (1843-1931) Bryn Adda, Bangor; addys. Y. R. Cheltenham. Galwyd i'r Bar yn Lincoln's Inn 1889; cynr. Rhanbarth Eifion, Caernarfon 1885-1906. Pen. yn Farnwr Llys Sirol 1906.
**Roberts, John Bryn** (1843-1931) of Bryn Adda, Bangor; ed. Cheltenham G. S. Called to Bar at Lincoln's Inn 1889; rep. Eifion Div. of Caernarfon 1885-1906. Appointed County Court Judge 1906.

**Roberts, (Syr) John Herbert** (1863-1955) Bryngwenallt, Abergele; addys. Col. y Drindod, Caerg.; cynr. Gorllewin Dinbych 1892-1918 Dyrchafwyd i Dŷ'r Arglwyddi fel Barwn Clwyd.
**Roberts, (Sir) John Herbert** (1863-1955) of Bryngwenallt, Abergele; ed. Trinity Coll., Camb.; rep. West Denbighshire 1892-1918 when created Baron Clwyd.

**Roberts, Michael** (1927-83) addys. Y. R. Castell-nedd, CPC Caerdydd. Cyn-brifathro. Ei noddi gan NUT. Cynr. Gogledd Caerdydd (Gorllewin Caerdydd yn ddiw.) 1970-9. Is-Ysg. Gwladol dros Gymru 1979.
**Roberts, Michael** (1927-83) ed. Neath G. S., UCW Cardiff. Former Headmaster. Sponsored by N.U.T. Rep. Cardiff North (later Cardiff North-West) 1970-9. Under-Sec of State for Wales 1979.

**Roberts, (Syr) Wyn** g. 1930; addys. Y. S. Beaumaris, Harrow, Prif. Rhyd. Cyn-Reolwr TWW a swyddog gweithredol Teledu Harlech. Eth. dros Conwy 1970. Is-Ysg. dros Gymru 1979-87, Gweinidog Gwladol dros Gymru 1987-95. Dyrchafwyd i Dŷ'r Arglwyddi fel yr Arglwydd Roberts o Gonwy, 1997.
**Roberts, (Sir) Wyn** b. 1930. ed. Beaumaris C. Sch., Harrow, Univ. Coll. Oxon. Formerly Welsh Controller TWW and executive Harlech TV. El. for Conwy 1970. Under-Sec. of State for Wales 1979-87, Minister of State at Welsh Office 1987-95. Entered the House of Lords as Lord Roberts of Conwy, 1997.

**Robertson, Henry** (1816-88) Pale, Corwen; g. Banff; addys. King's Coll. Aberdeen. Peiriannydd Sifil, gwneuthurwr peiriannau locomotif a pherchennog gwaith glo. Uchel Siryf Meirionnydd 1869. Cynr. Amwythig 1862-5, 1874-85 a Meirionnydd 1885-6.
**Robertson, Henry** (1816-88) of Pale, Corwen ; b. Banff, ed. King's Coll. Aberdeen. Civil Engineer, locomotive engine maker and colliery proprietor.

High Sheriff of Merionethshire 1869. Rep. Shrewsbury 1862-5, 1874-85 and Merioneth 1885-6.

**Robinson, Mark** g. 1948; addys. Harrow, Christ Church, Rhyd. a'r Deml Fewnol. Bargyfreithiwr anweithredol, cyfarwyddwr cynorthwyol Ysgrifennydd y Gymanwlad. Cynorthwywr personol a gwleidyddol i Ysg. Cyffredinol y Cenhedloedd Unedig Kurt Waldheim 1974-7. Ymladdodd De swydd Efrog yn Eth. Ewrop 1979. Cynr. Gorllewin Casnewydd 1983-7.
**Robinson, Mark** b. 1948; ed. Harrow, Christ Church, Oxon., and Middle Temple. Non-practising barrister, assistant director Commonwealth Secretariat. Personal and political assistant to the UN Sec. Gen. Kurt Waldheim, 1974-7. Contested S. Yorkshire in European El. 1979. Rep. Newport West 1983-7.

**Robinson, Sidney** g. 1863 Wooton Lodge, Caerloyw; addys. yn breifat ac yn Mill Hill. Masnachwr Coed; Cynr. Brycheiniog 1906-18, Brycheiniog a Maesyfed 1918-22.
**Robinson, Sidney** b. 1863 Wooton Lodge, Glos.; ed. privately and at Mill Hill. Timber Merchant; Rep. Breconshire 1906-18, Brecon and Radnor 1918-22.

**Roch, Walter Francis** (1880-1965) Plasybridell, Cilgerran; addys. Harrow. Bargyfreithiwr, galwyd i'r Bar yn y Deml Ganol 1913. Cynr. Penfro 1908-18.
**Roch, Walter Francis** (1880-1965) of Plasybridell, Cilgerran; ed. Harrow. Barrister, called to Bar, Middle Temple 1913. Rep. Pembrokeshire 1908-18.

**Roderick, Caerwyn** g. 1927; addys. CPC Bangor. Darlithydd mewn Col. Addys. Cynr. Brycheiniog a Maesyfed 1970-9.
**Roderick, Caerwyn** b. 1927; ed. UCNW Bangor. Coll. of Education lecturer. Rep. Brecon and Radnor 1970-9.

**Rogers, Allan,** g. 1932; addys. Y. G. Gelli-gaer, Y. U. Bargoed, a CPC Abertawe. Cyn-athro a swyddog Mudiad y Gweithwyr. Cynr. De-Ddwyrain Cymru yn Senedd Ewrop 1979-84. Eth. dros y Rhondda 1983. Llefarydd yr Wrthblaid ar Amddiffyn, etc. 1987-92 a Materion Tramor 1992-4.
**Rogers, Allan,** b. 1932 Ed. Gelli-gaer Primary Sch., Bargoed Sec. Sch., and UCW Swansea. Former teacher and WEA official. Was MEP for S. E. Wales 1979-84. El. for Rhondda 1983. Opp. Spokesman on Defence etc., 1987-92 and Foreign Affairs 1992-4.

**Rowlands, Ted** g. 1940; addys. Rhondda, Wirral, King's Coll., Llundain. Darlithydd yng Ngholeg Technegol Uwchradd, Caerdydd; Cynr. Gogledd Caerdydd 1966-70. Eth.dros Merthyr Tudful, mewn is-eth. 1972. Is-ysg. yn y Swyddfa Dramor 1975, Gweinidog Gwladol yn y Swyddfa Dramor 1976-9, llefarydd yr Wrthblaid ar Faterion Tramor 1979-80 ac ar Ynni 1980-7.
**Rowlands, Ted** b. 1940; ed. Rhondda, Wirral, King's Coll., London. Lecturer Welsh Coll. Adv. Tech.; Rep. Cardiff North 1966-70. El. for Merthyr Tudful, by-el. 1972. Under Sec. Foreign and Commonwealth Office 1975, Min. of

State Foreign and Commonwealth Office 1976-9, Opp. spokesman on Foreign Affairs 1979-80 and on Energy 1980-7.

**Rowlands, (Syr) Gwilym** (1878-1949) addys. Y. Fwrdd Pen-y-graig, Y. Heath., Pontypridd; cynr. Fflint 1935-45.
**Rowlands, (Sir) Gwilym** (1878-1949) ed. Pen-y-graig Board Sch., Heath Sch., Pontypridd; rep. Flint 1935-45.

**Rowlands, William Bowen** (1837-1906) Glenmare, Broad Haven, Penfro; addys. Col. yr Iesu, Rhyd. Prifathro Y. Hwlffordd cyn ymuno â Gray's Inn 1868 lle galwyd ef i'r Bar 1871. QC 1882. Cofiadur Abertawe 1893. Cynr. Ceredigion 1886-95. Barnwr Llys Sirol 1910.
**Rowlands, William Bowen** (1837-1906) of Glenmare, Broad Haven, Pembs; ed. Jesus Coll., Oxon. Was headmaster at a Haverfordwest school before becoming a student of Gray's Inn 1868 where he was called to the Bar 1871. QC 1882. Recorder of Swansea 1893. Rep. Cardiganshire 1886-95. County Court Judge from 1910.

**Ruane, Chris** g. 1958; addys. Y. Gyf. y Bendigaid Edward Jones, Y Rhyl, CPC Aberystwyth, Prf. Lerpwl. Is-brifathro Y. Gyn. leol. Ymladdodd Gogledd Orllewin Clwyd 1992. Eth. i gyn. sedd newydd Dyffryn Clwyd, 1997.
**Ruane, Chris** b. 1958; ed. Blessed Edward Jones Comp. S., Rhyl, UCW Aberystwyth, Liverpool Univ. Dept. head local primary s. Contested Clwyd North West 1992. El. to rep. the new Vale of Clwyd seat, 1997.

**Runciman, Walter** g. 1870 South Shields; addys. Col. y Drindod., Caerg.; cynr. Oldham 1899-1900, Dewsbury 1902-18, Gorllewin Abertawe 1924-9, St. Ives 1929-37.
**Runciman, Walter** b. 1870 South Shields; ed. Trinity Coll., Camb.; rep. Oldham 1899-1900, Dewsbury 1902-18, Swansea West 1924-9, St. Ives 1929-37.

**Samuel, H W** cynr. Gorllewin Abertawe 1923-4, 1929-31. Bargyfreithiwr, KC. Pen. yn Gofiadur Merthyr Tudful 1930.
**Samuel, H W** rep. Swansea West 1923-4, 1929-31. Barrister and KC. App. recorder Merthyr Tudful 1930.

**Seager, (Syr) W H** (1862-1941) g. Caerdydd. Rheolwr-Gyfarwyddwr W H Seager & Co., Caerdydd; cynr. Dwyrain Caerdydd 1918-22.
**Seager, (Sir) W H** (1862-1941) b. Cardiff. Managing Director of W H Seager & Co., Cardiff; rep. Cardiff East 1918-22.

**Smith, John,** g. 1951; addys. Y. R. Penarth, Col. Addys. Bellach Gwent a CPC Caerdydd. Cyn-ddarlithydd mewn Astudiaethau Busnes. Eth. dros Fro Morg. mewn is-etl. 1989. Pen. yn Ysg. Sen. Preifat i Ddirprwy Arweinydd y Blaid Laf. Collodd ei sedd yn yr Eth. Cyff. dilynol 1992, a'i hail-ennill yn 1997.
**Smith, John,** b.1951; ed. Penarth G. S., Gwent Coll. of Further Ed. and UCW Cardiff. Former lecturer in Business Studies. Elec. at by-el. 1989. App.

PPS to Dep. Leader of Lab, Party. Defeated at following Gen. El. 1992. Regained the seat 1997.

**Smith, Llewellyn** g. 1944 Trecelyn, Gwent; addys. Y. U. Fod. Greenfield, Col. Harlech a CPC Caerdydd. Cyn-diwtor gyda Mudiad Addysg y Gweithwyr. Cynr. De-Ddwyrain Cymru yn y Sen. Ewropeaidd 1984-94. Eth. dros Flaenau Gwent yn 1992 lle dilynodd Michael Foot.
**Smith, Llewellyn** b. 1944 Newbridge, Gwent; ed. Greenfield Sec. Mod. Sch., Coleg Harlech and UCW Cardiff. Former WEA tutor-organiser. Was MEP for South-East Wales 1984-94. El. for Blaenau Gwent where he succeeded Michael Foot 1992.

**Smith, Samuel** (1836-1906) g. Kirkcudbright; addys. Academi Borgue, Prif. Caeredin. Brocer cotwm. Cynr. Lerpwl 1882-5, a Fflint 1886-1906.
**Smith, Samuel** (1836-1906) b. Kirkcudbright; ed. Borgue Academy; Univ. of Edinburgh. Cotton broker. Rep. Liverpool 1882-5, and Flintshire 1886-1906.

**Soskice (Syr) Frank** (1902-79) addys. Y. Sant Paul, Col. Balliol Rhyd. Bargyfreithiwr. Cynr. Dwyrain Penbedw 1945-50, Rhanbarth Neepsend o Sheffield 1950-55. Cynr. Casnewydd 1956 (is-eth.)-66. Cyfreithiwr Cyffredinol 1945-51. Twrnai Cyffredinol 1951. Ysg. Cartref 1964-5. Arglwydd y Sêl Gyfrin 1965-6. Dyrchafwyd i Dŷ'r Arglwyddi fel Barwn Stow Hill 1966.
**Soskice (Sir) Frank** (1902-79) ed. St. Paul's Sch., Balliol Coll. Oxon. Barrister. Rep. Birkenhead East 1945-50, Neepsend Div. Sheffield 1950-55. Rep. Newport 1956 (by-el.)-66. Solicitor General 1945-51. Attorney General 1951. Home Sec. after 1964-5. Lord Privy Seal 1965-6. Cr. Baron Stow Hill 1966.

**Spicer, Gwir Anrh. Sir Albert** (1847-1934) Woodford, Essex. Ymladdodd Walthamstow 1886. Cynr. Bwr. Mynwy 1892-1900.
**Spicer, Rt. Hon. Sir Albert** (1847-1934) of Woodford, Essex. Contested Walthamstow 1886. Rep. Monmouth Bor. 1892-1900.

**Stanton, C B** (1873-1946) g. Aberaman, Morg.; addys. Y. Fwrdd Aberaman, Asiant Glowyr. Cynr. Merthyr Tudful 1915-8 ac Aberdâr 1918-22. Ymunodd â'r Blaid Rydd.1928.
**Stanton, C B** (1873-1946) b. Aberaman, Glam.; ed. Aberaman Board Sch., Miners' Agent. Rep. Merthyr Tudful 1915-8 and Aberdare 1918-22. Joined Lib. Party 1928.

**Stepney, E A A K** g. 1834; addys. Eton. Uchel Siryf Caerfyrddin 1884. Ymladdodd Bwr. Caerfyrddin 1874 a chyn. yr eth. 1876-8 ac eto 1886-92.
**Stepney, E A A K** b. 1834; ed. Eton. High Sheriff of Carmarthen 1884. Contested Carmarthen Bor. 1874 and rep. the const. from 1876-8 and again from 1886-92.

**Summers, James Wooley** (1849-1913) Emral Park, Worthenbury, sir y Fflint. Cad. C. S. y Fflint 1904-10; cynr. Bwr. Fflint 1910-3.

**Summers, James Wooley** (1849-1913) of Emral Park, Worthenburg, Flints. Chairman Flintshire C.C. 1904-10; rep. Flint District 1910-3.

**Sweeney, Walter,** g. 1949 Dulyn; addys. Y. Lawrence Sheriff, Rugby a Phrif. Caerg., Hull a Aix-Marseilles. Cyfreithiwr. Ymladdodd Stretford 1983; enillodd Bro Morg. i'r Ceid. 1992 gyda mwy. o 19, y lleiaf ym Mhrydain. Aelod o'r Pwyllgor Dethol ar Faterion Cymreig ac Is-Gad. y grŵp Materion Penydiol Holl-Bleidiol. Collodd ei sedd yn Eth. Cyff. 1997.

**Sweeney, Walter,** b. 1949 Dublin; ed. Lawrence Sheriff Sch., Rugby and Univ. of Cambridge, Hull and Aix-Marseilles. Solicitor. Contested Stretford 1983; re-gained Vale of Glam. for Con. 1992 with maj. of 19, the smallest in Britain. Memb. of the Select Comm. on Welsh Affairs and Vice-Chair. of All-Party Penal Affairs group. Defeated 1997.

**Swetenham, Edmund** (1822-90), Cwm-yr-Alyn, Wrecsam; addys. Col. Brasnose Rhyd., Lincoln's Inn; galwyd i'r Bar 1848. QC. Ymladdodd Bwr. Caernarfon 1885, a cynr. y sedd o 1886 hyd ei farwolaeth yn 1890. Enillwyd yr is-eth. a ddilynodd gan David Lloyd George.

**Swetenham, Edmund** (1822-90) of Cwm-yr-Alyn, Wrexham; ed. Brasnose Coll. Oxon., Lincoln's Inn; called to the Bar 1848. QC. Unsucc. contested Caernarfon Bor. 1885, but rep. the seat from 1886 until his death in 1890. The resulting by-el. was won by David Lloyd George.

**Talbot, Christopher Rice Mansell** (1803-90) Margam a Chastell Pen-rhys, addys. Harrow, Col. Oriel Rhyd. Cymrawd o'r Gymdeithas Frenhinol ac o'r Gymdeithas Linnaeaidd. Cynr. Morgannwg 1830-85 a Chanol Morgannwg 1885-90. Bu'n AS am 59 o flynyddoedd ac o 1874 hyd ei farwolaeth ef oedd Tad y Tŷ.

**Talbot, Christopher Rice Mansell** (1803-90) of Margam and Penrice Castle, ed. Harrow, Oriel Coll. Oxon. FRS and Fellow of the Linnaean Society. Rep. Glamorgan 1830-85 and Mid Glamorgan 1885-90. Was Member of Parliament for 59 years and from 1874 until his death was Father of the House.

**Terlezki, Stefan** g. 1927 o'r Wcráin; addys. Col. Tech. Bwyd, Caedydd. Ymladdodd De-Ddwyrain Caerdydd (Chwef. a Hyd. 1974) a De Cymru yn yr Eth. Ewropeaidd 1979. Cynr. Gorllewin Caerdydd 1983-7.

**Terlezki, Stefan** b. 1927 Ukraine; ed. Cardiff Coll. of Food Technology. Contested Cardiff South-East Feb. and Oct. 1974 and S. Wales in the European El. 1979. Rep. Cardiff West 1983-7.

**Thomas, (Syr) A G** (1853-1931) addys. Caeredin, Berlin, Vienna; Cynr. De Mynwy 1917-8.

**Thomas, (Sir) A G** (1853-1931) ed. Edinburgh, Berlin, Vienna; rep. Monmouthshire South 1917-8.

**Thomas, Abel** (1848-1912) Trehale, Penfro; addys. Col. Clifton, a Phrif. Llundain. Galwyd i'r Bar 1873. QC 1891; cynr. Dwyrain Caerfyrddin 1890-1912.

**Thomas, Abel** (1848-1912) of Trehale, Pembs.; Clifton Coll, and University of London. Called to Bar 1873. QC 1891; rep. East Carmarthenshire 1890-1912.

**Thomas, (Syr) Alfred** (1840-1927) Bronwydd, Caerdydd; addys. Weston. Maer Caerdydd 1881-2. Llyw. cyntaf Amgueddfa Genedlaethol Cymru; Llyw. Undeb y Bedyddwyr Cymreig 1886; cynr. Dwyrain Morgannwg 1885-1910. Gwnaed yn Farwn Pontypridd 1912.

**Thomas, (Sir) Alfred** (1840-1927) of Bronwydd, Cardiff; ed. Weston. Mayor of Cardiff 1881-2. First Pres. of Nat. Museum of Wales; Pres. of Welsh Baptist Union 1886; rep. East Glamorganshire 1885-1910. Created Baron Pontypridd 1912.

**Thomas, Dafydd Elis** g. 1946. Darlithydd Prif. Enillodd Meirionnydd i Blaid Cymru Chwef. 1974 a daliodd y sedd hyd 1992 pan ymddeolodd ohoni. Yn ddiw. dyrchafwyd ef i Dŷ'r Arglwyddi fel yr Arglwydd Elis-Thomas o Nantconwy. Llyw. Plaid Cymru 1984-91.

**Thomas, Dafydd Elis** b. 1946. Univ. lecturer. Won Merioneth for Plaid Cymru in Feb. 1974 and held seat until 1992 when he stood down to be later elevated to the House of Lords as Lord Elis-Thomas of Nantconwy. Pres. of Plaid Cymru 1984-91.

**Thomas, David Alfred** (1856-1918) Llanwern, Casnewydd; g. Aberdâr; addys. Clifton, Col. Gonville a Caius Caerg. Awdurdod ar y Fasnach Lo. Perchennog y Cambrian Combine. Cynr. Merthyr Tudful 1888-Ion. 1910 a Chaerdydd (Ion.-Rhag. 1910). Dyrchafwyd i Dŷ'r Arglwyddi fel Is-Iarll Rhondda 1915. Llyw. y Bwrdd Masnach 1916. Rheolwr Bwyd 1917, swydd a sicrhaodd enwogrwydd iddo.

**Thomas, David Alfred** (1856-1918) of Llanwern, Newport; b. Aberdare; ed. Clifton, Gonville & Caius Coll. Camb. Authority on Coal Trade; owner of Cambrian Combine. rep. Merthyr Tudful 1888-Jan.1910 and Cardiff (Jan.-Dec. 1910). Created Viscount Rhondda 1915. Pres. Board of Trade 1916. Controller of Food 1917, on which his fame rests.

**Thomas, D E** (1892-1954) g. Maesteg. Asiant Glowyr, cyn-löwr; cynr. Aberdâr 1946-54.

**Thomas, D E** (1892-1954) b. Maesteg. Miners' Agent, ex-miner; rep. Aberdare 1946-54.

**Thomas, Gareth** g. 1954; addys. Y. U. Rock Ferry, Penbedw, CPC Aberystwyth, Cyngor Addysg Gyfreithiol, Llundain. Bargyfreithiwr. Eth. dros Orllewin Clwyd 1997.

**Thomas, Gareth** b. 1954; ed. Rock Ferry High Sch., Birkenhead, UCW Aberystwyth, Council of Legal Education, London. Barrister. El. for Clwyd West 1997.

**Thomas, George** (1909-97) addys. Tonypandy, Prif. Southampton. Cyn-blismon ac athro ysgol. Cynr. Canol Caerdydd (1945-50), Gorllewin Caerdydd (1950-83). Gweinidog Gwladol yn y Swyddfa Gymreig 1966.

Gweinidog Gwladol yn Swyddfa'r Gymanwlad 1967-8. Ysg. Gwladol dros Gymru 1968-70. Eth. yn Lefarydd Tŷ'r Cyffredin 1976. Dyrchafwyd i Dŷ'r Arglwyddi fel Is-Iarll Tonypandy 1983.

**Thomas, George** (1909-97) ed. Tonypandy, Univ. of Southampton. Ex-policeman and schoolteacher. Rep. Cardiff Central (1945-50), Cardiff West (1950-83). Min. of State Welsh Office 1966. Min. of State Commonwealth Office 1967-8. Sec. of State for Wales 1968-70. Elected Speaker of H. of C. 1976. Elevated to peerage as Viscount Tonypandy 1983.

**Thomas, Iorwerth** (1895-1966) Atalbwyswr gwaith glo; cynr. Gorllewin Rhondda 1950-66.

**Thomas, Iorwerth** (1895-1966) Colliery check-weighman; rep. Rhondda West 1950-66.

**Thomas, J Aeron** (1850-1935) g. Panteryrod, Ceredigion.; addys. Rhydowen ac Y. R. Hwlffordd. Maer Abertawe 1897-98; cynr. Gorllewin Morgannwg 1900-6.

**Thomas, J Aeron** (1850-1935) b. Panteryrod, Cards.; ed. Rhydowen and Milford Haven G. S. Mayor of Swansea 1897-98; rep. West Glamorgan 1900-6.

**Thomas, Jeffrey** (1933-89); addys. Y. R. Abertyleri, Col. y Brenin, Llundain. Llyw. yr Undeb 1955-6. Bargyfreithiwr Gray's Inn. QC. Cynr. Abertyleri 1970-83. Llefarydd yr Wrthblaid ar faterion cyfreithiol. Ymladdodd Gorllewin Caerdydd fel ymgeisydd y Glymblaid 1983.

**Thomas, Jeffrey** (1933-89); ed. Abertillery G. S., King's Coll., London. Pres. of Union 1955-6. Barrister Gray's Inn. QC. Rep. Abertillery 1970-83. Opp. spokesman on legal affairs. Contested Cardiff West as Alliance candidate 1983.

**Thomas, (Syr) John Stradling** (1925-91). Ffermwr. addys. Rugby, Prif. Llundain. Ymladdodd Aberafan 1964, Ceredigion 1966. Cynr. Mynwy 1970-91.

**Thomas, (Sir) John Stradling** (1925-91). Farmer. Ed. Rugby, Univ. of London. Contested Aberafan 1964, Ceredigion 1966. Rep. Monmouth 1970-91.

**Thomas, (Syr) Owen** (1858-1923) g. Carrog, Môn; addys. Col. Lerpwl. Amaethwr a milwr. Ffurfiodd gorff o wŷr meirch yn ystod Rhyfel De Africa a 'Byddin Gymreig' ar ddechrau'r Rhyfel Mawr. Cynr. Môn fel Llaf. 1918-22 ac fel Llaf. Ann. 1922-3.

**Thomas, (Sir) Owen** (1858-1923) b. Carrog, Anglesey; ed. Liverpool Coll. Agriculturalist and soldier. Raised a body of Welsh Cavalry during South African War and formed Welsh Army Corps at beginning of Great War. Rep. Anglesey as Lab. 1918-22 and as Ind. Lab. 1922-3.

**Thomas, Peter** g. 1920; addys Col. Epworth, Rhyl, Col. Iesu, Rhyd. Bargyfreithiwr. Cynr. Conwy 1951-66. Eth. dros Hendon (De) 1970. Ysg. Gwladol dros Gymru 1970-4. Cyn-Gad. y Blaid Geidwadol.

**Thomas, Peter** b. 1920; ed. Epworth Coll., Rhyl, Jesus Coll., Oxon. Barrister. Rep. Conwy 1951-66. El. for Hendon (South) 1970. Sec. of State for Wales 1970-4. Former Chairman of the Conservative Party.

**Thomas, (Syr) R J** g. 1873. Lerpwl; addys. Col. Bootle, Inst. Liverpool a Chol. Tattenhall. Uchel Siryf Môn 1912; cynr. Wrecsam 1918-22, Môn 1923-9.

**Thomas, (Sir) R J** b. 1873. Liverpool; ed. Bootle Coll., Liverpool Institute and Tattenhall Coll. High Sheriff Anglesey 1912; rep. Wrexham 1918-22, Anglesey 1923-9.

**Thomas, Roger** (1925-94) g. Garnant, Caerf.; addys. Y. R. Dyffryn Aman. ac Y. Feddygol Ysbyty Llundain. Meddyg. Cynr. Caerfyrddin 1979-87.

**Thomas, Roger** (1925-94) b. Garnant, Carms.; ed. Amman Valley G. S. and London Hospital Medical Coll. Medical practitioner. Rep. Carmarthen 1979-87.

**Thorneycroft, Peter** (1909-94). Bargyfreithiwr. Cynr. Stafford 1938-45, Mynwy 1945-66. Llyw. y Bwrdd Masnach 1951-7; Canghellor y Trysorlys 1957-8; Gweinidog Awyrennau 1960-2. Ysg. Gwladol dros Amddiffyn 1964.

**Thorneycroft, Peter** (1909-94). Barrister. Rep. Stafford 1938-45, Monmouth 1945-66. Pres. Board of Trade 1951-7; Chancellor of Ex. 1957-8; Min. of Aviation 1960-2. Sec. of State Defence 1964.

**Touhig, Don,** g.1947; addys. Y. Sant Francis Abersychan a Chol. Dwyrain Mynwy. Cyn-newyddiadurwr a golygydd papur newydd. Ymladdodd Richmond a Barnes 1992. Eth. i'r Sen. dros Islwyn mewn is-eth. 1995 a achoswyd gan benodiad Neil Kinnock yn Gomisiynydd Ewropeaidd.

**Touhig, Don,** b.1947; ed. St. Francis Sch. Abersychan and East Mon. Coll. Former journalist and newspaper editor. Contested Richmond and Barnes 1992. Entered Parl. for Islwyn at by-el. 1995 caused by Neil Kinnock's app. as European Commissioner.

**Ungoed-Thomas, (Syr) A Lynn** (1904-72) addys. Y. S. Pentre-poeth, ac Y. R. y Frenhines Elizabeth Caerfyrddin, Col. Hanleybury a Chol. Magdalen, Rhyd. Bargyfreithiwr, a barnwr yn ddiw.; cynr. Llandaf a Barri 1945-50; ymladdodd Caerfyrddin 1950 (Chwef.). Eth. dros G. Ddwyrain Caerlŷr mewn is-eth. 1950-62.

**Ungoed-Thomas, (Sir) A Lynn** (1904-72) ed. Pentre-poeth C. Sch., and Queen Elizabeth G. S. Carmarthen, Hanleybury Coll. and Magdalen Coll. Oxon. Barrister, later Judge; rep. Llandaff and Barry 1945-50. Contested Carmarthen 1950(Feb.). El. for Leicester N. E. at a by-el. in 1950-62.

**Venebles-Llewellyn, C L Dillwyn-** m. 1951 o Lysdinam, y Bontnewydd-ar-Wy. Ymladdodd Maesyfed 1906 gan ennill y sedd yn 1910 (Ion.) a'i cholli yn Rhag. yr un flwyddyn. Arglwydd Raglaw Maesyfed 1929-49.

**Venebles-Llewellyn, C L Dillwyn-** d. 1951 of Llysdinam, Newbridge-on-Wye. Contested Radnor 1906 winning the seat in 1910 (Jan.) but defeated at the 1910 (Dec.) Election. Lord Lieutenant of Radnorshire 1929-49.

**Vivian, (Syr) Henry Hussey** (1821-94) Singleton, Abertawe; addys. Eton a Chol. y Drindod, Caerg. Cynr. Truro 1852-7. Cynr. Morgannwg 1857-85, a Rhanbarth Abertawe 1885-93. Gwnaed yn Arglwydd Abertawe 1893.

**Vivian, Sir Henry Hussey** (1821-94) of Singleton, Swansea; ed. Eton and Trinity Coll., Camb. Rep. Truro 1852-7. Rep. Glamorganshire 1857-85, and Swansea District 1885-93 when he was created Lord Swansea.

**Walker, James** (d. 1945) g. Glasgow; addys. Col. Ruskin, Rhyd. Trefnydd Cymdeithas y Fasnach Haearn a Dur am 18 ml. Ar un adeg yn Gad. Cyngor Undebau Llaf. yr Alban. Cynr. Casnewydd 1929-31. Eth. i gynr. Motherwell 1935.

**Walker, James** (d. 1945) b. Glasgow; ed. Ruskin Coll., Oxon. Organiser for Iron and Steel Trades Assoc. for 18 yrs. Some time chairman of Scottish TUC. Rep. Newport 1929-31. El. for Motherwell 1935.

**Wallhead, R C** (1869-1934) Addurnwr, cynllunydd, newyddiadurwr, darlithydd. Cad. y Blaid Laf. Ann. 1920-3. Ymladdodd Coventry 1918. Cynr. Merthyr Tudful 1922-34.

**Wallhead, R C** (1869-1934) Decorator, designer, jornalist, lecturer. Chairman ILP 1920-3. Contested Coventry 1918. Rep. Merthyr Tudful 1922-34.

**Walsh, Anrh. Arthur Henry John** (1859-1937) Heywood, Titley, Swydd Henffordd; addys. Eton. Milwr. Cynr. Maesyfed 1885-92. Ar un adeg yn Ysg. Preifat i Walter Lang AS, Ysg. y Bwrdd Llywodraeth Leol.

**Walsh, Hon. Arthur Henry John** (1859-1937) of Eywood, Titley, Herefordshire, ed. Eton. Soldier. Rep. Radnorshire 1885-92. One time Private Sec. to Walter Lang MP, Sec. to the Local Govt. Board.

**Wardell, Gareth** g. 1944; addys. Y. R. y Gwendraeth a'r LSE. Eth. i'r Sen. fel aelod Gŵyr yn 1982 mewn is-eth. Cad. y Pwyllgor Dethol ar Faterion Cymreig. Ymddiswyddodd o'r sedd cyn Eth. Cyff. 1997.

**Wardell, Gareth** b. 1944; ed. Gwendraeth G. S. and LSE. Entered Parl. as member for Gower after a by-el. in 1982. Chairman of the Select Committee on Welsh Affairs. Announced his intention not to contest the seat at the Gen. Elec. of 1997.

**Warmington, Cornelius Marshall** (1842-1908) g. Llundain; addys. Y. Prif. Llundain a'r Deml Fewnol. Galwyd i'r Bar 1869. QC. Ymladdodd Mynwy 1880, cynr. Gorll. Mynwy 1885-95.

**Warmington, Cornelius Marshall** (1842-1908) b. London; ed. Univ. Coll. Sch., London and Middle Temple, called to the Bar 1869. QC. Unsucc. contested Monmouthshire 1880, rep. Monmouthshire West 1885-95.

**Watkins, Tudor** (1903-83) addys. Col. Harlech. Gweithiodd dan ddaear pan oedd yn 13. Dyrchafwyd i Dŷ'r Arglwyddi fel Arglwydd Watkins o Lyntawe ar ôl cynr. Brycheiniog a Maesyfed 1945-70. Ysg. Sen. Preifat i Ysg. Gwladol Cymru 1964-8.

**Watkins, Tudor** (1903-1983) ed. Coleg Harlech Coll. Worked underground at 13. Elevated to peerage 1970 as Lord Watkins of Glyntawe after rep. Brecon and Radnor 1945-70. PPS to Sec. of State for Wales 1964-8.

**Webb, (Syr) Henry** (1866-1940) g. Kington, swydd Henffordd; addys. yn breifat a thramor yn Lausanne a Pharis. Peiriannydd glofaol a chyfarwyddwr Glofeydd yr Ocean. AS Forest of Dean 1911-8. Is-Arglwydd yn y Trysorlys 1912-5. Cynr. Dwyrain Caerdydd 1923-4.

**Webb, (Sir) Henry** (1866-1940) b. Kington, Hereford; ed. privately and abroad at Lausanne and Paris. Mining engineer and director Ocean Collieries. Was MP for Forest of Dean 1911-8. Junior Lord of Treas. 1912-5. Rep. Cardiff East 1923-4.

**West, D Granville** g. 1904 Trecelyn; addys. CPC Caerdydd. Cyfreithiwr; cynr. Pontypŵl 1946-58. Ysg. Sen. Preifat i'r Gweinidog Cartref 1950. Dyrchafwyd i Dŷ'r Arglwyddi fel Arglwydd Granville West 1958.

**West, D Granville** b. 1904 Newbridge; ed. UCW Cardiff. Solicitor. rep. Pontypool 1946-58, PPS Home Sec. 1950. Elevated to peerage as Lord Granville West 1958.

**White, Mrs Eirene** g. 1909; addys. Y. y Merched Sant Paul a Chol. Somerville, Rhyd. Newyddiadurwraig. Cynr. Dwyrain Fflint 1950-70. Dyrchafwyd i Dŷ'r Arglwyddi fel y Fonesig White.

**White, Mrs Eirene** b. 1909; ed. St. Paul's Girls' Sch., and Somerville Coll., Oxon. Journalist. Rep. East Flint 1950-70. Elevated to Peerage as Lady White.

**Wigley, Dafydd** g. 1943; addys. Y. R. Caernarfon, Y. Rydal. Bae Colwyn, a Phrif. Manceinion. Costgyfrifydd Uwch ac economegydd diwydiannol. Llyw. Plaid Cymru 1981-4, ac eto yn 1991-. Ymladdodd Meirionnydd 1970. Eth. dros Gaernarfon 1974. Ymladdodd Gogledd Cymru yn Eth. Ewrop yn 1994. Aelod o'r Cyfrin Gyngor 1997.

**Wigley, Dafydd** b. 1943; ed. Caernarfon G.S., Rydal School, Colwyn Bay, and Manchester Univ. Senior cost accountant and industrial economist. Pres. of Plaid Cymru 1981-4; 1991-. Contested Merioneth 1970. El. for Caernarfon 1974. Contested North Wales in the European Elec. 1994. Member of Privy Council 1997.

**Williams, A Clifford** (1905-70) addys. Y. Elf. Blaina, Mynwy. Glöwr a ddechreuodd weithio dan ddaear yn 14. Cynr. Abertyleri 1965-70.

**Williams, A Clifford** (1905-70) ed. Primary Sch. Blaina, Mon. Miner, worked underground at 14. Rep. Abertillery 1965-70.

**Williams, (Syr) A Osmond** (1849-1927) addys. Eton. Arglwydd Raglaw Meirionnydd 1909-27. Cynr. Meirionnydd 1900-10. Bu farw yn Awstralia tra'n ymweld â'i ferch.

**Williams, (Sir) A Osmond** (1849-1927) ed. Eton. Lord Lieutenant of Merionethshire 1909-27. Rep. Merioneth 1900-10. Died in Australia while visiting his daughter.

**Williams, Alan** g. 1930; addys. Y. U. Caerdydd, Col. Tech. Caerdydd, Prif. Rhyd. Darlithydd mewn economeg. Eth. dros Orllewin Abertawe 1964. Ymladdodd Poole 1959. Ysg. Sen. i'r Gweinidog Tech. ac Ynni 1969-70. Gweinidog Gwladol dros Warchod Prisiau a Defnyddwyr 1974-6, Gweinidog Gwladol dros Ddiwydiant 1976-9. Dirprwy Weinidog y Tŷ i'r Wrthblaid a llefarydd ar Ddiwydiant 1983-7. Aelod o'r Cyfrin Gyngor yn 1997.

**Williams, Alan** b. 1930; ed. Cardiff High Sch., Cardiff Coll. of Technology, Univ. Coll. Oxon. Lecturer in economics. El. for Swansea West 1964. Contested Poole 1959. Parl. Sec. Min. of Technology and Power 1969-70. Min. of State for Prices and Consumer Protection 1974-6, Min. of State for Industry 1976-9. Deputy Shadow Leader of the House and spokesman on Industry 1983-7. Member of Privy Council 1997.

**Williams, Dr Alan W** g. 1945 Caerfyrddin; addys. Col. yr Iesu, Rhyd. Uwch Ddarlithydd mewn Gwyddonieth a'r Amgylchfyd yng ngholeg y Drindod, Caerfyrddin. Cynr. Gaerfyrddin 1987-97 (Dwyrain Caerfyrddin a Dinefwr 1997). Cad. y Blaid Laf. Sen. 1992-3.

**Williams, Dr Alan W** b. 1945 Carmarthen; ed. Jesus Coll. Oxon. Senior Lecturer in the Environment and Science at Trinity Coll., Carmarthen. El. for Carmarthen 1987-97 (Carmarthen East and Dinefwr 1997). Chair. of the Parl. Lab. Party 1992-3.

**Williams, Arthur John** (1836-1911) Coedymwstwr, Pen-y-bont ar Ogwr. Aeth i'r Deml Fewnol 1864, a'i alw i'r Bar 1867. Ysg. i'r Comisiwn Brenhinol ar Ddamweiniau mewn Glofeydd 1885. Ymladdodd Penbedw 1880. Cynr. De Morgannwg 1885-95.

**Williams, Arthur John** (1836-1911) of Coedymwstwr, Bridgend. Entered Inner Temple 1864, called to the Bar 1867. Sec. to the Royal Comm. on Accidents in Mines 1885. Unsucc. contested Birkenhead 1880. Rep. Glamorgan South 1885-95.

**Williams, Betty** g. 1944; addys.Ysgol Dyffryn Nantlle. Ymladdodd Caernarfon 1983, Conwy 1987 a 1992. Eth. dros Conwy 1997.

**Williams, Betty** b. 1944; ed.Ysgol Dyffryn Nantlle. Contested Caernarfon 1983, Conwy 1987 and 1992. El. for Conwy 1997.

**Williams, C Price** g. 1881; addys. Wrecsam, yr Wyddgrug, Prif. Victoria, Manceinion. Peiriannydd, cyfarwyddwr reolwr Cwmni Dur Brymbo. Cynr. Wrecsam 1924-9.

**Williams, C Price** b. 1881; ed. Wrexham, Mold, Victoria Univ. Manchester. Engineer, managing director of Brymbo Steel Co. Rep. Wrexham 1924-9.

**Williams, David** Ynad Heddwch a Maer Llafur cyntaf Abertawe. Ymladdodd Dwyrain Abertawe ddwywaith heb lwyddiant yn 1918 ac mewn is-etholiad yn 1920, Cyn. sedd 1922-40

**Williams, David** J.P. and Swansea's first Labour Mayor. Twice constested Swansea East unsuccessfully, 1918 and at a by-election in 1920. Rep. Swansea East 1922-40.

**Williams, D J** (1897-1972) Glöwr ac atalbwyswr gwaith glo. Gadawodd yr ysgol yn 13 i weithio dan ddaear. Enillodd ysgoloriaeth i'r Col. Llaf. ac yn ddiw. i Gol. Ruskin, Rhyd. Cynr. Castell-nedd 1945-64.

**Williams, D J** (1897-1972) Miner and colliery check-weighman. Left sch. at 13 to work underground. Won scholarship to Labour Coll. and later Ruskin Coll., Oxon. Rep. Neath 1945-64.

**Williams, Delwyn** g. 1938; addys. Y. R. y Trallwng a CPC Aberystwyth. Cyfreithiwr. Cipiodd Trefaldwyn i'r Ceid. 1979 ar ôl bron i ganrif o gynr. Rhydd. ddi-dor. Collodd ei sedd yn yr Eth. Cyff. dilynol 1983 pan ddychwelodd yr ethol. i'r gorlan Rydd.

**Williams, Delwyn** b. 1938; ed. Welshpool G. S. and UCW Aberystwyth. Solicitor. Captured Montgomery for Con. 1979 after almost a century of uninterrupted Lib. representation. Defeated at following Gen. El. of 1983 when the const. returned to the Lib. fold.

**Williams, E J** (1890-1963) g. Dyffryn, Glynebwy. Asiant Glowyr yn ardal y Garw 1919-31. Cynr. Ogwr 1931-46. Gweinidog Hysbysiaeth 1945. Uchel Gomisiynydd, Awstralia, 1946-52.

**Williams, E J** (1890-1963) b. Dyffryn, Ebbw Vale. Miners' Agent in Garw District 1919-31. Rep. Ogmore 1931-46. Min. of Information 1945. High Commissioner, Australia, 1946-52.

**Williams, John** (1861-1922) g. Aberdâr. Asiant Glowyr; cynr. Gorll. Morgannwg 1906-18 ( yn ddiw. Gŵyr 1918-22). Eisteddfodwr brwd ac efrydydd Beiblaidd.

**Williams, John** (1861-1922) b. Aberdare. Miners' Agent, rep. West Glamorganshire 1906-18 and Gower 1918-22. Keen eisteddfodwr and Bible student.

**Williams, John Henry** (1870-1936) g. Pwll, Llanelli; addys. Caerdydd, Rhyd., ac Ysbyty Llundain. Meddyg, ac ar un adeg llawfeddyg ar fwrdd llong. Cynr. Llanelli 1922-36. AS sosialaidd cyntaf Llanelli.

**Williams, John Henry** (1870-1936) b. Pwll, Llanelli; ed. Cardiff, Oxon., London Hospital. Medical practitioner and one time ship surgeon. Rep. Llanelli 1922-36. Llanelli's first Soc. MP.

**Williams, (Parch.) Llewelyn** (1911-65) addys. Y. R. Llanelli, CPC Abertawe. Cyn-weinidog gyda'r Annibynwyr, King's Cross, Llundain; cynr. Abertyleri 1950-65.

**Williams, (Rev.) Llewelyn** (1911-65) ed. Llanelli G. S., UCW Swansea. Former Congregational Min., King's Cross, London; rep. Abertillery 1950-65.

**Williams, T J** Maesygwerne, Treforus, mab y William Williams isod. Bargyfreithiwr. Cynr. Rhanbarth Abertawe 1915-8, a Dwyrain Abertawe yn ddiw. 1918-22.

**Williams, T J** Maesygwerne, Morriston, son of William Williams below. Barrister. Rep. Swansea District 1915-8; Swansea East 1918-22.

**Williams, William** Maesygwerne, Treforus, g. 1840; perchennog gweithfeydd tunplat yn Nhreforus. Maer Abertawe. Cynr. Rhanbarth Abertawe 1893 (is-eth.)-95.

**Williams, William** of Maesygwerne, Morriston, b. 1840; proprietor of tinplate works at Morriston. Mayor of Swansea. Rep Swansea Dist. 1893 (by-el.)-95.

**Williams, William Llewelyn** (1867-1922) Brownhill, Caerfyrddin, addys. Col. Llanymddyfri, Col. Brasenose, Rhyd. Bargyfreithiwr. Cofiadur Abertawe 1912-5 a Chaerdydd o 1915. Awdur Cymraeg a Hanesydd; cynr. Bwr. Caerfyrddin 1906-18. Ymladdodd Ceredigion mewn is-eth. yn Chwef. 1921.

**Williams, William Llewelyn** (1867-1922) of Brownhill, Carmarthen, ed. Llandovery Coll., Brasenose, Oxon. Barrister Recorder of Swansea 1912-15, and later of Cardiff from 1915. Welsh Author and Historian; rep. Carmarthen Bor. 1906-18. Unsucc. contested by-el. in Cardiganshire Feb. 1921.

**Wilson, Joe** g. 1937; addys. Col. Loughborough, CPC. Cyn-ddarlithydd mewn addysg gorfforol. Ymladdodd Trefaldwyn i Laf. 1983. Eth. i gynr. Gogledd Cymru yn Sen. Ewrop 1989.

**Wilson, Joe** b. 1937; ed. Loughborough Coll., UCW. Former lecturer in physical education. Contested Montgomery for Labour in 1983. Became MEP for North Wales in 1989.

**Wyndham-Quin, Windam Henry** (1857-1952) addys. Eton a Sandhurst. Cynr. De Morgannwg 1895-1906. Daeth i'w etifeddiaeth fel 5ed Iarll Dunraven a Mountearl 1926.

**Wyndham-Quin, Windam Henry** (1857-1952) ed. Eton and Sandhurst. Rep. South Glamorganshire 1895-1906. Succ. as 5th Earl of Dunraven and Mountearl 1926.

**Yeo, Frank Ash** (1830-88) Sketty Hall; addys. Bideford, yr Almaen a Ffrainc. Cynr. Gŵyr 1885-8.

**Yeo, Frank Ash** (1830-88) of Sketty Hall; ed. Bideford, Germany and France. Rep. Gower 1885-8.

# Llyfryddiaeth Ddethol
# Select Bibliography

Aubel, Felix F E, 'Cardiganshire parliamentary elections and their background 1921-32' (University of Wales, Lampeter, M. Phil. 1989).

Aubel, Felix F E, 'Welsh conservatism 1885-1935: five studies in adaption' (University of Wales, Lampeter, Ph. D. 1994).

BBC Wales, *Etholiad '87 Election* (Caerdydd 1987).

BBC Cymru Wales, *General Election '92, Results, Canlyniadau* (Caerdydd, 1992).

*BBC/ITN Guide to the New Parliamentary Constituencies* (London, 1983).

Balsom, Denis and Martin Burch, *A Political and Electoral Handbook for Wales* (Farnborough, 1980).

Balsom, Denis, comp. and ed., *The Wales Yearbook* (Cardiff, 1991-).

Balsom, Denis, *The General Election 1987 in Wales* (Aberystwyth, 1987).

Boundaries Commission for Wales, *Third Periodic Report* ( London, 1983).

Boundaries Commission for Wales, *Fourth Periodic Report* ( London, 1995).

Bradbury, Farel, *The Brecon Mandate: Portrait of an Electorate* (Ross-on-Wye, 1986).

Carter, Harold, 'Some geographical observations on the 1983 general election in Wales and its implications for the country's future political pattern', *Cambria,* 10 (1983), 74-88.

Butler, David and Gareth Butler, *British Political Facts 1910 - 1985* (London, 1986).

Cleaver, David, 'The General Election contest in the Swansea Town constituency, January 1910 – the socialist challenge', *Llafur,* 5, 3, (1990), 28-33.

Cleaver, David, 'Labour and Liberals in the Gower constituency, 1885-1910', *Welsh History Review,* 12 (June 1985), 388-410.

Cook, C P, 'Wales and the general election of 1923', *Welsh History Review,* 4, 2 (1968), 387-394.

Craig, F W S, *British Parliamentary Election Results 1882 - 1918* (Chichester,1974 ).

Craig, F W S, *British Parliamentary Election Results 1918 - 1949* (Chichester,1977).

Craig, F W S, *British Parliamentary Election Results 1950 - 1970* (Chichester,1983) .

Craig, F W S, *Chronology of British Parliamentary By-Elections* (Chichester,1987).

Crewe, Ivor and Anthony Fox, *British Parliamentary Constituencies: a Statistical Compendium* (London, 1984).

David, E I 'Charles Masterman and the Swansea District by-election of 1915', *Welsh History Review,* 5,1 (June 1970), 31-44.

Davies, D O, *Caerfyrddin: yr Etholaeth Seneddol 1918-1978 / Carmarthen: the Parliamentary Constituency, 1918-1978* (Pont-ar-Gothi, 1978).

Davies, John, *Hanes Cymru* (Llundain, 1990).

*Dod's Parliamentary companion* (London, 1885-).

Evans, Beriah G, 'The Premier and the Welsh Elections', *Fortnightly Review,* 111 (Jan.-June 1919), 231-240.

Fox, Kenneth O, 'Labour and Merthyr's Khaki Election of 1900', *Welsh History Review,* 2, 4 (1965), 351-366.

Grant, Raymond, *The Parliamentary History of Glamorgan, 1542-1976,* (Swansea, 1978).

Hall, Frances Joan, 'Cardiff parliamentary elections, 1918 - 1935, (University of Wales Cardiff M.A. 1992).

Hughes, S E, 'The 1918 election with particular reference to the elections in South Wales, Somerset and Bristol', (University of Wales Bangor, M.A. 1969).

James, Arnold J and John E Thomas, *Wales at Westminster: a History of the Parliamentary Representation of Wales 1800-1979* (Llandysul, 1981).

Jones, Beti, 'Braslun o hanes cynrychiolaeth seneddol Dyffryn Aman', *Cwm Aman,* gol. Hywel Teifi Edwards (Llandysul, 1996).

Jones, Beti, *Etholiadau Seneddol yng Nghymru 1900-1975. Parliamentary Elections in Wales 1900-1975* (Talybont, 1977).

Jones, Elen Lowri, 'The general election of 1931 in the South Wales coalfield' (University of Wales, Aberystwyth, M.A. 1992).

Jones, Elizabeth Sarah Meinir, 'Carmarthen elections, from 1959-1970', University of Wales , Aberystwyth M.A. 1995).

Jones, Howard C, 'The Labour party in Cardiganshire', *Ceredigion*, 9, 2 (1981), 150-161.

Jones, J Graham, 'The Cardiganshire election of 1959', *Ceredigion*, 12, 2 ( 1994), 84 -105.

Jones, J Graham, 'Emlyn Hooson's parliamentary debut, The Montgomeryshire by-election of 1962', *Montgomeryshire Collections*, 81 (1993) ,121-129.

Jones, J Graham, 'The general election of 1929 in Wales' (University of Wales, Aberystwyth, M.A. 1980).

Jones, J Graham, 'Glamorganshire politics, 1918-85', in *Glamorgan County History*, 6, ed. Prys Morgan (Cardiff,1988), 71-87.

Jones, J Graham, 'Lady Megan's first parliamentary contest, the Anglesey election of 1929', *Transactions of the Anglesey Antiquarian Society* (1992), 160-176.

Jones, J Graham, 'Lady Megan Lloyd George and Anglesey politics, 1945-1951'. *Transactions of the Anglesey Antiquarian Society* (1994), 81-113.

Jones, J Graham, 'Lloyd George and the Caernarfon Borough election of 1892', *Transactions of the Caernarfonshire Historical Society*, 52-53 (1991-92), 5-6.

Jones, J Graham, 'The Merioneth election of 1959', *Journal of the Merioneth Historical and Record Society*, 11 (1992), 331-341.

Jones, Tegwyn, 'Etholiad y Brifysgol 1943', *Y Faner* 2, 9, 16, 23 Medi (1977).

Kinnear, Michael, *The British Voter: an Atlas and Survey Since 1885* (London, 1968).

Lodge, Juliet, ed., *The 1994 Elections to the European Parliament*, (London, 1996).

McHugh, John, and B. J. Ripley, 'The Neath by-election, 1945: the Trotskyites in West Wales,' *Llafur* 3, 2 (1981), 68-78.

MacKie, T. T., ed., *Europe Votes 3: European Parliamentary Election Results 1989* (Aldershot, 1990).

May, John, comp., *Reference Wales* (Cardiff, 1994).

Morgan, Alun, 'The 1970 parliamentary election at Merthyr Tydfil', *Morgannwg*, 22 (1978), 7-24.

Morgan, Kenneth O, 'Cardiganshire politics: the Liberal ascendancy, 1885-1923', *Ceredigion* 4,5 (1967), 341-346.

Morgan, Kenneth O, 'The Liberal Unionists in Wales', *National Library of Wales Journal 16,* (1969-70), 163-171.

Morgan, Kenneth O, *Modern Wales: Politics, Places, and People* (Cardiff, 1995) .

Morgan, Kenneth O, 'Montgomeryshire Liberal Century: Rendel to Hooson 1880-1979', *Welsh History Review* , 16, 1 (June 1992), 93-109.

Morgan, Kenneth O, *Rebirth of a Nation: Wales 1880 - 1980* (Oxford and Cardiff, 1981).

Morgan, Kenneth O, *Wales in British Politics 1868 - 1922* (Cardiff, 1980).

Mo'r-O'Brien, Anthony, 'The Merthyr Borough election, November 1915', *Welsh History Review,* 12 (1985), 538-566.

Norris, Pippa , *British By-elections: the Volatile Electorate,* (Oxford, 1990).

Parry, Owen, 'The parliamentary representation of Wales and Monmouthshire during the nineteenth century - but mainly until 1870', (University of Wales, Bangor M A 1924).

Parry, Cyril, 'The Independent Labour Party and Gwynedd politics, 1900-1920', *Welsh History Review*, 4, 1 (1968), 47-66.

Pelling, Henry, *The Social Geography of British Elections, 1885-1910* (London, 1979).

Phillips, Ceri, and Colin Palfrey, 'The effects of opinion polls and the media on voting behaviour: the 1992 General Election in Wales', *Contemporary Wales*, 6 (1994), 125-135.

*Political Companion* ( London,1969-).

Prentice, Richard, 'Multiple party politics and the 1987 general election in Wales', *Cumbria*, 15 (1988), 37-59.

Price, R Emyr, 'Lloyd George and the 1890 by-election in the Caernarvon Boroughs', *Transactions of the Caernarfonshire Historical Society*, 36 (1975), 136-172.

Rallings, Colin and Michael Thrasher, comp. & ed., *Media Guide to the New Parliamentary Constituencies* (London, 1995).

Ramsden, John, 'The Newport by-election and the fall of the Coalition', *By-elections in British Politics,* ed. Chris Cook and John Ramsden, (London, 1973), 14-43.

Rees, Christopher William, 'The 1918 general election in the constituency of Aberdare'. *Old Aberdare, 5* ( Aberdare, 1988), 104-122.

Rowlands, E W, 'Etholiad Cyffredinol 1918 yn Sir Fôn', *Trafodion Cymdeithas Hynafiaethwyr a Naturiaethwyr Môn* (1976-7), 57-59.

Stenton, Michael and Les, Stephen, *Who's Who of British Members of Parliament,* Vol.11, 1886-1918 (London, 1978).

The Times, *Guide to the European Parliament* (London, 1979-).

The Times, *Guide to the House of Commons* (London, 1929-).

*Vacher's Parliamentary Companion* (London, 1982-).

Vincent, J., and Michael Stenton, *McCalmont's Parliamentary Poll Book of all Elections 1832-1918* (London, 1971).

Waller, Robert, *The Almanac of British Politics* (London, 1983).

Williams, W. R., *Parliamentary History of Wales, 1541-1895* (Brecknock, 1895).

Winfield, Rif, comp. & ed., *Liberals in Parliament: an Electoral History 1924-1994* (Llanrhystud, 1994).

**Mynegai**

**Index**